中國現代史叢書 14

張玉法　主編

蔣介石與希特勒

——民國時期的中德關係

馬振犢
戚如高　著

東大圖書公司

國家圖書館出版品預行編目資料

蔣介石與希特勒：民國時期的中德關係／馬振犢，戚如高著.--初版.--臺北市：東大，民87

面；　公分.--(中國現代史叢書；14)

ISBN 957-19-2194-7（精裝）
ISBN 957-19-2193-9（平裝）

1.中國-外交關係-德國

644.3　　　　　　　　　　　　　87000638

網際網路位址　http://Sanmin.com.tw

© 蔣介石與希特勒
——民國時期的中德關係

著作人　馬振犢　戚如高
發行人　劉仲文
產著作財
權人　東大圖書股份有限公司
發行所　東大圖書股份有限公司
　　　　地址／臺北市復興北路三八六號
　　　　電話／二五○○六六○○
　　　　郵撥／○一○七一七五──○號
印刷所　東大圖書股份有限公司
總經銷　三民書局股份有限公司
門市部　復北店／臺北市復興北路三八六號
　　　　重南店／臺北市重慶南路一段六十一號
初版　　中華民國八十七年二月
編號　　E 62049
基本定價　柒元肆角
行政院新聞局登記證局版臺業字第○一九七號

ISBN 957-19-2193-9（平裝）

主編者序

　　二十世紀在中國歷史上是一個變遷迅速的世紀。在二十世紀將要結束以前，回頭看看二十世紀初年的中國；或從二十世紀初年的中國，看看二十世紀將要結束的中國；不僅歷史學家會不斷檢討這一段的歷史總成績，走過這個時代的人或走不過這個時代的人，無論自己流過多少汗、多少淚、多少血，受過多少飢寒、多少苦難、多少折磨，還是犧牲過什麼、享受過什麼、獲得過什麼，站在二十世紀的盡頭，不能不對這一個世紀作些回顧、作些省思，然後勇敢地走向或走入二十一世紀。這是東大圖書公司出版「中國現代史叢書」、為讀者提供歷史資訊的最大旨趣。

　　二十一世紀是否為中國人的世紀？有人很關心，有人不關心。但在地球村逐漸形成的今日，不管是冷漠還是熱心，不管是不自願還是自願，都得住在這個村，並為這個村的一員。就中國現代史的研究而論，不僅臺海兩岸的歷史學者，多投入研究，或表示關懷，歐美及日本等地的歷史學者，不少亦研究中國現代史。這便是史學界的地球村。

　　中國現代史的起點，臺海兩岸的學者有不同的看法，一般說來，臺灣地區的學者，主張始於辛亥革命時期；大陸地區的學者，早年主張始於五四運動時期，近年又主張始於1949年中華人民共和國的成立。外國學者的看法，不出上述兩種。嚴格說來，臺海兩岸學者對現代史分期的看法，都受到政治的影響。許多學者以鴉片戰爭作為近代史的開端，也是受政治的影響；因為鴉片戰爭被視為反帝反封建起始

的年代。

　　為了擺脫政治的糾葛，可以從世界史的觀點來考慮中國歷史分期問題。梁啟超將中國歷史分為中國之中國、亞洲之中國、世界之中國三個時期，如果將中國人在中國境內活動的歷史劃為上古史，將中國人向亞洲其他地區擴張的歷史劃為中古史，將中西接觸以後、中國納入世界體系劃為近代史，則中國近代史應該始於明末清初。明末清初的中國，不僅與歐洲、美洲進行海上貿易，而且歐洲帝國主義的勢力已經進入中國，譬如葡萄牙佔有澳門 (1557)、荷蘭 (1624) 和西班牙 (1626) 佔有臺灣，俄國進入中國黑龍江流域 (1644)。在葡人佔有澳門以後的二、三百年，中西之間有商業、文化、宗教交流，到1830年代以後，因通商、傳教所引起的糾紛日多，由於中國國勢不振，利權、領土不斷喪失，成為帝國主義國家的殖民對象，到1897～1898年的瓜分之禍達於頂點。1899年英美發佈「中國門戶開放政策」以後，中國免於被殖民瓜分的局勢始獲穩定。我們可以將1557～1899年的歷史定為近代史的範圍。1900年，中國在義和團的激情反帝國主義以後，開始進行教育、經濟、政治改革，革命運動亦大獲進展，將歷史帶入現代時期。

　　中國上古史為中國歷史文化的創建期，中古史為中國歷史文化的擴張期，近代史為中國歷史文化的收縮期，現代史為中國歷史文化的更新重建期。本叢書所謂中國現代史，即始於1900年，涵蓋整個二十世紀，如果中國更新重建的大方向不變，亦可能涵蓋二十一世紀及其以後。儘管由於政治的糾葛，「中國」一詞在近數十年的臺灣及海外各地已經變成模糊的概念，出現了歷史中國、文化中國、大陸中國、海洋中國等名詞，但中國畢竟是現在世界上歷史悠久、土地廣大、人口眾多的國家，不能因為它時常出現外力入侵、內部分裂，而忽視它

的歷史存在。而且自二次世界大戰結束以後，中國躍為世界五強之一，它在世界上的地位愈來愈重要。因此，檢討二十世紀的中國史，在世界史中也饒富意義。

現代史上的中國雖然災難重重，但亦有機會撥雲見日，這是中外史家對研究中國現代史有興趣的原因之一。但不可否認的，由於臺海兩岸長期缺乏學術自由，而臺海兩岸及世界各國有關學者，由於掌握材料的性質和多寡不同，許多現代史的著作，流於各說各話，這是學術上不易克服的困難，有些困難則是學術界的不幸。本叢書希望包羅一些不同國度、不同地區、不同觀點的學術著作，透過互相欣賞、批評，以達到學術交流的效果。收入本叢書的專著，儘管有不同的理論架構或觀點，但必須是實證的、避免主觀褒貶的。

傳統中國史學，有些持道德主義，主觀的褒貶性很強；近代中國史學，有些受作者個人信仰或好惡的影響，流於宣傳或謾罵；凡此都妨害歷史求知的客觀性。本叢書在選取稿件時，當在這方面多作考量。

承東大圖書公司大力支持，使本叢書得以順利出版，非常感謝。

收入本叢書之十四的《蔣介石與希特勒》，係馬振犢先生和戚如高先生合寫的新著。馬先生現任中國第二歷史檔案館副研究員，江蘇淮安人，1961年生，1983年畢業於南京大學歷史系。著有《血染輝煌——抗戰正面戰場寫實》、《民主先鋒》、《山西王閻錫山》等書。近年專研究中德關係史，曾主編《中德外交密檔》，並在大陸、臺灣、德國發表過有關民國時期中德關係史論文多篇。戚先生，現亦任中國第二歷史檔案館副研究員，安徽霍山人，1964年生，1985年畢業於武漢大學歷史系。著有《台灣經濟發展的歷史與現狀》、《多稜鏡下的蔣介石》等書。近年亦專研中德關係史，曾參與《中德關係密檔》的編輯工作，並發表有關論文多篇。兩位先生均參與《民國檔案》雜誌的編

輯工作，馬先生任主編，戚先生任史料編輯組長。

　　《蔣介石與希特勒》一書，係作者大量利用中德有關檔案，檢討第二次世界大戰爆發前十年，蔣介石與希特勒的政治關係。德國顧問，曾協助蔣介石從事中原大戰、協助蔣介石在江西剿共，並曾在中日戰爭爆發初期，協助蔣介石指揮軍隊。德國納粹黨及其元首希特勒怎樣看待中國？希特勒在會見蔣介石特使時談了些什麼？德國人在中日戰爭中做了些什麼事情？本書揭露了鮮為人知的歷史秘辛。特向讀者推薦。

張　玉　法

1997年12月25日

於中央研究院

序

　　馬振犢先生，在中國第二歷史檔案館工作，有就近檢閱檔案史料之便，前撰《血染輝煌——抗戰正面戰場寫實》一書及主編《中德外交密檔(1927～1947)》，並於《近代史研究》刊布論文，均可見其綜合史料、析釋史事頗具功力。今與同仁合著《蔣介石與希特勒——民國時期的中德關係》新作問世，閱其目次即可見其內容包羅詳細。

　　謹按孫中山先生早有「以德國為我唯一之導師」觀點，蔣介石於北伐後建都南京，與德國交往密切，可說是效法孫中山，同時也是適合當時現實迫切需要。日本侵略中國日亟，救亡圖存，必須迅速建設國防力量，軍隊之訓練、武器之購置，德意志是當時比較能夠取得援助的國家，有關史事，書刊零星有發表，但馬振犢是書可說是比較完全的，特為表出，同人共欣賞之。

吳相湘　　手書於美國
時年八十五歲
1997年2月1日

寫在正文之前

　　中華民國與德國之外交關係，是民國時期我國對外關係中極為重要而又頗具特色的一章。

　　南京國民政府自1927年建立起，直至1941年對德斷交以後數年之內，與德國政府（前期魏瑪共和國及後來的納粹政權第三帝國）都保持了友好的關係，尤其在1933年納粹黨上臺以後，中華民國政府與第三帝國之間出於各自不同的需要，曾保持了十分密切的政治、軍事、經濟關係。從希特勒、蔣介石直至雙方所屬軍政大員之間都有密切友好的私人交往，德國通過其駐華軍事經濟顧問及德國政府在華代表，溝通了中德間軍事、經濟貿易的密切合作。德國政府在國民政府「攘外必先安內」的軍事建設以及軍工、交通、教育等方面發揮了極大的影響，其中有些甚至是十分重要的幫助；而中國則以大量的戰略原料供應德方，在其重建經濟及重整軍備方面，給予了實質性的支援。中德雙方在這種合作中都得到了巨大的收益。

　　中德間的此種合作，有其政治上的基本因素。其一是以蔣介石為首的國民黨統治集團，對於納粹組織及「鐵腕」獨裁統治方式的極端推崇與效仿；其二是當時中德雙方都處於擺脫困境重建國家的相似地位，在思想及心理上產生了共鳴。雖然兩國的具體環境及發展基礎並不相同，而且，納粹黨人從其法西斯主義「種族理論」出發，對中國這個遠東弱者的歧視心理並未消除，德國政府內部在對華態度上也存在較大分歧。但是希特勒出於戰略原料採購及其全球策略之考慮，在

1941年以前，德方的對華友好與合作方針始終處於主導的地位。

中日戰爭爆發後，德國政府從其自身利益角度出發，不願看到中日兩國拼得兩敗俱傷從而對其全球霸業產生不利的影響，他們希望日本侵華得利即止，最好能聯合中國共同反蘇反共，配合德方的戰略行動，因而就有了1938年陶德曼「調停」中日戰爭之舉。「調停工作」失敗以後，德國被迫在中日之間進行了一次艱難的選擇。最後，希特勒從其全球戰略需要出發，在日方的壓力及要挾之下，終於選擇了日本而拋棄了中國。1938年7月，德國政府召回了駐華軍事顧問團。1941年7月1日，中德斷交，德國正式承認汪偽政權。12月，太平洋戰爭爆發，中國國民政府對德宣戰。然而由於客觀地理等因素，中德兩國並沒有直接交戰，更因國民政府與納粹政權之間並沒有什麼宿怨，故而雙方在斷交宣戰之後依舊保持了一定的秘密接觸，國民政府對留華德僑之遣送與安置都給予了照顧，而德國與汪偽政權之間的合作也並不愉快。重慶與柏林之間實際上保持了一種「面不和心和」的關係。

戰爭結束後，納粹政權滅亡，中國政府顯要人物對於一些有「交情」的流亡在華的前納粹分子，給予了一些庇護，而德方戰前與中國合作過的人物，如法肯豪森、克蘭等人與中方上層人物都一直保持著友好的信使往來，這種關係甚至一直持續到國民黨人退居臺灣之後。

總之，南京國民政府與德國（主要是指納粹德國）的關係是民國外交史上重要的一頁，就其合作規模及範圍而言，戰前的中德關係實可與戰後的中美關係相比較，只不過由於當時國際政治等諸多原因及後來的戰爭關係，中德間的這種友好往來大體處於較為秘密的狀態，鮮為人知罷了。

中德關係的這種秘密狀態，造成了我們今天對於這一課題研究在資料搜集工作方面的異常困難，到目前為止，除了德方檔案資料在未

經編纂狀態下的開放之外，對於中國國民政府方面所保存的中德外交檔案及軍事、經濟、貿易活動檔案，幾乎無人可以全面地查閱和利用。

現在保存在臺灣的國民政府檔案有關中德關係資料，迄今為止尚未編纂出版，一般學者也不能方便利用。因此，目前在中國第二歷史檔案館館藏檔案中所存的民國時期中德關係密檔，其價值就更為重要。

1987年及1988年，兩位前民主德國的歷史學者曾獲准在中國第二歷史檔案館查閱了部分中德關係檔案資料，揭開了我們利用這部份檔案進行民國時期中德關係研究之序幕。由於逗留時間短促及藏檔準備不足，他們所接觸的只是一些兩國外交往來文件，對其中雙方軍事、經濟合作大量文件尚未及查閱。儘管如此，從中已經發現了許多重要文電，取得了可喜的收穫。

從那以後，中國第二歷史檔案館、南京大學與原東柏林洪堡大學及西柏林自由大學之間就民國時期中德關係史研究項目的專題合作，已正式開始。經過兩年多的搜集整理，現在已將中國第二歷史檔案館收藏的中德關係密檔中之重要文件(1927～1947)彙編成書，並於1994年由廣西師範大學出版社正式出版。而其他新發現及尚未發現之資料，仍待進一步發掘整理。

在編纂《中德外交密檔(1927～1947)》過程中，我們接觸了大量的有關本專題的檔案資料，並由此激發了對於民國時期特別是南京國民政府與納粹德國關係史的研究興趣，經過兩易寒暑的艱苦努力，我們在編研檔案史料的基礎上廣泛搜集了保存在德國及臺灣的有關中德關係資料，在德國及臺灣地區學者的熱情幫助下，我們得以集三方資料於一爐，為從事中德關係史寫作及研究創造了良好的前提，現在我

們將這本書貢獻給史學界同仁，以求得拋磚引玉之效，殷切希望各位同道有以教正。

本書大略具有以下幾方面之特點，其一：資料翔實、全面，在目前可能的範圍內已盡量搜集了能夠查證引用的資料，尤其是來自海峽兩岸的檔案史料，這便使書稿具有了獨特的優勢，再加上德方外交檔案之補充校正，使書稿論據更充分、確實。在引用第二歷史檔案館藏檔方面，基本皆出自於《中德外交密檔(1927～1947)》一書。

其二：就本專題歷史研究而言，現在海峽兩岸及德方尚無專門研究此期中德關係之專著問世，本書稿之出版，可以從一個方面填補這項研究空白。過去對於民國時期中德關係史研究，美國哈佛大學柯偉林(William C. Kirby)教授有其成名之著《德國與中華民國》一書面世，但其主要資料來源，為德文檔案資料及美國所存有關情報資料，缺少中文檔案為其補充，且觀點分析當然出自美國人的立場；而在德國方面，最近德國福斯汽車基金會斥資數百萬馬克，資助一項以柏林自由大學東亞研究所為中心，延攬多位學者通力合作的關於中德關係的研究計劃，準備將所有關於中德關係的歷史資料整理出版，並撰寫一部德國人的「德中關係史」；在海峽彼岸，臺灣方面在其「總統府機要檔案」中保存有中德關係許多重要文件，其中大部分為大陸二史館藏檔中所缺乏者，據聞目前臺灣政治大學歷史學系已有計劃從德國搜集、複製有關中德關係檔案回臺整理，以供研究參考，而臺灣史學界也有一批正在從事這一專題研究工作的學者專家，如傅寶真先生、周惠敏先生以及曾經參加過中德外交的一些歷史見證人。他們長期以來致力於中德關係研究，發表了大批研究成果，最近也在撰寫有關論著，準備出版。在這種時刻，我們出版這本小書，儘管拘於學識水平，不敢妄言爭先，但作為以我們中國人自己的觀點來全面詮釋民國時期中德

關係史的一次嘗試，我們覺得該書之出版還是具有十分重要的意義的。

其三：不避艱難，曲徑探幽，盡力揭示中德關係之謎底是本書又一大特色。民國時期的中德關係，其相當一部份史實並無文字記載，由於當時錯綜複雜的國際關係，特別是中德日三角之間複雜的互為敵友關係，使中德間交往許多時事處於「地下」狀態，既不見諸報刊雜誌，也不記載於正史檔案，這種「隱形」歷史給今天的研究工作造成了很大困難，但中德關係歷史對兩國政治、經濟、軍事、文化；對當時國際關係都造成了很大影響，有時甚至是決定性的影響，故決不可忽略不計。我們在撰寫書稿時，正所謂「上窮碧落下黃泉，動手動腳找東西」，從檔案正史到口述歷史、文史資料，舉凡有關中德關係資料無不費盡心機搜羅而來，目的只有一個，這就是盡最大可能還歷史以本來面目，窮中德關係之前因後果，溯其史事之來龍去脈，其中對於「中德易貨貿易」、「德國軍事顧問在華活動」、「德國與中國抗日戰爭」、「希特勒及其納粹黨之中國觀」等重點研究課題進行了詳細研討，力求供給讀者們盡可能多的新鮮「食糧」，使人們對於民國外交史上這重要神秘的一頁有一個初步的整體印象，進而使他們對民國歷史上許多有關疑題有一嶄新的理解。如果讀者們在閱覽之後有此感覺，那正是我們所希望的，如果有以教正，則更是我們所期盼的。

本書可供列舉之特色如上所述，而其缺陷當然也不必隱諱。我們希望有興趣的讀者就中德關係史上諸事都能在本書中略知一二，但對於國內外那些中德關係史專家及專業研究者來說，這本拙著自然會有許多令人不滿意之處，尤其當我們面對諸位從事中德關係研究十幾年或幾十年的專家之時，其誠惶誠恐之心境就非「從皮袍底下擠出一個『小』字」可以形容的了。從這個意義上說，我們也極願留下點不足或漏誤，以供未來有一努力方向。

願與同道諸君共勉之。

1997年於南京中山門內
中國第二歷史檔案館

蔣介石與希特勒
——民國時期的中德關係

目　　次

一、希特勒和他的遠東崇拜者

1945年4月30日，德國首都柏林籠罩在一片硝煙火海之中。

總理府花園地下室暗堡內，隨著一聲沉悶的槍聲，那位曾經使整個世界為之顫抖的戰爭狂人、德國元首兼總理阿道夫・希特勒(Adolf Hitler)絕望地倒在血泊中，他用手槍和毒藥雙管齊下地結束了自己罪惡的生命。幾天後，納粹德國宣布戰敗投降。

一個星期以後，在遙遠的東方，中國戰時陪都重慶。

國民政府大禮堂內張燈結彩，一片熱烈歡慶景象。反法西斯同盟國中國戰區最高司令蔣介石正高舉酒杯，向駐華美英蘇軍事將領及外交官們祝賀打敗納粹及歐戰勝利結束。

面對如此熱烈場面，有誰又會想到，僅僅數年以前，蔣介石與希特勒，這兩位「二戰」名人、世界上兩大對壘陣營的指揮者之間，還曾有過十分密切的友好關係，他們不僅曾函電交馳，互致「傾仰」、「關切」之情，更有互贈照片、戰刀、禮物，「以表袍澤精神，親善正意」，「猥荷榮寵，欣感無既」❶。

那麼，這一驚人的變化是如何戲劇般的出現的呢？蔣介石與希特勒之間究竟是一種什麼樣的關係？欲徹底弄清其中謎底，事情還得從孫中山時代國民黨的對德方針及國民政府肇建之初的對德關係談起。

---

❶ 《蔣介石致希特勒函稿》(1936年9月7日)，載馬振犢主編之《中德外交密檔(1927～1947)》(廣西師範大學出版社，1994年9月版)第6頁。

㈠國民黨與德國的歷史淵源

　　中德兩國最早的正式交往開始於1752年，第一艘來自德國的商船「普魯士國王號」經過長途遠航抵達廣州，從而開始了中德雙邊商貿往來的歷史。當時，德國還是一個尚未完全統一的由各大小邦國組成的國家。德國人最早是從馬可‧波羅的《東方旅行紀》中得知中國這個遠東古國的存在的。經過歷代傳教士不斷努力，中國的文化傳到德國，引起了德國人濃厚的興趣，在著名哲學家萊布尼茨及文學家、詩人歌德的作品中，都有關於中國的描述與評論，普魯士王公貴族都以擁有中國的產品為自豪。在德國人的心目中，中國這個遠方古老國家是智慧與文明的象徵，充滿了東方神秘的意味。

　　1840年鴉片戰爭之後，中國被迫對西方列強敞開大門，中德關係也融入了清末不平等的外交大局中，德國效仿英法列強，以槍炮打入中國，攫取了大量的殖民利益，逼迫清政府簽訂了雙邊不平等條約。

　　1871年，德國完成了內部統一，「鐵血宰相」俾斯麥 (Bismarck) 全力支持向海外擴展德國勢力，德國聯合俄法參予了甲午中日戰爭後「三國干涉還遼」，並進一步武力侵占了中國山東膠州灣，對中國進行侵略與蠶食。1900年德軍元帥瓦德西 (Waldersee) 又擔任了「八國聯軍」總司令，指揮德軍等侵略軍隊到中國殺人放火。戰後，德國還從「辛丑條約」中向中國勒索了1.966億兩白銀的「戰費賠償」。這時的德國已十足成為一個西方侵略者。

　　1911年「辛亥革命」發生後，德國與西方列強「保持一致」，支持袁世凱篡奪了政權。1914年8月第一次世界大戰爆發，德國聯合意大利、奧地利對英法俄開戰。北京政府宣布「嚴守中立」，但德國在山

東之資產利益不久即被日本趁機攫取。

袁世凱稱帝不成病死，他的後繼者國務總理段祺瑞於1917年3月在英法等國挑唆下對德絕交，並進而於8月14日對德宣戰。這是中德關係史上第一次正式宣戰。次年11月，德奧戰敗投降，然而在戰後「巴黎和會」上，中國以「戰勝國」之一的地位不僅沒有「收回國權」，反而又被「戰勝國」列強欺辱，將德國在山東特權正式移交日本，由此引發了中國轟轟烈烈的「五四運動」，北洋軍閥把持的北京政府搖搖欲墜。

第一次世界大戰結束後，德國新成立了「魏瑪 (Weimar) 共和國」政府❷，其擔負了重建德國之重任。這時的德國已經淪為一個戰敗國，失去了全部的海外殖民地，經濟百孔千瘡，社會動蕩不安，各戰勝國通過「巴黎和會」簽訂「凡爾賽和約」，給德國套上了一副副政治、經濟、外交枷鎖。客觀現實擺在德國人面前，他們已失去了列強之一的優越地位。

魏瑪共和政府為了打破困境，急於恢復外交地位，在中德關係正常化方面採取了主動的步驟。1920年，德國政府派代表卜爾熙(Borch)來華開展活動，試圖與德國在遠東的重點對象古老而擁有廣大市場的中國恢復商貿往來，為拯救戰後德國千瘡百孔的經濟創造條件。卜爾熙向北京政府外交總長顏惠慶聲明：德國政府願意「恢復中德之友誼及通商關係，因此項關係應基於完全平等及真切相互之主義，合於普通國際法之條規者」❸。他聲明：德政府「允許取消在華之領事裁判權，拋棄德國政府對於德國駐京使署所屬操場上之全部權利於中國

---

❷　因該政府誕生於德國南部魏瑪城而得名。

❸　吳景平：《從膠澳被佔到科爾訪華——中德關係1861至1992》(福建人民出版社，1993年9月版)(以下簡稱吳景平書)，第120頁。

……」。

　　1921年7月1日，中德雙方在北京舉行了新簽「中德協約」換文儀式，這份文件宣告：「大中華民國政府、大德意志共和國政府，意願以本日大德意志共和國聲明文件為依據，兩國訂立協約，恢復友好及商務關係，並覺悟領土主權之尊重與夫平等相互各種原則之實行為維持各民族間睦誼之唯一方法。」❹這份協約是中德關係史上第一個平等的條約，標誌著中斷四年的中德關係正式恢復。

　　當時中國的政治局勢是：除了盤踞北京的北洋軍閥政府外，在廣州還有一直領導著國民革命的孫中山南方革命政權。

　　孫中山先生在其領導的推翻清王朝及反對北洋軍閥統治的革命中，也形成了一套代表革命黨人的外交理論及方針。孫中山認為，為了完成中國民主革命的任務，推動中國經濟的發展，挽救中華民族危亡，必須盡可能地爭取西方強國的援助，而在列強各國之中，德國便是其謀求外援的重點對象之一。當時孫中山「認為可作中國之友者，應為美國與日本，其次即為德國」❺。

　　早在1913年，孫中山就曾提出過一種創建「大陸同盟」區域組織的設想，他計劃以中、俄、德、奧、土（耳其）、波（蘭）六國為核心成立聯盟，以樹立國際上另一新興勢力。2月間，孫中山在日本訪問時，曾與日本首相桂太郎談及此一設想，並曾計劃派其秘書戴季陶為代表，赴歐聯絡各國，只因經費困難，終未成行❻。由此可見當時

　❹　吳景平書，第121頁。

　❺　傅啟學：《中山思想本義》（臺北，國父遺教研究會，1981年第三版），第140頁。

　❻　黃季陸：《孫中山先生與德國》，見《中華學報》第七卷第二期（1980年1月版），第50頁。

孫中山將中德聯盟視為歐亞大陸和平穩定的基礎因素之一。

　　孫中山在旅居歐洲時期曾在倫敦大英博物館研究過德國的歷史經驗，並曾數次訪問過德國。在他的眼中，德國是「世界上最具活力的國家」，俾斯麥政府則是歐洲「最有競爭力的政府」，一個「真正的萬能政府」，他讚賞俾斯麥武力統一德國並「通過不斷增強的支持與社會福利的增加」來鞏固國家的手段❼。他把德國的經驗融匯到他的「三民主義」之一「民生主義」的理論之中，希望吸收德國在社會改良與發展方面的經驗，「運用國家的權力來緩和工人的貧困」。孫中山進一步發揮說「俾斯麥實行的是一種國家社會主義」，「這一原則就是我們所說的民生主義」❽。

　　第一次世界大戰開始後，對於北京政府對德斷交及宣戰之舉，孫中山持著反對的態度，他認為當時中國對德並非必須宣戰不可，段祺瑞以德國實行潛艇封鎖政策使我赴法勞工所乘之輪遭襲遇害，從而對德宣戰，但「獨募華工往，及其船沉，華人則任其溺死，豈非英法人設陷，引我國人入其術中而致之死地乎?」❾何況不久德國一輪在南洋為協約國擊沉，船上華工80餘人同時遭難，而段政府對此卻為何一言不發? 孫中山在分析列強對華危害時曾說過：「德國將來之野心，誠不可知，論其過去與現在，實可謂之侵犯中國最淺、野心最小者。以割地言，則中國已割黑龍江沿岸最豐饒之地於俄，割緬甸、香港於英，

---

❼　張其昀：《國父思想與德國文化》，載馬振犢主編《中德文化論集》（臺北，1966年版），第1～2頁。

❽　同上出處，第2頁。又見孫中山：《三民主義》（1947年上海版），第240～242頁，第248～249頁。

❾　孫中山：《中國存亡問題》，載《國父全集》第二冊（國民黨中央黨史會編，1973年6月版），第103頁。

……法占廣州灣，俄占旅順、大連，又轉讓之於日。論其前事，德之膠州，罪無以加於他國，而今者膠州已歸日占，再無德人危我領土之虞。」他指斥北京政府「侵我較多者則助之，侵我較少者則攻之，是與其謂為防人侵我領土而戰，不若為勸人侵我領土而戰也。如欲使人侵我領土，則無寧倡言賣國之為愈也，又何必辛苦艱難以與德國戰哉！」❿孫中山一針見血地指出，段政府之「與德絕交，非以公道絕交，非以防衛絕交，而以賄絕之也」⓫。他對這種「視國事如同兒戲」之舉進行了堅決鬥爭。孫中山致電北京參眾兩院「主張勿加入協約」，並致電「英相盼勿慫恿中國參入協約」，同時還致電北京「民友會」、「同政學會」及「政餘俱樂部」等相關團體，籲請抵制對德宣戰案。最後，他逕電段祺瑞，「痛陳參戰之利害，而勸其勿輕率從事」⓬。他要求通過外交途徑，和平解決中國與德奧乃至各列強間存在的一切問題。

當時孫中山對中德關係有如下之認識：「以國際地位言之，其與吾國利害相同，毫無侵略顧忌，而又能提攜互助策進兩國利益者，則德國是也。惜乎國人……徒以德國大戰失敗，為不足齒列，而不知其因有之人才與學問，皆資足助吾國發展實業，建設國家之用也。」⓭德國不但在科技知識上有卓越的表現，即其建國之經驗也多可為我所借鑑，「中山先生很景仰當時德國所採行的社會福利、勞工保險，解決勞資對立以及防止資本主義過分膨脹等政策，民生主義也採取了其中若干精神，尤以計劃將交通（鐵路）、郵電以及若干重要重工業收歸國營」⓮。

---

❿　孫中山：《中國存亡問題》，載《國父全集》第二冊，第104頁。

⓫　同上出處，第105頁。

⓬　上述各電均見《國父全集》第三冊，第436～446頁。

⓭　孫中山：《外交上應取的態度》，《國父全集》第二冊，第857頁。

基於這種認識，孫中山堅定了他的聯德決心。

1917年3月，孫中山旅居上海時，便同德國領事有過接洽，德方希望孫中山領導的力量能夠推翻依靠日本反對德國的段祺瑞政府，並允諾給予孫中山財政幫助。「一個月後，孫宣稱已準備好，並要求200萬美元來運動陸軍和海軍，德國官員如數支付了這筆款子，以作為孫建立獨立政府和煽動全國對北京政府的不滿的費用」❶。孫中山率海軍艦隊南下廣東開展「護法運動」，其所需30萬銀元開拔費「即係出自此項德援」❶。

孫中山在廣州組建護法軍政府之後，便派曹伯亞為代表赴德聯絡，希望德方繼續履行承諾，提供財政支持，並向華南鐵路及礦業項目投資。曹伯亞還攜帶了孫中山的一項中德軍事合作計劃及全面經濟合作計劃，但等他在1918年11月底到達柏林時，雙方的這種剛剛起步的合作，已經因德國戰敗和孫中山被桂系軍閥排擠離粵而告中止。

1920年，孫中山重返廣州，就任廣州政府非常大總統，在籌劃北伐的同時，他又計劃聯德，於1921年7月再派代表朱和中赴德洽商發展雙邊關係，希望德方承認廣東政府，提供軍事、經濟援助。當時西方列強都願在北京政府中尋找代理人，而蘇俄革命政權剛剛成立，處境困難，尚無法顧及援助中國革命黨。孫中山對德國寄予厚望，指示朱和中與克虜伯等德國大企業進行了接觸，表示廣州政府願為德國投

---

❶　傅寶真：《德國與我國抗戰前南方內陸工業區發展及其分析》，見《逢甲學報》第二十一期，第53頁。

❶　柯偉林著：《蔣介石政府與納粹德國》（即《德國與中華民國》之中譯本）（中國青年出版社，1994年9月版），以下簡稱柯偉林書，第39頁。

❶　許智偉：《國際孫逸仙先生學術研討會的經過及其影響》，載《東方雜誌》復刊第十二卷第十期（1980年4月1日），第9～10頁。

資華南，發展貿易提供優惠條件。「朱抵達柏林後，即與德國前駐華公使辛慈(Hintze)接頭，著手籌設一『公事所』，作為促進聯合的機關」。「十一年三月（1922年3月），辛慈有意東來，孫先生曾令曹亞伯赴港等候，及十一年六月陳炯明叛變，公布孫先生與俄德交涉的三封密函，辛慈遂不復東來，德政府亦予否認。陳炯明公布這三封密函的目的，在激起當時中國朝野對孫先生的反感，其用心甚為陰險，曾為多數國民黨人所不滿」❼。這樣，孫中山的第二次聯德之舉又因陳炯明叛變迫其離粵而告中斷。朱和中此次赴德，還向德外交部轉達了孫中山關於締結中德俄三國聯盟的構想，德方對此反映冷淡，加上陳炯明在《香港電訊》上有意泄密，使孫中山聯德計劃再一次受挫❽。

1923年，孫中山重回廣州建立了革命政權。他三派代表鄧家彥為「總統顧問」，在德遊說工商財軍各界發展對華合作。孫中山曾於1924年1月間對廣州的德國官員說：「你們德國人已被解除了武裝，現在你們必須武裝中國，這可能是你們唯一的自救方式。」❾孫中山設想：「中國以物資人力，德國以機器科學共同合作，發展中國之富源，改良中國之行政，整頓中國之武備。總而言之，即借德國人才學問，以最速時間，致中國於富強，此步達到，則以中國全國之力，助德國脫離「華塞條約」（即「凡爾賽和約」）之束縛。如德國政府能視中國為一線生機，中國亦必視德國為獨一之導師。以德國今日廢置之海陸軍人才及製造武器、組織軍隊各等計劃及經驗，悉移來中國，為中國建樹一強

---

❼ 黃季陸：《孫中山先生與德國》，載《中華學報》第七卷第二期（1980年1月），第58頁。

❽ 法斯：《1921年～1924年的孫逸仙與德國》，載《東方檔案》第三十六期（1968年），第139頁。

❾ 柯偉林書，第43頁。

固國家，互於資助，則彼前戰敗而失去種種權利，必可由助成中國之富強而恢復之也。未知德國多數之政治家，有此眼光否?」「如彼等有此見地，知兩國相需之殷，通濟之急，不以歐亞而歧視、種族而區別，則人道之大幸也。倘德國志士能從此途用工，成中德兩國之提攜，其功業必於俾斯麥者尤大也。」❷⓿ 以上這段話是孫中山在8月18日致函旅居德國的鄧家彥氏所言，孫中山在此函中還殷切表示，「此間（指廣東政府）因需德專門技師，然零星延聘，無補於事，必也與德國資本實業家如Siemens者及其政府訂一大建設計劃」。「兄又為成此事之中介，則功業當在四萬萬人之上矣，幸為相機圖之」❷❶。孫中山還託鄧家彥向德方官員轉交了他的一封信，信中寫到：「要擺脫凡爾賽條約的束縛，沒有比幫助中國建立一支精良、強大、現代化的軍隊更好的辦法了。那時，讓中國為你們說話……你們須在遠東預先準備一支無形的軍隊，以備在任何情況下，響應你們求援的召喚……。」❷❷ 就在孫中山發出此函的同時，德國遠東協會總幹事林德經過香港，孫中山「曾派李其芳往商面談」，李氏後來回憶說：「民十二回國，途經香港，遇李烈鈞，因隨之入粵，……入總理室，……余即出陳德國前任總理未舍愛力士致陳炯明函一道，總理大悅，問所言何事，余曰：按未氏遊遠東，路過廣州與陳詳說中德文化及實業合作事：㈠陳將派學生百名赴德專攻專門技術；㈡改組廣東大學仿同濟方式；㈢設克虜伯炮廠於廣州；㈣設容克飛機場於廣州。各種詳細計劃，總理大感興趣，謂必

❷⓿　《孫中山致鄧家彥函》(1923年8月18日)，載《中華民國外交史資料選編(1919～1931)》(北京大學出版社1985年版)，第283～284頁。

❷❶　同上出處。

❷❷　前引法斯文，第145頁。原件現存波茨坦德國中央檔案館：德國駐華使館文件No. 2232. B1: 31～32。

促其實現。余謂遠東協會總幹事林德即將來華，日間到港，此事當他亦知情及參加討論，……（總理）囑余明晨起程，並代表歡迎林德，及談一切合作計劃……。余至港。二日，林德即乘德國郵船沙蘭號到港，余即與之赴申，舟中經談一切，林須俟同濟開幕後再赴日本逗留數月，赴粵日期，未能決定。」❷❸

鄧家彥在德國廣泛活動，提出了一些雙方合作項目供德人選擇，如德人投資參予開掘廣西煤礦及在兩廣建立大型工業企業，派遣農藝師到江西輔助農業生產、德國派專家到廣東政府幫助管理商業貿易以及廣東擬聘請魯登道夫、佛采爾、塞克特等德軍名將為孫中山軍事顧問等等❷❹。此外，孫中山還在1924年又聘請德國西門子公司派駐廣東的代表古斯塔夫・阿曼(Gustav Amann)博士為其私人顧問，並即派遣他以「全權密使」身份赴德，通過私人關係拉攏德商向廣東投資，同時，招募德國退伍軍官來華充當教官。孫中山擬出的聘請對象名單為：政治顧問由一次大戰末期德國首相高級助理興芷擔任，經濟顧問由前任膠州德國高級專員許拉麥爾出任,並由其負責起草「土地改革法令」，軍事顧問則由前述德國將軍中請一人出任❷❺。阿曼在德國活動結果，聘請了以凡爾特・契爾魯騰伯格(Walter Harlottenburg)海軍上尉為首的一批德國退伍軍官10餘人來華，於1924年秋抵達廣東，受聘於廣東政府，其中數人進入黃埔軍校充任軍事教官❷❻。而德國一些大企業公

❷❸　轉引自黃季陸：《孫中山先生與德國》，同前出處，第59～60頁。

❷❹　有關史實參見《傳記文學》第二十三卷第三期，第6頁。

❷❺　同上出處。

❷❻　Gustav・Amann: *Chiang Kai-Shek und die Regierung der Kuomintang in China*, Heidelberg. 古斯塔夫・阿曼：《蔣介石及國民黨在中國的統治》（海德堡，1936年版），第128頁。

司，如克虜伯、西門子、法本等企業也對來華發展事業極感興趣，初步表示了向廣東投資的意向，並積極支持德國軍事顧問來廣東，為其促進軍貿生意、介紹合作對象鳴鑼開道。其中有些企業還特別向廣東派來了考察人員，開始了具體的合作談判 ❷。

當時德國魏瑪共和政府，正與北京政權恢復關係不久，急欲進一步發展關係，對於孫中山廣東革命政府的合作要求，反應謹慎而小心。由於德方尚未考慮在外交上公開承認南方政權，故而不可能公開支持孫中山的革命，又因「凡爾賽和約」所限，也不能同意對廣東派遣高級軍事顧問，從而使得孫中山不得不轉向蘇俄尋求軍事支持，這才有蘇聯軍事顧問團之來華。在這一大前提下，孫中山的各種聯德努力便不可能有大的實際進展。總的看來，魏瑪政府冷淡地對待了孫中山的多次熱情聯絡。不過，聰明的德國人總還是留了一手，他們並不反對國內大企業財團對廣東的「經濟合作」，希望以此為其復興經濟尋找產品市場打開新途徑。

綜上所述，孫中山及其革命黨人從一開始就確立了對德友好的「聯德」政策，希望德國能夠以其資金、才力及經濟實力，援助中國革命並幫助中國建設，這種願望在一次大戰之後，隨著德國的衰落與中德地位之平等而更加強烈，然而德方出於自身環境所限，並顧慮中國內戰尚未見分曉，未給予積極響應，使孫中山的「聯德」方針未見實效。在這一點上，孫中山的主張為後來蔣介石領導下的南京國民政府發展對德關係定下了基調，產生了深遠的歷史影響。由此可見，中國國民黨人與德國有著深刻的歷史淵源，其「聯德」思想是一貫的，有其深刻的歷史原因。

---

❷　吳景平書，第128～129頁。

(二)徘徊在德國大地上的幽靈

第一次世界大戰結束後，1919年2月6日，在德國南部文化名城魏瑪(Weimar)召開了德國國民議會，成立了民主共和國。當時德國面臨戰敗之後國內社會經濟混亂不堪的局面，「巴黎和會」簽定的「凡爾賽和約」又使德國背負了沉重的政治、經濟負擔，國內社會動蕩，人民生活水平急劇下降。人心思變，希望有一個強有力的政府來領導德國擺脫危機，重入正軌。

以阿道夫·希特勒(Adolf Hitler)為首的「國家社會主義德國工人黨」（簡稱納粹黨）利用這一時機，拋出了該黨的「二十五點綱領」，大肆鼓吹「民族主義」， 以「廢除凡爾賽和約」，「建立一個強大的中央集權國家」為號召，蠱惑人心，在社會上騙取了大批的支持者，形成了一股新興的政治勢力。

阿道夫·希特勒，1989年4月20日出生在奧地利維也納北部距德國邊境不遠的一個鄉村客棧，他的父親阿洛伊斯是一個海關小職員，而他的母親克拉拉·波爾茲爾是他父親的外姪女❷❽，這種畸形婚姻造就了這位震撼了全世界的魔王。

希特勒的童年及青少年時代過著貧寒的生活，由於父親過早去世，14歲的他便成為家庭中的主宰，他對上學讀書不感興趣，唯一能使他安坐在課堂上的便是歷史老師帶著「熾烈感情」講授古代條頓人征伐故事的歷史課程，希特勒從中萌發了強烈的民族感，「我們端坐在那裏，常常熱血沸騰，有時甚至感動得流淚」。「總之，我少年時已不是

❷❽　約翰·托蘭著：《從乞丐到元首——希特勒的一生》(同心出版社，1993年11月版)(上)，第17頁。

一個頭腦冷靜的人，而是個熱烈的『德意志民族主義』者 (Deutscha-tioua)」❷。不久之後，他的母親患上了癌症，一年後死去，為支付母親醫療費用，用去了家中的大部份積蓄。母親死後，希特勒前往維也納，準備報考美術學院，但未被錄取。從此他便流落街頭，以打零工及畫明信片出售為生。1914 年第一次世界大戰爆發後，他投入軍隊，當了下士，在松姆戰役中受傷，傷好歸隊之後，在戰爭臨近結束之時，希特勒又一次在戰場上中毒氣而雙目短期失明，當他聽到德國即將投降的消息，「他的視力得而復失，此後幾天，他聽到許多聲音和看見了幻影」❸。他把德國戰敗的罪過一咕腦歸結為後方的猶太人、反戰分子及逃避兵役者的破壞行為之上，從而更加仇視那些遍布全國的猶太人，認為他們是把德奧帶入災難的禍根。戰後，希特勒帶著兩枚鐵十字勳章回到了慕尼黑。

1919年1月，慕尼黑工人德萊塞勒創建了德國工人黨，9月，希特勒加入了該黨，成為其領導人之一。不久，他把黨名前加上了「國家社會主義」的定義，並為這個新的政治力量設計了紅地白圈中加"卐"字的黨旗，這樣德國「納粹黨」便誕生了❹。

納粹黨是一個信奉「法西斯主義」強權政治的政黨，1920年，希特勒宣布了該黨的「二十五點綱領」，針對戰敗後德國混亂局面，提出了「廢除凡爾賽和約」、「建立一個強大的中央集權的國家」，統一日耳曼民族為一個大德意志國的政治目標，得到了德國民眾的響應。1921年10月，希特勒組織了該黨武裝「衝鋒隊」，1925年更組成了「黨

<hr>

❷　希特勒：《我的奮鬥》(西藏自治區文藝出版社，1994年8月版) 第12頁。

❸　前引約翰‧托蘭書（上），第106頁。

❹　「納粹」二字(Nazi) 是德文「國家的」與「社會主義的」兩字縮寫之音譯。

衛軍」，成為法西斯的軍事與特務組織，對外執行迫害反對派與推行
「法西斯主義」打手的職責，開始向暴力奪取政權的目標前進。

1923 年，德國形勢因法國占領魯爾而引發經濟危機，陷入混亂，
希特勒趁機發動「慕尼黑暴動」，準備武裝奪取政權，但暴動被共和
政府鎮壓，希特勒本人也因此被捕下獄。他在獄中寫成了《我的奮鬥》
一書，具體闡述了他的思想。在這本書中，希特勒提出了他的臭名昭
著的「種族優越論」，認為德國日耳曼民族是「高等民族」，大自然的
「寵兒」，具有優越的天資，終將成為世界的統治者，而其他民族如
被希特勒一貫仇恨的猶太人等，則都是「劣等民族」，都將被日耳曼
人統治。希特勒還提出「生存空間」的概念，號召「受屈辱的德國在
太陽底下要奪取新的生存空間」，爭取「比以前更偉大的地位」❸²，這
本著作便成為德國法西斯納粹黨的「經典」，成為他們的思想指南。

納粹勢力在德國的崛起，在開始階段並不為德國大眾所接受，甚
至連大資產階級也不太重視他們。但1929年以後世界性經濟危機的爆
發，使本來脆弱的德國經濟雪上加霜，大資本財團及其政治勢力逐步
感到，所謂民主議會制度並不能挽救德國危機，他們急需尋求另外的
強者來挽救德國，為他們尋求「新的生存空間」。進入三十年代後，
德國法西斯主義勢力便在大資產者的有力支持下，急速膨脹發展起來。
1930 年 9 月，德國國會改選，納粹黨一躍成為國會中第二大黨，法西
斯主義勢力彌漫全國，其理論則遠播海外。

關於法西斯主義思想與德國日耳曼民族特性的關係，是一個重要
的研究課題。二次大戰結束後，已有不少的學者研究過這一問題。當
然，在這裏它不是本書的研究對象。然而我們有必要指出的是，法西

---

❸² 徐天新等主編：《世界現代史(1917～1945)》(人民出版社，1985年版)，
第249頁。

斯主義之所以能夠在德國生根發芽，壯大成長，最後把德國變成又一次世界大戰的策源地，其中必定有適合於它生長的社會環境及其誘使人們接受它的某些思維習慣、傳統道德及性格的共同點。

本世紀三十年代，當法西斯主義剛剛形成氣候之時，不僅德國，即使是在中國，許多人都把它當成一劑救國救民的良藥、經世的「法寶」。然而法西斯主義最終在德國形成氣候，自然與德國民族特性有一定關聯。「如果說德國向中國輸出武器和工業設備，中國向德國運送戰略礦產，是中德關係紐帶的物質方面的話，那麼，中國對德國國民性、歷史與政治生活的感知，則構成兩國關係的另一個無形的但卻是重要的方面」[33]。「1933年以後，隨著中德關係的日益強固，德國在中國政界和知識界的活躍分子中所產生的魅力則變得頗為普遍，而國民黨政府的領導人物又都認為，除了中德合作的軍事——經濟基礎之外，還可以從德國本身不斷獲得啟示和鼓勵」[34]。

要搞清楚這種「德國民族特性」對中國的影響及其在中德關係中的作用，我們有必要首先簡單討論一下有關德國人的「民族特徵」的問題。

據美國學者柯偉林教授(Prof. William C. Kirby)的研究，歐美人士對德國人的看法大體認為「德國人是沙文主義者，傲慢自大，感情用事，古板拘謹，缺乏幽默，好走極端，辦事有條有理，盲目順從」。「一會兒盛氣凌人，一會兒馴服謙恭」。「德國男人兼有家長專制的性格和自憐、殉道的心理，而女人則被說成是清掃住房、鋪地毯、曬床墊的狂熱愛好者」[35]。「德國人處世接物有三個基本要素：即和藹、忠誠和

---

[33]　柯偉林書，第177頁。

[34]　同上出處。

[35]　同上出處，第179頁。

幸災樂禍」。甚至有人說「德國人是凶手和音樂的混合體」，「天生的藝術家，卻無一點欣賞能力」❸。但在中國人看來，德國民族具有執著、有條理、忠誠及思想深奧的特點，是一個「具有持久耐性和充沛活力的民族」，德國人的「認真、真誠、遵紀及愛清潔」的習慣給每一個到過德國的中國人留下了強烈印象。這種德國精神使德國人生產的產品「其水平永遠超過其它國家」，正如曾任中國駐德大使的程天放在其回憶錄中所描述的那樣：德國人建設的每一幢房，哪怕是最簡單的，其設計與施工質量也完全過硬而使之屹立百年而不倒。另一位從事中德貿易的中國官員李祖冰也曾說過：「德國之有別於他國者，不在於技藝之超越，而在於精神之完美。」德國的精神就是強調「節儉」，「世代相襲的就是誠實、率直與簡樸」。

德國人的這種「忠誠、率直、執著、認真」的優良品德，一旦在戰後混亂的社會條件下，被納粹主義分子利用，並導之進入從雪恥到稱霸的歧途，一下子便成為一種強大的對和平的反對力量，產生了「第三帝國」這個世界戰爭的策源地。歷史的教訓正是如此。

魏瑪共和國成立後，並未實行有效的社會改革，德國社會總體制並無任何變化。特別是舊帝國時代的軍隊官員階層，依然保持了他們的職務與特權，形成了一股嚮往帝制反對共和的勢力，成為德國社會上的一種特殊力量。

在德國的歷史上，自普魯士王威廉一世時代（1713～1740年）開始，職業軍人即是一種榮譽，德國社會尚武的風氣與對軍威的尊崇，

---

❸　柯偉林書，第 179 頁。面對這種偏激的觀點，不禁使人聯想到後來在第二次世界大戰中德國納粹的罪行，在貝多芬鋼琴曲的優美旋律中，一批批猶太人被強行驅趕進毒氣室加以集體屠殺……當然，這只是一部份納粹分子所為，但卻給人們留下了永遠不能磨滅的印象。

使職業軍官享有優越的社會地位與生活待遇，軍官們自恃高傲，感覺良好。現今戰爭失敗，大批軍官被迫退出現役而淪為一般平民，他們自己對於這種失落自然不能適應，非常不滿，轉而把憎惡的矛頭指向剛剛成立的「魏瑪共和政府」，繼而發動了一系列內亂，企圖恢復舊秩序。1920年3月13日～17日，在首都柏林發生了由「德意志祖國黨」人沃爾夫岡・卡普(Wolfgang Kapp, 1858～1922)領導的暴動，大批失業軍人參加了「卡普暴動」(Kapp Pustch)，他們占領了柏林政府大廈，驅散了國民議會與社會民主黨政府。但這次暴動卻遭到了德國民眾的堅決反對，工人發動了總罷工。在人民的支持下，共和政府調動力量粉碎了叛亂。退役軍人勢力再一次受到了打擊，他們紛紛逃往國外躲避。然而這次粉碎「政變」的勝利並未能挽救共和政府的困境。

1922年後，由於巨額的戰爭賠償支付使德國陷入了空前的財政危機，馬克急劇貶值，普通民眾生活無法維持，投機商們興風作浪，加速了經濟危機的發展勢頭。德國政府向協約國請求延緩支付戰爭賠款，遭到嚴厲拒絕。

1923年1月11日，法國派10萬大軍占領德國魯爾地區，以此脅迫德國履行賠款義務，德國政府消極抵抗，命令占領區企業一律停工，想藉此使占領者無法立足。這樣一來又造成國際局勢緊張，而德政府又因要補償停工企業的損失，經濟負擔更重，僅1923年一年中德國政府為此便支付了700萬金馬克，弄得國庫枯竭，馬克幣值一落千丈，其對美金之比價下跌了7000倍[37]。

惡性通貨膨脹造成大批工人平民無法生存，經濟危機導致大量失業，德國社會充滿了動盪與不安，罷工運動風起雲湧。德國共產黨及

---

[37] 見徐天新等主編：《世界現代史(1917～1945)》(人民出版社，1985年12月版)，第78頁。

左翼力量領導工人開展鬥爭，10月23日，德共領導人臺爾曼領導了漢堡工人武裝起義，但不久即被政府鎮壓。

美英等國看到德國內亂將威脅到他們的「戰後世界新秩序」，不得不改弦更張，轉而扶持德國魏瑪政府，1924年，通過簽訂「道威斯協定」調整了德國賠款計劃，並給予德國大筆貸款。同時又讓各周邊國與德國訂定邊界及友好協定，引導德國重返國聯，使其逐步恢復國際地位。在施特雷澤曼內閣任內，德國一步步擺脫了「凡爾賽和約」的限制，開始了恢復經濟的努力。到1928年，協約國終於通過決議，以1930年6月30日為法國撤出魯爾占領區的最後時限，德國成功地向恢復歐洲大國的地位又邁進了一大步。

1925年2月28日，德國總統艾伯特去世。4月間，一次大戰時期德軍老元帥馮・興登堡(Paul von Hindenburg)繼任為總統，德國軍界及右翼政黨勢力自此占居政壇上風。

進入1929年後，世界性經濟危機爆發，德國由於戰敗失去全部殖民地及關稅貿易自主權力，受危機衝擊最大。到1932年經濟下跌到極點，工業生產比1929年下降一半，鋼減產73.1%，煤減產46%，機器生產減產73%，破產銀行及工商企業達一萬多家，失業工人達700萬，占全國工人數50%。農產品價格暴跌，大批農民破產，國民經濟陷入深刻危機。

經濟崩潰引發了社會動蕩，1930到1932年間，德國爆發了1千多次罷工，參加工人有時多達幾十萬，德國共產黨領導工農運動蓬勃發展，黨員人數從1928年12萬餘人猛增到1932年的36萬人❸。

在這種情況下，德國政局動搖不定，政府更迭頻繁卻無力維持秩序，大資產階級決心放棄議會制度，扶持「強有力」的政治勢力上臺

❸　轉引《世界現代史(1917～1945)》，第247～248頁。

以阻止工農運動及共產黨的發展，挽救現政府之命運。在他們支持下，反動的「納粹黨」在1930年國會選舉中急劇發展壯大，得票率增長七倍，議員席位從12席猛增到107席，爬上國會中第二大黨座位。

雖然社會經濟發展屢遭打擊磨難，但即使是在魏瑪共和政府時期，德國人也沒有一天停止過他們對於重整軍備復興軍隊的努力，因為具有尚武傳統的德國人當然清楚地明白，復興民族離不開強大的軍事力量的後盾與保障。

戰爭結束後不久的1921年，德國人便開始秘密擬定復興軍隊的計劃。根據「凡爾賽和約」規定：德國軍官團人數只能保留4,000人❸❾，但他們卻用「化軍為民」的方法，將額外幾千軍官穿上便服留在柏林，以「建設部」、「研究部」、「文化部」等名義集合在一起，準備一旦時機成熟，立即重建德軍參謀部。同時，德方還以士官團、退伍軍人協會、青年協會甚至童子軍的組織形式，進行隱蔽狀態下的擴軍。在海軍方面，協約國限定德國海軍只保留1.5萬人的兵力及小規模的艦船設備，但海軍方面卻以各種藉口突破限制，私自重修海軍要塞、建造潛艇，甚至將官兵派往他國潛艇上進行訓練教學，準備東山再起。空軍方面亦組織了訓練有素的官兵成立專門部門，負責重建準備工作❹❶。總之，當各戰勝國還沉浸在「勝利喜悅」之中，幻想依靠一大堆陳舊軍事準備高枕無憂之時，德國人卻已暗中集蓄了足以翻身的軍事潛力，其國防軍事力量在軍政首腦直接指揮精心操作之下，已有了可觀的恢復，不僅保存了「元氣」，而且有了迅速重建的基礎。在希特勒納粹黨上臺之後，短短幾年之內，德軍又建成了一支世界一流的軍隊，以

---

❸❾ 《國際條約集(1917～1923)》(世界知識出版社，1961年版)，第138頁。

❹❶ 李世安：《第二次世界大戰爆發》，載《揚子晚報》1995年5月21日第十七版。

至於幾乎吞食全歐洲，使反法西斯同盟國不得不聯合東西方人力、物力，在竭盡全能付出巨大犧牲之後才消滅了這一惡魔。

全球性經濟危機使德國軍國主義的發展與法西斯勢力的膨脹得到了一個千載難逢的良機，從1930年開始，歷史發展就像一隻無形的巨手又把德國引向了暴虐、獨裁、戰爭、血與火的深淵。

（三）「我們需要中國的希特勒」

繼孫中山之後成為中國國民黨領袖的蔣介石，在其對外方針上有他自己的一套觀點。北伐戰爭前後，蔣介石根據他先前率團訪俄的經驗，和其一貫的政治立場，認為蘇聯的「擴張主義」將成為中國未來的大患，共產主義理論決不適合於中國，於是他對於孫中山的「聯俄聯共」的政策，開始產生懷疑及反對的心理。

蔣介石認為，未來中國之外患，一是蘇俄，一是日本，兩者相比較，蘇俄的威脅更居首位，因此，當孫中山逝世之後，蔣介石在逐步掌握國民黨統治權力的同時，便有計劃地開始疏遠蘇聯，首先是利用「中山艦事件」，打擊中國共產黨及蘇聯軍事顧問的力量，削減其影響，而後又公然反對堅持國共合作的武漢國民政府，於1927年在上海發動反蘇反共的「清黨」，隨即在南京組建了他自己的「南京國民政府」，最後發展到「對俄絕交」，並唆使東北軍對蘇挑起軍事行動。1927年12月14日，南京國民政府發表對蘇聯斷絕邦交令，中蘇關係降到最低點。

對蘇交惡之後，蔣介石急於尋找新的國際力量來填補蘇聯顧問撤退所留下的空缺。在當時國際背景之下，英美法各國列強由於尚摸不清蔣介石的政治立場，對南京政府持著懷疑觀望的態度，他們生怕高

喊反帝的蔣介石真的會一朝取消他們在中國的殖民主義權益，因此不願與蔣政權過於親密。而德國因一次大戰戰敗後失去了在世界各地的霸權利益，此時已淪為與中國平等的地位，但其在工業基礎、經濟技術各方面又擁有雄厚實力，可被中國引為外援，故此蔣介石自然地便把眼光投向了德國，對發展中德關係寄予厚望，並積極主動地開始了他的「聯德」工作。

日耳曼民族所具有的「認真、勤儉、遵紀、執著」的民族精神當時正為中國知識界所推崇，認為它是針對舊中國貧窮、散漫、落後的國情，醫治社會痼疾的良方。

蔣介石十分贊同向德國學習這種民族精神，他曾對即將赴德留學的次子蔣緯國說：「中國應該向一個穩健紮實而不是充滿幻想的國家學習，我們不能憑幻想辦事，從日本人那裏，我們沒有什麼可學的──他們的產品製作太低劣了，美國人太愛幻想，英國人太遲鈍。德國是唯一可以從中學到一點東西的國家。他們可以給我們打下底子，從而培養發揚我們自己的穩定堅實的作風。」[41]蔣介石還曾進一步明確地號召：「德國民族的偉大精神乃是我們未來的榜樣。」[42]

就蔣介石個人來說，他因早年留學日本，並投身反清革命，深受日本軍國主義教育的影響，對武裝力量之培養嚮往之至。蔣介石對於俾斯麥在統一德國過程中所奉行的「鐵血政策」以及穩重沉著幹練的作風十分佩服，他崇拜德國民族的「尚武」精神，萌發了向德國學習，建立強大軍事力量的熱望。

在他留學日本期間，便致力於學習德語，1912年及1918年，他曾兩度準備尋機赴德留學，他也曾在《軍聲》雜誌上發表文章，贊揚德

---

[41]　柯偉林採訪蔣緯國記錄（1978年1月5日），轉引自柯偉林書，第180頁。

[42]　《德國駐華軍事顧問團工作紀要》（臺北，1969年版），第4頁。

國的軍事教育與軍事訓練制度，主張中國向德國學習。在蔣氏政治思想尚處於萌芽狀態時，「他已從俾斯麥的『鐵血政策』中找到了精神和實踐兩個方面的秘訣」，「力主將『鐵血政策』作為中國的『指導原則』」❸。這種「尚武」的思想與蔣介石倔強固執的性格相結合，造就了他一生的「獨裁」與「專制」的作風。在他掌握國民黨大權後，他身邊的一些頗具影響的「重臣」如張靜江、戴季陶等人也積極向蔣建議「聯德」，以獲取軍事及經濟援助，這些勸告對蔣產生了較大影響。精神上的崇拜與客觀實際需要的共同作用，使蔣介石堅定了他的「聯德」決心。

　　本世紀20年代，出自意大利語的"Fascism"一詞傳入中國，起初被音譯為「泛犧」或意譯為「棒喝」，表示要「持棒喝打，振頑起愚」之意，成為一種武力挽救、強力解決問題的對暴力團體主義的崇拜。後來逐漸演譯為「法西斯蒂」或「法西斯主義」， 其意也不僅指意大利，而是泛指那種進行嚴厲政府控制、國家獨攬大權、實行計劃經濟以及對民眾實行軍事化強制組訓，對外實行侵略擴張的國家形式。在中國，人們對以希特勒為首的德國國家社會主義工人黨的「法西斯主義」政策研究頗多，並把它與德國歷史上俾斯麥的「鐵血主義」相關係，以之為「法西斯主義」正宗，相反地卻沖淡了對意大利墨索里尼「法西斯主義」策源地的概念，似乎意大利的法西斯從來就是德國法西斯的附庸。

　　在開始階段，「法西斯主義」的對外侵略、殘暴掠奪奴役的面目尚未暴露，其名稱尚未腐臭。相反地，它作為有力地增強國家機器的統治效能的良方，對於那些具有濃厚封建主義傳統、缺少民主精神的國家，還具有極大的誘惑力，當時的中國便是如此。

---

❸　陸培湧：《蔣介石的思想追求》，第232頁，轉引自柯偉林書，第58頁。

30年代在中國，知識界及軍政界人士普遍地對「法西斯主義」甚感興趣，大量的出版物都在介紹、評論「法西斯主義」，並具體論述其與中國、與執政的國民黨及其「三民主義」的關係❹。包括希特勒《我的奮鬥》、《墨索里尼自傳》、《德國國社黨黨綱》等法西斯主義「經典」之作，都在很短時間內被譯為中文，在書店及報攤上廣泛出售。1937年，南京「外交學會」甚至編纂出版了德國國社黨官方文件和聲明專集《希特勒執政後之德意志》。而國民政府黨政軍大員如胡漢民、汪精衛、戴季陶、宋子文、孔祥熙等人紛紛出訪德意，考察學習。大批的中國留學生、軍校學員、商界、軍界專訪團被派往德意學習，試圖全盤移植「法西斯主義」模式到中國。

作為國民黨的最高領袖，蔣介石本人雖不曾訪德，但他對「法西斯主義」懷有濃厚的興趣，並視之為學習「德國經驗」中重要的一方面，溶入了他「聯德」計劃之中。

蔣介石通過他的軍事顧問，特別是顧問團中的「納粹黨」人，如克里拜爾等，及時地瞭解德國「納粹黨」的情況，他尤其對於納粹黨的組織與管理方法、對其黨的領袖如何在黨內「維持最嚴格的紀律，怎樣對可能出現的黨的敵人或異己派別採用嚴厲的制裁措施，從而使那些措施獲得完全成功」❺甚感興趣，急欲效仿。為此，他曾在1932年12月特派代表專程赴德採訪，並與納粹黨魁戈林見了面❻。

蔣介石雖然一步步登上國民黨領袖地位，但他領導的卻是一個派系林立、一盤散沙的政黨以及混亂落後貧窮的中國，要想確保其有效

---

❹　有關這方面具體統計可參閱柯偉林書，第187～189頁。

❺　德國聯邦檔案館藏：《鮑爾遺件》No:62，第229～230頁，轉引自柯偉林書，第189頁。

❻　《1932年12月19日鮑爾致戈林函》，轉引自柯偉林書，第189頁。

能的統治，增強其軍事力量並成功地實施「安內攘外」的方針，必須首先大大地加強中央政府對國家的控制，因此引進法西斯主義統治方法成為蔣介石最關心的事情。他對德國納粹式的「西方國家正在向上的政黨」❹的崇拜幾乎到了「心有靈犀」的地步。他認為，以中國傳統封建文化思想加上法西斯主義理論，就是今日中國由亂變治的救世法寶。

1931年5月，蔣介石在南京召開的國民會議上說：「綜察現在統治世界各國之政府，雖形式互殊，而其理論之立場，大約可概分為三……，第一，法西斯蒂之政治理論，本超象主義之精神，依國家機體學說為根據，以工團組織為運用。認為國家為至高無上之實體，國家得要求國民任何之犧牲，為民族生命之綿延，非以目前福利為準則，統治權乃與社會並存，而無後先，操之者即係進化階段中統治最有效能者。第二，共產主義之政治理論……，第三，自由民治主義之政治理論，……」。在比較了三種主義之後，蔣介石得出結論說：「挽救迫不及待之國家危難，領導素無政治經驗之民族，是非藉經過有效能的統治權之施行不可。」他並把建立這種「有效能的」獨裁統治說成是「民意」，「今日舉國所要求者，為有效能的統治權之行施，以達到解除民眾痛苦之目的」❹。

1933年9月，蔣介石在江西一次對黨政幹部演講時說：「法西斯主義的一個最重要的觀點是絕對信任一個賢明和有能力的領袖，除了完全信任一個人外，這裏沒有其他領袖和主義。……現在我們中國沒有這樣的一個領袖，我相信，除非每個人絕對信任一個人，我們不能重

❹ 《民眾論壇》社論第十二卷第五期（1936年3月1日）。

❹ 河陽等著：《蔣介石揭秘》（中共中央黨校出版社，1994年2月版），第322頁。

建國家，也不能完成革命……進一步說，每個黨員必須奉獻自己的一切，直接為了領袖和團體而行動，間接地服務於社會、民族和革命……這樣我們才能第一次真正地被稱為法西斯主義者。」❹

1934年9月11日，蔣介石又在廬山對軍官訓練團學員訓話時說：「無論專制國家、民主國家，乃至於社會主義國家，都必須有一個元首或領袖，在帝制國家裏，稱為皇帝與天子，民主國家，便稱為大總統與主席，名義雖不同，而其為代表國家的首領則一。所以《大學》裏的天子，我們可以廣義解作國家元首。」❺這番「古為今用、洋為中用」的言辭，十足地暴露了蔣介石的欲做「天子元首」的心態。

1935年，蔣介石在一次對「藍衣社」成員的講話中更明確宣布：「今日中國所需要的不是討論未來中國將實行何種理想的主義，而是需要眼下將能救中國的某種方法。」「法西斯主義是一種對衰弱社會的刺激，……法西斯主義能不能救中國？我們回答：可以！法西斯主義是目前中國所最需要的。」「在中國現階段的緊要形勢下，法西斯主義是最適合的一種奇妙的藥方，而且是能夠救中國的唯一思想。」❺

蔣介石學習法西斯模式強化獨裁統治之舉並不僅僅限於言論，更主要的還是他的行動。

首先一點是實現「權隨人移」獨裁統治的「合法化」。1931年6月，國民黨三屆五中全會通過「國民政府組織法」，規定政府五院正副院長以及各部會長都「以國民政府主席之提請，由國民政府依法任免之」，國民政府主席還擁有「公布法律發布命令」之權，當然，擁有這一切

---

❹　轉引自易勞逸：《流產的革命》（中國青年出版社，1992年2月版），第57～58頁。

❺　前引河陽等書，第228頁。

❺　同前引出處易勞逸書，第54頁。

特權之「國府主席」就由「選舉」出來的蔣介石擔任。半年之後的
12月15日,蔣介石因「九一八事變」的發生,在全國人民抗議聲中「辭
職下野」。26日,國民黨四屆一中全會通過「政制改革案」,宣布「國
民政府主席為中華民國之首,對內對外代表國家,但不負實際政治責
任,亦不兼其他官職」。「國府主席及委員、五院院長,由中執會選任
之」。五院院長「各自對國民黨中央執行委員會負責」。這時的「空頭
主席」則改由林森擔任,而凌駕於國民黨中執會之上的「中央政治會
議」則成了實權機構。28日,在四屆一中全會第四次會議上,決定由
蔣介石、汪精衛、胡漢民三人為「中政會常委」,「輪流充當主席」,而
當時汪精衛遠在國外,胡漢民避居廣東,說到底,還是蔣介石「輪」
到了手握統治實權的「中政會主席」❷。在其種種偽裝表象之背後,
蔣介石施用「權職分離」,「權隨人移」的手法,確保其統治大權的永
久占有,這種手段一直持續到他退居臺灣之後。

　　其次是直接效法德意法西斯,建立特務組織,以恐怖手段來維護
統治,駕馭部下。

　　1931年12月15日,蔣介石在被迫下臺前夕,除了調兵遣將控制中
樞以及給他離任後的新政府留下一副財政爛攤子而外,又想到直接在
中國建立一個法西斯組織,以效忠他個人,確保他能在不久之後捲土
重來。11月間,蔣介石召集他的十幾位「得意門生」開會,反覆暗
示:「現在日本帝國主義壓迫我們,共產黨又搗亂,我們黨的精神完
全沒有了,弄得各地的省市黨部被包圍、被打,甚至南京的中央黨部
和國民政府都被包圍,我們的黨一點力量也沒有,我們的革命一定要
失敗。我的好學生都死了,你們這些又不中用,看著我們的革命就要

---

❷　陳興唐:《中國國民黨大事典》(中國華僑出版社,1993年版),第303頁、
　　第332～333頁。

失敗了！」　當與會者中有人終於領悟蔣的意圖，表示要團結起來時，蔣介石便順水推舟說：「你們怎樣能團結起來，今天團結，明天就要鬧意見。好吧，你們試試也可以。」於是，會議推舉康澤等5人為新組織籌備成員，負責起草紀律條例及章程❸。

　　1932年2月，康澤把起草好的條例章程呈報蔣介石，並主張新組織定名為「復興社」。　蔣介石批准了這個全稱為「中華民族復興社」的秘密團體的成立。3月初，中國的法西斯組織「復興社」正式成立。蔣介石主持了成立大會，自兼社長，並指定康澤等9人為「復興社」中央幹事會幹事，以滕傑為書記，康澤為宣傳處長。

　　「復興社」是一個完全的法西斯化的特務組織，其主要成員如賀衷寒、鄧文儀、康澤、戴笠等人都是「誓死效忠」蔣介石的鐵桿人物。其主要成員13人以後便被人們戲稱為蔣介石的「十三太保」。　成員之一的劉健群曾公然提議效法意大利法西斯的「褐衫黨」，　把新組織定名為「藍衣社」，從服裝到用具甚至環境一律使用「藍色」，以示「統一意志，效忠領神」，　這一建議雖未被採納，但因其名稱十足體現了該組織之特性而被傳揚開來。

　　「復興社」的「太保」們在晉見蔣介石時曾一度學習德國納粹黨員稱呼希特勒的方式，把「校長」改稱為「領神」，被蔣阻止，蔣說：「你們仍然稱我為校長好了，你們懂得時局的需要，這個計劃也很貼切，不過你們年紀輕，經驗不夠，我怕你們做不好，讓我來領導你們吧。」　他再三強調組織的「內部團結統一」和「發揮硬幹、快幹、實幹精神」，　以「力行哲學」為思想根據，蔣介石親自確定「復興社」

---

❸　周林：《「得意門生」康澤》，載徐利劍主編：《蔣介石的八大金剛與十三太保》（中國旅遊出版社，1993年8月版），第217頁。（以下簡稱《十三太保》）

的宗旨是「內求統一，外抗強權，擁護領袖，收復失地」❺❹。

「復興社」成立後主要在四大方面展開了工作，一是積極發展組織，擴大影響，拉攏青年，二是廣泛開展法西斯主義理論宣傳，三是對國民黨內非蔣政治派系進行滲透、擾亂，並對國內各地方實力派軍隊進行瓦解收買等特務工作。四是屬行反共，在中共蘇區進行顛覆、破壞、搜集情報等特務活動，以配合國民黨的軍事圍剿。

在組織方面，「復興社」的班底包括了原「力行社」的全部人馬，「力行社」的成員都是忠蔣反共的「少壯派」，於是成為「復興社」的核心內層。在其外圍，「復興社」還成立了兩個「預備隊」性質的組織「革命青年同志會」與「革命軍人同志會」，目的是拉攏青年學生及軍人，灌輸法西斯思想，而後加入「復興社」。滕傑、賀衷寒等人還效法德國法西斯的訓練方法，成立了一個「騎射會」，以「勤騎、勤射、強健體魄」為號召，充滿了十足的納粹精神。

「復興社」成立以後，創辦了指導性機關刊物《中國革命》、機關報《中國日報》以及其他多種刊物，大力鼓吹「一個主義、一個政黨、一個領袖」的法西斯主義思想，他們公開撰文宣言：「我們無需隱瞞，我們正需要中國的墨索里尼、中國的希特勒、中國的斯大林！」❺❺「法西斯主義是國家瀕於崩潰時唯一的自救工具……中國不得不效仿意大利和德國的法西斯精神。」❺❻「這是一個新時代，獨裁是這個時代進步的手段！」❺❼「復興社」頭目之一的鄧文儀還主持創辦了一所「拔提」

---

❺❹　馬招法：《復興社元老滕傑》，載《十三太保》一書，第358頁。

❺❺　《組織與領袖》，載《社會新聞》1933年第三卷第十六期（1933年5月18日），第242～243頁。

❺❻　《國民黨與法西斯蒂運動》，載《社會新聞》1933年第四卷（合刊）（1933年8月24日），第274頁。

(Party)〔英文「黨」的音譯〕書店，專門發行蔣介石言行錄、傳記以及希特勒《我的奮鬥》、《墨索里尼自傳》等法西斯經典書籍，並為蔣介石樹碑立傳。鄧文儀曾在他編寫的《領袖言行》一書中寫到：「或曰領袖與墨索里尼、希特勒相埒，同為世界之偉大人物，然希氏統治下之德國……自然易於統治，墨氏統治下的意大利，亦和德國相似……而我領袖豐功偉績，實非希墨二氏所可比擬者。」❺❽這段諂媚之詞自然深得蔣介石的歡心。

在「復興社」內部，領導體制實行完全法西斯化，每分部工作完全由書記獨裁，實行層層個人負責，最終由蔣介石裁奪一切。在開始階段內部尚能團結一致，時間一長，「十三太保」為爭權奪利又鬧開了意見，所剩下的只是形式上的「統一」以及「聞領袖之名必須立正致敬」之類的表面做作罷了。

1932年9月，國民政府軍事委員會政訓隊舉辦了一期「政訓研究班」，實際上這一「政訓班」全被「復興社」分子控制，成為社辦的一個訓練組織。班主任就是「十三太保」之一的劉健群，在他主持下，「訓練班」成為地道的法西斯主義理論訓練班，全部課程都以「一個主義，一個政黨，一個領袖」為中心，公開以《我的奮鬥》、《墨索里尼自傳》為教材，號召人員「振作精神，幹一番事業」，使已經「老化」的國民黨「起死回生」。訓練結束後，百分之九十的學員被組成「華北抗日宣傳總隊」，派赴華北各地西北軍、東北軍內部進行分化、策反工作，宣揚服從中央、服從蔣介石才能「抗日救國」的「道理」，

---

❺❼　伊仁：《民主與獨裁》，載《前途》第一卷第八期（1933年8月），第1～2頁。

❺❽　焦述宏：《「戈培爾」鄧文儀》，載徐利劍主編：《蔣介石的八大金剛與十三太保》（中國旅遊出版社，1993年8月版），第174～177頁。

充當了蔣介石的「別動隊」。劉健群自任總隊長，在華北積極發展「復興社」組織。由於「宣傳總隊」隊員們按照劉的指示全穿藍衣進行活動，一時間「大批藍衣社成員在華北活動」的消息廣泛流傳，引起了日本華北駐屯軍的恐懼，在日方壓力下，劉健群終於在1935年4月奉調回南京❺❾。

1934年2月，蔣介石為了完成對江西中共紅軍的「圍剿」，貫徹「三分軍事，七分政治」的方針，在南昌發起了集中國封建文化道德與法西斯主義於一體的「新生活運動」，以宣傳中國古代儒家禮義學說與法西斯主義的「人民生活軍事化」相結合，指望這一運動來「提高中國人的知識道德，達成國家民族之復興」。伴隨這一運動的興起，法西斯主義也開始在全中國泛濫。「復興社」在全國建立了宣傳網，大力宣傳法西斯理論。

為了進一步弄清法西斯思想與組織形式，經蔣介石批准，「復興社」決定派遣代表團分批去德意考察。1932年春酆悌率第一批代表團、1934年春鄭介民率第二批代表團先後訪問德國。

1934年4月間，「復興社」代表鄭介民、滕傑、潘佑強、杜心如、李園俊、陳榮明等一行七人抵達德國，他們詳細考察了納粹黨的組織建設、軍隊訓練、特務培訓、思想文化統治等各方面情況，對之推崇倍至，贊不絕口。最後經過多方要求，幾經周折等待，他們終於見到了納粹黨魁希特勒。但希特勒對這些不遠萬里前來拜見的「信徒」們態度十分傲慢，滕傑等人卻十分滿意，興奮至極。他們到達意大利後，又受到墨索里尼的熱情接待，並當場給予鼓勵表揚，派人陪同他們在意大利訪問了很長時間。代表團表示：一定要把法西斯主義移植到中國去❻⓿。

❺❾　徐利劍：《「蝦蛉子」劉健群》，載《十三太保》，第195～204頁。

　　代表團先後回國，向蔣介石上呈了《旅歐考察報告》等文件，並在「復興社」報刊上發表了一系列介紹推崇德意法西斯主義的文章，大力宣傳法西斯主義是中國救國之道，主張盡速發展軍隊政工及特務系統，擁戴蔣介石為最高領袖，掀起了一股效法德意的輿論高潮，受到了蔣氏的高度稱贊❻❶。代表團成員之一的楊周熙，回國後寫了一本名為《三民主義之法西斯化》的書，送給蔣介石審閱，蔣介石叫來康澤，吩咐說該書可以出版，但需將書名改為《三民主義之復興運動》，以免發表後太刺眼❻❷。因為蔣介石也知道，「法西斯」的名稱在世界上並不吃香，就連塞克特等德國軍方大將對法西斯也都持著反對態度。

　　楊周熙在呈蔣介石書中還提議建立一支模仿希特勒黨衛軍的武裝力量，成立一支「別動隊」以執行「特殊任務」，而蔣介石此時已經命令康澤組建這樣一支「特務警察隊」，蔣把楊周熙的報告交康澤參考，於是，康澤呈請蔣介石批准，正式確定使用「別動隊」名稱。

　　1933年10月3日，「軍事委員會別動隊」在廬山正式成立。康澤出任總隊長，下轄三個大隊九個中隊，另有部分人員成立「便衣隊」，成員均來自軍校畢業生，中隊以上幹部則全為「復興社」分子，該武裝有別於一般軍警，是以政治作戰為主，執行「民眾組訓」的特務工作，主要任務是配合蔣軍完成「剿共」、推行「保甲制度」與「新生活運動」、「維持軍紀」及收買叛徒等等，充當反共的「急先鋒」。康澤公然以「站著進來，躺著出去」為號召，要隊員們為蔣介石盡死效忠。1935年2月，康澤率領「別動隊」2,000餘人入川，趁「追剿」紅軍之機接管四川省黨政要害部門，為蔣介石的「圖川」之舉立下了汗馬功

❻❶　趙起河：《一對活寶：潘佑強與葛武棨》，載《十三太保》，第301頁。

❻❶　同上出處，第302頁。

❻❷　周林：《「得意門生」康澤》，載《十三太保》，第218頁。

勢。「別動隊」及「復興社」在四川的組織，四處活動，一邊「剿共」，
一邊排擠四川地方軍閥勢力，訓練基層幹部，推行保甲，督軍作戰，
修建碉堡，收買共產黨中的叛徒，無所不為。最後終於使蔣介石的中
央政府在四川站穩了腳跟。康澤一時倍受蔣介石寵愛，勢力急速膨脹。

抗戰開始後，康澤又想借「別動隊」打入軍界，最終遭到陳誠派
系的排擠，1939年「別動隊」被陸軍正式收編，成為新二十八及二十
九師，「復興社」的這支武裝力量，至此結束了使命❽。

七七事變後，蔣介石為「團結一致共赴國難」，與國民黨內各派系
達成團結的協議，表示要停止內爭，達成「黨外無黨，黨內無派」的
政治局面，但「復興社」仍在活動。國民黨第二號人物、蔣的政敵之
一的汪精衛，不知從哪搞到一份「復興社」內部秘密刊物《燈塔周報》，
便怒氣沖沖找到蔣氏，把《燈塔周報》丟在蔣的面前說：「我們在黨
的正式會議上不是決定一致對外，停止內部黨派之爭嗎？不是黨外無
黨，黨內無派嗎？這是什麼？這不是黨、不是派嗎?」蔣介石聞之啞
口無言，只好說：「馬上查究，馬上查究。」汪走後，蔣介石立刻找來
康澤、劉健群、賀衷寒等人，大罵不已，他說：「我蔣某人有錢有官，
誰不擁護我？就要你們幾個擁護我？」當即下令追查《燈塔周報》是
怎樣落到汪精衛手裏的，並自此決意要解散「復興社」，另立新組織
來代替之❾。其實此時蔣介石因其政治地位已達歷史上最穩定時期，
沒有必要再靠「復興社」的小組織來維護權威，再加上此時蔣氏正籌
劃著成立一個不僅包括國民黨各派系,甚至要包括中共在內的一個「抗
日民族大同盟」式的大組織，以他為領袖，因而不惜在抗戰初期軍情
緊急之時，以大量精力來籌辦這一「大組織」，「復興社」因其效法法

❽　周林:《「得意門生」康澤》，載《十三太保》，第221～222頁。

❾　徐利劍:《「蚂蛉子」劉健群》，載《十三太保》，第210頁。

西斯主義，名聲不佳，蔣已決定去之而另起爐灶❻。

　　1937年10月中旬，蔣介石召集陳立夫、劉健群、康澤三人開會，他指示說：「現在抗戰已經發生，這是全國和長期的性質，過去同學方面（指復興社）和黨部方面（指CC）的秘密組織的形式，是不合用了。我們需要公開的範圍更大的組織，將來共產黨也可以參加的，現在我們先把黨內的力量統一起來，以黨部的、同學的和改組派為基礎，先組織起來，然後再吸引其餘的……，你們去研究一下。」❻經過再三磋商，1938年春，在武漢召開的國民黨全國臨時代表大會上，決議成立「三民主義青年團」來包羅黨內一切小組織。是年秋「復興社」正式解散，其成員大都併入「三青團」。這個法西斯主義在國民黨內滋生的怪胎，從此結束了它的活動。雖然新成立的「三青團」沒有吃掉「CC」，更沒有吞併共產黨，但他的確結束了「復興社」的歷史。

　　「復興社」的興亡只不過是蔣介石效仿德意法西斯統治的活動之一，實際上蔣介石對於法西斯主義的推崇是全面體現於他統治的各方面的。

　　國民黨內的一些主要政治派系，如陳立夫與陳果夫的「CC系」以及政學系、汪精衛的「改組派」等等，在當時都不同程度地頌揚過德意法西斯的「治國」成績，表示過要向他們學習的意願。而作為國民黨軍隊中央軍核心的「黃埔系」，則更是對法西斯領袖對其軍隊的高度獨裁統治極力吹捧，努力效仿。在軍事教育領域內，簡直把法西斯主義作為「正面教育」的課程之一，由來華德國顧問中一些納粹分子

❻　請參閱馬烈：《蔣介石成立三青團的原始動機》，載《民國檔案》1996年第四期。

❻　《康澤自述》，載《康澤與蔣介石父子》（群眾出版社，1994年版），第43頁。

擔任講師，教授有關的課程，這種法西斯主義理論教育產生了不小的影響。

在宣傳方面，所有的軍內宣傳品全為「復興社」骨幹賀衷寒等人把持，當然大力宣揚法西斯主義，並探討其「與中國實際相結合」的問題，如《黃埔月刊》、《中央航校校刊》等等都開展了系列的討論與宣傳，最終得出結論為：「通過法西斯主義，一個國家就能迅速地擺脫苦境，實現軍事化和統一。」❻❼

國民黨內一些元老及有影響的政治人物也曾公開號召學習法西斯經驗，如邵元沖主辦的《建國月刊》就贊美法西斯主義的特點之一「是能夠聚集調動一個民族的力量和共同精神去改造重建國家」。曾任駐德大使的程天放則更是一個「新德國崇拜者」，他公開號召中國人「追隨德國的榜樣」❻❽。政學系頭目黃郛也在其主辦的《復興月刊》中吹捧納粹黨政體是德國復興過程中「一大進步」，法西斯主義能夠「減少失業、增加生產」，認為在這許多方面德國都是可供中國學習的「領先國家」。國民黨元老張繼則竭力主張推舉蔣介石成為「中國的希特勒」❻❾。1934年2月，國民黨華北各省市黨部聯合其他數十個地方省市黨部，公開聯名上書敦促蔣介石「提高黨威黨權」，恢復「總理制」，推舉蔣介石為黨的「總理」或「總裁」❼⓿。剛從德意考察歸來的「中國陸海空軍副總司令」張學良更是對法西斯體制崇拜之至，宣稱「獨裁是中國解決一切問題的唯一途徑」，且堪當此任者非蔣莫屬，他甚

❻❼　馬星野：《法西斯意大利之新武力》，載《黃埔月刊》第四卷第五期（1935年11月15日），第116頁。

❻❽　柯偉林書，第119頁。

❻❾　同上出處，第201頁。

❼⓿　前引《中國國民黨大事典》，第400頁。

至準備組織一個中國的「國社黨」**⓲**，向蔣介石集中黨政軍大權。

這種對德國納粹的盲目推崇有時甚至到了十分荒唐的地步，比如對於德國法西斯臭名昭著的「種族滅絕」政策及迫害猶太人的暴行，國民黨內的「崇德者」們或視而不見，避而不談，或以贊賞的口吻來聯繫中國的實際評論一番。「復興社」半月刊《社會新聞》駐柏林的記者曾寫道：德國反猶太主義是「德國人民正當感情的流露」，因為「德國的銀行、報紙及其他商務事業幾乎全被猶太人控制住了」**⓳**。還有的文章公然號召「我們必須認識到種族的崇高和優越地位，恢復其古老的榮耀，排斥破壞種族的畸形變種」**⓴**。「必須盡快完成中國種族統一任務，特別是考慮到這樣的事實；那些少數民族都聚居在邊境地區，他們所占的共和國領土與其人口比例極不相稱」**㉑**。這完全是無視中華民族大家庭幾千年來和平共處同創造中華文明史的言論。然而，滑稽的是，德國法西斯頭目希特勒對他的中國信徒並無多少好感，他對中華民族並無正確認識，在他的經典之作《我的奮鬥》一書之中，其在談到「東方政策」時，僅涉及到對印度的看法，而全書唯一的一處提及「中國人」時，希特勒寫道，他相信「一個黑人或中國人能夠加入德國生活是完全錯誤的」，言下之意是說中國人與黑人一樣不配享受德國民族的榮譽，充滿了對中國人的蔑視。這段話發表後，曾引起中國駐德大使劉崇傑的抗議。德方為此曾正式回覆中方說「希特勒從來不想傷害中國人的感情」，並答應在《我的奮鬥》再版時刪去這段文字**㉒**。而中國的「崇拜者」們也就對「德國自稱尊重中國人

⓲　柯偉林書，第207頁。

⓳　許思邦：《德國政聞》（音譯），第362頁，轉引自柯偉林書，第205頁。

⓴　陳普：《民族復興與中國政治》，第62頁，轉引自柯偉林書，第205頁。

㉑　張其昀：《民族的危機》，第169頁，轉引自柯偉林書，第205頁。

感到滿意」❼❻。

　　中國掀起的「法西斯化」高潮引起了列強各國的關注。美國《中國每周評論》雜誌發表文章，對蔣介石「在中國推行法西斯主義」表示憂慮，就連日本也對這場旨在加強獨裁的中國政治運動表示「不安」❼❼，而國民黨內蔣介石的政敵如汪精衛、胡漢民等人出於反蔣政治需要，也對這股「法西斯化」宣傳運動進行了抨擊。

　　胡漢民並不是一位「民主派」，他曾鼓吹擴大國民黨一黨專政，但他特別反對蔣介石個人獨裁，他的追隨者劉蘆隱曾寫過一篇《從三民主義立場批評法西斯主義》的文章❼❽，全面闡述了胡氏的觀點。劉蘆隱指出，法西斯主義在德意的「成功」不是因為他本身具有什麼優點，而是資本主義議會制度的失敗，是「假民主」造成的弊端，法西斯主義是一種用民族主義偽裝起來的軍國主義，希特勒是用民族主義來掩飾其獨裁與擴張主義。胡漢民並借用馬克思主義原理來批判法西斯主義，說明納粹經濟政策雖一時表面上增加了社會福利，但它本質上是為大資本家利益服務的，是一種給國家「套上鎖鏈」的資本主義。在中國，由於沒有資本主義經濟基礎，實行「法西斯主義」的結果只能是造成「封建軍閥主義還魂」，最終使中國走向分裂，從而使民族精神喪失殆盡。此種評論可謂一針見血。胡漢民還在其主持的《三民主義月刊》上發表一系列文章，痛斥蔣介石搞法西斯主義是「畫虎不成

---

❼❺　柯偉林書，第204頁，引自德國外交部檔案1935年12月20日備忘錄。

❼❻　柯偉林書，第205頁，見蔣廷黻文，《東亞評論》1935年第十五卷，第137頁。

❼❼　《密勒氏評論報》第六十八卷第十期（1934年5月5日），第387頁，及《日中戰爭》：《現代史資料》第八冊（東京，1964年），第385～387頁。

❼❽　柯偉林書，第207～209頁。

反類犬」,「心嚮往之而力不逮」❼,他並指斥「復興社」是一個「沒有經濟、社會或歷史基礎的獨裁的軍閥集團」,是「無本之木,無源之流」,只借空洞的口號宣傳,無發展希望也無前途。

從1933年1月間胡漢民發表《三民主義與中國革命》一文開始,胡氏自己也寫過多篇文章,對蔣介石推崇法西斯主義搞獨裁統治大加討伐,他認為「法西斯主義」是一種反動勢力,它的興起「無疑的是徵示著三民主義前途的又一劫運」❽,他指斥蔣介石繼承了北洋軍閥的衣缽,蔣介石統治「五年來的一切,只是軍閥的行動,而不是黨的行動」❾,胡漢民分析了德意法西斯主義產生的歷史背景與原因,斷然指出中國沒有產生法西斯主義的土壤,他指出德意法西斯主義還有對外擴張國家利益的一面,而蔣介石卻不顧國家利益而完全為了個人利益,實無前途。他的結論是「法西斯蒂運動,實在是現代政治上最反動的運動,它的沒落,不是理論的問題,而是時間的問題」❽,「三民主義的革命運動絕對不能與法西斯蒂的反動運動並存」,「中國產生不出法西斯蒂來」。他認為蔣介石學不到法西斯的真諦,充其量「只能做到流氓式的偵探或暗殺為止」。他號召「一切三民主義的信徒,必須抱著堅定的信念,不與法西斯蒂共存亡」❽。

由於胡漢民的反蔣反法西斯言論,使「復興社」特務們十分仇視,胡氏在廣州的住所連續發現暗藏的炸彈,使其不得不遷居別處❽,而

❼　《三民主義週刊》第一卷第一期,第4頁。

❽　同上出處,第6頁。

❾　同上出處。

❽　胡漢民:《論所謂法西斯蒂》(中興學會,1935年1月版),第36頁。

❽　同上出處,第34頁。

❽　陳紅民等著:《胡漢民評傳》(廣東人民出版社,1989年10月版),第263

作為胡氏依靠力量的廣東地方實力派領袖陳濟棠也對「復興社」分子施行過嚴厲鎮壓，1933年，他曾下令逮捕了74名「復興社」在廣東的成員，並將其中9人判刑。當時《北華捷報》評論說：「共產黨員在廣東也沒受到這麼嚴厲的處置。」❽

　　從嚴格的意義上來說，中國三〇年代初期的所謂「法西斯化」運動，並非真正地是要學習法西斯主義，而是同當時中德關係密切發展相聯繫的一種適應了蔣介石政治需要的、用以鞏固其統治的手段，它就如同胡漢民的「反法西斯主義」的實用性一面的因素一樣，是國民黨內鬥爭的又一回合與施用工具而已。

　　就蔣介石而言，他推崇德國法西斯主義是要把來自外國的思想與組織形式與根本依靠中國傳統道德來建設他的「新國家」的思想有機地結合起來，「蔣介石深入分析德國成功的經驗，取來與中國傳統道德相結合，以後者界定前者」❻，並相信一定會獲得成功，而對於所謂「純法西斯主義」概念，他並沒有特別的信仰。所以，一旦處在國內外及黨內外反對力量的聯合壓迫之下，他也就「後退」了，除了最終拋棄了「復興社」組織而外，1934年11月27日，蔣介石在國民黨五全大會前策動「獨裁集權」運動失敗之後，他在接見日本記者時公開宣稱：「中國的情況與德國、土耳其、意大利不同，所以不需要獨裁。」❼

　　抗日戰爭開始以後，由於與日本法西斯侵略者作戰和國內團結抗日局面的形成，南京國民政府被迫作出一些「開放政權」的民主姿態，

頁。

❽　易勞逸：《流產的革命》（中國青年出版社，1992年2月版），第95頁。

❻　柯偉林書，第223頁。

❼　胡適：《我們需要或想要獨裁嗎?》，第89頁，轉引自柯偉林書，第207頁。

用以維繫全國人心，鞏固抗日陣營，成立了「國民參政會」，釋放了一些政治犯，達成了國共第二次合作。蔣介石不得不在「獨裁」道路上向後再退一步，「法西斯主義」逐漸成了人人喊打的「過街老鼠」。太平洋戰爭爆發後，全世界人民已完全認清了法西斯主義的侵略擴張本質，全球範圍內的反法西斯戰爭正式開始，世界分裂為「民主同盟」與「法西斯軸心」兩大對立陣營，中國因為最早與日本法西斯開戰，反抗其野蠻侵略，遂成為世界反法西斯同盟主力之一，蔣介石及其國民政府成為「同盟陣營」中代表中國的中央政府，蔣氏個人亦被推舉為「盟軍中國戰區最高司令」。但是，他一貫的法西斯式獨裁統治及特務政治的手段一點也沒改變，反而借助戰時條件將黨政軍最高職務齊集一身，獨攬全權。據統計，抗戰時期「蔣介石身任27要職，兼職在一千以上」 ❽，可創造一項新的「吉尼斯世界紀錄」。與此同時，他對德意兩國法西斯政權的「好感」也沒有消失，只不過在全世界反法西斯浪潮推動下，他不得不因時而異，拋棄了公開的法西斯主義旗號及「聯德」方針而已。戰後，法西斯主義成為不齒於人類的歷史垃圾，蔣介石自然要極力刪改、迴避他過去一切頌揚法西斯主義的言論，並將他對德意法西斯的推崇效仿行為深藏於歷史黑匣子之中，以維護其「領袖」形象。對於蔣氏早期對法西斯主義的推崇，以及後來他在反法西斯戰爭中的貢獻，是非功過將留待人民評說。

---

❽　何仲山等著：《毛澤東與蔣介石 —— 半個世紀的較量》(中國檔案出版社，1993年12月版)，第108頁。

二、艱難的「追求」

(一)邦交初建

從1927年南京國民政府成立起，到1937年中國全國抗戰爆發為止的十年間，中德外交關係在雙方的努力下，有了十分顯著的進展，中德兩國從此建立了在平等互惠基礎上的全方位的合作。這種合作在其前期（1931年佛采爾總顧問來華之前）的具體表現形式是中方與德國顧問私人間的聘用關係，而在此後期則表現為中德雙方政府間合作關係，來華德國顧問已擁有官方身份；雙方的工業合作及「易貨貿易」蓬勃發展，中德關係達到了前所未有的高度。

當時在德方內部，其對華政策並非鐵板一塊。德國共和政府的首腦及外交官員，對與中國的合作顧慮重重，生怕因小失大，以違反「凡爾賽和約」而招來國際制裁。而以國防部為代表的軍方人士，以及德國國內大企業家財團巨子，從自身利益出發，急欲發展對華合作，以解決本部門的實際困難。在這種情況下，德國的對華關係便呈現出一種矛盾複雜的狀態。

1926年夏季，蔣介石通過朱家驊，聯絡德國軍隊退役軍官來華出任他的顧問，由此拉開了南京國民政府對德合作的序幕。有關德國軍事總顧問及其領導的德國顧問團與蔣介石政府關係的發展過程，本書將在下文中詳細論述，而這一時期的中德間外交關係，也因德國軍事

顧問的來華，開始變得繁雜起來。

　　當時德國駐華公使博鄴率公使館長駐北京，他秉承德國政府的旨意，對以鮑爾為首的德國軍事顧問團幫助蔣介石打內戰之舉，抱著堅決反對的態度，曾公然要求鮑爾辭職回國。而另一方面，德國政府因搞不清中國國內尚在發展變化的政局前景，對南京政府的前途不能認定，一時難以下決心與蔣介石合作。蔣介石有鑑於此，對德方開展了一連串外交攻勢，以期獲得柏林官方的支持，除派遣資深外交家蔣作賓出任國民政府首任駐德公使外，並派遣了「兩個軍事代表團與一個經濟代表團，分別由陳儀、張治中與孫科率領，訪問德國各地，試圖磋商中德軍事與工業合作及學習德國的長處」❶。陳儀的代表團持有蔣介石親筆信，並有鮑爾作為介紹人，在德廣泛活動，以聘請軍事顧問為主要目的，其活動經過容當後敘。而以孫科為首的代表團，背景卻不很明朗。當時，蔣介石為「寧漢合流」之需，一度辭職下野，孫科於蔣走後的1927年10月至1928年1月間出任「寧漢合流」南京政府財政部長。1928年1月，蔣介石運動復職，以宋子文代替孫科職務，孫科改任建設部長，但他未就任，旋即與胡漢民等人出國赴歐「考察旅行」。

　　孫科此次德國之行，試圖向德方人士介紹孫中山「建國大綱」及「實業計劃」中有關中國建設之「藍圖」，　爭取德國的財政與技術幫助。「最首要者，為十萬公里鐵路、港口及重工業建設計劃」。6月7日，孫科向德國外交部送交了這一計劃，孫科認為，要完成這一計劃，決非某一或數家德國企業與公司可以承擔，必須有德國政府的支持。

　　德國政府此時正值改組之際，左翼派別在內閣中占主導地位，政

---

❶　傅寶真：《德國與我國抗戰前南方內陸工業區發展及背景之分析》，見《逢甲學報》第二十一期（1988年11月出版），第55頁。

府所關心的焦點從工商利益轉向勞工問題，對發展海外經濟持慎重態度，另又據駐華使館報告，德外交部認為孫科充其量是個「不管部部長」，是否已得到南京政府的支持尚未可知，「政府實在無意在其認為不太安全的地區從事冒險與投資」❷。儘管如此，德方仍給了孫科相當禮遇，介紹他與全德工業聯合會 (Die Reichsverband der deutschen Industrie)建立了聯繫。該會是德國一個重工業和工業銀行的組織，孫科在與之接洽時邀請該會派遣一個工業代表團訪問中國，這項邀請直到兩年後才付諸實現。與孫科同時訪德的國民黨元老之一胡漢民則與德國政府國務秘書長許伯(Nonlchucert)商討了有關兩國邦交的問題❸。

　　孫科的訪問的確引起了德國工業界來華投資的興趣。1929年1月，全德工業聯合會建立了一個特別的中國委員會，由該會副主席佛羅溫(Frowein)出任主席，具體籌辦組織考察團前往中國的事務，並「以一種德國工業界積極投入的態度搜集所有與中國經濟建設相關的信息，據此提出進一步的計劃或項目」❹。

　　中方為歡迎這一考察團，也組織了由政府有關部門代表組成的「籌備委員會」，孫科任主任，但各部門在對德合作具體項目上卻「均未達成一致意見」❺。由於這一緣故，1929年2月10日，中國財政部長

❷　傅寶真前引文，第55頁。

❸　陳紅民等著：《胡漢民評傳》(廣東人民出版社，1989年10月版)，第201頁。

❹　全德工業聯合會《商務報告》第十一卷第二期（1929年1月），第31頁，轉引自德外交部政治檔案⒂ Bd.2。

❺　《歡迎德國工業考察團籌備會第一次會議記錄》(1929年1月21日)，載《鐵道公報》(1929年第三期)，第143頁。

宋子文電告德方代表團推遲訪華日期至秋季，理由是：「我們那時將向你們呈獻更多的東西。」但實際原因是中方內部的矛盾，宋子文想把中德合作建設項目置於他的財政改革基礎上並受財政部控制，而孫科則想把「建設項目置於他的部（鐵道部）領導之下」❻。

中國人的內部矛盾給了德方一個機會，使他們認真考慮對華合作中的一些現實問題，以統一對華合作的步驟，並使德方較為冷靜地分析中方國情及其在對德合作中經濟支付能力。經過反覆醞釀，「中國考察團」終於最後組成，團長由全德工聯會主席團成員之一的海因里希·瑞滋曼(Heinrich Retzmann)擔任，他是薩克森工業家聯合會主席，考察團團員則幾乎全為德國企業家及銀行家，包括鋼鐵、機械、鐵路、電力、國家銀行等各界代表。

遲至1930年3月1日，「中國考察團」終於啟程來華。德方的訪問目的並不在於簽訂多少經濟合同，而主要是考察中國經濟狀況，與中國領導建立私人關係，並與他們探討「那些基於孫中山設想，且有必要性與可行性的項目」❼。考察團在華訪問了三個月，他們在中方官員陪同下訪問了若干省份的 13 個城市，當他們赴東北工業重鎮訪問時，北寧鐵路特備了頭等車，並以最優等招待熱烈歡迎。在天津的一次歡迎會中，曾主持對德宣戰此時已下野賦閒的段祺瑞居然也出現在歡迎行列中，並對德國客人就過去的「宣戰」歷史表示歉意，他還發誓說今後「將永遠是德國的朋友」❽。

---

❻　《埃德曼斯多夫（北京）致德外交部》（1929年2月10日），德外交部政治檔案(17)。

❼　德國聯邦檔案館：《西爾維爾伯格遺件》No. 243，第3～4頁，全德工業聯合會1930年11月1日備忘錄，轉引自柯偉林書，第338頁。

❽　前引傅寶真文，見《逢甲學報》第二十一期（1988年11月），第56頁。

「中國考察團」回國後，在德國「工聯會」特別會議上作了口頭報告，以後又整理出了一份長達200頁的對中國經濟全面的「包羅萬象」的報告，主要內容是他們指出中國目前局勢雖然仍在動亂而不適合於德國投資，但相信此種內亂不久之後即可結束，中德合作長遠前途非常樂觀，工業界應為未來作好準備、鋪好道路，以奠定中德長久合作之基礎。為此，考察團從訪華親身經歷中意識到，在中國辦事，搞好人際關係是成功之秘訣。從正面解釋可以說中國是一個「重人情味」的社會，故宜在中國政府中大力培養「親德派」勢力，對德國軍事顧問赴華更要全力支持，以擴大對華領導階層的影響，必要時不惜以金錢手段達成效果。報告同時也建議加強兩國文化交流，提供中國青年赴德留學機會，支持在華創立德式教育機構（如上海同濟大學）與傳播德國文化之媒體（德文報紙），以作未來之「間接準備」❾。報告總結說，只要國內和平能夠保持下去，中國將「為外國工業和貿易提供異乎尋常的可能性」，其工業成長及一個「易於消化工業產品」的市場的先決條件已經顯現了出來❿。

《全德工業聯合會中國考察團報告》發表後，不僅在德國廣為流傳，且通過中德外交界送到了蔣介石、宋子文、孔祥熙、何應欽、胡漢民、朱家驊、陳儀等十餘位與德國有關係的中國中央大員及許多省級官員手中，使中國的領導層對於德方對華認識及對華合作態度，有了深刻理解。但遺憾的是，這份重要文件，今天在中國第二歷史檔案館所藏原國民政府檔案中並沒有發現，僅在德國聯邦檔案中有其複本收藏。

這份報告同時也引起了德國政府的重視。1931年2月，德國教育、

---

❾　柯偉林書，第83頁。

❿　前引傅寶真文，見《逢甲學報》第二十一期，第56頁。

商務及文化等部與「工聯會」舉行了聯席會議，商討協調幫助中國留學生來德學習的問題以及能否對華提供信用貸款，以幫助中國購買德國產品、解決德方經濟危機的可能性❶。據德國駐北京公使館的分析報告，當時南京國民政府財政異常困難，連職員的工資也發不出，其前景如同當年北洋政府一般暗淡，德商切不可冒險在華從事經營貿易❷。但德國政府為急於擴大產品出口擺脫經濟困境，遂不避艱險，準備召開內閣會議並成立一個委員會討論此事。不意此時德國突發金融危機，許多大銀行倒閉，形勢一片混亂，對華貸款遂成為泡影❸，直至1933年希特勒上臺，德國才從政治經濟危機中緩過氣來。

　　「中國考察團」訪華之行，嚴格地說來只是德國產業與金融界急於打入中國市場的一次嘗試之舉，而此時德國共和政府卻在本質上對華持著另一種態度。

　　戰後的德國，因受「凡爾賽和約」的限制，魏瑪共和政府不敢也不願與蔣介石急速發展關係，起初他們仍然是以北京政府為中國合法政府，蔣介石的對德聯絡工作歷經艱難，一波三折，最後終於聘請了一批德國軍事顧問來南京服務，但他們都是以私人名義與南京政府簽約的，德國共和政府一再對外否認這些德國人具有任何官方身份及背景。但德國顧問的服務，確實給蔣介石留下了極好的印象，從而更堅定了他的「聯德」決心，他希望德國來華顧問團升級，聘請職位更高、人數更多的德國軍事、經濟專家，同時積極謀求發展雙方外交關係以及全面的經濟合作。

　　南京國民政府於1928年6月完成「第二期北伐」，初步達成了在全

❶　轉引自前引傅寶真文，見《逢甲學報》第二十一期，第57頁。

❷　同上出處，第58頁。

❸　同上出處。

國範圍內的統一。7月7日，國民政府發表宣言，表示「現在統一告成，國民政府……對於一切不平等條約，特作下列之宣言：㈠中華民國與各國間條約已屆滿期者，當然廢除，另訂新約。㈡其尚未滿期者，國民政府立即以相當之手續解除而重訂之……」❶。南京國民政府外交部長王正廷向北京各國駐華使館發出通知，請他們派員來寧與國民政府接洽外交，修訂條約。各國徘徊觀望，不願南遷，而德國因無歷史包袱之累，首先同意與南京國民政府建立聯繫。

1928年8月17日，德國駐華公使卜爾熙抵達南京，就另訂新約問題與南京政府外交部長王正廷會商數次，簽訂了「中德關稅條約」。這份條約內容如下：

大中華民國、大德意志民國因欲增進兩國間固有之睦誼，並發展及便利兩國商業關係起見，決定締結條約。為此，簡派全權代表如左：

大中華民國國民政府主席特派外交部長王正廷；

大德意志民國大總統特派大德國特命駐華全權公使卜爾熙。

兩全權代表將所奉全權證書，互相校閱，均屬妥善，議定條約於後：

第一條：兩締約國以達到關稅事項待遇之絕對平等，及補充中華民國十年（1921年）五月二十日之中德協約為目的，議定：對於一切關稅及其關係事項在彼此領土內享受之待遇，應與任何其他國享受之待遇毫無區別。

兩締約國之一，不論在何種情形之下，在其領土內，不得向彼國人民所運輸進出口之貨物徵收較高於或異於本國人民、或任

<hr />

❶ 《南京國民政府關於重訂條約的宣言》（1928年7月7日），載《中華民國外交史資料選編(1919～1931)》(北京大學出版社，1985年版)，第456頁。

何他國人民所完納之關稅、內地稅或何項捐款。

按照中華民國十年（1921年）五月二十日中德協約附帶換文內所載，在國定稅率未普通施行之前，德貨入口，得暫照通用稅率完納關稅一節，應即取消。

第二條：兩締約國應於最短期內，以完全均一及平等待遇之原則為基礎，開議商訂通商及航行條約。

第三條：本條約用中德英三國文字合繕，遇有解釋兩歧之處，應以英文為準。

第四條：本條約應於最短期內批准。於兩國政府互相通知批准之日起發生效力。

王正廷

卜爾熙

大中華民國十七年八月十七日

西曆一九二八年八月十七日 ❺

　　這份條約之簽定，在形式上達到了雙邊的平等地位，可在當時國人卻認為「且新約中之不平等反較為甚」，因為它提高了作為戰敗國的德國的在華地位。「於是全國輿論大嘩，群對外交當局表示不滿，外交當局亦頗受其苦，然事已成就，亦只能徒喚奈何而已！」❻但無論如何，這是南京國民政府第一次與德國簽訂外交條約，標誌著雙方正式外交關係之開始，並為後來德國工業產品及資本投入中國市場創造了基本條件。

---

❺　《中華民國外交史資料選編(1919～1931)》，第478頁。

❻　洪鈞培：《國民政府外交史》（第一集）（華通書局，1930年7月初版），第297頁。

　　從此以後，中德雙方外交關係即以德國軍事顧問團的在華活動及中德經濟貿易合作兩條主線為基本內容，廣泛地開展起來。

　　德國共和政府雖然對發展對華關係不太熱心，但在軍、經兩方面「拖牽」之下，不得不以比較被動的姿態開展對南京國民政府的接觸工作。

　　1929年1月，蔣介石委派資深外交家蔣作賓出任南京政府首任駐德公使。德國政府對蔣氏到來給予了熱情的歡迎。蔣公使曾電南京當局匯報說：「賓抵柏（林）時，德國政府表示誠懇歡迎，政府機關報及一般輿論發表對華親善言論，指頌國民革命成功，並與兩國國際地位相提並論，措詞尤為懇切。」這段話，大體反映了兩國在邦交初建之時，雙方尚無過分密切交往，更無任何矛盾的情況下，對於發展邦交的良好願望。在這種友善氣氛中，德方也顯示了對華友好的姿態，在國際關係中努力幫助南京國民政府維護其利益。

　　1929年7月19日，中俄因「中東路事件」而斷交，德方曾受中方委託，於10月9日致函中蘇雙方要求各自釋放在邊界衝突中所拘捕之對方人員，並在調停工作中注意維護中國的利益，受到了中方的好評❶。是年夏，南京國民政府為孫中山舉行奉安大典，德國政府遣使來華致唁。

　　南京國民政府成立後，對日關係問題一直是困擾外交當局的最大難題。中國資深外交家蔣廷黻曾經說過，「在國際舞臺上，中國的根本任務就是孤立日本，盡量爭取世界各國同情，幫助中國」。簡言之，「孤立日本、爭取外援」是中國對外關係的中心與大目標。

　　在這一戰略目標之下，對德外交無疑是服務於對日外交的，中國

❶　張水木：《對日抗戰期間的中德關係》，見《近代中國》（雙月刊）第三十五期，第544頁。

要爭取德國親華疏日、幫助中國，這是民國時期對德外交的主題。

1929年9月，南京國民政府首任駐德公使蔣作賓抵達柏林後即向德方提出了建立「中德蘇大同盟」的計劃⓲，這一計劃由於不符合德方的世界戰略，最終沒能成功，但透過它，我們仍不難看出中方試圖通過加強中德俄三國的聯合，達成孤立日本的「單相思」式的努力。

第二任中國駐德公使劉文島於1931年抵達德國，他曾多次利用各種方式將前述三國同盟計劃向德方遊說，但均遭冷遇。其後劉文島便轉而將對德外交工作的中心移向中德工業合作及爭取德國工業界來華投資，並取得了一定的進展⓳。劉文島在任期間，繼續貫徹「爭取德國孤立日本」的國際外交戰略。

其後劉崇傑、程天放相繼使德，他們依然執行了這一對德外交指導方針，只不過他們不再要求什麼「三國同盟」，而全力務實地爭取發展中德雙方工業及貿易合作，以期收到德國對華軍事經濟援助的實效，以此來增強對抗日本侵略的力量。

(二)蔣介石與他「唯一的歐洲朋友」

自1840年清王朝被迫打開國門之後，在近代中國走向開放的變革過程中，始終是有外籍顧問伴隨在當政者左右並參予其政的，他們成為這段風雲變幻歷史的見證人。

外籍顧問對於中國工業、軍事等方面近代化所發揮的影響是不可

⓲　吳相湘：《首任駐日大使蔣作賓》，載《傳記文學》第六卷第二期。

⓳　吳相湘：《首任駐義大使劉文島》，載《傳記文學》第十一卷第二期。劉氏與德方簽訂的購買火車頭、火車車廂的協議，曾在兩國工業界引起廣泛注意。

低估的，他們的作用在一定程度上也影響了中國民主革命的進程。特別是在南京國民政府時期，抗戰之前的德國顧問團以及抗戰以後的美國顧問團，都曾起到過十分重要的作用，對國民政府的政治軍事方針產生過至關重大的影響。其中一個十分典型的例證便是：蔣介石的對德外交就是從他聘用德國軍事顧問來華服務而開始的。

德國軍事顧問團在華活動是民國時期中德關係史上兩大主要內容之一，日耳曼民族的思想、作風、技術以及德國政府的對華方針、遠東政策通過德國軍事經濟顧問而傳播到中國。儘管由於各種原因，顧問們的表現有時或許與德國政府的立場並不一致，甚至相反。但總的來看，德國顧問團代表了德國政府與民族的利益，對南京政府的內外政策；對中國軍事、工業、財經、教育等方面的進步與發展；對中國內戰以及抗日國防；甚至於內政外交，都施加了較大影響，成為這段歷史上一個頗具價值的研究課題。

德國軍事顧問團來華之源起，實緣於南京國民政府對俄絕交前後，為填補蘇聯軍事顧問被逐所遺空缺而開始，並逐步擴大其規模，最後形成了一整套機構完備，具有某種超級權力（委員長代理人）的顧問機構，最終卻在中德兩國分道揚鑣的客觀大背景之下急速地結束了它的歷史使命。

南京政府為什麼要在列強各國之中單單選定德國人來繼承俄國人的遺缺呢？在英美法日列強都在覬覦這些顧問位置，希望藉此加強對華影響的情況下，中方作出這種選擇，其中原因有三：第一是作為最高領袖的蔣介石對於日耳曼民族精神之敬仰，對德國重整軍備成果之欣賞，以及對於中德平等友好相處之企望。第二是在蔣身邊工作的一批親德官員如朱家驊、李鼐等人的極力推崇。第三是因為德國當時在世界上所處的獨特地位。第一次世界大戰之後，德國淪為戰敗國，被

迫放棄了他的一切殖民利益，在國際上被逐出列強行列，已淪落為與中國同等的國際地位。然而德國卻具有復興的基礎與實力，並且正向著重新崛起的目標迅速發展。在中外關係上，他是唯一可以給予中國實際幫助而又不以居高臨下的姿態與中國交往的「平等夥伴」，這當然符合中國政府的需要，並能在心理上引起共鳴，這就為兩國間發展合作奠定了基礎。而聘用德國顧問，對南京政府來說，又可免去在列強之間「擺不平」的麻煩，是為蔣介石的最佳選擇。1927年，當南京國民政府成立之後，蔣介石便通過朱家驊轉告在上海的德國人士「南京正計劃在所有的部門聘請德國顧問」❷。

對於德國顧問的這種優越「天資」，他們自己也有一定的認識。曾一度在蔣介石身邊擔任侍從顧問的德國人史太邱 (Streccius) 大尉就曾以一副「自我感覺良好」的神態生動地描述說「法國人太倨傲，太浮躁，做中國軍事顧問是什麼用處也沒有的。他們把中國要做的事情告訴了中國當局，如果中國不照他的指示去辦，他只是聳聳肩便完事；英國人呢? 太懶惰，所以也不行」；蘇聯人則「不壞，可是他們的心理，跟中國人的心理卻是差不多的，他們說『尼契伏』，中國人說『沒有法子』，這語調是極相像的。其次他們的顧問也太專門化，每個顧問只懂得一樁工作，別的便不知道了。舉例來說，他們的技術顧問，唯一所懂得的只是大炮的特殊構造，而這對於中國是沒有多大幫助的，因為中國的軍備大都來自世界各國，所以非懂得各種炮不可」❷。這樣看來，唯一適合中國人需要的外國顧問，也許只有德國人了。

德國顧問團來華後經歷了五個時期，分別由不同的人物負責其工

❷　《威廉‧瓦格納致德國外交部》（1927年6月18日），德國外交部政治檔案⑿:Bd:1～4，轉引自柯偉林書，第55頁。

❷　弗雷達‧阿特麗著:《揚子前線》（新華出版社，1988年版），第7頁。

作，擔任顧問團長及總顧問一職。顧問團規模由小到大，團員人數及專業範圍不斷擴充，直到遍及中國軍事、訓練、教育、工業、航空、文化各部門。顧問團各時期及主要負責人情況列表如下：

總顧問	鮑爾（上校）	克里拜爾（中校）	佛采爾（中將）	塞克特（上將）	法肯豪森（上將）
德文姓名	Max Hermann Bauer	Hermann Kriebell	Georg Wetzell	Hans von Seeckt	Alexander von Falkenhausen
時間	1926年11月～1929年4月	1929年4月～1930年5月（代理）	1930年5月～1934年3月	1933年5月27日來華訪問，1934年5月正式任職～1935年3月	1935年3月～1938年7月回國

德國顧問團是通過什麼途徑來華的呢？要搞清楚這一問題，還必須從南京國民政府成立之前講起。

1926年，在廣東國民政府內部發生了「三二〇事件」（即「中山艦事件」），以蔣介石為首的國民黨內實力派開始反共反蘇，雖然這一事件最終並未造成蔣介石與共產黨人及蘇聯顧問的完全決裂，但蔣介石在暗中已決定排共排俄，為逐步疏遠蘇聯，他急於尋找第三國的軍事顧問來代替蘇聯顧問。

這年夏季，蔣介石囑咐張靜江、戴季陶出面，委託廣州中山大學教授、曾經留學德國的朱家驊代蔣尋覓德國軍事顧問人選，進行探尋聯繫❷。朱家驊受此重託，不敢怠慢，立即去函德國，委託他的老師、

---
❷ 柯爾比（柯偉林）：《德國與中華民國》（英文版）（斯坦福大學出版社，

德國工程師學會主席康德・馬契奧斯教授(Conrad Matschoss)及德國
軍界幾位名將進行了聯繫，先後問詢過埃里克・馮・魯登道夫(Erich
von Ludendorff)、漢斯・馮・塞克特及蓋爾格・佛采爾等數人，但都
被婉言謝絕。這些德國軍官當時尚弄不清中國南北內戰的情況如何，
也無法預測廣東國民政府與蔣介石的前途，他們不敢冒然來華，介入
中國複雜的內戰之中。

　　當時，德國國內的情況也非常糟糕。德國人民所面臨的是戰後百
孔千瘡的社會經濟、巨額的戰爭賠款負擔與大多數人的失業威脅，人
民生活水平一落千丈。在這當中，一向為德國社會所尊寵的特權階層
——職業軍人，特別是軍官們的日子也十分難過。

　　德國國內的這種混亂局面，給退伍軍官來華創造了機會與可能。
在塞克特、佛采爾拒絕來華之後，鮑爾便成為受聘的最佳人選。

　　在這種內外適宜的條件下，德國軍事顧問團來華已成為必然。而
首先克服重重困難來華者是鮑爾上校。

　　馬克斯・鮑爾(Max Bauer)，1869年出生在德國一個中產階級家
庭，成年後投身於軍界。第一次世界大戰爆發時，他在德軍參謀本部
作戰處任少校參謀，當時他的頂頭上司、上校處長便是後來的德軍名
將魯登道夫。鮑爾所擅長的是重炮設計專業，並在軍事理論上有所創
新，曾自己設計過新型重炮，為此榮獲柏林大學榮譽博士學位㉓。第
一次世界大戰爆發後，戰爭給鮑爾以施展才華的機會，1916年8月，
魯登道夫升任德軍參謀本部副總參謀長，鮑爾也隨之得以提拔，晉升

　　　　1984年版)，第41頁。William C. Kirby: *Germany and Republican of
　　　　China.*

㉓　傅寶真：《在華德國軍事顧問史傳》，《傳記文學》第二十三卷第三期，
　　　　第8頁。

上校。他直接參予了1918年蘇德「布列斯特和約」的簽訂工作。德國戰敗投降後，鮑爾軍旅仕途隨其退役而中斷，他像千萬退役軍人一樣，心中充滿不滿與憤悶，投入「卡普暴動」。 暴動失敗後，他遭到共和政府通緝，逃往國外，先後在匈牙利、奧地利擔任外籍軍事顧問。

1923年11月，鮑爾曾接待了中國北洋政府「蘇皖贛巡閱使」齊變元使者的訪問，一度答應來華充當齊的私人軍事顧問，並表示他對來華很感興趣，稱此行將給他提供「組織方面的良機」❷。但後來由於中國國內局勢混亂，此行被耽擱下來。1923年12月，鮑爾應托洛茨基之邀，去蘇聯擔任紅軍的軍事顧問。此後他又到過西班牙、阿根廷等國任職。1926年3月回到德國，開始與德國、荷蘭及瑞士軍工企業界建立聯繫，試圖在商業方面有所發展。

1927年3月，廣東政府的使者經魯登道夫的推薦，找到鮑爾，向他徵詢廣東發展軍事及工業計劃意見並聘請其來華，鮑爾愉快地接受了邀請，並立即著手研究中國軍隊現狀，他還與德國及瑞士工業企業進行聯絡，為赴華後開展貿易工作做準備。8月，他通過留學柏林的朱謙（朱家驊姪）寄來了他的《現代軍隊組織建議書》， 提出了整理中國軍隊的建議。朱家驊與中山大學校長戴季陶審閱該文後，覺得十分重要，便一同去找留守廣東的李濟深商量，建議立即聘請鮑來華仕國民革命軍顧問❷，李表示同意，並提議鮑爾月薪為1,000元❷。當時

❷ 伯恩・馬丁：《在華德國顧問團(1927～1938)》《鮑爾致魯登道夫函》(杜塞爾多夫，1981年德文版)，第98頁。Martin Bernd, *(Hrsg) Die Deutsche Beraterschaft in China 1927 ～ 1938*, Militaer-Wirtschaft-Aussen Politik Duesseldorf, 1981.

❷ 胡頌平：《朱家驊年譜》(臺北，傳記文學出版社，1969年版)，第18頁。

❷ 馬丁：《在華德國顧問團(1927～1938)》，第113頁。

蔣介石已率領北伐軍打到南京，並成立了南京國民政府。戴季陶將有關鮑爾的情況轉告了蔣介石，蔣對鮑爾很滿意，命令朱家驊立即請他來華上任。

在北京的德國駐華使館，對南京國民政府準備聘用德國軍事顧問之舉持著反對的態度。駐華公使博鄴(Boye)曾為此在1927年8月9日上書德國外交部，談了他個人的一點看法，他寫到：「中國人今日在德尋求軍事及其他專家，並非顯示其任何對德之偏愛，亦非表示其對德國人工作能力之欽佩，而純係因為德國人對中國不懷侵略野心，並容易相處，而且隸屬於中國裁判權之下……不如其他享有法外領事裁判權之外國人要求許多份外特權待遇，許多協約國政府仍在華採取強硬炮艇政策而威脅中國。」因此，他不僅反對德國政府派員來華，而且反對德國顧問以私人名義來華。他認為：「倘若冒險犯難之德國人願受聘來華任職，他們必須自己承擔其冒險性之責任，此等行動，不獨對德國毫無功績可言，而且會帶來莫大之不快，尤其他們不可妙想天開能如其他每位於國外任職之德國人一般，可獲得任何官方之經濟支持。」❷❼博鄴公使的這種態度自然與南京方面扣押了德國「雷克梅」號等三艘輪船，從而引起中德關係緊張一事有關❷❽。然博鄴的阻礙並未能阻止蔣介石聘請鮑爾一行來華服務。

出於全面考慮，德國政府在南京國民政府成立後，還是對蔣政權表示了友好的態度，曾公開表示：「我們不應以拒絕任何合作的方式來損害同南京官方當權者們的合作關係。」❷❾鮑爾也曾為此與克虜伯財

---

❷❼　德國外交檔案：《博鄴1927年8月9日致外交部報告》檔號 IV Chi2035。

❷❽　博鄴認為「輪船事件」是中方聘用德國顧問之阻礙。引自德國外交檔案 IV Chi3035。

❷❾　王安娜：《第一次世界大戰後的中德關係》，載《近代史研究》（1985年

團、容克飛機公司、奧涅肯軍火康采恩等德國大資本財團進行會商，他們一致認為中國是德國「唯一有可能爭取到的最大市場」**❸❶**。

1927年10月8日，鮑爾登上「德紹」(Dessau)號貨輪離德赴華。在旅途中，他致函容克財團說：「我希望到1928年初回來，那時局勢將明朗化，我將有機會瞭解許多可能對我們有用的第一手情報資料。」**❸❶**

11月16日，鮑爾帶著德國財團的重託，踏上廣州碼頭。

朱家驊陪同鮑爾前往李濟深寓所拜訪，受到了熱情的接待。

就在這天夜間，張發奎率部發動驅逐桂系的兵變，廣州形勢混亂不堪，李濟深匆忙逃往上海，朱家驊也為躲避戰禍隨李而去。

鮑爾一下子失去了依靠，他在廣州茫然不知所措，只好轉去香港避避風頭，觀察局勢發展再作考慮，在朱家驊接應之下，鮑爾於12月22日抵達上海。

在李濟深、朱家驊的陪同下，鮑爾前往蔣介石寓所拜會。蔣介石此時剛從日本訪問歸來，對鮑爾之來華，盼望已久，他熱烈地緊握鮑爾的手，大有相見恨晚之感。在朱家驊翻譯幫助之下，鮑爾與蔣介石進行數次長談，前後持續了一週。

當時蔣介石正在為「寧漢分裂」而下野避居上海，他一方面積極開展活動，以圖復職再起，一方面繼續推行他的中德合作計劃，意圖在重新上臺後著手實施之。

鮑爾在會談中向蔣介石詳細介紹了最近軍火工業發展情況並強調

第三期），第202頁。

❸❶ 卡爾・杜伊斯堡（德國工業銀行總裁）：《德意志帝國工業銀行的十年》，載《德意志帝國工業銀行期刊》第四十八期，1929年10月。

❸❶ 前引柯偉林書，第49頁。引自德國聯邦檔案館：《鮑爾遺件》No. 38，第15頁《致迪斯特貝格(Dusterberg)中校信函》（德紹）（1927年11月1日）。

這些新式武器在現代戰爭中的有效作用 ❷。蔣介石則更關注鮑爾對於中國軍事與工業發展的建議及設想，他被鮑爾的論述所打動，執意邀留他在華服務，鮑爾表示如有可能，他將在華作長期逗留 ❸。

在以後幾次會談中，鮑爾就政治、軍事、文化及國際關係多方內容與蔣進行了會談，「他建議蔣介石對出版、廣播、電影等大眾傳播媒介實行統制，他主張按公司模式調整經濟結構，對大企業實行國有化，特別對軍隊的復員與重組、計劃經濟的發展、實現重工業化、航空運輸、農業生產、礦業、財政政策等方面，都提出了較具體的意見」 ❹。蔣介石由此更信服鮑爾的才幹，他認為鮑爾能使德國工業及軍事巨頭在鞏固南京政府的過程中起到很大作用，因此公開贊譽鮑爾是他「唯一的歐洲朋友」，並要聘請他為「高級工業顧問」（一說是「經濟顧問」），以便讓他返德後為蔣政權進行廣泛的遊說。

國民黨官書把蔣介石此次會見鮑爾視為中德合作之重要開端，曾記有「我領袖以鮑爾上校軍學淵博，且熱心為我國服務，乃聘請之為軍事顧問」等語 ❺。其實蔣介石此時正在上海策劃復職，以其「在野」之身份是不可能與鮑爾達成什麼正式聘約的，蔣介石對鮑爾之邀請只是一種口頭預約，直到他重新擔任國民革命軍總司令一職後，對鮑爾的聘任才可能正式成立。

蔣介石於 1927 年底復職後，便立即著手實行加強中德邦交的工作，為了全面瞭解德國情況並正式向德政府提出聘用軍事顧問的要求，

---

❷　傅寶真：《在華德國軍事顧問史傳》，見《傳記文學》第二十三卷第三期，第9頁。（以下簡稱《史傳》）

❸　同上出處。

❹　吳景平書，第130頁。

❺　《史傳》，見《傳記文學》第二十三卷第三期，第9頁。

蔣介石決定派遣一個代表團隨鮑爾一同回國，赴德考察訪問，他規定代表團的任務是：考察「德國的政治組織、軍事制度與軍工技術，並物色有經驗的人才……為之計劃中的重組服務」**❸❻**。蔣介石親自擬定一函致德國外長史特萊斯曼(Stresema)，文曰：「史特萊斯曼外交總長閣下：中德邦交，素稱輯睦，本司令切願向有之睦誼，因兩國人民之合作與同情日加親密。現敝國國民革命將次成功，亟欲併合中外文化之特長，以促成革故鼎新之偉業。素仰貴國素來之文化與新近之發展，於敝國建設事業可資以借鏡者必多。茲特遣考察委員長陳儀、委員李藩、胡庶華、項經方等前來貴國實地研究，並飭攜函趨候起居，藉承指導，諸希與以方便，無任感荷。順頌日祉。國民革命軍總司令蔣中正。中華民國十七年三月十日。」**❸❼**

陳儀臨行前曾專門拜訪了德國駐上海領事迪爾(Thiel)，向他探詢中德合作的可能性。迪爾說：「德國因受凡爾賽條約的限制，無法公開表示願與中國進行有關軍事等方面的合作，但中德間正常外交公務訪問不可因此而受到傷害」。他進一步說：「願先向柏林請示才能決定聘請德國專家來華之事是否可行。」**❸❽**

一次大戰結束後，德國簽訂了「凡爾賽和約」，該條約第179條規定：德國不但不能派遣任何陸海空軍代表團駐在任何外國，而且「將採取合宜辦法，禁阻德國人民離開其領土，以投效於任何外國之陸軍、海軍或空軍，或隨之以助陸軍、海軍或空軍之練習，或大概在一外國

---

❸❻　《蔣介石致鮑爾函》(1928年3月1日)，現藏德國聯邦檔案館：《鮑爾遺件》No. 43，第6頁，轉引自柯偉林書，第64頁。

❸❼　辛達謨：《德國外交檔案中的中德關係》，見《傳記文學》第四十一卷第四期，第118頁。(以下簡稱《關係》)

❸❽　《博鄰1927年3月9日致德外交部函》，德外交部檔案 IV Chi 2035。

給協助於其陸軍、海軍或空軍之教育」❸。根據這項規定，任何德國公民即使以私人身份充當別國軍事顧問都是非法的。德國政府因此在這一問題上異常小心謹慎。

1928年4月底，陳儀率中國考察團抵達德國。他們負有兩項使命，一是為中德經濟合作吸引德國大企業與財團加入中國經濟復興進行全面接觸，二是聘請德國顧問，尤其是軍事顧問來華為蔣政權服務。

鮑爾陪同陳儀一行在德國進行了廣泛的活動，他特別安排中國代表團參觀了德國著名大企業克虜伯、西門子、比埃爾—伊法等大公司，陳儀得到了克虜伯及比埃爾—伊法公司對華提供全套兵工廠設備及投資中國鐵路建設的承諾，貝爾公司也答應為中國發展通訊業提供幫助。陳儀當場同這些公司簽訂了價值100萬馬克的意向性合同❹，購買了一批軍火。為了完成聘請德國軍事顧問的任務，鮑爾又代中方與德政府有關機構進行了聯絡，並表示自己可出面充當顧問赴華之介紹人。

德國外交部明確地回答鮑爾及陳儀，按照目前德國情形，派遣軍事顧問赴華，多有不便。鮑爾對德國政府的立場表示理解，並以自己的例子為證，說像他目前這樣既沒與中國國民政府訂立服務合同又沒拿中國一分錢薪水的人也可以照樣為中國政府服務。只要不以「軍事顧問」名義出面，一切均可變通辦理。

最後，陳儀及中國代表團在德國聘請了幾位工業及經濟專家，沒有請到軍事顧問。

❸　前引《國際條約集(1917～1923)》，第143頁。

❹　據柯偉林書（中文版），第65頁所載，陳儀所訂合同價值數目為100億馬克，經查對英文版原稿及其他資料說明應為100萬馬克。前說有誤，特予更正。

　　德國總統興登堡在中國代表團來訪之際，會見了陳儀一行，陳儀向興登堡總統轉交了蔣介石總司令的一封信，蔣介石在信中表示，「通過彼此間日益增長的同情與合作，中德友誼更加密切了」，希望在與德國的合作中，「把中國和西方文化中的優秀因素融為一體」❹。

　　陳儀一行離德後，中國駐柏林公使館奉南京國民政府電令，繼續向德方交涉，要求聘用一批德國退伍軍官來華充當軍事顧問，協助中國重整陸軍的計劃。曾經在德國留學的李藴將軍還提出了聘請十位德國軍官來華擔任黃埔軍校教官的要求。中方同時告訴德方，如再不同意放行，則中國將改聘法國軍官。與此同時，德國駐北京公使館也向柏林報告說，從法國政府與南京的密切關係來看，聘請法國顧問團一說，非常可能。

　　德國外交部兼管亞洲事務的第四司司長陶德曼 (Trautmann) 在接受南京首任駐德公使蔣作賓呈遞國書時，與蔣公使談到顧問問題，他代表德國政府表示，恐怕此事會引起兩國間誤會，並建議說：按照鮑爾上校的提議，中方是否能從荷蘭或瑞士聘請軍事顧問，而不要用法國人。蔣公使回答說：「中國政府寧願聘請德國顧問，因為惟有德國顧問方可贏得中國政府的信任。」❷數日後，蔣公使又派人再次拜會陶德曼司長，表示中方保證德國顧問在華將純粹擔任軍事學校教官職務，而不服務於軍中。現在中國公使館已獲正式指示，如德政府不願合作，中方將聘用法國顧問，這對中德關係決無好處。陶德曼仍表示，德方因受凡爾賽和約限制，不能派出顧問接受南京政府的任何職位。但他同時暗示，如果中方能開列一份擬聘的顧問名單及擬授職務，外交部在審查時可作參考並將影響其最後決定。

---

❹　柯偉林書，第67頁。

❷　《關係》，見《傳記文學》第四十一卷第四期，第118頁。

不久後，中方提交了一份擬聘顧問的名單，他們中包括：

退伍陸軍少將顧德威(Gudevius)擔任軍事歷史教官；

退伍陸軍中將林德曼 (Friderich Lindemann) 擔任政治經濟學教官，他們將取代在北京陸軍大學任教的日本教官的職務等等。

此外，中國公使館還與德國化學及毒瓦斯專家麥次納博士 (Dr. Metzner)進行了簽約商談。

陶德曼對此表示要等請求外交部主管後再作答覆❸。

與陳儀同時訪問德國的還有另一個以軍政部長張治中為首的中國軍事代表團，他們負有發展中德軍事合作的使命。在鮑爾介紹下，張治中拜訪了德國國防部，提出了觀看德軍演習的要求，德方認為這個代表團與鮑爾關係密切，鮑爾又因參加「卡普暴動」而有較壞的名聲，國防部不願與之多接觸，故婉拒了中方的要求。但國防部討厭的是鮑爾而不是中國，他們仍接待了張治中，友好地向他提供了軍事訓練機密手冊，雙方還簽訂了在德累斯頓步兵學校為中國培訓 2 名作戰軍官的協議，這是一項打破禁令之舉，並成為後來大批中國軍官赴德學習之開端❹。在此同時，李濟深控制下的廣東地方政府也派了一個代表團訪德，其負責人便是孫中山前派駐德代表、現任李氏軍需總監的朱和中，鮑爾按照他與李濟深的約定，本一視同仁的原則，也帶領他們參觀了一些企業，與德國工商界取得了聯繫，並聘請了幾位顧問去廣東服務❺。當時鮑爾認為廣東與南京是兩個獨立的政治實體，並不矛盾，但他卻沒有看到，廣東與南京對德合作的不協調性，實際上表明了中國內部政局的不穩定。

❸　《關係》，見《傳記文學》第四十一卷第四期，第119頁。

❹　柯偉林書，第69頁。

❺　同上出處，第66頁。

為了統一中方對德接洽途徑，鮑爾還建議在中國駐柏林公使館內設立一個商務專員處，統一管理中方購買軍火、工業品及物色德國顧問事宜。這一機構並不受中國外交部管轄，而直接受軍方控制。商專處第一任商務專員是獲得過美國哈佛大學博士學位又留學德國研究數學及彈道學的著名兵工專家俞大維。不久之後，俞氏回國，由國民黨元老譚延闓之子譚伯羽接任此職。柏林中國使館商專處從此成為中德經濟與軍事合作之橋梁。

1928年11月，經過中德雙方反覆協商，終於組建了德國赴華顧問團，在鮑爾率領下，顧問團啟程來華，鮑爾於是成為中國國民政府第一任德國顧問團負責人。

德國顧問團的在華使命由此拉開序幕。

第一任德國赴華顧問團共有團員25人，其中10人是軍事訓練教官，6人是軍械與物資補給專家，4人是民政警事顧問，如警備專家馮‧克萊特納爾(von Kreitner)、地質學家愷培爾(Keiper)、統計學家奧托(Otto)、建築學家甘蒂爾(Kantier)和都市規劃專家舒巴特(Schubart)，以及荷蘭籍財政專家費塞林(Vissering)等等。鮑爾給顧問團規定的總任務是：「幫助蔣介石消滅各地的軍閥，把中國變成德國的市場。」❹

南京政府對德國顧問團的到來給予了熱烈歡迎。蔣介石特別舉行了有政府各部門主管官員參加的盛大歡迎宴會，款待顧問團全體人員。蔣介石命令政府各機關盡力配合顧問團的工作，並給予各顧問以優厚待遇。鮑爾總顧問除由中方免費提供食宿汽車及司機外，每月發給薪金1,400元，合3,920馬克，他的兩位助手史脫次納(Stoelzner)中尉和胡默爾(Hummel)月薪則為500元和400元，而當時在清華大學任教的德

❹　F. Utiey, *China at War*, New York, 1940.尤特內：《戰時中國》(紐約，1940年版)，第8頁。

國地質學權威月薪不過 600 元。為解決譯員不足的問題，南京政府曾公開登報招聘50名德文翻譯分配給顧問團使用 ❹。「鮑爾上校對南京政府的接待甚為滿意」❹。

　　在來華初期一段時間裏，鮑爾在畢業於德國陸軍參謀大學的李鼐將軍陪同下，對上海、武漢、南京一帶進行了數週的考察訪問，其目的在於瞭解中國的軍事及經濟狀況與發展潛力。他在回到南京後，就遷入了中國政府特別為之設立的一間辦公室，著手整理考察期間所收集到的資料 ❹。之後，他撰寫了多份研究報告及備忘錄，呈送給蔣介石，就中國軍隊的裁減、重建、整訓及經濟的發展，重工業、航空運輸業、農業、礦業的建設及中國財政體系改革等多方面的內容提出了一攬子建議及意見，得到了蔣介石的充分肯定與讚賞。鮑爾經常與蔣會見，交往甚密，這一切甚至引起了德國駐華公使館一些人士的嫉妒與誤解。外界英法等國輿論則指責鮑爾來華是為了幫助蔣介石重建軍隊，違反了「凡爾賽和約」❺。

　　德國駐中國公使秘書華格納親自跑到鮑爾的辦公室，對他率領德國顧問團來華服務有悖於德國外交政策以及他個人之諾言，對鮑爾提出責問。鮑爾面對怒氣沖沖的秘書先生不慌不忙地講了他自己的幾點理由：第一，中國重整軍備的工作不是一朝一夕能夠完成的，非得30年以上的時間，所以說他現在來華是為了幫助中國立即完成整軍確

---

❹　《傳記文學》第四十一卷第四期，第119頁。

❹　同上出處，第120頁。

❹　伯恩・馬丁編：《在華德國顧問團》（杜塞爾多夫，1981年德文版），第100頁。

❺　《鮑爾在華任務》，參閱《柏林日報》(*Berliner Tagesblatt*) (1928年10月27日)。

為滑稽之談，他的工作是幫助中國裁軍，為和平服務才是顧問團的目的。第二，他受中國政府之雇傭，當然要為中國提供諮詢服務，包括有關聘用顧問之諮詢，但具體聘用手續不是他辦的，是中國駐德大使館辦的，所以他不能負組建顧問團來華之責任。第三，為了推動中德經濟合作，少許軍事事務顧問來華開展合作事項是無可厚非的。第四，鮑爾本人對德國的難處非常瞭解，如果國際上因此有人找德國政府的麻煩，或國聯就此提出異議，在中國政府解釋無效時，他將立刻率顧問團回國。對中國人聘請德國顧問團之事，他無權過問也與他無關，這是中方的事情。秘書先生聽了這番話，也就啞口無言，悻悻而去❺❶。

德國政府暗中派人在華找到鮑爾，勸說其解散顧問團。鮑爾乾脆回答說他們來華服務是為了個人職業與薪俸收入，如德國政府不能答應給予他們同等的職位待遇，就不要再勸他們回國，他們不予考慮❺❷。

在鮑爾率領下一同來華的其他德國顧問分別被中方安排到各有關部門工作，如警務顧問克萊特納爾被分配到杭州浙江省政府擔任警察顧問工作❺❸；普魯士農業部高級官員桑梯爾(Zanthier)博士任我國農業推廣與移民政策顧問；德國經濟部高級顧問舒巴特博士負責我國都市行政發展與計劃；來自漢堡與薩克森的柯納(Koerner)上校、文德(Wendt)少校和特希(Techel)上尉充任我國國家安全、憲警訓練及陸空交通管制方面的顧問；汪根海姆（王恩翰）(Wangenheim)少校任中央軍校及炮兵部隊教官；賴曼(Lehmann)上尉、魏克斯波斯基(Welksborgsky)與漢塞爾(Haensel)工程師參予中國空軍建設工作。

此外原來已在華受聘的一些德籍顧問，如地質學家愷培爾

❺❶ 《關係》，載《傳記文學》第四十一卷第四期，第119頁。

❺❷ 《史傳》，載《傳記文學》第二十四卷第四期，第92頁。

❺❸ 《關係》，載《傳記文學》第四十一卷第四期，第120頁。

(Keiper)、原武漢政府兵工顧問亞曼(Amann)、安賽爾(Ansel)等「老中國通」也統歸鮑爾指揮。顧問團中一些非德籍顧問，如荷蘭籍的炮兵顧問佛芮梅雷(Fremery)上校，美籍都市規劃專家墨菲(Murphy)、中央軍校幾名白俄教官等，也歸於鮑爾領導之下。

鮑爾每週五晚都在蔣介石主持下在南京三元巷總司令部內為中方高級軍官進行一次講演，這是他來華的重要工作之一。講課內容包括軍事工業、新式武器及化學戰等，共進行了20餘次，聽他講課的，除蔣介石外，還包括了馮玉祥、閻錫山、李宗仁、李濟深等人以及各軍事機關院校、一些部隊的高級軍官。

鮑爾在講課及所提報告建議中，主張對中國現有軍隊進行整編，減少編制裁減冗員，實行精兵。然後再按照德國方式訓練出一支新的少而精的中央軍部隊。在他的倡議下，蔣介石批准成立了由德國顧問直接訓練的教導隊。（包括一個步兵隊、一個重兵器隊、一個乘馬步兵隊、一個炮兵隊、一個工兵隊和一個通信隊，另外還有軍官研究班和譯述訓練班。）❺作為新式整軍的榜樣。另外又在全國各高校德語專業畢業生中徵召了一批青年學員進行「深造」，由德國顧問向他們直接傳授現代軍事知識，中央軍校也由廣州遷往南京，並新設了炮兵、裝甲兵、通訊兵等專業學校，配備了各類德國教官。

鮑爾還認為，一國的軍事強盛，有賴於建立一個完整的軍火工業、交通、電訊、郵政乃至市政、衛生體系設施，總之這是一個全盤性的工作。他說：「名實相符的政府建立於強大的軍事力量之上」，譬如「國際聯盟」為什麼說話沒有權威，就是因為其沒有武力作後盾，「而欲興建一支現代化的軍隊，首先必須具有工業基礎。中國若無重工業和

---

❺　王洽南：《德國顧問在南京時期工作的回憶》，《傳記文學》第二十七卷第四期，第52～53頁。

化學工業，則不可能建立武裝工業，……甚至連一公斤發射爆炸之原料亦無法製造」，「在此情況下如何能重整一支軍隊?」「縱然今天有一支現代化軍隊而缺乏鐵路與公路，又如何能調動這支軍隊?」「因此中國必須從經濟建設開始，無論願意與否必須從遠處著眼，近處著手!」❺❺

　　為了使德國大財團在發展中國經濟中插上一手，鮑爾曾多次與在華的德國工業公司代表們會談，會見著名的法本化學公司、史蒂克斯道夫辛迪加等大企業的代表。他甚至為了堅定他們對華投資的信心，隱瞞戰爭真相，說南京政府「這裏的一切都在向前發展」❺❻。1929年3月，他還直接安排了德國工業聯合會主席、法本化學公司總裁卡爾・杜依斯貝格(Carl Duisberg)訪問中國，並與蔣介石進行了會談，杜氏表示德國工業界樂於與中國打交道，並與蔣討論了德國參予中國工業化的方式❺❼。鮑爾則向蔣介石表示他有能力鼓動吸引更多的德國專家來華，參加中國經濟的「重建」工作。中國「具有巨大的發展潛力」，他相信南京政府的前途是大有可為的。為此他又為蔣擬草了《中國鐵路網之發展》及《海港之興建》兩份文件。蔣介石聽罷真可謂心花怒放❺❽。

　　1929年1月，鮑爾又向中方提出了一份籌建鋼鐵廠的建議，這是他關於中國發展重工業與交通業計劃中的一個重要方面，目的是要為中國軍械及鐵路製造提供鋼材。為此鮑爾主張德國工業界大力對華投

---

❺❺　《關係》，見《傳記文學》第四十一卷第四期，第121頁。

❺❻　柯偉林書，第71頁。

❺❼　吳景平書，第132頁。

❺❽　《卜爾熙致德國外交部報告》1930年1月23日於北京，載德國外交部檔案 IV Chi 418。

資，並將對華貿易權收歸德國政府統一辦理❸。他的這一建議觸犯了許多德國大公司的利益，甚至包括從中德貿易中撈了不少「好處」的中國駐德公使館及其商貿處。當然，同時也有一些工業財團支持鮑爾的計劃。例如德國「全德工業聯合會」主席杜依斯貝格就與鮑爾關係密切，支持他的計劃。他告訴鮑爾，「全德工業聯合會」已決定派一個工業考察團前往中國❻。

　　蔣介石對於鮑爾的整軍建議非常贊同，1929 年 1 月國民革命軍編遣委員會成立之後，他便讓鮑爾參加了委員會的工作，負責參予擬定編遣辦法草案。這項工作是北伐戰爭勝利後南京政府所面臨的一項最棘手的工作，當時全國軍隊約有 260 餘萬人，分屬蔣介石、閻錫山、李宗仁等各派系，各方面都想在編遣工作中保存自己削弱對手，彼此互不相讓，矛盾重重。

　　鮑爾在蔣介石的授意下，起草了《軍隊編遣方案》，初步擬定編遣軍隊最後目標是壓縮全軍為 65 個師、騎兵 8 個旅、炮兵 16 個團、工兵 8 個團，總計人數為 80 萬，使全國軍費總數降為政府財政總收入的 80%，全部指揮權歸屬南京中央政府❻。按照德國軍隊「分級式體系」方式，裁減下來的軍隊編為「民兵」，而留編的「精兵」則組成「中央軍」❻。

　　閻、馮、李等諸派對於這項損己利蔣的方案當然不能贊同，鬥爭結果，迫使鮑爾的方案歸於流產。其後鮑爾又打算通過改組中國軍事

---

❸　柯偉林書，第75頁。

❻　同上，第75頁。

❻　《史傳》，見《傳記文學》第二十四卷第一期，第96頁。

❻　Fox: Max Bauer, "Chaing Kai-Shek First German Military Adriser", *Journal for Contemporary History*, 1970. 5. 福克斯：《馬克斯・鮑爾：蔣介石的第一個德國軍事顧問》，載《當代歷史》1970年第五期。

體系來加強蔣介石中央的控制功能，而各地方實力派則公然準備以武力反抗蔣氏的吞併。

1929年3月27日，蔣桂戰爭爆發，李宗仁、白崇禧率部反蔣，身為蔣氏總顧問的鮑爾親赴武漢，參予軍機，指揮蔣軍反擊桂系，4月間在戰場前線惡劣環境下，鮑爾原本虛弱的身體又不幸染上天花，病倒軍中。南京政府急忙將其送往上海搶救，終因醫治無效，於1929年5月6日在上海病死❸。

當時據美國人的情報，有傳聞說鮑爾之死是因為他與蔣介石關係太密切，且助蔣消滅軍閥，因此招致地方實力派的仇視。他在華中某晚出席當地要人宴請時，曾使用了被人有意汙染的熱毛巾而得病，終告不治。這種謠傳，雖然無法證實，但其中也說明了一些道理❹。

鮑爾在臨終前，自知康復無望，曾口授遺囑，由航空顧問佛克斯中校筆錄。在遺囑中，鮑爾對蔣介石對德國顧問的愛護關心表示感謝，他希望中國繼續與德國顧問團合作，建立一支強大的空軍。他推薦克里拜爾 (Kriebell) 接替他的總顧問職務，並請求蔣介石照顧他的家屬。蔣介石全部答應了鮑爾的要求，並把鮑爾之子恩斯特‧鮑爾 (Ernst Bauer，時任中國駐柏林公使館聯絡官) 招來委為隨身顧問，待之如義子，直到1938年德國顧問團回國為止。

鮑爾在臨上前線之前，曾於2月26日致函德國外交部陶德曼司長一封長函，敘述了自己來華服務的原因，反駁德國國內輿論及官方對他本人與顧問團工作的誤解和謠傳。這封信成為鮑爾留在德國外交檔案中的一份重要文件。

鮑爾在信中指出，對於他及顧問團工作的非議是出自日本、英國

❸　《字林西報》1929年5月8日。

❹　《史傳》，見《傳記文學》第二十四卷第一期，第96頁。

仇德勢力的挑撥，因為日英財團害怕德國人在華活動會抵消他們的在華影響，減少他們的在華經濟收入，因此鮑爾要德國政府多多諒解、支持、信任他們的在華活動，不要聽從片面議論，給他們施加壓力。他說：「我們德國專家在華是為中德兩國雙方利益艱苦奮鬥，我們不像美國人有資本和政治力量作後盾，我們是孤軍奮鬥。」

鮑爾接著介紹了顧問團在中國工作情形，他肯定中國方面給予的全力合作，並主張德國財團對華貸款，幫助中國編遣軍隊與「恢復和平」，他肯定蔣氏南京政權是有前途的，各路反蔣軍閥將被擊敗。他否認顧問團在華幫助中國組織陸軍總司令部實行擴軍，他要求德國政府不為他人所左右，支持他完成這項「吃力不討好」的使命。

鮑爾最後闡明，他本來是可以遠避這一切糾紛，從事科學研究工作的，但是他敬佩蔣總司令及許多的中國友人，所以他願在並無合同保障的情況下繼續為中國政府工作，他希望陶德曼及德國政府支持他的工作。

在鮑爾來華工作期間，德國國內對他及顧問團的工作開展了激烈辯論。

德國軍方為了給退伍軍官找出路，使他們不至於鬧事，非常支持鮑爾把他們帶去中國工作，德國財團、工業企業特別是軍火工業巨頭也很熱中於對華合作，支持鮑爾在中國為他們擴大市場、提供原料。

第一次世界大戰結束時，德國幾乎全部失去了中國市場，戰後雖得以迅速恢復，「1925年對華貿易總值已超過戰前；1927年超過1913年（戰前最高期）的40%」❻。但德國工商界人士仍不滿足，希望鮑爾來華能進一步擴大德中貿易，其中如容克飛機製造廠等企業還特別

---

❻ 傅寶真：《抗戰前與初期之駐華德國軍事顧問㈠》，《近代中國》第四十七期，第201頁。

授予鮑爾在華獨家代理權，藉以推廣在華業務，而鮑爾在作軍事顧問的同時也十分熱中於幫助各大企業財團建立與中方的關係，並取得了較好的成效。然而此時德國政府卻在英法各國壓力之下，不敢公開支持鮑爾在華的行動。德外交部及駐華公使館，害怕引火燒身，尤其反對鮑爾興師動眾地在德招聘人員組建赴華顧問團。德國外交部曾在覆鮑爾函中這樣寫到：「台端在華對經濟發展之活動，吾人深表同情，然對訓練中國軍警之事，使吾人百思莫解，頭疼萬分……。」❻❻但政府最高當局在左右為難之中，對鮑爾的活動採用睜一隻眼閉一隻眼的方法，表面上反對，實際上不採取任何阻止辦法，而鮑爾也靈活地對外聲稱他是「工業顧問」，而且來華之舉與德官方及任何政府部門、企業均無關係，其動機純出於發展德中友誼與改良技術之實際應用。在這種默契合作下，第一任德國顧問團的在華活動才得以順利展開。

儘管如此，鮑爾的來華在德國國會中仍然引發了激烈爭吵，社會黨人對此大加抨擊，一部分議員認為，目前德國外交壓力很大，而且正在為減少戰爭賠款與英法等國交涉，此時德國軍事代表團出現在中國，將引發矛盾，削減西方對德信任，於德國不利。而政府當局卻一再聲明鮑爾的活動是他個人的行為，與政府無關❻❼。實際上，鮑爾的一切活動都是事前徵詢了有關官員意見的，至少是通報了政府有關部門的。他甚至還聘用了一些政府在職官員加入赴華顧問團，在這些官員首肯來華後，由中國使館出面聘請，而德國政府則相應給予他們兩年假期，配合放行，並同意來華期滿後，這些人可以返德繼續出任公職。

正因如此，在鮑爾與政府的雙簧面前，反對派意見總不能占上風，

---

❻❻　《德國外交部致鮑爾函》（1929年4月20日），德國外交檔案 IV Chi 841。

❻❼　《史傳》，見《傳記文學》第二十四卷第一期，第92頁。

而鮑爾則得以比較順利地完成了他的來華使命。

蔣介石對鮑爾的病逝十分悲痛惋惜。「表示從此會使他感到很孤獨」❻❽。鮑爾來華時間雖然不長，但他組建了德國顧問團，創立了顧問團工作模式，制定了工作方向，為未來十年的中德合作奠定了一個方面的基礎，為恢復發展中德關係作出了貢獻。他還提出了一系列重要的建議，深為蔣介石所器重，成為蔣「特別重視和敬重的名將之一」，最後竟然病死在中國。

鮑爾由此成為近代中德關係史上重要人物之一。

㈢可憐的克里拜爾

鮑爾死後，蔣介石按照他的遺囑的要求，決定由克里拜爾陸軍中校代理顧問團長職務，此時顧問團已擴編為27人，具有了一定規模。

克里拜爾(Kriebell)是一位資歷較深的德國軍官，同時又是一個老納粹黨員。他早年曾隨八國聯軍來過中國，對這個古老的東方國家十分著迷。戰後，他曾與後來德國的大獨裁者希特勒共同發動反對德國共和政府的活動，並一同被捕下獄。希特勒在獄中寫作《我的奮鬥》一書時，融入了不少來自克里拜爾的見解，由此可見兩人關係之密切。出獄之後，克氏因在德國國內進行納粹活動受打擊，就與克魯馬赫上尉(Krummacher)等納粹軍官一起參加了鮑爾的赴華顧問團。1929年春季，帶著避難與宣揚納粹政治主張的雙重任務來到中國。他與鮑爾曾同為魯登道夫的助手，關係不錯，以至於鮑爾臨終前推薦他接替團長職務。克氏後來在對希特勒介紹中國情況方面發揮過重要作用，並擔

---

❻❽　德國聯邦檔案館藏：《鮑爾遺件》No. 46《蔣介石與林德曼談話》，轉引自柯偉林書，第63頁。

任納粹德國駐上海總領事一職。然而，他卻不是一位出色的顧問團團長。

鮑爾在世時，因為所有的來華顧問都是經他一手介紹推薦給中方的，故而不論文官武將，顧問團成員對鮑都懷有感激之情，願意接受其領導。而這些顧問們對克里拜爾中校卻沒有這份恭敬，特別是那些經濟顧問們，他們不是軍人，沒有服從的習慣，且大多恃才傲物，認為在克氏領導下，顧問團的工作以軍事為主，經濟顧問成為「花瓶」與「擋箭牌」，很不服氣。他們公開說自己來華是為中國政府服務的，而不是為顧問團長服務的，不能聽憑他指東道西❻❾。

平心而論，克里拜爾在其大約一年的代理團長期內，工作還是十分努力的，在他接任鮑爾遺職之際，蔣桂戰爭尚未結束，桂軍雖受打擊，但隨時可能捲土重來。

克里拜爾一上任就帶著隨從趕往武漢前線，參加指揮布防，不久又轉向河南對馮玉祥國民軍的作戰，他與蔣介石同乘一輛裝甲車抵達前線，指揮攻占鄭州之役。克復之後，克里拜爾視察鄭州，並發表感想說：「此次視察旅行，對於未來工作之信心與顧問團之地位均大有補益。」❼⓿

其後，克里拜爾又負責京浦路的防禦工作，他向德國領事館報告說：顧問團人員短期內將增至49名。

當華南形勢再度緊張之時，克里拜爾又趕赴武漢協助指揮反擊桂軍，蔣軍終於於1929年底大敗桂軍，平定了華南。

克里拜爾風塵僕僕為蔣介石消滅軍閥作戰而奔忙，協助起草作戰計劃及作戰指揮，被國民政府譽稱為「功不可沒」❼❶，按常規，蔣介

❻❾　《關係》，見《傳記文學》第四十一卷第五期，第120頁。

❼⓿　《史傳》，見《傳記文學》第二十五卷第一期，第94頁。

石應論功行賞，正式任命他為顧問團長，但蔣氏並沒有這樣做，其原因仍在於來自內外兩方面的壓力，蔣介石認為，憑藉克里拜爾的資歷聲望並不能有效地抵抗這些壓力。另外，他對克里拜爾領導下顧問團內部出現的一些矛盾未能得到妥善地處理也感到失望。

在這一時期，德國顧問團在華活動的外部條件日益惡化。

1929年底，身為國民黨內巨頭之一的汪精衛氏，因為德國顧問公開助蔣討伐以他為政治領袖的反蔣派武裝，曾發表過一個宣言，指責德國政府派員捲入中國內戰，德國方面連忙發表聲明，否認德官方與顧問團的工作有任何聯繫，並說顧問團中有許多反對德國共和政府之人，更證明他們的活動與德政府無關。但汪精衛作為一個中國政治家公然證明德國顧問捲入中國內爭，這就不能不引起西方列強的嚴重關注❼❷。

由於德國顧問團很明顯地參予了中國的內戰軍事活動，並且有效地推進了中德經濟合作事業，他們的工作成果，引起了英法等國外交官的妒視。英法政府對於德國的這種公然違約舉動不能沉默，便在正面交涉不成之餘（因為德國政府一直公開否認支持顧問團在華活動），施展了一些挑撥離間之術，通過報刊輿論，對德國顧問團大加抨擊。一家法國報紙 Home Libre 就此發表評論說：「鮑爾已率領一群軍事與技術人員來華……非僅置中國軍事組織與制度於德國影響之下，且使其工業發展亦循德國之指導，因此吾人似可察覺，一項中德陰謀正在釀成之中，其危險性當予在華有利益之國家所可思考。」❼❸而英國輿論則更是不惜造謠惑眾，指責德國顧問在中國「為虎作倀，

❼❶ 《史傳》，見《傳記文學》第二十五卷第一期，第94頁。

❼❷ 同上出處，第95頁。

❼❸ 《史傳》，見《傳記文學》第二十四卷第一期，第91頁。

粗魯無禮，狂妄傲慢」等等**❼**，並有意加深個別顧問對克里拜爾的不滿情緒，說顧問團捲入中國內戰，扶蔣消滅異己，完全違反了德國的外交政策。

美國政府對此態度也與英法相同。美國人在蔣介石二期「北伐」尚未完成之際就率先承認南京政府，為的就是要蔣氏「投桃報李」，給美國更多的政治經濟利益，而德國顧問的「搶先直入」已足使美國人「神經趨於緊張」**❼**。

德國駐華公使館本來對顧問團就沒有什麼好印象，經過外間的挑撥，更對克里拜爾不滿。

1929年11月8日，在杭州出版的英國人辦的《華中郵報》刊載了一篇名為《德國軍官》的文章，對德國顧問團在華活動進行了歪曲報導。更有甚者，外電還有傳聞說克里拜爾在中國發展了納粹組織，準備日後進行反對德國共和政府的活動，並舉例說國社黨的國會議員戈林(Göering)就曾要求中國駐德使館聘請其黨羽來華「為蔣總司令服務」，藉以保護並培植「納粹組織的幼苗」。這更使得德國外交部大為惱火。克里拜爾害怕這些報導傳回國內，給德國政府和民眾中不明真象的人造成更大誤解，連忙於13日上書駐華公使卜爾熙(Borch)**❼**，對有關事實進行辯解。

克里拜爾在信中說：「本人不願使這篇文字未經本人證實其真實性之前呈報德國政府，再則，本人深悉德國駐華機關所持既定立場，反對德國顧問在華之任務，……因此促使本人自動專函奉達如下：吾人

---

❼　《關係》，見《傳記文學》第四十一卷第五期，第119頁。

❼　《史傳》，見《傳記文學》第二十四卷第一期，第90頁。

❼　此件現藏於德國外交檔案，編號IV Chi 19/30 3019，轉引自《傳記文學》第四十一卷第五期，第119頁。

乃受聘於中華民國合法政府。中國國民政府可依照聘約規定交付吾人應執行之任務，然此任務不僅限於軍事。如若鈞座之參事費雪爾博士獲准進行調查本人或鮑爾生前在華工作之情況，定可從中國政府轉達之論文和建議中獲得權威性之信息。」

接著，克里拜爾逐條反駁了外間關於顧問團活動的謠言，他指出英國人對於顧問團行為之指責完全是「欲加之罪，何患無辭」，他說：「英國人擔憂的並不是我們的生活，而是我們在中國逐日增高的影響力。」克里拜爾說明「德國顧問中可能有一兩位受英國人擺布而故意捏造德國顧問不滿在華現狀之謠言，如南京的王恩翰男爵少校及漢口的毛倫霍夫(Moellenhof)即是受害者」。在這封信中，克里拜爾最後表示：「本人以繼承人身份願追隨已故鮑爾博士的遺志，繼續完成其工作，除協助參予中國之建設和促進中德政經友好關係外，實無他求。」❼克里拜爾的申辯並沒能改變德國駐華公使的態度。1929年11月28日，卜爾熙正式致函德國外交部，報告說德國在華顧問「對本身工作崗位不滿，失望之聲浪增高」。他在報告中寫道：雖然德國顧問團在華深居簡出並不瞭解國內情況，甚至連德國報紙也很難看到，不會有反對政府的越軌行為。但是「本人根據各方面報告，獲悉南京政府所謂德國顧問有與日俱增之不滿現象，尤其非軍官身份之顧問中有人埋怨他們未能發揮其專長，完全與實際行政相隔離，僅能以書面報告表達彼等之建議計劃而在實施上毫無影響力……第一不滿理由是隸屬於他人之下的感覺，尤其非軍人身份的顧問不樂意遵守陸軍中校克利伯爾之領導，因其聲望遠不及鮑爾上校，他們對克利伯爾沒有如同對鮑爾一樣心懷感激之忱……」，「總之，根據年來經驗，可以說鮑爾及顧問團為促進中德工業關係之理想並未實現，而實際上德國顧問必

❼　《關係》，見《傳記文學》第四十一卷第五期，第119頁。

須純粹為中國服務」**⑱**。

德國外交部主管中國事務的司長陶德曼，根據德國駐華使館的一連串報告及鮑爾和克里拜爾前後直接或間接之書箋於1930年3月5日向德國外交部長呈上一份綜合性備忘錄，「不僅反對德國軍官在華之活動，而且對南京中央政府態度極不友善」。 陶德曼的觀點集中表現為：㈠由於其他列強的仇視，德國顧問團在華活動必將「加重吾人對這些國家外交關係之困難和負擔，並引起外國……對吾人之攻擊」。㈡「中國尚無穩定之中央政府，……吾人之政治方針乃維持對所有軍閥勢力之友好關係」， 德國軍官「站在蔣總司令一邊，積極參予中國內戰之糾紛」使「吾人對中國軍閥勢力之關係步步維艱，掀高軍閥將領對德國群起攻之而大肆報復之浪潮」。 ㈢顧問團使華引起德國國內對於此問題之抨擊爭吵，加劇了國內形勢之不穩定，使顧問團活動「所獲之政治與經濟利益，若同上述弊端與危機相比較的確得不償失，不可同日而語」**⑲**。

總體而言，此時德國政府對顧問團的活動仍持著不贊成的態度。

然而，比外間非議更要命的是，此期顧問團內部出現了一些矛盾，除了上述文職顧問對克里拜爾不滿意之外，還發生了一些顧問與中方的矛盾，例如來自德國漢堡的警察顧問特希 (Techel) 因在警務職責上「毫無工作表現」， 並拒絕與來華美國技術人員合作，而被中國政府解聘，克里拜爾準備將其調往陸軍第二十二軍中再任顧問，但特希不願前往，並發表聲明說他「身為德國現役警官隨二十二軍參加討伐馮玉祥之戰，違反了『凡爾賽和約』」。一言既出，引起軒然大波，致使中國政府不得不中止與他的合作，將其送回德國**⑳**，成為顧問團來華

---

⑱ 《關係》，見《傳記文學》第四十一卷第五期，第120頁。

⑲ 同上出處，第121頁。

後的一樁不愉快事件。克里拜爾在處理特希事件時採取「超然」態度，沒有及時進行疏導工作，使中方對其很不滿意。甚至後來在特希返國的旅費發放問題上，還造成了中德雙方外交當局的爭論，一度影響了中德關係。不久之後，又有一名德國顧問因破壞中國從美國進口的軍械而遭中方逮捕，麻煩接踵而至。聰明的法國人乘虛而入，通過外交渠道再次向蔣介石建議，由法國政府派出現役軍官組成軍事顧問團來華取代德國顧問團，並重申法國政府願以優厚的條件自行負責法國顧問團的一切開支費用及團員薪俸，以此吸引中方，但卻再次遭到蔣介石的斷然拒絕❽。

1930年4月，美國紐約著名記者亞奔德(H. Abend)發表了一篇有關德國顧問在華活動的專題報導，名為《德國軍國主義在中國問題》(*German Militarism: A Problem in China*)，在這篇報導中，亞奔德指責德國人欲將軍國主義思想移植中國，這是德國在一次大戰失敗後不甘心服的表示，最好的證據就是魯登道夫的助手鮑爾、克里拜爾等人一個又一個地來華活動，其結果已經造成了軍國主義傾向在中國的抬頭。亞奔德甚至公布了德國對華供應軍火的數目、類型及到達中國地點、時間。這篇報導使國民政府非常難堪，蔣介石一怒之下，下令將亞奔德驅逐出境。美國使館就此向南京交涉，指責中國政府干涉新聞自由，中方則執意不加理會❽。

儘管蔣介石一心要維護與德國顧問團的友好關係，但事態的發展並不以他的意志為轉移。

由於東西方文化思想傳統之差異，德國顧問在輔助國民政府軍討

伐內亂的作戰指揮戰略戰術方面，不時會與中方指揮者產生矛盾。例如，蔣介石對於桂、馮、閻各派武裝，一向是以談談打打，武力討伐與金錢收買並重的，他並不指望一舉將其殲滅，而希望在武力威懾之後加以收買，使之對自己更有用。但德國顧問卻不這麼認為，他們從純軍事角度出發，以日耳曼人的固執與決勝精神，要求蔣軍毫不留情地追擊、殲滅反蔣武裝，故而在作戰方略上時時發生衝突爭論。也正是因為德國人與生俱來的認真求實精神，他們根據中國軍隊的實際需要，提議中方購買了許多非德產的軍械軍火，如法國、捷克等國的武器產品，以求適用於中國的實際，這就又「使德國軍火巨子甚感憤怒，認為顧問未能維護德方之利益，且與我政府關係逐漸惡化」[83]。

此外，還因為德方一視同仁地向南京政府及廣東、華北地方實力派出售武器，招來了蔣系、非蔣系多方的不滿。德國外交部一氣之下於1930年4月25日下令要求所有的德商全部停止進行對華「合法」的武器交易[84]。

蔣介石面對這重重矛盾，不免對克里拜爾的工作表示失望。

正在這時，緊接著又發生了一件事情。廣東地方當局擅自向德國西姆遜 (Siemssen) 公司訂購了三架容克斯戰鬥機，準備交由雷克梅 (Richmer) 航運公司運往廣東，條約已簽，貨款已付，但此事被南京政府偵知，正式向德方提出了抗議，並要求將這三架飛機改運上海，沒收歸中央。德方對此十分為難。廣東方面則嚴厲警告德方，如果不履約將飛機運往廣東，則立即停止一切對德貿易並驅逐全部在粵德

[83]　《史傳》，見《傳記文學》第二十五卷第一期，第96頁。

[84]　德國外交檔案IV Chi 1032（1930年4月25日），轉引自辛達謨：《南京國民政府時期德國顧問之貢獻》，見《近代中國》第四十五期，第142頁。

僑[85]。

　　廣東方面為此掀起的反德浪潮自然不能公開說明其內幕，又只能藉反對德國顧問的名義，對飛機事件反而隻字不提。這樣，顧問問題就越發嚴重了。

　　蔣介石決心著手解決這一問題。

　　1930年元旦，蔣介石請全體德國顧問聚會，並舉行電影招待會。放映結束後，蔣介石發表講話說：「中國政府為了進行各種必要之改革，不惜以大量金錢聘用德國顧問。但在過去一年來，若干顧問未曾給予中國政府任何具體之建議，且有對於所呈之問題無法作肯定之答覆。現十八年已過，十九年即將開始，余謹希望顧問先生不要再辜負自己所負之責任。」[86]蔣氏對於外國人講話一向謹慎，他如此坦率地批評顧問團，自然表示了他對克里拜爾的不滿情緒。

　　此後不久，外間有風聲傳出，說蔣介石有意聘請資歷、官階皆高的德國顧問來華替換克里拜爾。

　　蔣介石確實認為：隨著德國顧問團在華工作的深入，其地位與重要性當進一步加劇，克里拜爾以一個陸軍中校資格，恐難負統領之責，於是他決定「換馬」，指示朱家驊另行尋聘高一級的德國將領來華統率顧問團。

㈣中德商工貿易合作之肇始

　　軍事顧問團在南京立穩腳跟，為德國勢力在中國國防工業領域內的滲透，創造了重要條件。前已述及，馬克斯‧鮑爾前往中國的最初

---

[85]　同前出處引文之德國外交檔案IV Chi 1032。

[86]　《史傳》，見《傳記文學》第二十五卷第一期，第97頁。

使命，是替廣東當局在北伐軍的大後方籌劃兵工製造企業，質言之，他肩負著促進兩國軍事工業合作的使命。為了更好地完成這一使命，出發前，鮑爾用了很長時間與德國和瑞士的幾家公司廣泛接觸，並力圖成為容克飛機製造公司的中國獨家代理人。在取得蔣介石的信任，成為蔣「唯一的歐洲朋友」以後，鮑爾取得了「經濟顧問」的官方頭銜，並為蔣氏擬具了與經濟發展規劃、重工業化、航空運輸、財政改革、採礦業有關的一系列建議，這些建議均受到了蔣氏的青睞。1928年初，鮑爾隨中國代表團訪德，與德國軍政各界廣泛接觸，力圖促成德國大公司、大企業來華投資，協助中國發展軍工業。結果，陳儀代表團在柏林簽訂了一批數目相當大的意向性貿易合同，這些合同均集中在「武器和軍需品方面」**❽**，取得了豐碩成果，再加上鮑爾所提議的「中德貿易商專處」的成立，可謂為中德軍工合作開了個好頭。

1928年底至1929年初，鮑爾由德國返回中國後，又為蔣介石起草了若干份發展中國軍工業、重工業的備忘錄，「他全部工作的焦點是通過創建現代化的軍事工業來協調整個經濟的發展」。鮑爾把中國軍事工業的創建寄希望於中國官方與德國工業界的直接合作，並曾代表中國直接參予實業部與德國喜望冶金集團合辦中央鋼鐵廠的有關談判，扮演著「媒婆」的角色。

鮑爾死後，代理總顧問克里拜爾「蕭規曹隨」，德國顧問團繼續發揮著促進中德軍工合作的橋梁作用。1930年，佛采爾接任總顧問之職。佛氏是一位古板教條的職業軍人，他的顧問團主要是側重於軍事活動。但是，戎馬倥傯之餘，他仍沒有忘記把德國工業資本介紹給中國政府。1932年，佛氏為蔣介石擬具了一份洋灑萬言的備忘錄，提議中德雙方合辦一座大型煉鋼廠，為中國軍備工業提供原料，並將奧托‧俄普夫

---

❽ 柯偉林書，第65頁。

公司介紹給中國鐵道部及實業部。此外，佛氏還在自己的職權範圍內，將德國卜福爾廠所生產的15公分輕榴彈炮及7.5公分高射炮引進中國，用以替代中國炮兵一貫使用的英國火炮。

真正使中德雙方在軍事工業領域裏的全面合作得以實施的是佛采爾的後繼者塞克特和法肯豪森。塞克特的「密友」漢斯‧克蘭是以中國農礦原料和德國工業品互相交換為核心的中德易貨貿易的導演者，通過中德易貨貿易為中國帶來的德國軍事工業設備在戰前南京國民政府的軍工建設中發生了巨大作用。

塞克特、克蘭不僅導演了中德易貨貿易，為中國帶來了德國機械設備，還與翁文灝（戰前南京政府重工業建設的負責人）、俞大維（南京政府軍工建設的設計者）等保持著緊密的聯繫，為中國軍事工業發展的總體規劃提供建議和諮詢。

1993年4月底5月初，塞克特利用與蔣介石在牯嶺會談之機，多次向蔣氏強調完備的軍事工業體系對於一個國家的重要性，要求蔣氏未雨綢繆，並聲稱中國的軍工建設將得到德國的友好幫助。蔣介石對塞氏的建議非常重視，並於是年底委託塞為中國軍工建設擬具一份具體的規劃。翌年2月28日，塞克特向蔣介石呈送《中國軍備工業之建設計劃》提綱，勾勒出他對中國軍事工業建設的初步構想。鑑於計劃中的中國軍備工業必須通過中德合作（亦即必須得到德國方面的幫助）方能完成，塞克特向蔣介石表示，該「提綱」只有等到塞氏返國後方能擴充為詳細計劃，因為它必須得到德國國防部、經濟部的審核批准。次月，塞氏返國。1936年初，顧振率代表中國代表團赴德，經過激烈的討價還價，代表團與德方就中國軍備工業建設達成若干協議，簽下了若干份訂單。代表團返國後，塞克特和克蘭根據中德雙方洽商的結果，將前述「提綱」擴展為內容更加充實的《中國軍備工業之建設計

劃》。同年6月，該計劃經由先期來華、為萊謝勞將軍訪華做準備的克蘭呈送蔣介石。

那麼，這份涉及中國國防建設及中德工業、商業貿易合作的宏大計劃的內容究竟是些什麼呢？讓我們來詳細考察一下。

在建軍戰略指導思想方面，塞克特主張中國建軍應該「少而精」。1934年牯嶺會談期間，塞氏曾向蔣介石表示，中國眼下軍隊的癥結在濫與劣，依照他在德國的經驗，在和平時期，一支訓練有素、數量為10萬人的常備軍已足以應付中國國防，即使在戰時，中國軍隊的總數亦沒有必要突破30萬人。在《中國軍備工業之建設計劃》中，塞氏仍然堅持這一觀點，他所設計的中國軍備工業即是以這支理想中的「少而精」的30萬陸軍為供給對象的。他稱：

> 軍備工業建設之範圍，全以作戰部隊所需要於械彈補充程度為規定。此項作戰主力軍預想由下列各項構成：
> 平時常備軍10萬人左右；
> 編制：3個軍，每軍2師，共計6師；
> 外加各種直屬部隊，以為戰時動員編成軍及集團軍擴編直屬部隊之基幹。
> 戰時陸軍，應有平時之3倍；
> 編制：18個師；9個軍、軍部連同軍直屬部隊；3個集團軍部連同集團軍及陸軍總軍直屬部隊。❽❽

塞克特認為，中國軍備工業，就要為這支30萬人的部隊提供軍火。經過周密計算，他為這樣一支部隊每月的軍火消耗量開具了一份清單：

---

❽❽　《中國軍備工業建設計劃》，載《民國檔案》1995年第四期，第6頁。

動員軍之每月補充量

甲、彈藥

步兵彈藥140,000,000發；二公分高射炮彈572,400發；二公分高射炮彈（工廠防禦用）345,620發；三公分高射炮彈（工廠防禦用）259,200發；三七戰車炮彈968,200發；步兵榴彈炮彈262,000發；一〇五公分榴彈炮彈615,600發；十公分加農炮彈80,280發；一五公分重榴彈炮彈164,160發；八八公分高射炮彈90,400發。

乙、兵器及器材

步槍27,000支；輕機關槍775挺；重機關槍230挺；二公分高射炮32門；二公分高射炮（工廠防禦用）30門；步兵榴彈炮44門；三七公分戰車炮147門；三七公分高射炮17門；三七公分高射炮（工廠防禦用）7門；一〇五公分榴彈炮68門；一五公分重榴彈炮29門；八八公分高射炮10門；防毒面具30,000具。 ❽❾

為了完成上述軍械的生產，塞克特認為，中國應設立以下各種工廠：

①步兵彈藥廠。在不同的地點興建，共設9廠，每廠每季度生產量為47,000,000發步槍子彈。

②炮彈廠。共設二廠，一廠專造三七公分炮彈，一廠製造三七公分以外之各口徑炮彈。

③彈藥筒製造廠。選擇不同地點，共建6廠，每廠生產量約為380,000只。

---

❽❾　《民國檔案》1995年第四期，第6頁。

④信管製造廠。選擇不同地點，共建6廠。

⑤步槍廠。共建2廠。

⑥機關槍廠。共建2廠。

⑦炮廠。共建2廠，每廠每月生產量約120門。

⑧火藥廠。以生產無煙火藥、硝化甘油及硝化棉花為對象，分設9廠。

⑨爆炸品廠。分設6廠，每廠每月生產TNT及披克林酸約700餘噸。

⑩雷管及底大廠。分設2廠。

⑪防毒面具廠。設1廠，每月生產量30,000具，兼製活性炭。

⑫黃銅廠。分設3廠，每廠每月約產銅3,600噸。

⑬煉鋼廠、化鐵爐、煉焦廠等。這是一個頗具規模的鋼鐵聯合體，專門為中國軍備工業提供軍事用途的鋼鐵。塞氏估計，這個鋼鐵聯合體必須具備月煉鋼40,000噸，產鐵30,000噸，煉焦50,000噸的生產能力方能符合要求。

⑭火磚廠、機器廠及汽車廠各若干座，為中國軍備工業建設提供配套設備。

在對上述各廠的名稱、規模及產量等逐一羅列後，塞克特強調稱，所有各廠是一個體系完備的有機整體，缺一不可，他要求中國在9年之內完成全部建設，並將9年分為3個階段（軍備期）。塞氏稱：

> 為戰時陸軍所需要之軍備工業，為求與國家經濟協調，概分為三個軍備期，每期三年實施之。每一期內所建設之工廠，適合戰時陸軍三分之一之需要。
>
> 依上述軍備工業之程序如下：
>
> 第一軍備期：建設第一批足以適應戰時陸軍全額第一期三分之

一作戰需要之各種工廠。

第二軍備期：第二批工廠之建設與第一軍備期相仿，或於同第二批工廠應適應戰時陸軍第二三分之一之作戰需要。

第三軍備期：第三批工廠之建設，應適合戰時陸軍第三三分之一之作戰需要。

第三軍備期終了之日，所建立軍備工業（連同主要之基礎工廠及補助品工廠在內）， 足供戰時陸軍按平時常備軍10萬人編制3倍人數作戰之需要。❾❶

　　在9年內建成一個足供30萬人的作戰部隊敷用的軍火補給系統，這就是塞克特為南京當局繪製的軍備工業建設藍圖。值得指出的是，這個藍圖是以一戰以後德國重建國防軍為範本來繪製的。眾所周知，德國戰敗後，協約國為了限制德國軍事膨脹，曾在對德和約中規定德國軍隊不得突破10萬人。因此，納粹上臺前及上臺初期，德國有限的軍備建設均是以10萬陸軍的規模為參照的。塞克特在為蔣介石設計中國軍備工業基本框架時，竟亦將中國軍隊限制在為協約國苛求下的德國常備軍的規模上，未免過於生吞活剝。畢竟，地域遼闊，內亂不靖，外患方殷的中國，即使是「少而精」的部隊，30萬人的規模何能「安內攘外」？ 因此，從這個角度來講，塞氏方案對南京國民政府的實際參考作用很值懷疑，充其量，它不過是一份來自德方的一份參考資料而已。

　　拋卻塞克特的建議不談，與後來中德工商經濟合作發生直接關聯的卻是中國人自己擬定的發展國防工業計劃。為了徹底弄清中德經貿合作的背景， 在這裏，我們有必要對中方的這項設計有一個大概的瞭

❾❶ 《民國檔案》1995年第四期，第4頁。

解。

南京國民政府自身制定國防工業發展規劃始於1932年底，同年11月29日成立的國防設計委員會是籌劃該項規劃的執行機構。

國防設計委員會的名稱對它的職掌作了很好的詮釋——負責設計國防發展規劃。形成於1935年的一份「絕密」文件《國防設計委員會工作概況》顯示，國防設計委員會籌劃國防計劃是以不久即要爆發中日全面戰爭為假想前提的，具有很強的針對性。《概況》稱：

> 1931年秋後，由於遠東軍事平衡體系逐漸遭受破壞，在全國範圍內普遍採取鞏固國防的措施已很有必要。因此，1932年11月29日參謀本部奉令設立國防設計委員會。依照條例規定，這個機構主要負有以下職責：⑴在政府處理由於外敵入侵可能發生的所有重要問題方面，事先提出切實可行的方案；⑵為招募和重組國家合成軍，刺激更高的生產建設能力，以達鞏固國防的最終目的而制定計劃；⑶對於短期的國防計劃工作提出建議。❾❶

顯然，「九一八」、「一二八」事變接連發生，民族生存危機日趨嚴重，是促使國民黨最高當局痛下決心設置專門機構籌劃國防建設的主要原因。

委員會由委員長（蔣介石本人兼任）聘請36～48名委員組成。為了協助委員長處理委員會的日常事務，委員長之下設置一個由「一名秘書長、一名副秘書長、五名秘書、一個調查局、一個統計局以及一些技術專家、助手」組成的精幹的秘書處，由秘書長代理委員長履行

---

❾❶　《國防設計委員會工作概況》，載《民國檔案》1990年第三期。

職權。

　　有資格成為委員的必須是當世各個領域出類拔萃的學界精英，或工商界名流。淵博的學識和豐富的實踐經驗使他們有能力肩負事關民族盛衰的籌劃國防建設計劃的使命。最初進入國防設計委員會的有：地質學家翁文灝──擔任秘書長、丁文江、蔣介石的親信、原教育部次長錢昌照──擔任副秘書長、經濟學家孫恭度、軍事工業專家洪中、莊權、王守競及實業家顧振、劉鴻生等。他們雖都有一紙聘書，有正常的任免手續，但更多的卻是利用「私交」、「個人情誼」與蔣介石、翁文灝合作。

　　國防設計委員會獨特的組織形式和工作方式表明它實質上是一個以國家機構面目出現的蔣介石私人「智囊團」組織。這個委員會的「智囊團」特性曾被恰如其分地描述為：「專家和學者現在在一個屋頂上聚集了起來，在蔣主席（介石）親自領導和指引下開展工作。」[92]

　　制定國防工業發展戰略是國防設計委員會最重要的工作，負責這項工作的實際領導人是該委員會秘書長翁文灝。毫無疑問，翁氏對國防工業的種種闡述對這項工作的開展影響甚大。

　　翁文灝認為，完備的國防工業是強大的國防力量的後盾，加強國防建設的根本途徑在於發展國防重工業，中國要想在未來的對日戰爭中立於不敗之地，必須趁著戰爭尚未來臨之際加速國防工業建設。

　　怎樣發展國防工業？翁文灝提出了兩點原則。

　　一是國營原則：翁文灝和錢昌照既不主張所有重工業都由國家包辦，亦不贊成政府將所有重工業均開放民營，不聞不問。他說「有人認為重工業應該完全由國家經營，這種主張未免太偏，因為政府力量有限，要是私人有力量，為什麼不讓他們辦呢？同時，亦頗有人認為

[92]　柯偉林書，第112頁。

重工業由國家經營是辦不好的，應該完全由私人經營，或是由國家出錢交給私人經營，這種主張除另有作用外，並無充分的理由」❸。但是，與國家前途密切相關、關係民族生存死亡的國防重工業，翁文灝認為必須由政府實施統制，並收歸國營。這些行業主要包括5種類型：⑴為國防上所必需或經濟上有統籌之必要的事業，如兵工原料等；⑵為國防上所必需應該由國家特別經營的事業，如兵工廠等；⑶特種產品——如鎢銻等，在國際上近乎獨占，可以左右國際市場的事業；⑷規模宏大、需要特殊設備與多數人才、私人沒有力量辦，或雖有力量辦但因經濟上沒有把握而不願意辦的事業——如國防上必需之精密儀器等❹。

　　二是計劃原則：翁文灝認為，國防工業是一個有機的整體，發展國防工業必須統籌規劃，制定可以駕馭全局的國防工業發展戰略，「一個綜合的、經過很好協調的計劃是不可缺少的」。1932年12月14，翁氏在寫給他的搭檔錢昌照的信中，第一次提出了他對於制定國防工業發展規劃的設想，「所謂計劃的建設及國有事業之唯一意義，厥在有一個整個計劃，預定用若干款，分若干期，為若干事業，平衡進行，彼此皆有產銷供求及運輸連帶之關係，庶能互相為用……如此計劃，現尚無人試做……，本會現方搜集各種材料，倘能於一二年內將有關國防之經濟建設擬出一種輪廓，亦可為一重要工作矣」❺。

　　翁文灝對制定國防重工業發展規劃的難度有清醒的認識。他說，這是一件細緻而艱苦的工作，「必須融合許多事實的知識和經驗，為

❸　二史館檔案：《兩年半創辦重工業得到不少教訓——痛苦而深刻的教訓》廿八⑵6238。

❹　同上出處。

❺　二史館檔案：《翁文灝致錢昌照函》（1932年12月14日）廿八⑵3727。

事原非易事也」。 翁氏認為，完備縝密、切實可行的國防工業發展規劃來源於確實可靠的調查研究，缺乏調查研究的任何所謂「發展規劃」都不過是「徒壯門面之空言而已」❾❻。為了證明耐心而細緻的調查研究工作的重要性，翁文灝曾舉例說：「據說，在古時候要去治癒一個7年的病，一個人就要花3年的時間去製藥。現在我們也可以說，一個5年的振興計劃需要5年的時間去作深長考慮，去調查和研究。」❾❼

翁文灝重視調查研究的工作作風在國防設計委員會的實際工作中得到了貫徹。1933年至1935年初，該委員會的中心工作即係圍繞「收集全面的、細節的、專門的、新近的」國情資料而展開。翁氏諄諄告誡委員，「最重要的是知道哪兒生產剩餘和哪兒存在供應不足」。為了便於調查工作的順利進行，在翁文灝的請求下，蔣介石曾透過國民政府通令全國，批准國防設計委員會可以任意調閱任何一個機關的機密卷宗。

1935年3月，國防設計委員會在上項調查工作行將結束之際與兵工署資源司合併，易名為資源委員會，並由參謀本部改隸軍事委員會，資源委員會與國防設計委員會最大的不同在於，後者的職掌僅僅是「調查設計」，而前者不僅要「調查設計」，還要直接參加「國防基本工業」建設與管理。依據條例規定，資源委員會設正副委員長各一（由翁文灝、錢昌照分任）， 委員長之下，置秘書廳，廳內分設辦公、設計、調查、統計四處及專員、礦業、冶金、電氣四室，分管關於「人的資源及物的資源之調查統計研究」、「資源之計劃建設」及「資源之動員計劃」等事項。

資源委員會成立初期，主要仍從事於國防設計委員會未竟全功的

---

❾❻　二史館檔案：《翁文灝致錢昌照函》（1932年12月14日）廿八⑵ 3727。

❾❼　柯偉林書，第107頁。

旨在收集國情資料的「調查」工作。1936年初,是項工作告一段落,
委員會的工作重點乃由「調查」向「設計」轉移。同年3月,翁文灝
依據前此收集之各種資料擬具《國防工業初步計劃》。

《國防工業初步計劃》綜合國防安全、國防需要、工業基礎、原
料、交通等多種因素,設計了一項雄圖大略的國防工業發展戰略計劃。
這個計劃的中心內容是,在江西湖南一帶建立一個國有化的重工業區,
並開發西南各省礦產業。計劃所包括的行業主要有冶金工業(鋼鐵、
銅、鉛、鋅、鎢、錳、鋁)、電力工業、電力應用工業、機械工業及
化學工業,它所涉及的領域是前所未有的。

未幾,資源委員會根據《國防工業初步計劃》所描繪的大致輪廓,
制定了《國防工業三年計劃》(以下簡稱《三年計劃》)。1936年6月,
《三年計劃》由軍事委員會呈國民政府核准。

《三年計劃》共分十部分:

（甲）統制鎢銻,同時建設鎢鐵廠,年產鎢鐵2,000噸;

（乙）建設湘潭及馬鞍山煉鋼廠,年產30萬噸,可供國內需要
之半;

（丙）開發（湖北）靈鄉及（湖南）茶陵鐵礦,年產30萬噸;

（丁）開發（湖北）大冶、陽新及（四川）彭鄉銅礦,同時建
設煉銅廠,年產3,600噸,可供國內需要之半;

（戊）開發（湖南）水口山及貴縣鉛鋅礦,年產5,000噸,可供
國內需要;

（己）開發（江西）高坑、天河、（湖南）譚家山及河南禹縣
煤礦,年產150萬噸,補充華中華南煤產之不足;

（庚）建設煤煉油廠（江西）,同時開發（陝西）延長、延川

及（四川）達縣、巴縣油礦，年產2,500萬加侖，可供國內需要
之半；

（辛）建設氮氣廠，年產硫酸錏5萬噸，同時，製造硫酸、硝
酸，以為兵工之用；

（壬）建設機器廠，包括飛機發動機廠、原動力機廠及工具機
廠（湖南湘潭）；

（癸）建設電工器材廠，包括電線廠、電管廠、電話廠及電機
廠（湘潭），每年產品可供國內需要。**❾❽**

對於這個《三年計劃》，我們應該注意以下幾點：

第一，該《計劃》所設計的建設項目幾乎全部都被安排在遠離現
有工業區域（沿海各省）的內陸腹地江西、湖南一帶，其目的就是要
在短期內在湘贛一帶形成一個自成一體、初具規模的重工業區。顯然，
這種「捨近求遠」的構思具有很強的針對性，設計者們對地域的取捨，
顯示了對安全因素的高度重視，這與國防設計委員會的工作方針和一
貫作風十分吻合。悉心考察《計劃》全文，不難發現，設計者們對於
湖北、湖南、江西、四川等內陸省份裏儲量不算十分豐富的煤、鐵礦、
銅、石油等重工業原料尤其縈懷如心。一望而知，這顯然是擔心一旦
對日作戰全面爆發，東北、華北及華東一帶的工業原料有被日軍全面
控制的危險。

第二，這個《計劃》中所提出的湘贛重工業區的構想，與漢斯‧
克蘭及馮‧塞克特向蔣介石呈送的集中國力、建設「實力中心點」區
域的基本思路，有著驚人的相似之處，所不同者，漢斯‧克蘭和塞克

---

❾❽　二史館檔案：《兩年半創辦重工業得到不少教訓——痛苦而深刻的教訓》
廿八⑵6238。

特沒有向蔣介石言明「實力中心點」的具體地域而已。有關克蘭、塞克特的「實力中心點」建議的詳細情況，本書已有專章介紹，此處不擬再作重複。

第三，這種驚人相似的思路屬於英雄所見略同，抑或是國防設計委員會沿襲了塞克特、克蘭的構思？吳元黎、柯偉林教授等均明確表示傾向於後者**⓿**，國防設計委員會負責人之一錢昌照則曾在1939年寫道：制定「三年計劃」時，我們參考了德國顧問及專家的意見**⓾**。揆諸錢氏的自白，筆者欲在此再度強化柯偉林教授的這一看法。

㈤德國軍火與中國內戰

除了國防軍事工業建設合作項目而外，戰前德國軍火之輸華也是中德雙方開展「以貨易貨」貿易的兩大基本內容之一，是此期中德外交關係的重要組成部分。就國民政府方面而言，其對德關係之開展，除了工業及外交需要之外，主要就是出於軍事目的的需要，而且也是促使中德關係發展的原始動因之一。在中德軍事合作方面，從德國進口軍火是與引進顧問、發展軍事工業並立的三大內容之一，是一項「引遠水救近火」的燃眉之需。南京國民政府自1927年開府以後，忙於連綿的內戰，近有「安內」之爭，遠有「攘外」之需，以國內脆弱落後的兵工業基礎遠不能滿足戰爭之需要，故而國府當局不惜血本向國外購買軍火。德國以其軍火質量的優越以及願意對華以貨易貨而成為中方首選之軍火進口國。

中方以其高品位的國防戰略原料——鎢、錳、銻、鉛等以及棉麻

⓿　柯偉林書，第246頁。

⓾　二史館檔案：廿八⑵6238。

等農產品，向德方換取槍、炮、軍械以及軍工業生產機械，這就是中德間著名的「易貨貿易」的主要內容，而且也是德國赴華軍事顧問團所從事的重要工作內容之一。

德國軍火軍械之輸華早於清末就已開始，南京國民政府成立後不久就與德開展了軍火貿易。當時南京國民政府一方面繼續開展「統一」軍事作戰，另一方面亦積極準備軍隊之整建，希望引進外國先進的整軍方法及裝備，改造自己的軍隊，提高其作戰能力。蔣介石以其對於德國人的一向好感，認為德國軍隊訓練精良、武器先進，頗足效法，於是決定吸其技術經驗，以為中國軍隊改造之借鏡。為此，他在南京開府之前，就已開始了對德聯絡工作。1927年12月，蔣介石的第一任德國軍事總顧問鮑爾抵達中國，在上海與蔣介石會見，由此開始了南京方面與德國的軍事經濟合作。

鮑爾來華除了軍事任務外，還負有促進中德經濟合作之使命，這也是他在未得到德國魏瑪共和政府批准的情況下受德國大財團贊助啟程來華的基本動因之一。在與蔣介石前後一週的長談中，他向蔣介石「詳細介紹了德國最新軍火工業發展的情況，並強調了德產新式武器在現代戰爭中的有效作用」❿，引起了蔣氏對德國軍火的濃厚興趣。不久之後，蔣介石便派遣以陳儀為首的中國考察團在鮑爾陪同下赴德考察政治、軍事及軍工技術，陳儀在德國與克虜伯、西門子等大公司簽訂了價值100萬馬克的意向性合作及貿易合同，購買了一大批軍火❶，這是南京國民政府向德國大批購買軍火之開始。以後幾年中在

---

❿　傅寶真：《在華德國軍事顧問史傳》，見《傳記文學》第二十三卷第三期，第9頁。

❶　柯偉林：《蔣介石政府與納粹德國》（北京中國青年出版社，1994年版）第三章《南京顧問團的建立》一節所提供的資料。

中方的迫切需求及歷任赴華德國軍事總顧問的積極推動下，中德軍火貿易急速發展起來。儘管由於「凡爾賽和約」的明文禁止，德國魏瑪共和政府不敢坦然同意對華出售軍火。為了逃避責任，德國政府還曾於1928年4月及1930年4月兩次頒布「對華武器禁售令」，但在實際上，這些禁令只不過是一種躲避外交責任的花招而已，並無實際的約束作用。

　　1933年1月希特勒上臺後，德國在納粹黨政策指導下向整軍及恢復經濟之途急速邁進。1933年德國退出國聯和裁軍會議，放手發展軍備，軍費支出猛增，從1932年占國民收入2%上升到1935年的占17%，1937年更達22%，軍事工業在國民經濟中得以優先發展，1933年後，德國外貿進口也由以生活資料為主轉為以軍需原料為主。納粹黨要員之一的戈林曾露骨地說過：「我們從1933年以來，就已竭盡全力擴充軍備。不錯，我們承認，如果我們把褲腰帶勒緊，那是因為我們只為我們的軍備進口原料，這是比吃飯更重要的事。」[103]德國軍工業生產的迅速發展，要求更多地從國外輸入德國所缺乏的製造軍火所必須的鎢、銻等稀有礦產原料，而作為世界藏鎢大國的中國，以其豐富之礦產資源成為德方重要進口國。儘管納粹德國政府對中國並無好感，對發展德中關係也並非重視，但其陸軍需要在中國試驗整軍及使用新式武器之經驗，國防經濟部門需要獲取並貯藏中國戰略礦產原料，工業巨頭及軍火商人需要對華推銷其產品及擴大銷售，於是，這些「實力方面」，便形成了德方內部推進德華貿易的堅定力量，使得中德間軍火貿易能夠不斷地發展起來。

　　1932年春，南京國民政府根據中原大戰所得經驗，決定採納德國

[103]　烏布利希：《法西斯德國帝國主義》（柏林，1952年版），第25頁，轉引自《現代國際關係史》（知識出版社出版）。

軍事顧問之建議，通過瑞典商人向德方購買卜福斯(Bofors)山炮48門及相應的觀測通訊器材，成立了一個2團制炮兵旅❿，到了1934年春，在南京政府對「福建人民政府」作戰時，這支炮兵部隊就發揮了重要的作用。

在來華德國軍事顧問的大力推動遊說之下，德國軍火輸華規模迅速擴大。1933年7月，南京政府行政院長宋子文訪德，一次就與德方萊茵金屬公司簽訂了包括1,000挺機槍在內的價值5千萬馬克的軍火購買合約。雙方商定，德方交貨期為3年，中方則在6年內按季度付清貨款，萊茵公司為做成此筆大買賣而高興，但又擔心中方無相應的支付能力，該公司總經理艾爾(Eltze)為此請求德國政府出面擔保，國防部方面「出於軍事戰略原因」同意擔保，而外交部則認為「法律上不可能對提供戰爭物資給予國家虧損擔保待遇，並指出如果該舉稍有疏忽──在與中國交易上似乎就是如此──而為外界得悉，其可能造成的外交後果是不可想像的」。 結果「所有相關的部門和德國外交部經過討論後得出結論，德國始終反對向中國提供武器，蓋否則德國會被認為參與了中國內戰的一方」❺。9月，宋子文回國後又通過駐德使館與德國克虜伯公司接洽，洽商一筆總價值5億馬克的軍工製造設備貿易，計劃以此建立中國軍事重工業體系。這項計劃又因宋的不久去職而中止了。是年底，德國軍火商萊茵公司乃在中國首都南京舉辦了一次德式軍械展覽會，試圖擴大德國軍火的對華銷售，在德國駐華公使陶德曼(Trautmann)的幫助下，這批參展武器用瑞士輪船運到中國，中

---

❿ 辛達謨：《德國外交檔案中的中德關係㈢》，見《傳記文學》第四十一卷第六期，第116～120頁。

❺ 郭恆鈺、羅梅君主編《德國外交檔案1928～1938年之中德關係》(臺北，中央研究院近代史研究叢刊⑾，1991年4月版)，第158頁。

國軍政部次長參觀了炮火試射表演，並對德方的試驗表示感謝[106]。

在中德雙方努力推動下，德國軍火在我國軍械進口總額中的比例數有了明顯的上升，根據海關報告資料顯示，其發展概況如下表統計：

年　份	數值（海關兩）	所占總數百分比
1928年	3,208,897	28.1%
1929年	1,203,500	31.5%
1930年	4,008,800	25.7%
1931年	3,402,714	28.0%
1932年	1,640,645	20.4%
1933年	3,464,444	19.6%

其中1929年及1931年其數高居第一位，1928年為僅次於挪威之第二位，1930年僅次於日本仍為第二位，1932年及1933年分別次於法國及比利時為第三位[107]。

1934年1月，來華主辦中德經濟合作的「德方代表」漢斯‧克蘭(Hans Klein)在德國國防部、經濟部及國家銀行的支持下，聯絡一批對華有貿易關係的廠商成立了一家「德國工業品貿易有限公司」（簡稱HAPRO「合步樓」公司），資本總額20萬馬克，專營中德易貨貿易事宜，其後合步樓公司遂成為德國軍火輸華貿易的主要承擔者。是年7月，克蘭在廣州與中國廣東地方當局簽訂了一份「中德互換貨品合約」，

[106] 郭恆鈺、羅梅君主編：《德國外交檔案1928～1938年之中德關係》，第158頁。

[107] 王正華：《抗戰時期外國對華軍事援助》（正中書局，1988年版），第51頁，原載《中華民國海關華洋貿易總冊》民國19～22年刊。

準備向兩廣地區大規模提供德國軍火，在南京中央政府的抗議及交涉下，8 月間，克蘭又赴江西廬山，與南京政府財政部長孔祥熙進行了有關談判，並簽訂了「中國農產品與德國工業品易貨貿易合同」，　中德間易貨貿易由此正式拉開序幕，德國軍火之輸華亦從此納入兩國間貿易之正軌。

在此前後幾年中，雖然蔣介石在江西忙於展開剿共軍事作戰，但他並沒有停止整理軍隊的工作。1934 年 2 月，他採納德國軍事總顧問佛采爾的建議，決定以陸軍第八十七、八十八師及第三十六師為試點，對中央軍展開德式整訓，以期將之訓練改組為教導總隊，推進「全面整頓中國陸軍」的步伐。按計劃，受整訓的三個師將全部換配德式裝備，因此，中方對德製軍火的需求量越來越大。3 月間，德國容克飛機製造公司與中國交通部達成合建一座飛機製造廠之意向協議 **⑱**。

在這一時期內，德國軍火輸華之主要用途是用於中國的內戰，不僅在「中原大戰」等軍閥混戰中，德國軍火有力地支撐了蔣系中央軍的戰鬥能力，而且在 1933 年夏季蔣軍「圍剿」江西中央蘇區紅軍的第五次進攻中，德國軍火特別是大炮等重武器也發揮了相當威力。1934 年 10 月 20 日，德國軍事總顧問塞克特的副手法肯豪森(Falkenhausen)曾致函其在德國的聯絡人畢克曼說：「事實上剿共行動預測不久將會結束，首先因為 9 月已發動『全面剿共行動』，並以最新現代化戰鬥武器如英製（德製）Bofors 大炮、轟炸機，以及所有可用部隊之增援。其次，因為被紅軍占領的地區均貧瘠空曠，他們在那裏根本無法生存……」**⑲** 法肯豪森的這種記載，在曾參予對紅軍的「第五次圍剿」的

---

⑱　前引郭恆鈺、羅梅君書，第162頁。

⑲　《法肯豪森致畢克曼報告》（文號IV Chi 2494）（1934年10月20日於南京），載《傳記文學》第二十四卷第三期，第83頁。

國民黨軍官回憶中也得到了證實。他們證明，自從得到德國進口的長距離大口徑野戰火炮之後，國民黨軍對嚴重缺少重武器的中共紅軍的作戰攻擊力大為增強，收到了前所未有之效果。由此可見，德國軍火對國民政府剿共內戰亦有重要的幫助作用。

三、中德關係漸趨親密

(一)普魯士大地上的褐色風暴

進入1931年之後，中德兩國都發生了較大變化，這種變化使得中德雙邊關係有了突破性的發展。

在德國方面，魏瑪共和政府在戰後國內外壓力之下已陷入無力回天的狀態，而世界性經濟危機的到來更使毫無生氣的德國經濟雪上加霜。1930年5月，歐洲銀行業危機總爆發。6月，德國發生「提款和清償的恐慌」，7月以後，更開始了為期三週的「銀行假期」，金融業的危機標誌著德國經濟復蘇的希望徹底破滅❶。

與不景氣的經濟相伴而來的是德國國內混亂不堪的政治局面，各種政治勢力，反共和的王朝復辟派、退役軍人組織、工會以及共產黨人都在宣揚自己的主張，試圖尋找擺脫危機拯救德國的途徑，在這當中出現了一股極端右翼的反動勢力，最後演化成為一個法西斯主義的政黨——「德國國家社會主義工人黨」，其政治領袖便是阿道夫‧希特勒。

以希特勒為首的德國法西斯勢力得以迅速發展之後，這位政治狂人便將下一個目標確定為奪取國家政權。為了實現這一野心，希特勒

❶ 博恩：《1931年德國銀行業的危機：金融與政治》（慕尼黑，1967年版），第65～67頁，轉引自柯偉林書，第89頁。

需要竭力爭取德國國防軍及大資本壟斷財團的支持。

　　正如前文所述,德國國防軍是一個擁有獨特社會地位的特殊階層。在開始階段,國防軍方面對法西斯勢力持著戒備與反對態度,認為希特勒一夥不過是一群社會渣滓,不值一提,尤其對他們四處製造社會動亂之舉深惡痛絕。1927年軍方曾下令,嚴禁納粹黨徒參加國防軍,以免其擾亂軍隊。但納粹組織依然通過各種管道向軍界滲透。希特勒認清了這一態勢,判定如得不到軍方支持,他大事難成。於是在1930年春天一次處理雙方矛盾的公開聚會上,他發表了一次重要演講,保證納粹黨人不以國防軍為敵,並將摒棄暴力手段而以合法途徑奪取政權。他進而表示:納粹黨上臺後要按軍方意旨懲處製造「十一月革命」的人,並致力於對外「恢復德國的榮譽」。 希特勒的這番說詞,真正打動了軍方,迎合了他們自戰敗以後一直壓抑著的復仇心理。此後,國防軍方面逐步緩和了他們對納粹黨的態度,一部份受影響的軍官甚至欣然與納粹分子合作。

　　與此同時,希特勒又頻頻開展活動,向德國大資產階級求援。他深知離開了資本財團的支持,他便失去了向最高統治權力進軍的「底氣」,他需要財閥們的大筆資金,更需要他們在政治上的捧場。

　　進入1931年後,希特勒「走遍了整個德國,同重要的企業界人士私下會談」❷,從大資本財團手中取得了平均每年200萬以上馬克的資助,並向他們講解納粹黨的綱領,保證要在德國根除馬克思主義,在國際上為德國「奪取生存空間」。 這一表態當然迎合了財閥們的胃口。

　　1932年春,希特勒作為納粹黨候選人與社會民主黨及共產黨的候選人興登堡、臺爾曼一起競選德國總統,雖然最後他敗於興登堡,但

---

❷　前引約翰・托蘭書(上),第250～252頁。

納粹黨在大資本財團及國防軍的支持下已成為一股可以左右德國政局的力量。新上臺的巴本內閣在納粹黨人的騷亂破壞下，無法穩定國內局面，各大城市暴亂迭起。經過一番較量，1933年1月30日，興登堡總統被迫任命納粹黨魁希特勒為內閣總理。當時，興登堡總統年事已高且頭腦已不太清楚，無法處理日常政務。早在四年以前，當中國公使蔣作賓向他呈遞國書時就曾鬧了一個笑話，82歲的興登堡錯把一名深目高鼻的德國譯員當成了蔣公使的隨員，當場稱贊其德語講得「與德國人一樣好」云云，使該員哭笑不得。興登堡此時已成為一個政治偶像，大權則完全落入希特勒及納粹黨人之手❸。從此，德國歷史進入了法西斯專制統治的黑暗時期。

希特勒上臺以後，為了改變納粹黨人在內閣中占少數的劣勢，他立即宣布解散國會，並定於3月5日重新舉行所謂的「國會選舉」，試圖達到納粹黨一統天下的「預期效果」。他在就職演說中便公開宣稱：「在魏瑪共和國統治14年中德國遭受了那麼多的損失，今天德國應該體現納粹黨人的意志。」他要求在國家武裝力量中實行整肅，清除「不可靠分子」與共產黨人。希特勒還要求將納粹黨衝鋒隊編為警察的輔助部隊，作為執行鎮壓國內反對派及迫害人民的工具，使衝鋒隊在街頭施虐的暴行合法化。

為確保在未來選舉中獲勝，希特勒簽署了暫時禁止報刊出版和公開集會的命令，並把電臺等一切宣傳機構控制在納粹黨人手中。更有甚者，納粹黨人還直接對德國共產黨進行迫害，於2月間製造「國會縱火案」，由黨衛軍雇人放火焚燒國會大廈，栽贓德共所為，並以此為藉口在全國逮捕了4,000多名共產黨人，其中包括德共領袖臺爾曼和

❸　程天放：《使德回憶──柏林初期生活》，見《傳記文學》第三卷第二期，第19頁。

正在德國的保加利亞共產黨領袖季米特洛夫。同時頒布法令，取消公民在緊急狀態下的基本權力。一時間，白色恐怖籠罩全國，如狼似虎的衝鋒隊員在街道上橫衝直撞，大肆搜捕，到處充斥著血腥與暴力。

在種種陰謀與卑鄙手段之下，納粹黨在新國會中奪取了288個議席，名列第一，「合法」地占據了9個部長職位。但希特勒並不滿足。3月23日，他又強令國會通過「授權法」，規定總理有權越過國會對一切內政外交問題作出最後裁決，甚至不必接受總統監督。至此，希特勒成為名副其實的獨裁者。

完成奪權之舉後，希特勒進一步又通過一系列手段，確保其獨裁專制之穩定化。

首先，他下令解散了國內各邦政府及邦議會，改由帝國政府任命的代理官在各邦執掌大權，而其人選及各邦政府主要官員，均由希特勒本人任命。4月間，又頒布「重建公務員體制法令」，規定解除所有「非亞利安人出身或不具備本行職業技能」的人所擔負的政府職務，實際上就是要在政府內較高職位上趕走一切非納粹黨人，而為其黨徒騰出空位。

其次便是禁止納粹黨以外的其他一切政黨存在。國會「選舉」後，德共倍受打擊，已轉入地下，1933年6月22日，德國第二大黨社會民主黨被禁止活動；27日、28日，德國民族人民黨、德國國家黨被取締；7月4日、5日，德國人民黨、中央黨被迫宣告解散。5月間，納粹黨組織的「德國勞工陣線」吞併德國工會。從此，德國政壇成為納粹黨一統天下。

希特勒實行「國家一體化」的最後標誌是廢棄「總統」職位，實施他的「元首原則」。1934年8月2日，興登堡總統逝世後，希特勒取消了「總統」職位，將「元首」與總理統一於他一人，並兼任最高軍

事統帥，把黨政軍大權向自己手裏集中，「元首」的權力成為範圍廣泛的極權。在這種獨裁體系之下，納粹黨並無「中央委員會」，而只是存在由元首任命的各部門長官形成的黨內領導階層，這一階層的每個大員都以個人名義絕對聽從於希特勒，向他個人表示效忠。其主要成員有納粹黨的宣傳部長約瑟夫・戈培爾、「黨衛軍」首腦亨利希・希姆萊、秘密警察頭目諾因哈德・海德里希、衝鋒隊首領羅姆以及納粹黨重要頭目之一戈林等等。

在向希特勒個人效忠的體制下，納粹黨要員們各霸一方，逐漸滋長了飛揚跋扈之習性，他們胡作非為目空一切的舉動甚至破壞了希特勒的計劃，由此引發了1934年6月30日希特勒親率黨衛軍逮捕並處決「衝鋒隊」首領羅姆的事件。這一事件之本質與其說是希特勒在衝鋒隊與國防軍發生矛盾時向國防軍做出的妥協，倒不如說是希特勒殺雞嚇猴整肅黨內之舉。無論如何，希特勒通過整肅衝鋒隊，達到了他拉攏國防軍以鞏固獨裁統治的目的。

「衝鋒隊」雖然就此一蹶不振，但繼之而起的納粹「黨衛軍」卻更加猖狂，成為法西斯統治的核心力量，其首領希姆萊統掌全國警察、特工（蓋世太保），成為恐怖、虐殺與血腥的代名詞，普魯士大地上的褐色風暴越刮越猛。

㈡神秘商人與他的使命

與德國國內的動盪混亂局勢相反，這一時期的中德經貿關係在有關人員的勢力下卻得以順利發展起來。

1933年以後，伴隨著軍事顧問團地位的加強，中德易貨貿易的廣泛開展以及大批中德工業合作項目紛紛上馬，中德合作步入了一個全

新的時期。很多學者均將1933～1937年視作中德關係史上的「黃金時期」。

在此期間，漢斯・克蘭(Hans Klain)，一個神秘的冒險商人，扮演了重要角色，中德易貨貿易以及中德工業合作等，均由其參予導演。

半個多世紀以來，克蘭的身世、經歷、背景及其在中德關係史上所起的微妙作用，一直是神秘的不解之謎。在德國，他沒有任何官職，但卻能與德國經濟部長沙赫特、外交部長牛賴特、國防部國防經濟廳廳長托馬思等過從甚密，成為他們辦公室中的座上客，即使是德國元首希特勒，亦時常召見他，在中國，他既無外交頭銜，亦非國民政府聘請的顧問，但卻出入國民政府如履平地，孔祥熙、何應欽、翁文灝、錢昌照、俞大維等均對他待若上賓，在1936年初中國政府開列的為德方人員授勳名單裏，他亦參列其中，且是唯一的「平民」。

綜合筆者接觸到的各種材料，用投機商人兼冒險家來概括克蘭的身份是十分恰當的。這位仁兄早年只是一個身無分文的窮光蛋，第一次世界大戰以前，他曾經在德屬中非經商，一個默默無聞的小商人而已。一戰結束不久，他加入了以販賣軍用物資而著稱的柏林思格爾哈特銀行(Engelhardt Bank)，並從此與軍火結下了不解之緣。在此期間，為了插手國防軍在國外的事業，他利用一切機會在德國軍政各界廣結善緣，相繼結識了托馬思、沙赫特、柏龍白、塞克特等。至三〇年代初，克蘭已成為一位百萬富翁，且在德國商界略具薄名。

這位從倒賣軍用物資起家的暴發戶是如何與中國發生關係的？話還需從牽線人邁爾—馬德爾說起。

安德烈亞斯・邁爾—馬德爾 (Andreas Uayer-uader) 是克蘭的朋友，一位曾經參加過第一次世界大戰的普魯士雇傭軍人。大約是在1930年左右，馬德爾來到中國，受雇於派爾茨—中國公司(Palz China

Company），從事進出口業務。然而，糾糾武夫而對紛繁細緻的帳目，頗有點心有餘而力不足。未幾，他跳槽到「廣西王」李宗仁屬下的南寧軍官學校，成為一名教官，重操舊業。任教期間，他結識了曾經留學德國的廣西名宿馬君武，並通過馬及派爾茨公司向廣西當局建議由德國公司幫助廣西方面建造一座兵工廠，藉以擴充廣西方面的軍工生產。李宗仁接受了馬德爾的建議，並派他攜馬君武赴德，尋找合作夥伴。

馬德爾回到德國之後，立即傾力兜售他的計劃。他聲稱，廣西是中國最強大的省份，分裂的中國最終將由廣西方面來統一，德國在廣西方面的經濟滲透將有助於德國經濟的復蘇，德國公司應當放眼未來，投師東進，斥資廣西。然而，德國各界對此反應冷淡，沒有一家財團對他的冒險計劃感興趣。

在此期間，馬德爾於1932年6月致信塞克特，聲稱自己是中國廣西省的代表，把自己的冒險計劃說得天花亂墜，要求塞克特予以支持，並利用自己的德國國防軍之父的地位支持推銷這個計劃。

塞克特旋將馬德爾介紹給已是百萬富翁的克蘭。作為一個冒險家，克蘭對赴遠東拓殖業務十分感興趣；同時，作為一個投機商，勢利的秉性驅使他不願讓邁爾－馬德爾分一杯羹。於是，他盜用了馬德爾的計劃，並把馬德爾晾在一邊，與馬君武單線聯繫。

克蘭向馬君武聲稱，他與德國軍方有著千絲萬縷的聯繫，較之馬德爾，他更能使廣西當局的願望變成現實。他要求馬君武提供10萬馬克的旅費，以便他組織有關專家赴華考察，洽談合建兵工廠的具體細節。然而，廣西當局的財政狀況實在令人失望，10萬馬克的旅費不是他們能夠承受得起的。

就在這個時候，與廣西結盟、較為富裕的廣東省政府亦通過馬君

武向克蘭表示；廣東省也有意與德國公開合作，合建兵工廠，並主動向克蘭提供了一筆旅費，邀請克蘭及塞克特赴粵考察，洽談合作事宜。

　　1933年初，塞克特應邀訪問中國。作為塞氏隨員，克蘭亦隨同前往。所不同的是，塞克特的主要任務是訪問南京國民政府——雖然他亦允諾對廣東進行禮節性訪問，而克蘭的目標則是廣州——他的旅費是廣州當局提供的。很顯然，塞克特完全瞭解克蘭將要在廣州與兩廣當局洽商合辦軍事工業的計劃——姑稱「克蘭廣東計劃」。

　　表面上看，克蘭的廣東計劃純屬民間商業行為，但實際上，這項計劃從一開始就得到了德國國防軍的堅決支持，有著複雜的官方背景。克蘭的一位密友曾經透露，德國國防軍都曾答應在1932年度向克蘭提供4,000萬馬克的出口信用擔保金 ❹。不難想像，對佛采爾顧問團倍感失望（它並未給德國國防軍部帶來實質性的好處，甚且，連一份工業訂單也未弄到手）的德國國防軍部，非常希望克蘭在廣東取得成功，為德國軍工界打開局面。

　　克蘭之所以選擇兩廣當局作為合作夥伴，除了陳濟棠、李宗仁等人的「盛情邀請」外，還有兩個原因。第一，廣東當局的國際信用高於南京當局。廣東是中國最富裕的省份。溯自國民政府成立，中國對德貿易年年入超，中方一直無法以外匯與原料償還德方，1931年至1933年，已積欠德方共計1億3,000萬馬克，致使中德貿易無法進一步擴大。但是，「廣東卻不同，廣州不僅是中國南方最重要出口商品集散地，且陳濟棠控制下的廣東政府辦事效率極高，交易重信用，按時交貨與付款，絕未有拖泥帶水現象」 ❺。第二，廣東當局控制著德方急需的礦產原料——稀有金屬鎢、銻、錳等。德國自希特勒上臺後，

---

❹　透露此消息者為齊焌，參見柯偉林書，第352頁。

❺　《傳記文學》第三十卷第二期，第94頁。

整軍經武，重整軍備，重新走上軍國主義老路，需大量儲備戰略物資。鎢、銻等稀有金屬是製造武器不可替代的重要材料，自然是德國刻意搜購的對象。中國江西、湖南、廣東、廣西等省是舉世聞名的銻、鎢產地，其儲量、產量均居全球之冠。以1928、1929、1930三年為例，這三年中世界鎢礦總產量分別為12,534、16,562、14,670噸，而由中國出口者即分別達7,003，8,304，9,320噸，所占比例，均在50%以上。就廣東而言，該省不僅是產鎢省份之一，而且還控制著中國最重要的鎢銻外運路線。據礦業專家洪誠調查，「吾國鎢砂出口地點最著者為香港與上海，次為汕頭」，其中，「經過粵境由香港出口及由粵境直接出口者，五居其四」❻。

　　「廣東省及其鄰省對德國經濟和德國工業可說是一片取之不盡、用之不竭的寶藏。」在翌年給德國外交部的報告中，克蘭以充滿憧憬的口吻這樣寫道。面對分潰離析、市場廣闊、資源豐富的東方古國，他以一個投機商人特有的嗅覺已經聞出：廣東事實上處於一種半獨立的狀態，廣東省事情必須得到南天王陳濟棠的首肯才能兌現，南京中央政府對此是鞭長莫及的。既然陳濟棠才真正是德國急需之戰略物資——鎢銻等稀有金屬的實際控制者（如前所述，粵省雖產鎢不是很多，但中國出口鎢砂大都均須經過粵境），德國要想得到這些物資，就必須同陳濟棠打交道，把廣州作為德國「努力的出發點」。

　　未經南京政府許可，擅自與廣東當局建立聯繫，會不會導致南京中央政權的反對？乃至引起外交糾紛？克蘭心中並無把握。但他同時認為，蔣介石對廣東鞭長莫及，則德方對來自蔣方的任何紛撓盡可不必理會——這正是冒險家的本性。他聲稱：

---

❻　洪誠：《整理中國鎢砂之記述》（油印本），二史館檔案。

南京的情勢本人不太清楚，因此，本人首先不想選擇南京為本人努力的出發點，同時中國內政局勢尚未完全穩定，南京同中國西南省份尚存互相對峙局面，雖則其間之歧見並非嚴重，然而軍事方面仍未能完全消除彼此猜忌，在經濟方面，各省皆獨行其是，各自為政，因此，在內部經濟建設上，無需中央政府之許可，所以，如果本人首先同南京政府打交道，互換意見，縱然可以達成協議，但以後仍然必須同西南諸省商談，因為，蔣委員長的勢力範圍是有限的，他尚未控制全局。

……因此，首先遴選最富裕的廣東作為初步嘗試地點，以爭取廣東政府同德國進行產品交易，廣東及其相友好的鄰省（廣西、貴州、湖南和雲南）的各種礦砂、煤炭及其他礦產都非常豐富，這些礦產多半蘊藏於許多河洲地域，如欲運往裝船之港口，並無多大困難。因此，本人開始在廣州進行談判。本人深信可以說——在顧及中國人的性格和中華民族的感情的狀況之下同廣東陳濟棠總司令交成朋友並贏得他誠懇的信任……，對德國多有幫助。❼

克蘭來到廣州後，受到了貴賓式的歡迎，陳濟棠、李宗仁並委派第一集團軍參謀長繆培南、第四集團軍參謀長張任民與之磋商合作細節。磋商期間，克蘭始終把自己打扮成德國政府的代表，並向繆、張描述雙方合作的美好背景。使他們相信「不僅在經濟方面，而且在政治方面，透過德國的日益強盛，會給他們及其鄰省和全中國帶來其大利益」，並保證「日益強盛的德國絕不想在華施行任何圖謀領土的政

❼　辛達謨：《德國外交檔案中的中德關係》，《傳記文學》第四十二卷第二期，第124頁。

策，其興趣僅於拓殖市場」❽。

1933年7月20日，克蘭與兩廣當局簽訂「琵江口兵工廠合約」。

「琵江口兵工廠合約」共十六節（該合約分繕德、中文各二份，遇有歧義時以德文為準，中文係自德文本中譯出），代表兩廣當局在「合約」上簽字的為繆培南和張任民。根據「合約」第一節：

> 買方（即兩廣當局）茲委託H. K.（即克蘭），於七月二十日由買方指定在琵江口南之地段，建築下列之工廠，並須設備妥當，且能製造出品：
>
> a. 砲廠
>
>   港幣　　1,850,000元
>
>   每月出口額　　10.5cm　輕便野戰榴彈炮五門
>
>   　　　　　　　7.5cm　步兵榴彈炮九門
>
>   　　　　　　　7.5cm　野戰炮九門
>
> b. 炮彈、信管及火藥筒廠
>
>   港幣　　1,075,000元
>
>   每月出口額12,500個
>
> c. 毒氣廠
>
>   港幣　　490,000元
>
>   內包括鹽酸廠、毒氣分解設備、自動裝毒氣設備
>
> d. 防毒面具廠
>
>   港幣　　65,000元
>
> e. 包裝費、運費、保險費、建築費、工廠修理費等
>
>   港幣　　5,180,000元

❽　《傳記文學》第四十二卷第二期，第125頁。

f. 特別費用10%，港幣518,000元

以上共計5,698,000元。 **❾**

關於港元與馬克的比價，「合約」第五節規定：「一香港元等於一金馬克，即等於0.35824公分(yiamm)純金。」 **❿**

此外，「合約」還規定，兩廣當局必須在兩年之內按月償清上述四家兵工廠之全部造價（即約560萬餘馬克） **⓫**，付款方式為：「直接交與德華銀行，轉入H. K.（克蘭）帳戶。」作為交換條件，克蘭則保證所有兵工廠如期竣工。

「琶江口兵工廠合約」是克蘭第一次廣東之行的主要成果。

1933年秋，克蘭攜帶「琶江口兵工廠合約」返回德國，向德國政府兜售他的廣東計劃，尋求官方支持。然而，德國政府內部卻對這個計劃反響不一，爭勢頗大。

外交界，尤其是駐華使領人員，均認為克蘭的方案完全是一項冒險計劃，有害無益，應該立即禁止。廣州德國總領事瓦格納(Wilhelm Wagner)當面告誡克蘭，他的計劃風險非常大，應該謹慎從事。因為，第一，廣州當局財政狀況比人們預料的要糟得多，能否償還兵工廠的造價，令人懷疑。第二，繞過南京政府幫助廣東當局擴充兵工製造業，將引起蔣介石等人的仇視，德國在華利益將會因此受損。第三，英、美、法、日等更不會坐視德國勢力向兩廣滲透。在華任職多年熟悉中國國情的駐華公使陶德曼對國民黨中央政權與地方實力派的

---

❾　二史館檔案：「琶江口兵工廠合約」七七四3095。

❿　有的中德關係史著作稱，克蘭在廣東的投資總額為6,500萬馬克，顯然是錯誤的。參見《近代史研究》1992年第六期。

⓫　二史館檔案：「琶江口兵工廠合約」七七四3095。

矛盾有著更加清醒的認識。他向德國外交部提出，「與克蘭達成協議的廣東政府與中央政府的關係十分不穩定，德國政府在涉及向克蘭方案提供官方支持的時候，必須謹慎從事」❷。

　　但是，軍方卻大力支持克蘭的廣東方案。如前所述，早在克蘭赴華之前，德國軍方即以答應為其提供出口信用擔保金。所以，當克蘭攜帶廣東方面的訂單返德時，國防軍首腦國防部長柏龍白元帥(Werner von Blomberg)已是喜上眉梢，對克蘭另眼相看。柏龍白認為，飛速發展的德國軍火工業必須拓殖海外市場，藉以維持德國軍事工業擴大再生產。而重整德國軍備，更須加緊搜購戰略原料（此時，國際戰略原料市場完全控制在德國的宿敵英國手中）。克蘭的「廣東方案」不僅可以為德國軍火工業爭取到了海外訂單，而且還能透過德國軍事工業設備及軍火與廣東等省特有的農礦原料之間的互相交換，為德國帶回渴望已久的戰略物資，對德國十分有利，理應予以支持。

　　此外，德國經濟部長兼國家銀行總裁沙赫特也支持克蘭的「廣東方案」。　沙赫特是希特勒「要大炮不要黃油」式的戰時經濟體制的締造者之一，他不僅對中國南方諸省特有的戰略物資十分垂涎，而且一直希望建立起由政府直接控制下的官督商辦式的、甚至是官辦的對華貿易渠道，直接操縱對華軍火、重工業產品輸出及戰略物資輸入。因為自本世紀以來，德國對華貿易一直由漢堡、布萊梅一帶的私營貿易公司控制。克蘭是德國經濟部十分熟悉且信賴的軍火推銷商，被沙赫特看作是「建立這一渠道最合適的對象」。

　　德國國防軍和經濟部的態度無疑使克蘭受到了鼓舞。1933年12月14日，克蘭委託易嘉偉(W. Eckert Canton)為代表與廣東省廣州市永隆

---

❷　吳景平：《漢斯·克蘭與30年代的中德關係》，載《近代史研究》1992年第六期。

建築公司經理嚴永祥簽訂「琶江口各兵工廠建築物承建合約」，他的「廣東方案」又向前邁進了一步。

「琶江口各兵工廠建築物承建合約」至今仍保存在中國第二歷史檔案館。「合約」將琶江口各兵工廠房及全部建築物共十一座「委託永隆公司承建，並有明確細緻的工價工期規定」。「雙方聲明，連工包料，建築費港幣六十二萬二千元，運輸費三萬五千元，合共港幣六十五萬七千元整……，建築期限，除雨水大及天災橫禍不計外……，須於民國二十三年五月三十一日以前完全竣工」❸。

至此，所謂克蘭「廣東方案」已不再是紙上談兵了。

在此必須指出的是，克蘭的「廣東方案」是在極度秘密的狀態下進行的。德、粵雙方均對此諱莫如深，守口如瓶。然而沒有不透風的牆。1933年秋末，南京國民政府即已通過各種途徑獲悉，陳濟棠、李宗仁通過一個名叫克蘭的冒險家與德國軍事工業界建立了聯繫。自然，蔣介石政府對德方這種繞過中央政府與地方當局勾勾搭搭的行徑十分惱火，不能坐視不理。同年底，蔣介石致電中國駐德公使館，訓令駐德參贊譚伯羽向德國政府提出嚴正交涉。次年2月1日，譚伯羽代表中國使館正式照會德國外交部，強烈要求德國政府出面制止克蘭在廣東的活動，照會稱：德國政府既承認廣東為中國不可分割之一省，則德粵之任何協議均需事先得到南京政府之批准。鑑於國防部是克蘭的幕後靠山，譚伯羽還以私人身份請求德國外交部長牛賴特疏通柏龍白，促使他改變初衷❹。

德國外交部接獲中方措辭激烈的照會後，覺得事態嚴重，乃於2月16日約集國防部、經濟部、財政部及國家銀行五方代表共同審議克

---

❸ 二史館檔案：「琶江口兵工廠建築物承建合約」七七四3095。

❹ 參見前引吳景平文。

蘭的「廣東方案」。然而，德國政府內部對應否取消「廣東方案」仍存在著很大的分歧。

外交部代表認為，從經濟的角度考察，克蘭的「廣東方案」所冒的風險究竟有多大，令人擔心，同時，該方案所牽涉的不僅僅是個經濟問題，它關係到德國與中國的關係及中國中央政府與廣東地方政府的關係。就中國而言，儘管眼下南京中央政權與兩廣地方當局的關係還不錯，但誰也不能保證這種關係不在一夜之間發生根本變化。鑑於南京國民政府反對克蘭「廣東方案」的態度如此強烈，牛賴特強調，如果不顧中方抗議，貿然推行，顯然會影響到德中關係，德國在華的其他利益因此斷送，亦未可知。此外，在討論克蘭「廣東方案」時，還必須顧及遠東國際關係，因為，扶植中國地方實力派，勢必使中國繼續維持分裂狀態，使受國際法承認的中國中央政府疲於應付，這恰恰是日本所希望的，德國沒有必要扮演這種損人不利己的角色。

但是，軍方支持克蘭的堅決態度並未因外交部的焦慮而有任何改變，溫和的牛賴特看來並未說服倔犟的柏龍白。自然，軍方的著眼點仍然是克蘭的「廣東方案」有助於德國重整軍備。此外，國防部代表還向與會各方透露，代表南京中央政府的柏林中國公使館貿易處此時也在與克蘭接洽，要求這個以冒險而著稱投機商為南京方面搞一個兵工廠項目。由於南京方面有求於克蘭，所謂「廣東方案」到底會不會導致中德外交糾紛尚是一個問號。因此，政府方面應該一如既往地支持克蘭。

最終，仍是軍方的意見占上風——繼續支持克蘭的「廣東方案」，不過，鑑於外交部的強烈反對，國防部方面表示，克蘭方案的具體實施，將有待於塞克特第二次前往中國以某種方式取得蔣介石及其政府的同意。

就在中德雙方因克蘭「廣東方案」引起的外交風波的同時。「合步樓公司」應時而生了。

「合步樓」的全名稱為：Handelsgesellsch Industrielle Produkte（工業產品貿易股份有限公司），簡稱HAPRO，在南京國民政府和兩廣當局的公文中，這個公司大多被譯成「合步樓」， 有時亦作「哈普羅」或「哈卜羅」。

合步樓公司正式成立於1934年1月24日，資本總額為20萬馬克。漢斯‧克蘭是它的最大股東（19.9萬馬克）。按照公司開業協議書，它的業務主要包括「國內國際機械、工具和多類日常用品的貿易」，「汽車和農業機械製造工業的工具及成套設備的貿易」❺。範圍非常廣泛。

從表面上看，合步樓公司完全是漢斯‧克蘭的私人公司，克蘭本人亦曾多次刻意向世人強調該公司的私人性質，但事實上，合步樓有著極其濃厚的官方背景，它是適應德國國防、經濟部希望建立對華貿易的半官方渠道的需要而誕生的。在該公司成立前夕，托馬思上校即已多次呼籲，必須「在中國設立一個代表德國工業界的統一代理處」❻。

有幾點是值得注意的：第一，克蘭在合步樓的代表是庫萬特‧普萊(Curt Preu)上校，此人曾由德國國防軍推薦出任塞克特首次訪華的隨行助手。第二，合步樓是由柏林恩格哈特銀行資助的，這家銀行長期活躍於德國國防軍主辦的企業中。第三，克蘭的老同事海因里希‧羅伊(Heinrich Reuss)皇子曾向外交部報告稱：「漢斯‧克蘭按照國防軍的命令行事，這是千真萬確的。」❼

---

❺　柯偉林書，第148頁。

❻　《德國外交政策文件》C輯第二冊No. 89，第154～155頁。

❼　《德國外交政策文件》C輯第三冊No. 476，第900～901頁。

　　所有這些，已足以證明，德國國防軍方是躲在幕後的、實際控制合步樓的真正操縱者，合步樓是德國國防軍藉以直接控制對華貿易通道、搜集戰略物資的工具。

　　合步樓的成立不僅暴露克蘭的野心，他已下定決心將廣東的冒險計劃付諸實施，藉以賺取更多的馬克，也反應了德國政府極端勢利的利己主義嘴臉。本來，德國人完全可以在其政府內部設立一個官方的貿易機構辦理搜購中國戰略原料，向中國推銷德國軍火等事宜，但它卻沒有這樣做，它偏偏要藉助於表面上看起來是民營公司的合步樓來達到目的。因為這樣做至少有兩個好處，第一，避免財政風險。合步樓如果在中國取得成功，德國政府可以坐享其成──中國戰略原料可滾滾運德，如果萬一失敗，德國政府亦無須承擔信用上的損失──因為合步樓畢竟是一個民營公司，與政府無涉。第二，避免外交糾紛。曾任合步樓公司南京辦事處負責人的瓦爾特‧埃克特在自己的回憶錄中曾這樣寫道：「由一家私營公司而不是外交部或經濟部等來簽訂（一項中德貿易協定），是明智之舉，它有利於對世界上其他國家保守（協定）的秘密。」顯然，如果由德國政府有關部門大張旗鼓的辦理搜求中國戰略原料、推銷軍工產品等事宜，當然會引起一直對德國抱有戒心的英法等國的妒恨、仇視，但由一家民營公司合步樓辦理這件事就不同了──所謂在商言商，政府是很難干預的，完全可以成為擋箭牌。

　　1934年4月，塞克特第二次赴華，就任南京軍事委員會總顧問。5月初，蔣介石向塞克特承諾，為了實現塞克特《改革中國軍隊建議書》中提出統一中國軍隊武器制式的目標，中國政府從此後將只購買德式武器，並委託塞克特會同軍政部兵工署署長俞大維研究應購武器之種類、數量及接洽辦法❽。此外，蔣介石還批准由柏林中國貿易處

❽　郭恆鈺、羅梅君主編：《德國外交檔案1928～1938年之中德關係》，第163

管轄的購械事宜劃歸兵工署負責。

蔣介石的承諾表明，南京國民政府迫切希望德國武器，亦標誌著塞克特為德國軍工界在中國開闢了廣闊的市場。

塞克特接受此項使命後，立即想到了他的好友克蘭。他希望由克蘭發起成立但實際上受德國軍政部操縱的合步樓工業品貿易公司來經營德國對華軍火輸出 **⑲**。

同年6月，克蘭再度來華。啟程之前，牛賴特、開卜勒(Keppler)曾分別召見他，希望他努力工作，務必「使中國大量購買德國工業品」，「並向德國大量出口農礦原料」。同時並盡量與中國中央政府搞好關係，以免德國在對華外交方面陷入被動。根據牛賴特的要求，克蘭還在啟程前馳書已赴中國的塞克特，希望塞將他的「想法和計劃」（即廣東計劃）「親自轉達蔣委員長介石閣下」，爭取蔣的默許。

塞克特自從就任總顧問後，對寧粵之間的微妙有了較深刻的認識，已意識到蔣介石不可能默認克蘭與兩廣當局達成的協議，只要南京國民政府不垮臺，克蘭「廣東方案」就沒有妥協的餘地——除非德國願意犧牲在南京政權下所取得的一切既得利益。基於這種認識，塞克特自然難以替克蘭向蔣介石通融，因為那將只能是自討沒趣。於是，塞克特覆電克蘭，聲稱自己已在南京打開局面，希望克蘭第二次來華時徑赴南京，選擇蔣介石政權為合作夥伴，將工作重點由廣州轉向南京。塞還提醒克蘭，在南京的國民政府才是中國真正的中央政權。

但是，克蘭並不這麼看。他堅持認為：「蔣委員長的勢力範圍是有

頁。

⑲ 勞滕史拉格自北平發回的一個秘密報告中稱，在戰爭物資的置辦上，馮・塞克特深受中國政府信任，他考慮在此事上起用漢斯・克蘭，前引郭恆鈺書，第168頁。

限的」,「在經濟方面,各省皆獨行其是,無需中央政府之許可」**⑳**。
與塞克特的期望相反,他仍打算先赴廣州,仍選擇與自己「變成朋友
並贏得其信任的廣東省總司令陳濟棠」作為接洽對象,完成他的「廣
東方案」。 自然,作為一個投機商人,他亦期望與南京國民政府簽訂
商業合約。他覆信向塞克特表示,他將先在廣州與陳濟棠接洽,並在
那裏等待塞克特的消息,一旦塞克特與南京方面接洽有成,他將立即
北上與其會合。

　　克蘭到達廣州後,經過近一個半月的接洽,討價還價,於7月20
日與陳濟棠的代表繆培南簽訂「中德互換貨品合約」 (亦譯作「交換
中國西南部原料產品和德國工業品合同」),並允諾為兩廣當局謀求德
國貸款。這個「合約」是克蘭「廣東方案」的綱領性文件,它的簽訂,
標誌著這位冒險家已完全取得兩廣當局的信任。

　　克蘭後來曾對這次談判作了極詳細的描述:

　　……談判的結果是陳濟棠總司令請我給他草擬一份「交換中國
　　西南部原料產品和德國工業品的合同」。 他就此合同與其政府
　　要員商談並轉交前來廣州的四位友好省份的首長審閱,他獲得
　　他們的同意與我簽訂此項合約。在以後的商談中他交給我一項
　　興建計劃並說明他願與我共同實施此項計劃,依照我的建議,
　　首先興建為經濟發展及中國主權獨立必需的工業……。他請
　　我繼續留在中國當他的經濟和政治顧問並協助他推行廣東及
　　鄰省的經濟建設……

　　我在此僅提出數項興建工程以供參考:

⑳　辛達謨:《德國外交檔案中的中德關係》,見《傳記文學》第四十二卷第
　　二期,第122～123頁。

興建全部鐵路網的核心；

興建廣州港口；

興建私人及海軍船塢，盡量使其設備完善等等。德國可供應設備產品及工程技術人員，中國方面可以礦產交換而在德國設立信用機構以平衡價款之支付或甚至可以物易物，預先運送雙方之產品或原料而不必提出擔保，只要雙方有誠意，君子協定可也。

廣東及其他省份都以緊張心情等待我的談判結果。關於此一貿易協定計劃，雖然我請他們先等待德國方面有所決定後再開始進行籌備工作，但在陳濟棠總司令領導下已成立一個工作小組，並聘請德國專家進行一切籌備工作，他不相信德國方面對此貿易協定及中德雙方友好合作會遭受拒絕；因此，他叫我擬訂一個組織和工作計劃，而我當然樂意為之。

委員會將由一位熟悉德文的領導人和盡可能也會德文的中國地質學專家以及交通技術人員等組成。德國方面的工作小組應同中國小組密切合作，中國軍事及民國代表亦應積極參預工作。

一切談判都準備就緒，明年（1935年）元月即可開始籌組開採礦產原料及農產品的事宜……

此外廣州表示願意成立一個輪船運輸公司，以便運輸中德雙方的原料和工業產品，該航運公司同時可以進行中國沿海及內地河流之運輸作業。❹

由於案牘闕略，「中德互換貨品合約」的具體條文目前尚不清楚。

❹　《傳記文學》第四十二卷，第125～126頁。

不過，透過前引克蘭冗長的敘述，我們仍可想見它的大致輪廓：這是一份以實施物物交換為核心內容的貿易合約。通過這種交換，德國方面將得到兩廣當局統治下礦產原料（事實上當然是指戰略原料），廣東方面將得到德國工業品（自然是以軍工設備為主）。為了使兩廣當局提高礦產開採能力，德國將向廣東方面提供技術援助——供應設備和工程技術人員。

此外，尤可注意者，這個「合約」雖然已經簽字，但是必須得到「德國方面有所決定後」（即獲取德國政府的批准後）方能付諸實施，在合約上簽字的雖然是克蘭個人，但事實上，他是德國有關方面的影子。在德國官方首肯之前，「合約」始終只是一種計劃，一種理想。

但是，無論如何，這位神秘的商人克蘭，至此卻開始了他在中國的新的商業投機——這是一次對他個人及對整個德國來說都是十分重要的意義重大的「冒險」，由於它的巨大的價值與利益，克蘭為他個人及德國投下了賭注。

㈢德國顧問初露鋒芒

蔣介石對德國赴華軍事顧問團代理團長克里拜爾日生不滿，幾番矛盾衝突之結果，蔣介石下定了「換馬」的決心，命令辦理中德外交的熟手朱家驊立即物色德國總顧問新人選。

朱家驊通過中國駐柏林使館試圖邀請德軍名將魯登道夫親自來華，魯氏本人雖然傾向同意，但德政府方面以他名氣太大，來華將造成外交上的麻煩，遂未同意。經過魯登道夫的推薦，喬治・佛采爾 (Georg Wetzell)（又譯魏澤爾）中將幾經考慮，終於同意來華接任顧問團的工作。

佛采爾在第一次世界大戰期間曾任德國陸軍參謀本部作戰處處長，是一位傑出的軍事家，富有實戰指揮經驗。他與當時的陸軍部長塞克特將軍交情頗深，很受塞克特賞識。1926年，經塞氏推薦出任參謀本部陸軍軍務局局長。在軍事理論方面，佛采爾也有很深造詣，曾著有《同盟戰爭》(*Buendniskrieg*) 一書❷。因為佛采爾本人具有一定反共和政府的傾向，且與興登堡總統不和，故而對在國內從政頗感厭倦❸，正逢魯登道夫介紹，他便同意來華。

佛采爾於1930年5月來到中國。

蔣介石於5月24日正式發布任命，通告德國顧問團全體團員：「本人謹告諸位先生，經本人聘請而抵達本人總部之步兵司令佛采爾將軍擔任顧問團團長職位，深冀諸位秉承以往之熱忱，繼續竭力支持佛采爾將軍並克盡佛將軍分配予各位之職守。蔣介石。1930年5月24日發自蘇州。」❹6月9日，佛采爾正式上任，同時向顧問團員發出下列一函：

兹奉國家元首（蔣）總司令於1930年5月24日指令，本人被邀任為顧問團團長，領導執行顧問團所受委託之工作。本人竭誠向所有同仁致意，並請諸位以信賴之心及團隊精神與本人合作，以期完成委託予吾人之艱巨任務，而為中國中央政府之福祉繼續共同努力服務。吾人在此之工作深受祖國（德國）之矚目與推崇。

❷　辛達謨：《南京國民政府時期德國顧問之貢獻》，見《近代中國》第四十五期。

❸　同上出處。

❹　《關係》，見《傳記文學》第四十一卷第五期，第121頁。

諸位同仁之任務目前並無變動，此後為改善工作效率，本人擬設立由本人直接領導之顧問團總部，配合不同工作範圍，將劃分各種部門，以小組方式執行任務，關於細節將及時通知，大部份成員仍各守原來崗位。直至目前為止，蔣總司令對其表現甚為滿意、貢獻良多之陸軍中校克利伯爾將於特殊情況之下（例如本人不在南京或渡假期間等等）將替代本人之職務。因此本人再度強調並請諸位以信賴之忱及團隊精神共同繼續執行委託給吾人之任，以期圓滿成功。

陸軍中將魏采爾（簽署）1930年6月9日於南京。㉕

佛采爾上任伊始，恰逢蔣桂馮閻「中原大戰」爆發，中原大地戰火驟起。這對於一位厭倦政治爭鬥熱烈嚮往槍炮戰火的職業軍官來說，無疑是一個一展身手的絕好機會。佛采爾行裝未卸，立即隨蔣投入中原大戰，輔佐蔣介石指揮中央軍的「討逆」戰事。

當時桂馮閻三方聯合反蔣，總計兵力達70萬之眾，晉軍在山東、山西及河北為左路，馮軍在陝西、河南為右路，桂軍在兩湖一帶為後路，包抄圍攻南京政府的中央軍，這是歷史上反蔣各派系最大的一次聯合武裝反抗行動，欲徹底打垮蔣軍，推翻蔣政權。他們在政治上得到了以汪精衛為首的國民黨內反蔣派的合作與支持，占有一定的天時地利，來勢洶洶。

面對如此嚴重局面，蔣介石內心自然明白這一戰役關係到他的南京「黨國」的生死存亡，也關係到他個人的政治命運，他一面施展心計，運用各種手段分化瓦解反對派勢力，另一面不得不依靠軍隊力量確實「打好這一仗」。他知道，戰場上的勝負是決定一切之根本，是

㉕　《關係》，見《傳記文學》第四十一卷第五期，第121～122頁。

決定大局之關鍵。

當時蔣系中央軍「討逆」部隊共計只有30萬人，完全處於敵強我弱局面之下，但與反蔣派相比，蔣介石軍隊占有指揮統一「人和」之優勢，比「反蔣大同盟」內部面和心不和的鬆散狀況要高一籌。

在佛采爾來華之前，鮑爾與克里拜爾時代德國顧問團便幫助蔣介石建立了「航空偵察隊」，由賴曼 (Lehmann) 及毛倫霍夫 (Moellenhof) 兩顧問主持，為蔣介石在空中偵得了「逆軍」作戰布署概況的重要情報，以供其決策參考。

佛采爾根據大戰態勢及自己的經驗，依照「希里芬應付兩面作戰原則」，向蔣提出建議，先集中優勢力量攻擊晉軍在山東之部隊，驅逐這一支較弱的對手，以免除受到夾擊之威脅。蔣介石當即採納了他的意見。

山東的晉軍在閻錫山「避戰保存實力讓馮軍打頭陣」的命令下果然一觸即潰，蔣軍輕而易舉占領濟南，免除了「側翼之憂」，蔣介石見狀大喜，對佛采爾更為欣賞。他親自坐陣徐州，指揮戰事，而佛采爾則率克里拜爾、王恩翰、毛倫霍夫等人侍奉左右，協助蔣氏指揮。

克里拜爾丟官之後，原擬回國，但在蔣介石一再邀請之下，仍暫留顧問團中協助佛采爾工作，後來希特勒在德國組閣上臺，克氏奉令回國輔佐納粹政權。

馮玉祥的西北軍在河南戰場上頑強作戰，表現出了強大的戰鬥力。馮氏是個直率的人，不如閻錫山的心眼多，西北軍承擔了中原大戰主攻任務。為求勝利，馮玉祥主動撤軍至有利的地形，據險固守，蔣軍連攻不克，為之頭疼。

佛采爾又向蔣介石獻計，要他採用1918年魯登道夫率軍攻打巴黎之戰法，首先集中炮火兵力，猛攻對方一點，打開缺口，而後向兩翼

擴張戰果。蔣氏再次採納，集中陸空力量猛攻歸德，在蔣軍強大衝擊之下，馮軍未見過此種攻勢，亂了手腳，被蔣軍連占歸德、登封、蘭封、許昌等地。這是蔣軍歷史上第一次大規模步炮空聯合作戰，佛采爾在隆隆的炮聲與漫天的戰火之中仿佛重溫了第一次世界大戰西線壕溝戰之舊夢。他還誇下海口說：「假如我們有四個騎兵師的話，那麼我們就可以在兩個星期以內結束這一次戰爭。」❷德國駐華使館得悉情報說：佛采爾率領德國顧問們全副武裝在歸德前線穿梭於槍林彈雨之中，忙得不亦樂乎。佛氏及其副官邵姆堡(Schaumburg)直接住在蔣介石的專用列車上，與蔣共生死❷。把德國外交官們氣得吹鬍子瞪眼而又無可奈何。

　　中原大戰終以蔣軍大勝而告結束，馮閻二氏兵敗下野，馮玉祥氏從此成為孤家寡人，上泰山「埋頭讀書」去了，閻錫山則被南京政府的特工追著跑到大連，躲在日本人卵翼之下苟延一時。雖說張學良率東北軍入關助蔣一臂之力從而結束了這場大戰，但蔣氏在德國顧問輔佐下取得的軍事勝利，則是全局勝利之關鍵，而佛采爾居中功不可沒。

　　戰爭結束後，佛采爾在公函文電中署名頭銜從「中將」升稱為「上將」，　是蔣介石論功行賞還是佛氏自封，也不得而知，反正佛采爾的軍事才能從此得到了蔣氏的充分肯定❷。

　　中原大戰結束之後，還沒容蔣介石緩一口氣，日本人又發動了九一八事變，武裝侵占我國東三省，一時間天下大亂，蔣介石被國內人民要求抗日救國的聲浪搞得焦頭爛額，終於 1931 年 12 月宣告第二次「下野」，躲回溪口老家避避風頭。

---

❷　見《傳記文學》第二十七卷第四期，第54頁。

❷　同上出處。

❷　見《傳記文學》第二十五卷第三期，第94頁。

　　蔣介石的這一走，給佛采爾的德國顧問團帶來了一次命運上的轉折。

　　這一時期，佛采爾及其部下都是以蔣介石私人顧問的身份在進行工作，他們的建議及意見在被蔣氏採納後，即以軍事命令方式下達，政府機關只有執行的義務，沒有評論的資格。但以陳儀為首的軍政部門一批高級將領，對德國顧問的意見及作用漸漸頗有微詞，只是敢怒而不敢言。

　　蔣氏下野後，德國顧問團失去依託，便由蔣介石作主，把他們分別派往政府各軍事及有關部門充當顧問，成為各部門的配屬，接觸面一大，矛盾便不可避免地產生了。加之後來逐步添聘的顧問，均係由顧問團長以及魯登道夫、朱家驊等人按個人關係推薦而來，與部門具體工作要求亦有不相適之處，原先不滿之聲自然也就增多起來❷。

　　1932年1月6日，在國民政府軍事委員會召集的「軍事整理會議」上，作出了外籍軍事顧問聘約管理一律「由軍政部統一辦理」的決議❸，軍政部兵工署長陳儀並進一步提出所有現聘外籍顧問之雇用「合同」都應由軍政部出面重簽，欲藉機攆走一部分不滿意的德國人，軍政部長何應欽經多方考慮結果批示「暫勿變更」，阻止了陳儀的計劃，從而在某種程度上緩和了軍政部與德國顧問的矛盾❹。

　　1932年3月間，蔣介石與在野的汪精衛達成「蔣汪合作」協議，共同組成新一屆國民政府。蔣介石再次上臺，出任軍事委員會委員長，集中力量去剿共；汪精衛出任行政院長兼外交部長，負責處理內政與對日妥協外交。在這種情況下，蔣介石「將軍事重組與訓練工作分交

❷　二史館檔案：《軍事整理會議記錄》（1932年1月6日）七七三643。

❸　二史館檔案：《何應欽致陳儀指令稿》（1932年1月15日）七七三643。

❹　《史傳》，見《傳記文學》第二十五卷第三期，第96頁。

軍政部與陸軍訓練總監部全權負責」，德國顧問們也從屬於兩機關參予這項工作。

佛采爾在此前後依然對南京政府的軍事活動很感興趣，除了「剿共」戰爭外，他在1932年初「一二八」淞滬抗日之役爆發之時，也曾赴上海前線參予指揮作戰。他負責跟隨由德國顧問團訓練出來的全部由德式裝備武裝起來的陸軍第八十八師開赴前線，考察經整訓後中國軍隊的戰鬥能力，並得出了滿意的結論。

1933年2月14日，佛采爾在致蔣介石的一份《建議書》中稱，四年來在德國顧問團的精心培訓下陸軍八十八師「確已成為一種教導部隊」，並建議在「八十七、八十八師」及「三十六師」中推廣德式培訓經驗，使之「於短期內練成新式勁旅」，同時希望中央軍校亦能「切實遵照鈞座所示途徑，決心按德式教育之實驗，建設中國陸軍。」他對該校「各項成績均極滿意，且深信該校造就之數千軍官，將來必能有益於中國陸軍」❸❷。

與佛采爾的樂觀評價相反，在中國軍隊內部卻有人對德國顧問的訓練方法提出了疑慮，並因此在軍委會軍政部與德國顧問團之間展開了一輪新的較量。

1932年8月11日，訓練總監部第四期譯述班學員魏漢喬中校向蔣介石呈送了一份關於改進德國顧問訓練軍隊方法的報告，他認為自聘用德國顧問五年來，訓練成功之部隊僅一、二師，「進度遲緩，無可諱言」，「其主要原因則實由顧問使用之未盡善也」。按照目前八十八師等部培訓方法，「每師至少須有顧問8人」，「設欲練成二十個國防師，則須聘用顧問160餘名，以其月薪之高，未免太不經濟」❸❸。因此，

---

❸❷　二史館檔案：《德總顧問佛采爾建議書》七八七2059。

❸❸　二史館檔案：《魏漢喬關於改進德籍軍事顧問訓練部隊方法之報告》

他建議改革目前對德國顧問的使用方式，實行分期教育及分兵種按班訓練，將「顧問教兵」改為「顧問教官」，再由「官教兵」，在德國顧問管理方面，改組訓練總監部，取消軍政部顧問處，將其專司譯述之德員歸併於訓監部，以提高其工作效率❸❹。與魏漢喬提議同時上報的還有軍事委員會李待琛的一份《改良軍事顧問運用以增加效力之意見》的建議，李待琛在建議中除主張「顧問教官」外，還提議「使顧問為學術上發揮而不使其為事務上之監督或行政上之指導」，並進一步提出要嚴格顧問及譯員之選擇要求，以期增加工作效率之意見❸❺。由此看來，德國顧問在整軍工作中的某些缺點是有目共睹的，並且引起了中方上下各級人員的注意。

按照這些建議，為改善德國軍事顧問團之工作，軍事委員會於1932年9月1日召開了臨時會議，在討論了17件有關改革意見書的基礎上，通過了「改良軍事顧問之運用以期增進效力案」，明確了改革顧問聘用辦法的原則，總的要求是降低聘用規格，合理調整待遇，嚴格選擇人員，加強考核管理，淘汰冗員，不必限定國籍，以實際工作需要為標準，以增加工作效率等❸❻。

針對軍事委員會關於改良德國顧問聘用管理辦法的決議，佛采爾總顧問於1933年7月7日致函蔣介石，以並無法律依據為由，全盤拒絕軍委會的命令，並強調，德國顧問「俱因鈞座之名馳中外，故不憚遠涉重洋，願供驅策」，「全般德籍顧問在華服務之基礎非僅建築於法律，實兼建築於信仰也」，即他個人「當時應鈞座之聘來華任總顧問之職，

　　　　（1932年8月11日）七七三643。

❸❹　同上出處。

❸❺　二史館檔案：李待琛《改良軍事顧問運用以增加效力之管見》七七三643。

❸❻　二史館檔案：《軍委會臨時會議記錄》（1932年9月1日）七七三643。

為各顧問領袖者，亦以此為先決條件」，因此，「若目前更變法律上之基礎，深信必無德人來華」，「因德籍顧問專為信仰鈞座而來，故無人肯贊成此種（改良）方法」，「故惟沿用歷來聘約條文，且顧問對各德籍顧問與各中國機關之地位不變，悉照從前鈞令辦理，方能使原有與新聘各顧問之繼續工作有益於中國」。他「建議將全般德籍顧問改隸參謀總長即鈞座本人」，「顧問處改隸參謀本部」，請蔣派人為全權代表專司與德顧問簽約之事，「從事與德籍官佐所訂聘約，悉照從前批准原文辦理」，「總顧問職權仍舊不變，並另發新令」。如此「才能得各方諒解」，「庶一切工作方有實效」❸。

由於佛采爾代表顧問團方面的堅決拒絕，並以效忠蔣氏個人贏得了蔣的歡心，這場「改良」運動從此便告收場。蔣介石於1933年9月16日電令參謀本部：「軍政部顧問處改隸問題應暫緩議」，1934年5月18日，他又一次下令「茲令各處德顧問以後改屬於本委員長直接管轄而受總顧問之指揮。軍政部顧問處改名為「軍事委員會辦公廳顧問處」，任命李蕭為該處處長，「轉飭所屬一體遵照」❸。至此，德國顧問團與軍政部的「鬥法」以勝利而告結束，佛采爾及其部屬得以保持其「至高無上」的榮譽地位。

1933年初，日本繼續侵華，出兵占領熱河。3月間，中國守軍被迫發動長城抗戰，反擊日軍侵略。佛采爾總顧問又率隊跟隨由他訓練的中國第七軍北上，參予了「長城抗戰」的軍事布置與指揮工作。

3月24日，佛采爾在「長城之役」進入尾聲之際，向我方軍事當局呈送了一份《對攻擊侵入熱河日軍我國應取之軍事行動之意見》的

❸　二史館檔案：《佛采爾致蔣介石函》（1933年7月7日）七六七467。

❸　二史館檔案：《蔣介石復賀耀組電》（1933年9月16日）、《參謀本部令》（1934年5月18日）、《軍事委員會訓令》（1934年6月9日），七六七467。

報告，「由此可充分反映我軍未來之努力重心，仍在嚴格訓練可資作戰之機動部隊」。報告內容謂：「當前長城戰役已告沉寂，乃由於日軍於古北、喜峰諸口及其他各要隘經試探性之攻擊後未能得逞，實為其（日偽兩國）兵力不足之故。我軍若欲獲得勝利，未始不可由喜峰、古北兩口同時出擊而奪回承德─寬城線內之失地，擊退日軍至相當地點。然則日軍為對其國民以自衛為藉口，必要求軍事上之擴大。果爾，我方無足夠之預備隊可資使用，基於戰略、政略之估量得失，不如將主動權暫委諸於日軍。敵越長城繼續作戰，則我方可採用攻勢，以還擊敵人，其利遠勝於出擊。局部規模之攻擊，可由前方部隊主動，得失足可抵償，並似可利用當前沉寂之時機繼續部隊訓練，保持攻擊精神，加緊陣地之工事較宜。」❸他的這一建議後來為蔣介石所採納。

佛采爾此行北上「抗日」時間長達半年之久，對北方國防布署貢獻頗大。「塘沽協定」簽訂後，佛采爾又馬不停蹄地趕赴南昌，參加籌劃對中央紅軍的第五次「圍剿」。若不是此時正遇塞克特將軍訪華，約其在南京逗留敘事，則佛采爾大有「三過家門而不入」的味道。

德國軍事總顧問在為蔣介石出謀劃策四處奔波，而那些顧問團成員們又在做些什麼呢？這裏，我們僅以陸軍大學為例，來具體考察一下德國顧問們的在華工作及其表現。

作為中國近代最高軍事學府的陸軍大學，其前身是袁世凱於1906年在保定成立的陸軍行營軍官學堂。這所學校從其一開始就受到德國式教育思想及體制的較大影響，學堂督辦（校長）段祺瑞曾赴德學習軍事，在辦學方針上他極力效仿德國，使軍校兼具德式特色。

南京國民政府成立後，接管了陸軍大學。蔣介石以其「作之君」、「作之師」的傳統習慣，親自兼任陸軍大學校長，並於1930年將陸大

❸　《史傳》，見《傳記文學》第二十五卷第三期，第101頁。

遷往南京，派著名軍事學家楊杰主持全面工作。在教學方面，根據蔣介石的一貫觀點，重點聘用來自「軍事最先進」的德國「友邦」的教官，此時來華的德國軍事顧問有一批因此落戶陸軍大學。1935年前後在陸大教書的德國顧問計有：教應用戰術的史培曼(Spemann)、顧德威(Gudovius)、史達開(Starke)；教授炮兵戰術的林德曼(Lindemann)；教授空軍戰術的哈德曼(Hartmann)、史太邱(Streccius)；教裝甲兵課程的皮爾納；教化學戰術的麥次納(Metzner)，以及擔任戰史及統帥戰術講授的古西(Gruse)；教授參謀業務、列強軍備及編制裝備、輸送動員的王恩翰(Wangenheim)等等。

這一批德國軍事顧問大多經歷過第一次世界大戰，且自身基礎較高。史培曼、顧德威、史達開、古西都畢業於德國陸軍大學，既有理論修養又具實戰經驗，他們中多數人在原德軍中係中高級軍官，林德曼更是官拜德國陸軍中將銜，只因一戰結束後在國內無用武之地，甚至衣食不保，被迫遠涉重洋來華謀生，他們以個人資格與國民政府簽訂應聘合同，對蔣介石之優待感激涕零，因而對本職工作十分認真。

德國教官講授戰術教學課程，從團、旅戰術一直講到師、軍、集團軍戰術，比較注重戰略戰術態勢、地形影響及時間、空間相對關係，強調集中優勢兵力，地空結合，高速立體進攻，速戰速決。這些都是以德國優勢工業基礎為前提下的德軍在一次大戰中的經驗總結，對中國學員來說，內容新鮮，極有吸引力，傳達了世界先進軍事技術信息。但與當時中國落後的工業基礎及低劣的軍隊裝備現實相比，又有不合適之處，加之譯員口譯影響教學效果，以之長見識或有餘而實際意義則不大。但是德國顧問們亦另有其長處，這就是他們靈活多變的教學方法，無論課堂講授或圖上、現地作業，他們都能方法靈活，隨機應變，不受教材次序限制，常常令學員們「即題作業」，將學員分兩大

組編成紅藍兩軍進行圖上或現地對抗，方法生動活潑，寓教於實際演練，使學者頗受啟發，學員們將德國教官教授之戰術習慣稱為「小戰術」，以區別本國教官所指導之戰術教學。

史培曼與古西等經常開展此種「小戰術」演練，讓學員自己充當對陣兩軍指揮官，各按其設計戰鬥，勝敗之餘，加以評說，指出利弊，再推倒重來，有時他們也分任紅藍兩軍指導，不斷根據演練情況提出新問題，補充推演，使參練學員收一舉多得之效，直至完成預定科目，最後由顧問教官出面評判，考評得失。某次史培曼曾在沙盤演練中設計一馬鞍形高地令學員分南北兩軍等距離去爭奪。北軍排長全力撲向最高主峰陣地，但史培曼卻誘導南軍排長兵分兩路，一部首先搶戰次峰，以機槍火力壓制北軍，另一部順利占領主峰❹。這種直觀教學使教者不費口舌而學者記憶深刻受益頗多。

德國顧問在陸大的應用戰術教學，基本教材為《聯合兵種的指揮與戰鬥》一書改編而成的《軍隊指揮》一冊課本，是完全德國化的講究集中優勢兵力快速進攻的方法，注重在戰鬥中發現有利戰機並及時擴大戰果，掌握戰鬥主動權。「以優勝劣」一舉取勝。這並不太適合當時中國軍隊實情。但其中也有一些思想，如防禦戰中的持久抵抗思想，保存力量避免硬拼的方法，仍不失為以劣勢對抗優勢的有效戰法，後來對中國的抗日戰爭不無參考作用。

古西在教授大軍統帥課程中，善於運用戰史戰例為據，深入淺出地闡明持久戰略、殲滅戰略及內外線作戰等原則方針，他曾以一戰期間東普魯士戰場興登堡指揮戰役為例，說明以攻為守，殲滅敵人有生

---

❹　郭汝瑰：《我在陸軍大學（1932～1937年）》，載《民國時期的陸軍大學》，
　　第64頁。江蘇政協文史資料委員會等編《江蘇文史資料》第79輯1994年
　　10月版。

力量而達持久戰的目的。但古西講課只注重個別戰例史，缺乏高屋建瓴的概括分析，且教學時多採注入式，中國學員對外國人名地名又不熟悉，對古西教授內容久之生厭，其效果可想而知**❹**。

林德曼中將是德國軍界著名將領，關於他的來華經過及其在華作為，本書另有專章介紹。這裏只分析其在陸大教學中的工作表現。林德曼在陸大教授炮兵戰術，主要內容是第一次世界大戰時期德國在凡爾登戰役及後來陣地戰中施用過的炮戰經驗，他要求炮兵戰前要有充足的準備，時間從一週到半月、一月之久，從彈幕掩護射擊、阻擊射擊、逐次射擊到集中射擊、破壞射擊、交通遮斷射擊，分類清楚講解詳細，但這種炮兵戰術也需要雄厚的裝備物資基礎作保證，且在戰場上難收奇襲、急襲之效，不太適合中國當時國情，並且與戰術教學課程相脫節。德國教官之間缺乏有效的教學合作由此可見一斑。

史太邱教授空軍戰術，也十分注重進攻及贏得制空權，發展轟炸、驅逐能力，並以轟擊對方基地或航母達成阻止敵機空襲之目的，為此，德式空軍戰術仍強調擁有強大的國防工業基礎，俾便在戰爭持續階段，空軍有不斷獲得飛機、裝備補給的能力。同時也可利用民航儲訓飛行員後備力量。史太邱強調空軍的主要任務是攻擊炮兵有效射程之外的敵後方，以低空飛行掩護地面步兵及坦克攻勢。對敵方起威懾與殺傷作用，尚未涉及空降、空運等課目內容。實際上是「機械化」加「制空權」式的戰術。史太邱雖然在教學上未能有太多的新內容講授，但他卻也給中國學員們帶來了一些新觀點。某次教學員出巡，途中史太邱見道旁伐倒大樹無人過問，任日曬雨淋，他便對中國學生們說：「你們中國如此浪費木材破壞自然，說明你們生產還不發達，還在浪費資

---

❹ 郭汝瑰：《我在陸軍大學 (1932～1937年)》，載《民國時期的陸軍大學》，第65、73頁。

源。如在德國，這種現象是要受到法律制裁的。」這番話，曾給在場各位中國學生留下深刻印象，幾十年後仍不能忘記❷。

在裝甲兵戰術方面，皮爾納講課水平不太高，多為講解一些「的塞爾」發動機知識，而奈維格的「機械化戰術」課尚能吸引學員。麥次納講授化學戰，戰術與技術結合，又是一門「新學問」，對學員吸引力較大，他善於分析糜爛性、窒息性多種毒氣之戰略戰術運用效果，多數也為一次大戰之戰地經驗。

在戰史課程方面，德國教官古西主要講授普奧、普法戰爭史及第一次世界大戰史。他站在德方立場，著重研究馬恩河、坦侖堡、華沙、羅馬尼亞會戰等各重大戰例之得失，但多數只重防備進攻，缺乏以發展的戰略觀點加以歸納總結研討，使學員們收益不大。

王恩翰教授參謀業務、編制裝備、軍備動員等課程，雖也強調了變平時生產為戰時生產工業動員等等，但仍擺脫不了資料彙集之舊框框，對國防工業如何發展，缺乏研究，這對於缺少大工業環境與概念的中國學員來說，啟迪也不大。

總之，德國教官在陸大擔負了很大一部份教學任務，通過他們的教授，將德式軍事教育系統地傳到了中國。儘管在今天以「二戰」後的觀點來看，當時他們講授的課程已有落伍之感，但在當時，在落後的缺乏工業基礎的中國，他們的教授卻還是因「超前」而有些脫離中國實際，唯一的最大收穫是通過這些德國顧問，把西方新式軍事知識傳給了中國學員，使這些土生土長的中國學兵一舉變為「開口興登堡、閉口坦侖堡」的具有一定眼光的和初步具備了近代軍事知識的軍官，為中國陸軍培養了第一代正規的軍人，在後來的抗日戰爭中，這批軍

---

❷　郭汝瑰：《我在陸軍大學（1932～1937年）》，載《民國時期的陸軍大學》，第73頁。

官發揮了較重要的作用，陸軍大學作為中國當時最高軍事學府，其畢業生成為各地方及各軍兵種歡迎的人才。

德國顧問在陸大的教學充分體現了德國軍官的傳統，嚴格按科學規律辦事，嚴明紀律而缺少靈活。曾長期執掌陸大的楊杰將軍，在蘇德戰爭爆發後曾與學員們分析德軍戰略，他認為如果由德軍老將指揮，那麼一定首先集中兵力從中央直攻莫斯科，如希特勒本人指揮，則會放重兵於南翼，奪取資源要地，再攻莫斯科，而這時蘇軍就會乘機集重兵南下，切斷德軍南翼後路，德軍必敗無疑。後來歷史果真證明了這一點，在戰爭第一年，德國老將勃勞希契指揮主攻莫斯科；第二年希特勒撤換勃勞希契，親自指揮轉向攻擊斯大林格勒，其後果正如楊杰之所料。這一事例說明，德國軍界職業軍官中是有一批能人的，他們的軍事學識與經驗是頗具價值的。德國顧問團的在華教學工作基本應予肯定。

㈣江西前線德國人的較量

佛采爾馬不停蹄地趕往江西，參加對中央蘇區紅軍的第五次「圍剿」，沒想到，在「剿共」前線，他遇上了他的一位同胞，也正是作為他此次戰場對手的另一位德國人──中共紅軍的「軍事顧問」奧托‧布勞恩(Otto Braun)，中文名李德。於是，在中國內戰前線出現了這樣戲劇性的一幕：國共兩黨的百萬大軍在他們各自德國軍事顧問的指揮下，展開了一場空前的「圍剿」與「反圍剿」之戰。江西前線的戰鬥在某種意義上又成為一次德國人的智勇大決鬥。

蔣介石的「剿共」戰事，與其所進行的與其他軍閥內戰相比較，要艱難複雜得多。

　　由於第一次「圍剿」大敗而歸，蔣介石於1931年1月底任命何應欽為「湘鄂贛閩四省剿共總司令」，率兵20萬，再次進攻中央蘇區，進行第二次「圍剿」。為了輔佐何應欽指揮戰鬥，蔣介石派佛采爾隨同其去南昌協助參謀，佛采爾根據第一次圍剿「四面圍堵處處失敗」的教訓，建議採用「速戰速決」的「閃電戰」方式，襲擊蘇區中心，期收意外之效。何應欽則主張「穩紮穩打，步步為營」，害怕再吃大虧。佛采爾自恃有蔣介石作靠山，不把何應欽放在眼裏，結果造成兩人不和。戰役結果，南京「剿共」軍又一次大敗。

　　7月間，蔣介石親任「圍剿」軍總司令，動用了30萬軍隊，又對江西中央蘇區發動第三次大規模的「圍剿」。佛采爾自然隨蔣上了前線，他再一次向蔣獻計，採用「長驅直入，分進合擊」的戰術，分兵兩路對蘇區開展鉗形攻勢，企圖圍殲紅軍主力。在紅軍「避其鋒芒，打其疲弱，靈活游擊」的抵抗下，中央軍又遭失敗。佛采爾這回無話可說，他便指責蔣介石的部下進展緩慢貽誤戰機，將官無能。這引起了蔣介石的不滿，再加上兩廣反蔣派出兵湖南，蔣介石只好下令撤兵，第三次「圍剿」又告失敗。

　　1932年5月，蔣介石在「一二八」淞滬抗日戰事停止之後，又布置了對工農紅軍的「第四次圍剿」，國民黨軍動員了63萬兵力，採用「穩紮穩打、並進長迫、逐步壓縮」的方針，大舉圍剿鄂豫皖及洪湖蘇區。由於中共黨內領導「左」傾冒險主義的錯誤指導，命令紅軍在戰鬥中與中央軍展開拚消耗的陣地戰，最終失利，9月，鄂豫皖、洪湖地區被中央軍占領。次年春，中央軍以何應欽為「總司令」，繼續向江西瑞金紅軍中央蘇區進攻，結果被殲近3個師，第四次「圍剿」又告失敗❹。

<hr>

❹　柯偉林書，第111頁。

　　半年之後，1933年9月，蔣介石迫不急待地又組織了對江西蘇區的第五次也是規模最大的一次「圍剿」。中央軍出動百萬大軍並200餘架飛機，分北、南、西三路，同時向中央蘇區及湘贛、湘鄂贛、閩浙贛紅軍根據地發動總攻擊。

　　佛采爾作為蔣介石的軍事總顧問，參加了第五次圍剿戰略戰術的設計規劃，他鑑於前四次「剿共」失敗的教訓，新制定出了「分區圍剿」、「分進合擊」的作戰計劃，欲先切斷紅軍各部、各根據地之間的聯絡，使之不能相互支持呼應，而後予以各個擊破。蔣介石對此十分贊賞，命令各部按佛總顧問方案布署執行。

　　此時，在中共紅軍方面，其領導指揮決策階層也發生了一些較大變化，正當第五次反「圍剿」戰事開展之際，德國人李德以「共產國際派駐中國蘇區軍事顧問」的身份從上海抵達江西中央蘇區，參予了紅軍作戰指揮工作。

　　李德是如何來華的呢？事情還得從二戰時期大名鼎鼎的蘇聯「紅色間諜」理查德・佐爾格(Richard Sorge)說起。

　　1931年6月，共產國際駐華工作人員布萊雷・勞倫斯（化名保羅・魯格）在上海英租界被巡捕逮捕，並移送給國民黨當局。10月，南京軍事法庭在並無確實證據的情況下判處勞倫斯死刑。當時在上海主持共產國際遠東情報工作的德國人理查德・佐爾格❹，深知中國官場之奧秘，認為只要錢用到「位」，沒有打不通的關節。為了營救勞倫斯，急需大筆款項來賄賂國民黨法官。蘇軍總參謀部情報部根據佐爾格的要求，派出兩位德籍情報員，各帶 2 萬美元，互不通氣，分別出發，

---

❹　佐爾格，時受蘇軍總參謀部情報部部長揚・卡爾洛維奇・別爾津派遣，
　　於1930年來華，擔任蘇軍總參情報部上海秘密特派站負責人，於1932年
　　11月回蘇。

從蘇聯經過北滿，行程2,000公里趕赴上海送款，這兩位德共老黨員一是赫爾曼・西伯勒爾，另一位就是化名塞帕爾的李德（奧托・布勞恩）。

「這兩位送錢的德國共產黨員圓滿地完成了黨組織交給他們的艱巨任務，歷盡千辛萬苦，終於將錢送到了目的地，交給了佐爾格。佐爾格收到錢後，立即開始實施他的計劃。他成功地用這筆錢賄賂了國民黨政府內的有關人員。1932年6月，魯格夫婦獲釋。」❹

李德在完成了給佐爾格送款的任務之後，並沒有離開中國，因為他還負有為「格魯烏」——蘇軍總參情報部在華搜集情報之重任。

1933年春，「格魯烏」派遣弗雷德・施特恩(Flate)來滬，出任中國戰略情報軍官，於是他便成了李德的頂頭上司。李德自己曾在回憶錄中寫到：「幸好我們從莫斯科起就很熟悉。……我介紹他同阿瑟・尤爾特（共產國際駐中共中央代表）建立了聯繫。雖然弗雷德作為總顧問是我的上級，但出於秘密工作的原因，仍由我與中央委員會上海辦事處繼續保持聯繫。」❹

蘇軍總參情報部出於工作需要欲派人前往江西中央蘇區搜集情報，李德以自己的德籍身份、持有奧地利護照等便利條件被選中擔負這項任務。「1933年9月底，我去中央蘇區的準備工作一切就緒，……尤爾特同志特別囑咐我要在黨政軍領導中有爭論的勢力之間作些和解工作，……正如我所預料的那樣，弗雷德給我的指示和建議最多……他要我負責在中央蘇區嚴格執行他的一切指示，其根據是，他是共產

❹　尤利烏斯・馬德爾：《佐爾格的一生》，轉引自費侃如《也談李德是誰派來中國的》，見《中共黨史研究》1995年第二期，第91頁。

❹　奧托・布勞恩：《中國紀事》，轉引自《中共黨史研究》1995年第二期，第92頁。

國際執行委員會的軍事代表。為了保證在危急情況下能夠直接聯繫，他同我商定一個密碼，這個密碼只有我們兩人知道」❼。由此看來，李德赴江西是受了弗雷德也就是「格魯烏」的派遣，與弗雷德保持上下級密切聯絡關係，而與共產國際駐華代表尤爾特並無多少聯繫。這一事實說明：「李德到中國去，不是共產國際派去的，也不是中共駐共產國際代表團派去的，而是蘇聯機關派往中國東北去做情報工作的。」❽而他又因在東北吃不了苦，就去了上海，轉赴蘇區，希望在中共中央機關工作，受到當時中共負責人博古（秦邦憲）的賞識和重用。李德並不具有「共產國際軍事代表」的身份，這一「頭銜」是後加給他的。為此，當1939年李德從中國回到莫斯科之後，共產國際監委會還對他進行了審查，認定他兩條錯誤：一是怕死逃跑，二是冒充國際代表瞎指揮給中國紅軍造成了慘重損失❾。

　　然而李德到了江西，卻搖身一變成了「共產國際」代表，並進一步以此資格出任工農紅軍「軍事顧問」，獲得了參予指揮紅軍作戰的領導地位，李德身份的這一變化，大概出於內外兩大因素：其一：內因，李德蘇軍情報員的身份不能公開，他只能對中共同志宣稱是「共產國際派來的」，否則無從解釋。何況當時中共視共產國際為上級，給李德以優厚待遇及無比尊重，使之願永遠作為「共產國際代表」而享受特殊照顧，擁有特別地位與權力。其二：外因，當時中共中央主

---

❼　奧托・布勞恩：《中國紀事》，轉引自《中共黨史研究》1995年第二期，第92頁。

❽　劉杰誠：《李德是共產國際派來的軍事顧問嗎?》，載《光明日報》1992年10月18日。

❾　顧橋：《李德並非共產國際派駐中共的軍事顧問》，載《週末報》1996年10月19日。

要領導者博古，作為黨中央臨時總負責人，排斥了毛澤東等的參予，執行了王明「左」傾教主義及冒險主義路線，使紅軍在第四次「反圍剿」中受到了一定的損失，丟失了鄂豫皖、洪湖等根據地。博古認為自己對軍事鬥爭不是內行，需要有人幫助。李德到來後，以其畢業於莫斯科伏龍芝軍事學院的學歷及「國際代表」的身份，成為博古引為幫手的最佳人選。博古因此毫不理睬共產國際關於李德職權的明確電令，把這位「沒有指示權力」的顧問奉為紅軍的「主帥」，賦予其指揮紅軍作戰之全權。據李德自己回憶：「在他抵達瑞金的當天晚上，我們還規劃了一下我的工作範圍，我們一致同意，由我主管軍事戰略、戰役戰術領導、訓練以及部隊和後勤的組織等問題。」❺於此組成了博古—李德領導核心，他們分掌政治與軍事權力。

　　紅軍的命運自此籠罩上了陰影。

　　李德在第一次世界大戰爆發時，只不過是奧匈帝國軍隊中一名14歲的小兵，而這時佛采爾已是德軍參謀本部作戰處處長，他們兩人的軍事資歷是無法相比的。李德所有的是一次大戰陣地戰的體會與蘇聯軍校的紙上談兵的指揮原則，他對中國國情與戰爭之具體特點毫不知悉。李德開始按他的經驗及博古的「左」傾方針要求指揮紅軍反「圍剿」。

　　蔣介石指揮「圍剿」軍，按照佛采爾的建議，採用「穩紮穩打、步步為營」的策略，持久戰與堡壘主義相配合，以重兵四面向目標包圍推進，以充足的兵力進行短距離有目的的進攻，一旦得手，立即屯兵，構築碉堡群與封鎖線，堡壘間互相策應支援，確保陣地無虞後再進行下一個有限距離目標的進攻，計劃以此種戰術，逐步壓迫紅軍，消耗其有生力量，蠶食蘇區，最後與紅軍主力決戰，一舉取勝。中央

---

❺　奧托・布勞恩：《中國紀事》。

軍以總兵力之半數，集中50萬大軍進攻紅軍中央蘇區，同時按照「三分軍事，七分政治」的方針，屬行對蘇區經濟上嚴密封鎖，政治上實行保甲連坐制度，確保軍事「圍剿」成功。

　　面對中央軍的全面攻勢，博古、李德決定放棄過去行之有效的「積極防禦」方針，代之以「左」傾路線的指導，提出了「中國兩條道路的決戰」的戰略口號，戰術上則要求「不放棄根據地的一寸土地」，主張「禦敵於國門之外」。9月至11月間，李德指揮紅軍主力「北上迎敵」，紅軍「東方軍」進攻黎川，紅軍「中央軍」進攻南城、南豐，以陣地戰代替運動戰、游擊戰，同裝備優於紅軍的對手拚消耗。紅軍主力輾轉於敵主力部隊及堡壘間，陷於被動地位。在主動進攻受挫後，他們又採取消極防禦方針，分兵布置，「短促突擊」，造成紅軍處處被動，實力消耗加快。

　　1933年10月間，「福建事變」發生，原國民黨19路軍將領蔣光鼐、蔡廷鍇等聯合李濟深、陳銘樞在福州成立「中華共和國人民政府」，宣布抗日反蔣，並派人與紅軍簽訂合作協定。本來這是一次打破中央軍第五次「圍剿」的時機，但博古等以「左」傾眼光，將閩方視為「中間派」，是「最危險的敵人」，19路軍反蔣是「欺騙群眾」，因此一口拒絕毛澤東、周恩來、彭德懷等人的「聯閩」提議，與福建方面既不合作，也不聲援，軍事上更無配合行動。等到蔣介石從容平息了「福建事變」之後，於1934年1月下旬調兵回贛，封閉缺口，造成四面圍攻態勢，4月間廣昌一役，李德調集主力紅軍堅守廣昌不退，在不利的情況下與中央軍混戰18天，紅軍遭受重大傷亡，失守廣昌。堅持到9月下旬，中央蘇區僅剩下幾個縣城狹小地區，並遭四圍環攻，打破第五次「圍剿」已不可能。博古、李德等又一次拒絕了毛澤東關於向湘中出擊，在外線進行運動戰之建議，相反地從盲目自信一變而成驚

慌失措，決定放棄中央蘇區西征出走。紅軍第五次反「圍剿」之失敗至此已成定局。

現在史學界對於幫助蔣介石展開第五次「圍剿」的德國軍事總顧問有一種誤解，認為是馮·塞克特領導德國顧問團參加第五次「圍剿」並發明了「堡壘戰術」等等，但實際上，塞克特此時剛剛抵華，正在華北等地巡遊考察，他根本不可能以國賓身份奔赴江西前線參予作戰指揮。又有人認為是法肯豪森率顧問團參加五次「圍剿」，這更是不正確。佛采爾是德國顧問團長中自始至終參加了對中央蘇區「圍剿」的人，並且為蔣介石出了許多主意。

關於塞克特參加「剿共」之傳言，是出自當時紅軍方面的推測。第五次「圍剿」開始後，由於中央軍採用了新式戰術，再加上李德的「瞎指揮」、「拚消耗」指導，紅軍遭受了失敗。當時蘇區及紅軍上下各級兵民都從以往經驗，認為一定是有外國人在背後為中央軍謀劃，再加上此刻塞克特來華訪問消息披露，於是人們自然地便將他與中央軍的新式戰術聯繫在一起了，這便有了上述的傳言❺。實際上，塞克特與第五次「剿共」並無太多聯繫，直接在江西前線助蔣的不是塞克特，而是佛采爾。

佛采爾幫助蔣介石「平叛」、「剿共」，一再得手，真可謂戰功卓著，然而事情總不是十全十美。即使是在他們合作達到高潮時期，雙方關係仍然不太融洽。蔣介石對佛氏建議並非言聽計從，而是要經過他的考慮。例如在對中央蘇區發動總攻時間安排上，佛采爾要求一鼓作氣抓緊攻擊，而蔣介石出於多方考慮仍堅持步步為營、穩妥為上，佛采爾對此十分惱火，認為蔣介石不重視他，因此與蔣產生了一些隔閡。

---

❺　關於這一問題的考證，可參見《近代史研究》1990年第三期載何友良《塞克特並未為蔣介石制定碉堡戰術》一文。

佛采爾與中方當權人物之不和源於他的特殊個性。

佛采爾是一位心直口快的職業軍官，平時對戰爭指揮極感興趣，但卻很不注意與中國同事搞好關係，還有幾分居功自傲，當他來華首戰告捷，得到蔣介石信任之後，更覺自己高人一頭，動輒以教訓人的口吻與中國將領、官員講話，引來國民黨內幾乎整個上層指揮集團對他的不滿與反感，後來抗戰後期有人乾脆把他比做是德國的「史迪威」。特別是當他為了加強對於新式部隊整訓工作的領導而委任布凱斯特(Bukist)為其助手之後，此種矛盾就更加激化了。

布凱斯特是一名來華已久的「中國通」，能操流利的華語，並熟悉中國官場民間的種種習俗人情。一次大戰時，他是一名中校軍官，戰後退役投入商界。1920年以德國某大公司駐遠東代表身份來華居留，以後發展到自己組建公司，在中國發展商務事業。

1931年他由佛采爾推薦給蔣介石，出任軍事經濟顧問。

布凱斯特由於長期在華形成的經濟關係，與上海工商及銀行各界來往密切，並與時任南京政府財政部長的宋子文比較熟悉，他將佛采爾介紹給宋子文，兩人一見如故。佛采爾向宋子文介紹了他的整理中國軍隊計劃，描述了建立一支人數不多而精幹有力的「模範軍」的前景，這一切正好迎合了宋子文向軍界發展勢力的潛在心理，得到了這位「宋財神」的大力支持。於是，「宋氏常以國家經費預算之外之財源，支持佛采爾所欲建立之特種部隊」❺❷，在蔣介石首肯之下，這項整訓工作首先從第八十七、八十八師及第五軍開始，而其整訓成果在「一二八」及「八一三」前後兩次淞滬抗日戰役中得到了良好體現。

作為某種回報，佛采爾經常陪同宋子文視察整訓部隊及新建軍事設施，並於「一二八」及「長城抗戰」時期，兩人偕同前往前線考察，

---

❺❷　《史傳》，見《傳記文學》第二十五卷第三期，第96頁。

宋子文並在視察長城抗戰各部隊時發表了言辭激烈的抗日演講，引起了日本方面的強烈反應，他們尤其對於德國顧問參予抗日軍事大加指責。宋子文的言行，也直接破壞了蔣汪合作政府既定的對日妥協政策，引發了南京政府當權人的不滿，而本來就看不慣佛采爾的軍政部官員們更是借題發揮，推波助瀾，到處散布謠言說佛采爾挾宋子文以自重，破壞了我國軍事指揮體系，招來非軍人干涉軍事指揮，這就引起了蔣介石的警覺，他一向對於黨內異己插手軍隊非常敏感、忌諱，儘管是他的「大舅子」也不能例外。由於軍政部的不合作，佛采爾的工作不免受到干擾，佛氏因此也不滿意，他向蔣介石控告說軍政部官員「有意抵制其建議，使為數甚多之工作計劃為之流產」❸。因此，他與宋子文的合作正是這種「抵制」所造成的。他還大肆批評中國官府腐敗無能，工作效率低下，使之「不屑與之合作，而必須另尋途徑」。

　　軍政部對於佛采爾的控告不能容忍，指責他干涉了中國的內部事務，與德國軍官傳統作風相背離，傷害了中方官員的自尊，「兩國共同合作之根基已為之動搖」。顧問團內一些德人也對佛采爾的火爆個性有所非議，認為他的偏激作風影響了兩國友誼。

　　德國駐華公使陶德曼（時剛從德國外交部轉任來華），甚至在其致德國外交部的電文中稱：「佛采爾在華與在顧問團內之聲望均已開始下降，彼已無法再領導此一受人尊敬之組織。」❹

　　就這樣，佛采爾雖然在協助蔣介石軍事「剿共」方面立了大功，但其在中國軍政界的聲望與影響卻不斷下降，最後終將導致其「不得善果」的悲劇性結局。

---

❸　《史傳》，見《傳記文學》第二十五卷第三期，第96頁。

❹　同上出處，第97頁。

㈤勞而無功的德國將軍

儘管佛采爾的工作遇到了一定的困難，但他的確在中國軍隊重建與改造方面做了許多工作，所取得的成就完全可與他幫助蔣介石打內戰的「成績」相媲美。

在來華的四年中，佛采爾的軍事工作成績可概括為以下幾個方面：

第一：幫助蔣介石進行內戰，包括中原大戰、蔣桂戰爭以及剿共內戰——第一、二、三次圍剿江西紅軍之戰。

第二：參予南京政府指揮局部抗日戰爭，包括「一二八」淞滬抗戰、長城抗戰。

第三：在整訓軍隊方面，幫助組訓原鮑爾所組建的「教導隊」，並在1929年擴充為「教導團」，1930年更擴充為「教導師」，以陸軍第八十八師充任，以後又加入第八十七師，並進行了匯報演習❺。1933年底又幫助蔣介石組建了十個炮兵營，全部裝備了德式新炮，加強了中國國防實力。另外，他還建議組建工兵、汽車、高射炮、海岸要塞、電信等多兵種部隊，以及首都演習場、射擊場、炮兵航空觀測機隊等，使中央軍的近代化邁出了一大步。

第四：在軍事教育方面，佛采爾十分重視中央軍校的建設與作用，他親自兼任中央軍校「總教官」，並幫助建立了各軍兵種訓練學校及培訓班，完善了軍事教育，提高了教學水平，取得了長足的進步。

第五：他還對中國軍事體系之改造，對上自軍事委員會，下至各部隊兵種工作機構及職能、效率等提出了一整套改造方案，深得蔣介

---

❺ 王洽南：《德國顧問在南京工作時期的回憶》，見《傳記文學》第二十七卷第四期，第53頁。

石的贊許。

儘管佛采爾的工作成績顯著，但是由於他在中國官場上積怨太深，主客矛盾最終開始激化，並導致他又一次重蹈前任的覆轍。

問題出在佛采爾的助手布凱斯特身上。

布凱斯特得到佛采爾的信任，並利用他的在華關係，總攬了顧問團為中方採購武器裝備之大權，極力照顧德國企業與公司的利益，這就引起了中方主管官員的嚴重不滿。他們對於德國顧問所擬之採購計劃有意束之高閣或乾脆拒不採用，佛采爾為此大罵彼等「腐敗、無能」。為了圖個清靜，軍政部不斷地把佛、布等人派往外地巡視或讓其上前線，以免他們不斷在耳邊聒噪。但長此以往總不是辦法，經過幾個回合的爭鬥，雙方都已感到快成為「勢不兩立」的對手。

1933年初，一種謠言在南京城內傳播開來，說佛采爾是日本間諜，來華為日方刺探中國軍情。經過國民政府有關當局的縝密調查，不久便宣布這種謠言為有人故意中傷，風波遂告平息，然時隔不久，又有紛爭爆發，這一次是軍政部方面的軍官們聯名提出一項最後通牒，要布凱斯特「立刻辭職滾蛋」。

布凱斯特聞訊後，以他對中國人表達方式的熟解，立刻找到佛采爾，坦白告訴他軍政部當局的真實意圖是要表示對「佛總顧問」的不滿，他建議佛采爾與他聯袂提出辭呈，以要挾軍政部方面將控告信收回。佛采爾認為事情並未嚴重到那種地步，他不同意辭職 ❺❻。

這場風波背後，確實有若干第三方人士的插足，據駐華公使陶德曼探報，顧問團內荷蘭籍顧問佛萊梅炮兵上校是前顧問團長鮑爾的好友，應鮑之邀，加入德顧問團工作。鮑爾死後，他對佛采爾重用布凱斯特獨攬大權頗為不滿，而與佛萊梅有關係的法國希乃德軍火公司及

❺❻　《史傳》，見《傳記文學》第二十五卷第三期，第96～97頁。

捷克斯克達兵工廠 (Skoda) 則因其對華業務下降而極力慫恿佛萊梅反對布凱斯特。另外，法國軍政界人物也在一如既往地利用一切機會，準備以貝當元帥為首組織法國軍事顧問團來華擠掉德國人。

陶德曼公使對此非常憂慮。幾年前，在他任職外交部時曾竭力反對顧問團來華，但他自出任駐華公使後，對顧問團在華活動有了深入地瞭解，認識到顧問團對於維繫中德關係的巨大作用，他從一個反對者一下轉變為擁護者，並確信在日本步步加深對華侵略的情況下，中國對德關係將大有發展，逐步變成一種依靠力量，這是德國擴展其在遠東利益排斥列強的極好機會，千萬不可放過。因此，德國駐華顧問團的工作只能加強，不能削弱。他向德國政府提議再派更高一級的軍官來華擔任顧問團長，如塞克特將軍，藉此挽救目前在佛采爾領導下顧問團工作之頹勢❺❼。

蔣介石面對這種複雜的矛盾，採取以不變應萬變的策略，他依舊表示對佛采爾的信任，並無任何改變。但另一方面，他在私下裏卻開始另外聘請別國軍事顧問，以打破德國顧問大權獨攬之局面。美國及意大利的空軍顧問團在這期間先後來華，正是這種策略之體現。1933年1月8日，中方參謀本部秘書長俞大維在與美國駐華陸軍武官助理波特納(Boatner)談話時就曾坦白而言：中國目前最需要的是美國專家的軍事建議及武器供應，「中國雖然已雇有大批德國軍事顧問，但中德軍事合作之前途並不樂觀，德國之援助多從營業觀點著手」。俞大維說這雖然只是他個人的觀點，但足以代表了中國軍方的一種意見。

美國使館陸軍武官在給華盛頓的報告中說明了中德關係的這種狀況，並說佛采爾是否接受過德國軍火商的「紅包」雖不得而知，但布凱斯特等個別顧問居中牟利則是肯定無疑的，這也是德國政府在凡爾

---

❺❼　《史傳》，見《傳記文學》第二十五卷第三期，第97頁。

賽和約之下大搞「工業外交」、發展軍備以圖復興的重要表現。就連陶德曼公使也曾直率地說過：「彼（指佛采爾及顧問團）所關心者，僅企業(Geschaefe)而已。」❺❽

　　關於佛采爾旅華期間與德國工商界特別是軍火工業巨頭的關係，是一件難以探尋之謎。目前史學界對此有兩種截然不同的說法。大多數的觀點認為，佛采爾只知抓軍事，對中德間商業及工業關係之發展不感興趣，他認為這是兩國工商機關的事，而其本人與德國財商工各界的關係也不密切，這不僅使德國有關各界頗為不滿，「國防部怨其不能及時送回情報，企業界怨其不能熱心服務」❺❾，「特別是德國國防部認為佛采爾提供的情況還比不上其他國家駐華使館一名武官的作用」❻⓿，這就有悖於他們發展中德貿易，瞭解進而影響、控制中國的本意，特別是德國工業界對於佛采爾喜歡從上海進出口貿易商行採辦軍需品而不願照顧德方企業生意之舉，十分不滿。而另一方面佛采爾的這一缺陷也招致蔣介石的不快，他認為佛氏未能在介紹採購軍火器械方面盡到他應有的職責，是一個「重大的不足」。由於主客雙方皆有不滿，這便注定了佛采爾不久後下臺的命運❻❶。

　　然而，另外也有人認為佛采爾並非在軍事之外一無所獲，只是他個人對此不甚熱心，但他重用布凱斯特的目的就是為了促進中德貿易，而軍事顧問團中此時也不乏熱心於軍火貿易之人，只不過佛采爾「下放經貿權」的結果使之處於一種失控狀態，產生了若干複雜的矛盾，這些矛盾使佛采爾處於十分不利的被動境地，再加上他為人處事簡單

❺❽　《史傳》，見《傳記文學》第二十五卷第三期，第98頁。

❺❾　柯偉林書，第135頁。

❻⓿　吳景平書，第133頁。

❻❶　同上出處，第134頁。

直率，終於為中方所不容，最後被迫下臺。

實際上，佛采爾在華期間，確實注重軍事，他是歷屆德國軍事總顧問中唯一既參加過軍閥混戰、「剿共」戰爭，又參加過抗日戰役的「全才」，對輔佐南京政府的軍事指揮貢獻不少。然而在其他方面，他雖不是一無所為，卻沒有做好工作，包括經營活動、顧問團內工作及人際關係等等，而他本人又總是不諱言好惡所在，讓人抓住了把柄，襟懷坦白心直口快的結果卻使自己陷入不利境地，這便是問題的癥結所在。

蔣介石後來曾在與佛采爾的繼任者塞克特將軍談話時評價說：「佛將軍之忠誠與作戰經驗能力皆極可佩，但建軍工作不盡令人滿意，至於政治與外交（亦可能包括人事關係）彼亦未甚注意。」❷可見蔣介石對佛采爾的工作是有正確評價的。

儘管如此，在佛采爾來華期間，中德經貿合作仍有了一些發展。

1930年初，世界經濟出現危機，德國工商界在十分困難的處境中為了保持賴以生計的海外貿易，極力想擴大對華出口。是年夏季，德國工業聯合會曾派遣一個代表團跟隨佛采爾之後來華訪問，進行了幾個月的調查，他們雖有發展貿易的願望，但卻為中國當時內戰所憂慮，最後僅僅在報告中提出了有限制地發展中德合作企業的建議，而當時德國政府是反對企業對華投資的，生怕南京政府地位不穩。

德國企業家並沒有灰心。他們又組織了一個「中國研究社」(China Seudien Gesellschaft)，作為主辦對華擴大合作之代表機構。在中國內戰頻仍的情況下，他們主張大力對華出口軍備，以滿足雙方的需要，同時準備幫助中國發展小型軍工企業。

1933年，德國海軍中將金澤(Kinzel)率領一考察團來華，他受軍

❷　《史傳》，見《傳記文學》第二十五卷第三期，第100頁。

火廠商之託準備推廣中德軍火貿易。金澤與佛采爾、布凱斯特以及中方俞大維等人進行了深入交談。在訪華報告中，他樂觀地認為中國將成為德國最大的軍火輸出國，具有廣泛的貿易前景。

就佛采爾個人來說，1932年，他曾提議中方組建一中德合辦之煉鋼廠，並介紹德國奧托俄普夫公司與中方合作。雖然這一建議最後因種種原因未能成功，但奧托公司卻因此與中方建立了關係，在上海設立了辦事處。德國政府對發展中德間此種經濟合作持有完全支持的態度，並派有官方董事代表加入該公司，還介紹其他德方鋼鐵公司與製造商加入進來。在德政府暗中支持下，奧托公司逐漸成為對華合作重點企業，以後參與了建立江南鐵路的許多重要工程。

除此之外，佛采爾還對德國火炮進入中國市場做了一些工作。他曾在中國炮兵整建中大力引進德國卜福爾廠所生產之 15 公分輕榴彈炮以及7.5公分高射炮，用以替換中方現有的英國產火炮，共計裝備了六個營，這不能不說是佛采爾利用職務之便照顧德國軍火商之舉動。

「九一八」事變發生後，中國東北軍撤入關內。佛采爾眼見這支龐大的部隊（據德方偵報有17萬人之眾）歸依國民政府之後成為一塊「肥肉」，他以為蔣介石要將東北軍整訓、改裝，重新配備，以之作為未來抗日的主力軍，故而極力想讓德國軍火商來承攬這筆大生意。為此，他動了腦筋，動員德國退役將軍法肯豪森來華出任張學良的「總顧問」，用以「先入為主」。他在蔣介石、張學良面前極力遊說，得到了兩人的同意。但陶德曼公使卻對此持有異議，他認為第一，南京政府目前無財力也不可能重新裝備東北軍；第二，東北軍與日本有深仇，日後將不免對日作戰，德國勢力介入中日戰爭將是自找麻煩，故而堅決反對法肯豪森來華就職。由於陶氏的反對，最後終於使此事成為泡影❻❸。

　　佛采爾來華出任顧問團長對於中德關係發展的一項最大貢獻是他第一次使德國顧問團與德國官方建立了聯繫，將顧問團的工作納入了德國國防部的控制之下，使之直接為德國政府提供服務，從而結束了顧問團的非官方歷史。

　　在鮑爾與克里拜爾主持工作時期，德國顧問團完全是由一批退役軍官與反共和分子自願組成的，他們來華在很大程度上是為了躲避國內共和政府的壓迫或是被政府驅逐無處藏身所致。例如鮑爾就曾被魏瑪政府通緝，克里拜爾則更因參加納粹黨而曾被逮捕，他之來華，完全是為了逃難。他們身為「叛逆分子」，在華言行自然與共和政府無關。儘管如此，他們依舊非常小心，在華活動盡量隱蔽，以免惹出國際矛盾，加重自己的麻煩。然而佛采爾卻完全不同。

　　佛采爾來華時，身為魏瑪共和政府的現役高級軍官，與德國政府高層人士如國防部長、陸軍總司令等均保持密切關係，為了使他能夠來華，國防部特批准給假，讓其離職在編，以備回國後再任新職，佛氏過去亦曾負責德俄軍事合作，對此項工作具有經驗，他來華後很自然地使中德官方合作大大增強了。為了及時與國內各方聯絡，佛采爾特派畢格曼中校(Brinkmann)為其代表常駐柏林，成為顧問團在國內的團員。佛氏來華後，很短時間內，顧問團人數激增為60人，若非德國外交部的一再反對，規模還將擴大。佛采爾招集了德國軍隊中許多幹才來華，其中如曾任蔣介石機要顧問的海因士上校(Heins)、蔣介石衛隊顧問史太邱上尉以及步兵學校首席顧問魏爾克上校(Wilck)、兵工專家杜爾豪爾少校(Dulheuer)、工兵專家林克少將(Link)等人都是這一時期來華赴任的。

　　佛采爾在華奔波於內戰抗日前線，毫不隱諱其身份，特別是他率

---

❸　《史傳》，見《傳記文學》第二十五卷第三期，第100頁。

領顧問團陪同宋子文出現在「一二八」淞滬抗日前線，使日本人憤怒透頂，屢屢向德國提出抗議，魏瑪政府對於佛采爾之「不檢點」無法再推辭狡辯，德國外交部處境之狼狽可想而知。但德國軍方仍在暗中支持佛采爾的活動，並掌握了顧問團人事及軍火貿易之大權。

　　1934年2月及5月，佛采爾在其卸職前夕，針對中國國防建設及對日備戰實際，又給蔣介石寫了兩份「整理部隊建議書」。在這兩份文件中，佛采爾對中國未來抵抗日本侵略的戰略、軍事裝備、兵種武器之改進布署以及採用新式方法整軍等多方面內容，提出了他自己的設計。從空軍到陸軍、從工兵到炮兵直至軍校，甚至包括對於軍事委員會、軍政部、參謀本部及訓練總監部的工作都提出了改進意見。佛采爾總結說：「中國陸軍顯著之進步，為近四年來中央軍校所施後起軍官之訓練。」❻❹「華北戰事足以證明德人在中央軍方面所施用之德國訓練與戰鬥原則完全適當。」❻❺「中國人民確能練成良好陸軍，中國亦應如他國在此種基礎上建設陸軍，逐漸發展，自有造成強大國軍之必要。」❻❻蔣介石對佛采爾這兩份建議書十分重視，每一節上都有他的閱批，並在文件卷首寫上了如下字句：「此全書抄寄朱主任、陳次長、賀次長切實研究實施，結果盼覆。中以為意見甚對，非此不能使陸軍進步也。」❻❼

　　雖然蔣介石對佛采爾的軍事才能與建議非常欣賞，但在實際工作

---

❻❹　《德總顧問佛采爾建議書》（1934年2月14日），見《民國檔案》1988年第四期，第33頁。

❻❺　《佛總顧問整理部隊意見書》（1934年5月23日），見《民國檔案》1988年第四期，第38頁。

❻❻　同上出處，第40頁。

❻❼　同上出處，第37頁。

中兩者之合作卻又不盡如人意。

佛采爾在華的最後階段，在對江西蘇區的第五次「圍剿」戰鬥中，他與蔣介石產生了一些矛盾，這不僅是為了作戰時間上的分歧，而且在使用部隊問題上雙方也產生了不和。佛采爾堅決反對蔣介石把他一手培訓出來的教導旅示範部隊投入反共戰場，而希望把他們用來作為「種子」，使德式整訓進一步擴大到全軍，他認為這樣犧牲掉教導旅太可惜了，他對這些部隊充滿了感情。但蔣介石為了全力推行「剿共」政策，不惜血本與紅軍一拼，他不管什麼教導部隊，只要能打仗，就要用在前線，就連正在整訓的部隊也要中止整訓開往前方「剿共」。由此，佛蔣兩人又產生了矛盾，再加上蔣介石又「不允許佛采爾在我國服務時，性情如此暴躁且行動如此偏激，唯一能有效制服而又可使其平心靜氣工作之辦法似在此人頭尖上加上一頂重帽」❸，亦即再找一位能使佛采爾信服聽話的德國名將來華擔任蔣介石的私人顧問、參謀長或至少來華訪問一次，藉機說服佛采爾，進行疏導，以維持繼續合作的局面。

為此，蔣介石又動開了腦筋。他再次委託朱家驊致函魯登道夫(Ludendorff)元帥，另請尋一名將代替佛采爾之職位。

當時堪當此職的人選只有兩位，一是德國前國防部長漢斯·馮·塞克特將軍(Hans von Seeckt)，現退休。二是素有「中國之友」美稱的國防部長威廉·格魯納將軍(Wilhelm Groener)，他曾為在德培訓中國軍官做過不少工作，深得中方信賴。蔣介石通過駐德公使劉文島邀請格氏來華，但格魯納此時因在國內反對納粹黨活動而被興登堡總統免職，又剛剛新婚不久，不願遠行❹。故中方聘請重點轉向塞克特。

---

❸　《史傳》，見《傳記文學》第二十五卷第三期，第102頁。

❹　德國外交部政治檔案⑺ Bd. 6《陶德曼致德外交部》（1932年4月17日）

　　朱家驊向蔣介石建議先邀請塞克特來華一遊，再視其態度提出聘請，蔣介石也同意了。佛采爾得訊後認為塞克特來華訪問會加強自己的力量聲勢，並通過塞氏反映顧問團對德軍方的要求，故慨然允諾為蔣聯絡，他全然不知老上司來華是要「搶他的飯碗」，於是圍繞顧問團團長職位的新一輪較量又開始了。

　　總結佛采爾使華四年的歷史，他為蔣介石的內戰、抗日軍事鬥爭立下了汗馬功勞，並利用其有利條件將顧問團納入德國軍方管轄之中，結束了它的非官方歷史，使德國國防部直接掌握了顧問團人事及中德軍品貿易大權，在中德關係史上具有重要意義。但佛采爾最後竟然勞而無功，甚至丟掉了烏紗帽，其最大原因在於他不善於處理人際關係，且又傲氣凌人，看不起國民黨內出身舊式軍人的軍官階層，指責他們「阻止新法改革」，「只知侈談理論而不切於平時實地訓練，更不適於戰時應用」❼，最後發展到指責蔣介石不聽他的建議，並且又與素為蔣所不滿的宋子文等關係密切，為蔣所忌。另一方面，佛采爾不太重視為德國軍方服務，提供情報拓展貿易，造成主客雙方對之不滿，他的最終下臺因此成為必然。但佛采爾在中德關係史上仍以其重要作用占有一定的地位，這是不可否認的。

　　　　波恩，轉引自柯偉林書，第351頁。
❼　吳景平書，第134頁。

附：佛采爾主持顧問團時期各顧問工作分配一覽表 ❼

（1931～1933年）

姓名	中文 德文	軍銜軍種	主職工作單位	兼職工作單位及曾任職
1. 佛采爾 (Wetzell)		步兵中將	總顧問辦公處	參謀本部
2. 克魯格 (Kluge)			（同上）	工兵學校
3. 克魯馬赫 (Krummacher)		炮兵上尉	（同上）	騎兵旅、軍官學校、炮兵學校
4. 布賽吉斯特 (Busekist)			（同上）	
5. 顧德威 (Gudevius)		步兵少將	參謀本部	
6. 史培曼 (Spemann)		步兵中將	陸軍大學	參謀本部、陸大第十期戰術教官
7. 萊柏耳 (Leipel)			軍醫司	參謀本部、陸軍大學、騎兵旅、軍官學校、第八十七師、炮兵學校
8. 林德曼 (Lindemann)		退役步兵中將	陸軍大學	
9. 古西 (Gruse)			（同上）	
10. 克里拜爾 (Kriebell)		步兵中校		

❼　此表依據二史館館藏檔案七七三 643《德國顧問在華工作分配一覽表》改編，並根據王洽南《德國顧問在南京時期工作的回憶》一文充實補充而成。第65～70名顧問為檔案原表中所缺者。

11. 王恩翰 (Wangenheim)	步兵少校		
12. 羅靄夫		測量總局	
13. 哈特曼 (Hartmann)	炮兵少校	測量總局	炮兵一團
14. 賴曼 (Lehmann)	航空兵上尉	（同上）	教導隊航空班
15. 饒美亞		（同上）	
16. 布蓋特納		（同上）	
17. 霍柏斯		交通司	騎兵旅、軍官學校
18. 皮爾納 (Pirna)		（同上）	航空署、鐵道炮隊司令部、軍官學校
19.喀諾布爾司多夫 (Knobelsdorff)	通信兵少校	炮兵學校	交通司、騎兵旅、第八十七師、財政部稅警團
20.百祿		航空署	
21.佛萊邁里		兵工署	
22.亨尼希		（同上）	
23.杜好爾		（同上）	
24.麥次納 (Metzner)	化學、瓦斯專家	（同上）	軍官學校
25.布魯麥		（同上）	
26.屈本		軍需署	

27. 洛森 (Lassen)	騎兵上校	騎兵旅	
28. 羅倫次		(同上)	
29. 薄弟恩 (Boddien)		(同上)	
30. 愛基弟		軍官學校	騎兵旅、工兵補充隊
31. 馬德 (Bade)	步兵上校	(同上)	（任戰鬥教練及野外演習指導）
32. 諾爾特 (Nolte)		(同上)	
33. 凱塞 (Kaiser)		(同上)	
34. 胡腦施坦音 (Hunorstein)	步兵少校	(同上)	（任戰鬥教練及野外演習指導）
35. 達麥勞 (Damerau)	步兵上尉	(同上)	
36. 布祿賀音		(同上)	
37. 畢里次 (Beelitz)	炮兵少校	炮兵學校	軍官學校
38. 漆麥曼 (Zimmermann)		第八十七師	軍官學校
39. 馬約 (Mayer)	騎兵上尉	(同上)	
40. 包爾 (Bauer)	騎兵中尉	(同上)	
41. 摩里次 (Moritz)		第八十七師	
42. 馬丁 (Martin)		(同上)	

43. 鮑次		（同上）	
44. 波勒		（同上）	
45. 闊次 (Kurz)		第八十八師	
46. 施特萊勃 (Strepel)	步兵上尉	（同上）	（任戰鬥教練）
47. 史脫次納 (Stoelzner)	通訊兵中尉	（同上）	
48. 韋白 (Weber)	工兵少校	（同上）	工兵學校（曾負責 設計杭州灣國防工 事）
49. 胡默爾 (Hummel)	步兵少尉	（同上）	
50. 費爾曼 (Hermann)	步兵上校	（同上）	（任戰鬥教練）
51. 哈賽 (Heise)	炮兵上尉	炮兵學校	
52. 基爾柏 (Gilbert)	炮兵上尉	（同上）	
53. 畢格爾 (Boegel)	炮兵中尉	（同上）	炮兵二團
54. 郝次 (Hotz)	彈藥士	（同上）	
55. 舒爾次 (Schultze)	工兵軍官	炮兵學校	曾任長江沿岸要塞 炮臺整備工作
56. 郎格爾 (Lange)	（同上）	（同上）	（同上）
57. 魏爾克 (Wilck)	步兵上校	步兵學校	
58. 布羅賽		（同上）	

59. 愛倍勃克		獸醫學校	
60. 班哈特 (Bernhardt)		蹄鐵教練所	
61. 邵姆堡 (Schaumburg)	步兵少校	財政部稅警團	曾任佛采爾的副官
62. 施坦音 (Stein)		（同上）	
63. 洛衛	海防專家	（未經指定）	
64. 駱梅蒼	偵探專家	（同上）	
65. 毛倫霍夫 (Moellenhof)	航空兵中尉	教導總隊	
66. 毛奇 (Moltke)	航空兵上尉	教導總隊 航空班	
67. 史達開 (Starke)	步兵少將	陸軍大學	陸大第11期教官
68. 史太邱 (Streccius)	步兵少將	陸軍大學	陸大第12期教官， 航空戰術教官
69. 賴文 (Rave)	海軍上校	（同上）	負責教授海軍知識
70. 包姆巴赫 (Baumbach)	炮兵上尉	（同上）	炮兵顧問

四、「愛」像一陣風

㈠中德關係的「蜜月」時代

　　1933年初希特勒上臺時，世界經濟危機已趨緩和，但德國國內幾百萬失業大軍卻成為急待解決的社會難題，納粹黨以「恢復經濟的偉大事業」相號召，在大規模開展國家基本建設的同時，暗中開始準備軍事基礎設施。1934年起逐年增加軍備開支，徵調大批工人修建飛機場、兵營、高速公路等等，同時用以解決失業問題，並徵召大批年輕失業工人編入國防軍，在青年學生中廣泛開展軍事訓練，領導德國走上急速發展的軍國主義道路。1933年2月，希特勒在對國防軍將領發表講話時，號召盡快而廣泛地重整軍備❶。到1939年，德國的軍費開支已從1934年的33億馬克猛增到300億馬克❷，在「自給自足」經濟發展幌子掩蓋之下，德國的擴軍備戰工作急速發展起來。

　　根據第一次世界大戰的經驗，為了防止未來敵手對德國進行海上封鎖，從而斷絕缺少戰略資源的德國的「戰爭後勁」，德國政府決定擴大戰備原料之進口，加以貯備，因此急需大量外匯。希特勒啟用德國著名的經濟學家雅爾馬爾・沙赫特(Hjalmar Schacht)，為其整理金

---

❶　徐天新等主編：《世界現代史(1917～1945)》(人民出版社，1985年版)，第257頁。

❷　同上出處。

融主管經濟，沙赫特制定了復興德國經濟的全盤「新計劃」， 按照這一計劃，德國將通過擴大進出口貿易賺取外匯，用以大量進口石油、橡膠及礦產資源。與此同時，在國內努力發展人造原料及代用品，如人造橡膠、合成油脂等，減少平時消耗。在這一方針指導下，隨著德國經濟的快速復興，其對進口原料礦產的需求越來越大，德國積極地從蘇聯、西班牙及一切有可能貿易的國家進口原料，多備貯藏以為將來之需。在這方面，也正是出於這一重要的戰略目的，希特勒不得不沿襲魏瑪共和政權對華友好的政策，繼續擴大對華貿易，從中國進口其所急需的鎢、鉛、銻等稀有重要礦產以及花生、棉花、棉、麻、豬鬃等農產品。中德間這種易貨貿易遂成為兩國外交關係的重要支柱，成為德國保持對華友好姿態的基本目的之一。

按照納粹黨人的世界觀，「如果不是以武力奮鬥作為基礎，那麼，就不能建設起新國家來」❸，「最高貴的民族必定做著世界的盟主，而且受萬國所擁戴」❹。「一個有生命的國家，應當以實施較高的理想為標誌，而去代替毫無生氣的、只為它本身圖謀生存的組織」❺，「國家的責任只是他利用它的組織力，以求達到促進民族的自由發展」❻。在這種「強權」、「霸道」欲使自己「自由發展」的目的驅使下，納粹黨執行的便是一種「弱肉強食」、「唯強是從」的外交政策。

對於距離歐洲大陸萬里之遙的遠東，納粹政權從「實際需求」出發，並無太多的考慮。儘管希特勒在二〇年代末期就已確定了他的擴張主義政策，但他的「近憂」與「直接對手」是歐洲列強各國，他必

---

❸　前引《我的奮鬥》一書，第143～144頁。

❹　同上出處，第145頁。

❺　同上出處，第150～151頁。

❻　同上出處。

須首先吞併弱小鄰國而後打敗法國、英國、俄國，奪取歐洲霸權，最後再向世界霸主地位進軍。

　　至於中國，在希特勒眼中處於位於與非洲人同等的「三流種族」地位，對他無關緊要❼。希特勒的亞洲概念是以日本人為中心的，因為日本的強大及其與之相同的法西斯軍國主義志向，使希特勒認為在亞洲唯有日本可以對他的「奪取世界霸權」最終目標提供幫助。「儘管中國人和日本人在希特勒眼裏都是『弱小種族』，但在他的『種族』價值天平上，日本人似乎稍重一點」❽。由於日本曾經打敗過俄國，因此希特勒認為他可能成為今後幫助德國牽制蘇聯的工具，因而具有利用價值，所以希特勒在上臺之初，便對日本表態說他希望與東京和平相處❾。後來又進一步相勾結，成為發動世界大戰的兩個戰爭策源地。

　　雖然當時中國政府上層集團對納粹德國極表好感，熱情聯絡，甚至公開效仿，崇拜莫名，但「希特勒決不因中國某些人對他的諂媚而給予回報」❿，他的對華關係的立足點是建立在有眼前價值的「利用關係」之上的，「他決不承認有必要與中國建立長期的友誼關係」⓫。

　　德日兩國儘管在政治利益上具有一致性，但在經濟利益方面，德國卻與列強各國相同，受到了日本侵華的威脅。因為日本列島在資源

---

❼　參見本書第一章第三節。

❽　柯偉林書，第171頁。

❾　克勞斯・希爾德布蘭特：《第三帝國的外交政策》（加州柏克萊，1973年版），第28頁，轉引自柯偉林書，第171頁。Hildebrand, Klaus: *The Foreign Policy of the Third Reich*, Berkeley, Calif. 1973.

❿　轉引自柯偉林書，第171頁。

⓫　同上出處。

上與德國同處缺乏地位，不能予以「互補」，因此，德日雙方在搶奪中國資源方面不無矛盾，然而為了「政治夥伴」關係，希特勒不得不作出一些讓步。1933年，當赫伯特・馮・狄克遜(Herbert von Dirksen)被希特勒任命為駐日大使時，他明確說明為了與日本「建立更友好的關係」必須執行「政治第一」的方針，「不過，也許正是因為這一點，我充分意識到自己面臨（德日）經濟關係方面的任務」⓬。這對於德方來說確實是一個不小的難題。有關在中德發展關係階段日本的立場與行動問題，本書將在後文專題論述。

總之，從政治及單純的外交觀點出發，德國魏瑪共和政府以及後來的希特勒納粹德國對中國的認識與觀點都是平淡的，德國對華發展關係是基於原料及市場的經濟需要，他們並不想在政治與外交上尋求中國這個大而弱的遠方朋友的支持，納粹黨人的外交政策是奉行完全的實用與利己主義的方針，比較一般的國際交往更無信譽與道德可言。希特勒有句名言「政治是不講良心的」，這便是其外交關係反覆多變的原因的最好注解。納粹黨人在野時，在精神上「崇拜日本之敢作敢為，誹謗中國之懦弱無能」⓭，就希特勒本人而言他對中國並無多少瞭解，他在執政後對於中國的觀點，多半是受其好友克里拜爾（先為赴華軍事顧問、代理團長，後為德國駐滬總領事）所撰來自中國的秘密報告的影響。因為中國人在他印象中並無多少份量，也不值得他去花多少時間考慮其對華政策，如果說希特勒對華政策有時也許表現出某種積極性的話，那也是出於對中國的政治與外交的利用，決非是真正器重中方。故而從總體來看，德國的對華政策大致上總是處於一種

⓬　《東亞評論》第十四卷第一期（1933年11月），第474頁，轉引自柯偉林書，第171頁。

⓭　二史館檔案：資源委員會全宗廿八1027。

被動地位。

當然，在這裏我們必須指出，在另一方面，德國的大工業金融財團以及與中國有關的政府部門如財政部、國防部，因為自身利益及工作之需，急欲發展對華關係，而在1938年2月之前，這些部門又尚未被納粹黨人所把持。所以，在中方的主動要求及德方具體負責人員的推動下，中德雙邊關係還是有了飛快的發展，從而形成了中德關係史上的「蜜月」時代。

1932年12月，剛從德國柏林大學留學歸國的國民政府國防設計委員會委員徐道鄰，撰寫了一篇《德意志與中日兩國之外交關係》的文章，發表在1933年2月的《外交評論》雜誌上。在這篇文章中，徐道鄰以大段篇幅論證了中德兩國發展彼此間「天然之友誼」的必要性，除了雙方工農業特長的「互補」性而外，更提出了德國作為工業國的「非帝國主義性」、「反帝國主義性」以及孫中山所倡導過的建立「中俄德大陸同盟」三條基本理由，並詳列了德國聯華之「五大利」與聯日之「五大害」，以此證明「中德兩國，國際及地理形勢所在，利害皆不相抵觸」，有發展「天然」友誼的必要❶。他的基本觀點，仍不出從經濟貿易互助、對俄牽制能力、美國外交態度以及中日民族特性幾方面來論證德國若聯華比較容易收效；如若聯日，則對其無益且有害。接著，徐道鄰從分析德國政府及在野各黨派對日本侵占中國東北事變的態度入手，指出了這一時期德國外交政策的特性與失誤，強調德方應從長遠的目的，以發展的眼光來正確認識發展對華關係之必要，不要拘於眼前小利而向日本討好。

徐道鄰的觀點，基本上代表了此期中國政府對中德關係的認識。具體描述起來，這就像一個處於競爭弱勢的求愛者在向姑娘討好時盡

❶ 二史館檔案廿八⑵238。

力說明自己未來的「發展潛力」一般，懷著一種焦急而又無奈的心情，而偏偏這個德國「姑娘」又是一個頗講「實惠」的「實用主義者」，真可謂令人頭疼。

徐道鄰根據自己的見解於1933年10月16日條陳國民政府《促進中德邦交辦法》一文，提出了加強中德邦交六個方面的措施：㈠「從速實現歐亞航空計劃」；㈡「接洽三年迄未解決之飛機廠問題」；㈢「多方接洽工業合作計劃」；㈣「商定不侵犯條約、保護著作權約等」；㈤「派員至德國聯絡」；㈥「加聘經濟顧問」。他特別提出，除了對華友好的柏龍白、沙赫特外，對於納粹黨中實力派人物戈林、戈培爾等「亦宜多下功夫」，「現任沙克遜總督為希特勒老友，與我感情甚好，乃一好路線，宜善利用之」❶。徐氏的這些建議基本上被國民政府採納，使中國的聯德工作向前邁進了一大步，收到了較好實效。

中方的對德具體工作仍不外「聘用顧問」與「經濟合作」兩大方面。在聘用顧問方面，成功地聘請到了德國名將佛采爾以及「德國國防軍之父」塞克特將軍，並使來華軍事顧問團歸入德國國防部管理之下，成為中德官方交流主渠道之一；經濟合作方面，在鐵道、礦業、電信等多方面開展了雙邊合作，徐道鄰所提到的中德共建飛機廠合同亦於1934年9月簽訂。有關這些內容，本書將在以下章節中詳述。總之，到1936年前後，德國在華商業機構已達104家，僅次英美法居第4位，貿易行達293家，次於英美，居第3位，赴華商船航行噸位2,624噸，次於英日美，居第4位，在華投資1.364億美元，次於日英美法，居第5位，在華企業29個（採礦業除外），次於英美居第3位，投資鐵路（不含東北）1,256公里，次於英法居第3位❶。從總體上來看，德

---

❶　二史館檔案廿八⑵235。

❶　外務省通產局：《獨逸對支經濟勢力之全貌》，現藏中國第二歷史檔案館，

國經濟勢力在中國已經有了長足的發展，成為可與列強抗衡的一支力量。

1934年7至8月間，南京國民政府交通部長俞飛鵬率團訪德考察，受到希特勒的「正式接見」，德國政府認為這次接見，充分顯示了德國的「對華友誼」。

1934年8月23日，中國財政部部長兼中央銀行行長孔祥熙與德國政府代表漢斯‧克蘭(Hans Klein)代表各自政府，經過艱難談判，達成了歷史性的「中國農礦產原料與德國工業品互換實施合同」（簡稱「中德易貨協定」）文件，這份文件適應兩國具體需要，為雙方節省外匯，以直接易貨方式互通有無開闢了途徑。由於其涵蓋面廣大，對促進中德經濟合作及雙邊外交關係有著重要意義，因此受到了雙方領導人的高度重視。德國元首希特勒與中國領袖蔣介石為此互致賀電，一致高度贊賞這一極具實際意義價值之合作，並表示對發展兩國關係之「熱望」。中德雙方大員柏龍白、沙赫特以及孔祥熙、翁文灝等亦互電致賀。一時間，兩國關係急劇升溫❼。

由於德國與中國廣東地方當局關係的干擾，以及「中德易貨協定」所加附帶合同談判之拖延，這一重要協議遲遲未得到雙方政府的最後批准。在雙邊往復交涉之同時，中德實際合作卻已紮紮實實開展起來。德國赴華顧問，包括那位代表德方簽訂易貨協定的「神秘商人」克蘭，都已成為中國政府的「坐上客」，積極參予了中國內政、軍事、經濟、文化全方位的工作與改革設計、戰略策劃。

1935年間，漢斯‧克蘭給蔣介石、孔祥熙呈送了一份關於「設立

以及張嘉璈《中國鐵道建設》一書資料，商務印書館1946年版。

❼ 這些互致賀電文件均藏中國第二歷史檔案館資源委員會檔案全宗廿八(2)。

實力中心點組織的建議」，在這份建議中，克蘭提議中方建立一個「臨時建設署」機構，以統籌中國經濟、軍事建設之全盤事務，目的是建設一個「實力中心點」，以加強中央集權領導，提高工作效率，推進中國在德國顧問指導下的經濟建設與國防準備工作。這一「建設署」囊括了工業、交通、農林、郵政、警務、司法、外交各方面工作範圍，涉及中國的「全部建設事業」，同時計劃全方位地配以「德國代表團（包括國防軍現役軍官組成的軍事顧問團與技術經濟專家團體）來華服務」。克蘭的這份建議書充分體現了當時一部分德國人試圖全面影響中國內政外交，全力加強德國在華影響的企圖❶。雖然中方最終並未全盤採納克蘭的這一建議，但同年4月間，蔣介石下令改組國防設計委員會為軍事委員會下轄的資源委員會，主管國防資源勘探、開採、出口，以及重工業、軍工業建設事宜，授之以極大權力，不久又設立中央銀行中央信託局，專司負責對德易貨貿易，以及在抗戰前籌劃「國防中心區」等等措施，其中無不可以窺見克蘭建議內容的折影。

1935年5月22日，為適應當時中德兩國關係發展之需要，按照德國經濟部長沙赫特的提議，中德兩國外交關係由公使級升格為大使級，原德國駐華公使陶德曼升任駐華大使。6月29日，中國政府任命程天放為首任駐德大使。

1935年11月，德國政府為協調其遠東政策，組成了一個以前任德國駐紐約總領事奧托・克樸(Otto Kiep)為團長的大型經濟考察團前來遠東各國考察。該團的任務是考察中國、日本及南洋各國經濟環境，瞭解德國投資與商務發展情況，以便提供德國政府有關機構參考，藉以協調其遠東政策。中國駐德大使館向南京外交部報告說：「該團來華任務，除調查中德商務經濟關係，並將該國經濟商務現狀面告該國

---

❶ 二史館檔案廿八(2)689。

使館及商人外，聞尚擬與南滿鐵路訂立交換大豆及機械契約。」[19]

1936年2月6日，遠東經濟考察團團長克樸率團員羅聲白先行抵華，其餘團員仍留在日本東京，繼續洽商德國與日本及偽滿貿易合同事宜。由於該團此行主要目的是發展與日「滿」的經濟合作，對華係屬考察性質，日本方面便造謠說考察團遠東之行有政治上的暗示，預示著德國即將承認偽滿。為了澄清事實，克樸團長來華後，即在公開場合說明「德國與日本同為工業發達國，且同為原料缺乏國，故彼此競爭甚烈，而彼此能交換之貨物甚少。東三省所產之大豆確為德國所需，但東省所需之製造品已為日本所壟斷。致德國因礙於匯兌關係，對於大豆亦不能多數採購。此次到日到『滿』， 意在謀德國與偽國貿易之糾正」。「能否實行，甚為疑問」。「德國在遠東絕無政治意味。所謂日德同盟及承認『滿洲國』等情，均係無知者造謠，實無其事。惟德國對中國貿易極易推廣，因中國所產之原料如棉花、礦砂等均為德國所切需，而中國發展工業亦需德國之製造品。俟中國政府建設計劃完成後，中德貿易前途尤覺未可限量」[20]。

當天晚上，克樸還在上海銀行家俱樂部舉行的歡迎會上發表了題為「新計劃下的德國經濟政策」的演講，詳細闡述了德國在希特勒執政後經濟上的改革與迅速發展，他再次強調，「德國沒有什麼海外財產可供換取他所需要的原料，因此，它熱切希望與那些可為它提供原材料及需要工業產品的國家發展易貨貿易關係。在這方面，德國與中國的貿易關係有利於他們之間的相互補充和擴大發展。在過去的歲月

[19] 二史館檔案：《外交部致實業部咨文》（1935年11月11日）， 四四⑵84。載《民國檔案》1991年第四期，第33頁。

[20] 《外交部駐北平特派員程錫庚筱電》（1936年2月17日）， 同上出處，第36頁。

裏，雖然面臨世界危機及德國、中國與其他國家之間貿易的縮減等問題，但是這樣的發展仍是連續不斷的。在『新計劃』政策下，儘管德國總進口量必須減少，但德國從中國進口的數量仍然遠遠高於對中國出口的數量，這一點是顯而易見的，隨著中國自然資源的進一步開發，現在的國民政府更加把他們的興趣和精力用在這一方面，德國對原材料及礦產大量的需求在中國市場上也得到了滿足。

兩國之間在經濟領域互利的合作現在仍繼續著，今後還會得到更進一步的發展，這種合作增強了兩國及兩國人民間的關係，雖然雙方都已遭受並將繼續遭受經濟衰弱的災難，但我們正努力奮鬥，爭取擺脫危機，通過我們貿易關係的發展，可以相互促進兩國經濟的恢復發展和人民生活的改善」❷❶。

考察團在華訪問了北平、天津、青島諸城市後，於當月26日抵達南京，與中國最高當局會見。克樸在談及此次訪華之行時，「力辯此來無政治作用，完全屬於商業，謂德國在東方既無殖民地，亦無他種野心，不願牽入東方政治漩渦，外傳種種，純係出自日俄兩國之離間挑撥。自稱以下列三事為任務：

一、考察中國經濟商業狀況。希望可多購中國之原料，如農產礦產品等（礦產品銻鎢銅鐵鋁均要），同時亦望中國多購德國之機器。

二、宣傳德國之經濟新政策。

三、接洽中國以後向德國購買軍火之辦法（此點須嚴守秘密）」❷❷。

德國遠東經濟考察團的訪華並未取得什麼實質性的成果，反而加劇了中方對德日、德「滿」關係發展的憂慮。當時正值中德雙邊關係

❷❶ 《外交部駐北平特派員程錫庚筱電》（1936年2月17日），同上出處，第35頁。原文為英文稿，由馬振犢、許茵翻譯。

❷❷ 《郭秉文致吳鼎昌函》（1936年2月6日），同上出處，第33頁。

步入高潮之際，這一小小的不快並未造成太大影響。

1936年2月間，為進一步完善「中德易貨協定」，加強雙方合作，中國政府派出了以資源委員會委員、地理學家，時任天津開灤煤礦總經理的顧振率領中國代表團訪德，在德國經濟部長沙赫特的協助下，於4月間達成了作為「中德易貨協定」附帶合同的1億馬克信貸合同，雙邊關係有了進一步的實際發展。

為答謝中國代表團訪德及向中方解釋德國與偽滿的關係（在中德簽訂信貸合同之同時，德國也與偽滿當局訂立了一份「易貨協定」），同時實地考察德國軍事顧問團的在華活動，德國政府決定派遣國防部長柏龍白將軍的親信馮‧萊謝勞(Walter von Reichenau)將軍訪華，由此推動中德關係更上一層樓。

萊謝勞將軍是德國軍界要員，長期擔任國防部武裝部隊室主任，1935年10月後調任南德軍區（第四軍區駐慕尼黑）❷❸司令，他是柏龍白將軍的愛將，同時又是納粹黨人，深受希特勒的寵信，實際上，他是希特勒與國防部之間共同的「紅人」，具有協調聯絡雙方的特殊作用。

當時納粹黨人雖在國防部及經濟部的推動下從事於發展中德關係的工作，但就該黨的外交政策而言，則當然是偏向於日本，因此才有了德滿勾結之舉，此點將在下節述及。在納粹黨「影子外交部長」里賓特洛甫的操縱下，德國聯日偏向愈加明顯，在這一時刻，中方能夠爭取到萊謝勞訪華，對於阻止德國進一步倒向日本起到了很大作用。

1936年5月13日，德國元首希特勒為中德關係之發展致函蔣介石，

❷❸　萊謝勞當時任職說法不一，此為傅寶真先生在《傳記文學》第三十三卷第六期，第102頁文中所述。又據二史館館藏柏龍白來電所稱萊謝勞為第七軍軍長。

表示了他的「欣感」之情，該函全文如下：

> 蔣委員長勳鑒：塞克脫上將轉來去年十一月二十三日大函一件，至為欣感。鈞座決定與敝國友誼合作，以實施建國事業，尤希所引為幸慰者也。希於鈞座勳業傾仰已久，關切亦深，尤願竭盡棉〔綿〕薄，以資推進之助。
>
> 中德兩國之貨物互換，實給予兩國經濟進展以莫大裨益，獲蒙鈞座異數關垂，謹為申謝。
>
> 貴代表團由顧振先生之導領，希獲與之接席勞問，藉謫鈞座對於經濟合作之感想，鄙見亦同，並深信兩國互助合作所應有之先決條件已根本具備，而兩國密切友誼之結合，必給予吾兩民族以莫大福利，是以希對於此次交涉之良好結束至為慶幸者也。謹布尺褚以表欣感，倘荷鈞座不遺，尚希接受敝國國防軍之榮譽寶刀一柄，藉表希個人敬仰鈞座及貴國之微意。專此。敬頌綏祺。希特勒（簽字）謹啟。❷

　　5月16日，已卸職回到柏林的前德國軍事總顧問塞克特將軍給蔣介石寫了一封長函，表達了他對中德關係步入「正軌」迅速發展的興奮之情，他寫道：「此事（指中德合作）及今亦已如願實現，塞所負直接有關任務已可以為結束矣。」「為鈞座及中國計，敢請鈞座能夠移此信任塞之心以信任敝國政府之一切意見建議並所派遣之代表人員則幸甚。」接著塞克特介紹說：「敝國領袖兼總理已決定以炮兵中將萊謝勞為其全權代表，首程來華晉謁鈞座。萊謝勞將軍對於敝國供獻鈞座

❷　原件現藏中國第二歷史檔案館廿八⑵3652，載《中德外交密檔》，第4～5頁。

之一切建議，負有口頭申述以備諮詢，對於一切軍備國防諸問題負有竭智盡忠以效驅策，對於中國之現狀及鈞座之需要負有實地採訪以致善果之使命。萊謝勞將軍知名當世，敝國領袖及國防部部長界倚殊殷，敝國復興事業之一切軍事經濟各問題彼實洞悉底蘊，因其身膺敝國國防軍中現役要職，故不能久離職守，敝國領袖及其政府重視對華合作之真象，諒能因萊謝勞將軍之使聘而邀洞鑑於萬一矣。萊謝勞將軍對於塞個人向鈞座之建議亦所徹底瞭解，尚乞視如塞個人之信使代表可也。務懇鈞座關於一切合作問題不惜詳與商討，對於德顧問處推進充實之需要幸賜指點。」「今後關於顧問處本身問題倘有特殊需要，塞確信敝國國防部必能由萊謝勞將軍之傳遞，願為圓滿之解決。塞去華之日，曾奉鈞命草擬中國兵工建設計劃，去歲二月十八日謹將綱要呈報鈞察，幸邀認可……萊謝勞將軍將向鈞座彙呈此詳細計劃，以求解答鈞座當日之疑問。」❷❺同月19日、23日，德國國防部長柏龍白兩次致函蔣介石祝賀中德關係新發展，26日，他又特別為萊謝勞訪華專門致蔣一函，全文如下：

委員長鈞鑒：敬啟者：敝國領袖兼總理已派定敝國第七軍軍長萊謝勞中將來華報聘，冀使鈞座與克蘭先生間已形融洽之各項磋商得正式繼續，而鈞座與敝國政府間之政治與經濟合作獲有進展也。

柏所確信者，萊謝勞中將久在敝部及前敵行營任參謀長多年，必能為鈞座勝事及國防經濟諸問題諮詢贊襄之任如往日也。敬請鈞座畀以無限信任，則幸甚矣。

萊謝勞中將現為敝國最大軍區內之司令長官，敝國國社主義政

---

❷❺　二史館檔案廿八(2)3652，載《中德外交密檔》，第10～11頁。

府下之各項任務無不繁雜嚴重，以待解決。久在鈞座洞察之中，事勢所迫，萊謝勞中將甚難長期留候調遣，此柏所引為深惜而敢為鈞座直陳者也。但柏確信，由於兩國交親之切，凡百問題均可在此期間從容獲得圓滿解決也。謹布景忱，敬頌鈞安。柏龍白拜啟。❷⑥

1936年7月，正值中國南方天氣進入高溫季節，萊謝勞將軍身負德方的重任與中方的厚望抵達中國首都南京，他受到了國民政府的熱烈歡迎。在軍委會大禮堂舉行了隆重的儀式，萊謝勞代表希特勒、柏龍白為慶賀中德合作條約之達成，向蔣介石分別贈予德國榮譽軍刀一把以及汽車三輛，向孔祥熙授予德國國防軍紅十字勳章❷⑦。全副戎裝的萊謝勞及蔣介石還發表了熱情的致詞，盛贊兩國友誼及合作成功。可惜這一盛景在當時新聞報導中不見隻字，為了中日關係及國際影響，中德之間的「熱戀」也只能處於嚴格的「地下狀態」❷⑧。

緊接著萊謝勞與蔣介石在中央軍校就雙邊合作中諸問題，以及中國軍備重整、軍工發展諸事進行了長談。萊氏建議中國「效仿德國整軍的經驗，成立六十個國防師，編制與裝備全採德式，由德國派遣現役軍官逐漸取代目前之顧問，薪俸全由德國政府擔負」。「同時萊謝勞亦認為我國軍事制度有改革之必要，……建設我未來之軍事組織系統

❷⑥　二史館檔案廿八⑵3639，同上出處，第11～13頁。

❷⑦　據同上出處柏龍白致蔣介石電介紹：「此三車中有一輛與敝國元首兼總理及柏於檢閱軍隊時所乘用者相同，餘兩輛為敝國國防軍所用之偵察車。」

❷⑧　見關德懋：《關於「在華德國軍事顧問史傳」》，見《傳記文學》第二十七卷第四期，第57頁。

宜採用德意兩國之制度，以委員長兼任行政院長，另創設國防部，萊謝勞並為我擬定國防部組織要領，內容分六章十六條，包括總綱、職守等等」❷。在當時國際背景下，德國現役軍官來華必然要引起日本方面的干涉。萊謝勞為此也對蔣介石談到了中德日關係。

萊謝勞原認為德國政府會有能力說服日本軍閥放棄對華侵略，聯合德國一致抗俄。另外，日本侵華也對英國利益產生威脅，英方必然支持德國幫助中國整軍備戰，「使日本知難而退」，但萊謝勞對日本野心的估計太天真了，對此，蔣介石也無法表態，「僅說『日本不是為中國的永久大患』而已」❸。

關於在華德國軍事顧問團的工作，萊謝勞建議設立一個「居以統帥地位」的總顧問來加強領導，這個總顧問代表整個團體對蔣建議，對蔣負責，其餘顧問則悉歸其指揮。蔣介石回答說：德國政府推薦優秀軍官做顧問是可以的，但他堅持每個顧問都必須以個人名義與中國政府簽訂聘約，總顧問統籌重大事情，但不能因此使中方斷絕對其他顧問的聯繫，所有顧問都應對中國政府而不是德方人員負責。蔣介石竭力堅持德國顧問來華是為中國政府服務，應受中國政府管轄，儘管他們可以擁有較大權力，但決不能成為獨立於中國政府之外的力量❸。

萊謝勞的「直接援華」的主張，完全出自於他個人的見解，在當時國際背景下根本不可能得到德國政府的支持，他認為自己有能力說服希特勒運用他的力量使日本放棄侵華，這也是過於樂觀的估計。更

❷　傅寶真：《法爾克豪森與中德軍事合作高潮》，見《傳記文學》第三十三卷第六期，第102頁。

❸　前引關德懋文，見《傳記文學》第二十七卷第四期，第58頁。

❸　引自吳景平書，第141頁。

有甚者，萊謝勞甚至與蔣介石討論了中德雙方在政治領域內合作的可能性，他提議中德兩國簽署一項「中德反共聯合聲明」，「就像希特勒助手里賓特洛甫和日本當時正在做的那樣」❸。蔣介石對此態度卻「不很明朗」❸。

　　萊謝勞在中國的訪問一直持續到是年9月，他在中國各地耳聞目睹了日本的武裝侵略給中國帶來的災難，並作出估計說日本大規模侵華的「危險也許在半年之內就會發生」❸。在他離華返德前夕，他首次明確地提出，德國要幫助中國「反對日本的霸權」❸。

　　萊謝勞離華後，1936年9月7日，蔣介石親覆希特勒一函，對萊氏的來訪及中德關係高潮來臨給予了高度評價，並再次表達了他對發展兩國關係的熱望。該函全文如下：

　　希特勒總理大鑒：荷蒙榮寵，特命萊謝勞將軍聘使來華，無任欣感。萊將軍臨眖敝邦，不獨以地位見重，其豐采精神宏猷碩劃尤足為兩國所利賴。余於其行旌旦暮西指，實不勝悵惜之情。信使傳來藉諳台端對於中德合作之感想，至堪欣慰。拙見主要方針已為萊謝勞將軍面道梗概。萊將軍當能向台端面達覥縷也。貨物互換合同不過為吾兩國合作之基礎，余極望其進展程

❸　轉引自柯偉林書，第168、361頁。
❸　同上出處，第361頁。
❸　《德國外交政策文件》C輯第5冊No. 536，第966～967頁。《同萊謝勞會談備忘錄》「費舍爾（南京）致德外交部」（1936年9月16日），轉引自柯偉林書，第168頁。
❸　《德國外交政策文件》C輯第5冊No. 363第607～608頁。陶德曼：《德國與中國》（1936年6月10日），轉引自柯偉林書，第168頁。

度遠超出此現有範圍。敝方現已開始樹立經濟組織機構，以求提高農產及礦產效率而開發富源。今後中國供輸貴國原料之可能性亦必繼漲增高，必使此供輸貴國原料之數量足為貴國所重視也。為求目前實施開始起見，已令飭所屬准於本年內供給貴國以三千萬華幣計值之貨物。

中國國防建設期在實施，故中國原料之必須巨量供給貴國，余亦熟慮已久。

今茲西南兩省歸附中央，中國之統一遂得圓滿實現，內政建設不惟刻不容緩，更須加緊實施，尤須於政治經濟思想各方面與貴國攜手合作，以助他山。

萊將軍對於建國行政以及國防組織、軍令更新所建議各點，後者尤屬重要，余甚感謝，並已採納，令飭施行。

貴國首須有一軍政學識宏富之高級參謀軍官派遣來華，以資裹助一切革新工作之實施。

余切望中德合作大計隨時有工作實效為之保障，而兩國信使往還、交歡樽俎亦永如今日之盛況也。

前蒙賜予貴國國防軍榮譽寶刀一柄，以表袍澤精神親善正意，高懷遠識，良用拳拳，謹此布復。敬頌勳綏。並祝貴邦安福。
蔣中正（簽字）❸⑥

以萊謝勞訪華及中德易貨貸款協定之簽署為標誌的「中德合作高潮」的到來，成為中德關係史上一個新的里程碑。雖然中方對於這種發展勢頭十分滿意，但德方卻有人仍存疑慮，如外交部內有人就抱著

---

❸⑥　原件現藏中國第二歷史檔案館檔案號廿八⑵3655，載《中德外交密檔》，第5～6頁。

另一種態度，他們甚至消極地認為：「誰也難以預料日本是否允許這種進程不受干擾，但是由於步子邁得太快而增加不安定，這完全是自找麻煩。」[37]

　　無論如何，此期德國對華關係在希特勒的默許下已經獲得了空前的發展。為了表彰德方有關大員（主要是國防部、經濟部以及軍事顧問團）中對華友好並作出實際貢獻者，同時也是為了進一步攏絡納粹黨內手握實權之要人，作為對於德方向中方政要饋贈的回報，1936年底，國民政府決定向一批德國要員頒發榮譽勳章，具體內容如下[38]：

姓　名	勳　等	姓　名	勳　等
國防部長柏龍白	一等（雲麾勳章）	國防部方德肯少校	？
經濟部長沙赫特	一等	國防部參議愛爾哈德	四等
航空部長兼普魯士總理戈林	二等	前德國王子萊思‧亨利卅六世	？
國防經濟廳長托馬思	三等（彩玉勳章）	兵工署長黎思	？
國防部海軍中校佛利德堡	四等	國防軍務廳長開特勒	二等

[37]　《德國外交政策文件》C輯第5冊No. 536，第966～967頁。《同萊謝勞會談備忘錄》「費舍爾（南京）致德外交部」（1936年9月16日），轉引自柯偉林書，第168頁。

[38]　《國民政府向德方要員授勳草案》二史館檔案廿八⑵3642，載《中德外交密檔》，第15頁。

　　雙方這種熱烈的友好往來密切了兩國領導人之間的私人感情，甚至達到了超越一般外交關係的地步。1936年10月31日（舊曆9月15日）是蔣介石慶賀虛歲五十壽辰之日，德方要人自希特勒以下各位紛紛給蔣發來了熱情洋溢的賀電，他們是柏龍白、沙赫特、托馬思、萊謝勞、克蘭等人❸；而蔣介石則為柏龍白入伍四十週年紀念專門致電祝賀❹；1937年元旦，雙方要人又互致賀年電函數通。當然，在這一片熱情之後隱藏著的仍然是雙方各自的利益需要。

　　1936年8月，第十一屆奧林匹克運動會在德國首都柏林舉行，希特勒政府不失時機地利用這一全球盛會，欲向世界展示第三帝國的強大與繁榮，投入了大量人力物力，奧運會規模空前巨大。

　　當時中國政府雖然面臨日本侵略的威脅，但國內政治與經濟形勢已大有好轉，國民政府決定派遣一大型中國體育代表團前往柏林參賽。中國政府因是首次組團參加世運會，也沒有完全弄清其性質、規格及參加辦法，除了體育代表團外，以為還要派遣政府行政長官代表前往，以示隆重。5月間，中國外交部通知柏林方面，將特派考試院長戴季陶為中國政府代表出席奧運會。

　　中國駐德大使程天放奉令與德方交涉接待戴季陶之事，他既不能回電南京說不必要派人員前來參加，又不能對德方說實情，只好通知德國方面，「說明國民政府之所以派戴先生這樣一位政治上有地位的人來參加，是表示提倡體育和重視世運會的意思」。德方對此表示說

❸　二史館檔案：《克蘭轉呈柏龍白為蔣介石賀壽電致翁文灝函》（1936年9月19日）、《萊謝勞為蔣介石賀壽電》（1936年10月22日）及蔣之覆電、《托馬思致蔣介石函》廿八(2)3652，載《中德外交密檔》，第13～15頁。

❹　二史館檔案：《蔣介石致柏龍白賀電稿》（1937年3月11日）廿八(2)3642，同上出處。

他們只承認一國體育代表團團長是該國的代表，對戴季陶訪德只能按私人來訪規格接待❹。程大使聞訊，立即趕往巴黎去見等待入境的戴季陶，向他解釋了其中原委。

7月7日，戴季陶一行抵達柏林。德國外交部以及納粹黨海外部、宣傳部、中國大使館等有關單位派代表前往車站歡迎。戴季陶在柏林住了一個半月，在中國使館舉行過幾次酒會、宴會，與德方上至希特勒下至各大企業公司的經理及各界人士進行了廣泛地接觸，德方有關部門也曾宴請招待戴氏，「在德國方面講，對戴季陶已經盡了接待貴賓的責任了」。23日上午，中國體育代表團乘火車抵達柏林，受到了奧運會及德方主辦單位以及柏林華僑、國民黨支部的熱烈歡迎。下午，戴季陶與在德養病的國民黨元老、中山大學校長鄒魯出席了歡迎代表團的宴會。就在這忙碌之中，又發生了一件不愉快的事件。

7月21日，《柏林日報》(Berliner Tageblatt)上刊登了一篇題為《中國的內戰》的文章，報導了廣東與南京的紛爭，並對中國進行了誣蔑。該報從屬於納粹黨宣傳部，中國大使前往該部交涉此事，碰巧部長戈培爾(Goebbels)及副部長馮克(Funk)皆不在，於是又找到德國外交部。程天放會見了外交部副部長狄克霍甫(Dieckhoff)，表示正值中國考試院長及體育代表團蒞德之際，德方發表這種文章為破壞中德邦交之舉，請予查處。狄克霍甫表示：這是該報記者的愚蠢舉動，但政府不能對新聞報導負責，程天放認為德國輿論不同於英美，而是受政府控制的，應該警告該報，同時通知其他各報刊以後一律不得刊登此類文字。德方表示已警告《柏林日報》，今後「如有同樣的事發生，政府一定再處分」❷。23日，《柏林日報》又發表一篇文章，表示前文情況不屬

❹ 程天放：《使德回憶——從萊因區域到法比》，見《傳記文學》第三卷第六期，第29頁。

實，並對「蔣委員長統一中國的功績，大加頌揚」，此事到此才算結束。

7月27日晚，中國留德學生會為歡迎中國代表團舉行了一次中德聯歡會，德方來賓到了200餘人，其中包括塞克特夫婦等許多要員，戴季陶、鄒魯以及中國代表團團長王儒堂等皆出席，雙方盡歡而散。

8月1日，十一屆奧運會正式開幕。中國代表團雖然陣容龐大，但因力量與世界水準差距太大，沒能取得較好成績，特別是在中日籃球賽中，中國隊因缺乏賽場經驗敗於日本隊，使場中中國觀眾不免垂頭喪氣，深感中國若不自強，將在外人面前永遠抬不起頭來。

戴季陶等人在奧運期間還分別出席了納粹黨要員戈林及戈培爾主辦歡迎外國貴賓的兩次豪華晚會，「二戈」的晚宴極盡奢華之能事，每次花費都在10萬馬克以上，企圖向世人炫耀一番，純屬一種彼此鬥富之舉，納粹黨人的品行，由此可見一斑[43]。

8月16日，奧運會閉幕，戴季陶一行不久離德，他的這次訪德之行沒有取得什麼實際成果，權當是「公費旅遊」一番。

時光如梭，很快到了1936年底。

12月間，蔣介石為最後完成他的「反共大業」，制止東北軍、西北軍與中共紅軍的「抗日救國人聯合」，決定親赴西安督促張學良、楊虎城兩部對陝北紅軍發動最後之「圍剿」。由於他的這一舉動大大地違反了國人抗日救國的心願，召來了激烈的反抗。12月12日，張楊兩將軍發動了「西安事變」，武力拘押了這位「中國最高領袖」，欲迫使其「停止內戰，一致抗日」。一時間「西安事變」的消息震動了全

---

[42]　程天放：《使德回憶——第十一屆世界運動會》，見《傳記文學》第四卷第二期，第28頁。

[43]　同上出處，第29頁。

世界。列強各國紛紛從自己的立場出發對這一事件進行評價。

德國政府及有關人士對「西安事變」的發生十分關注，他們尤其擔心蔣介石個人的性命安全。12月19日，德國國防部長柏龍白致電蔣夫人宋美齡，表示：「委座危境，柏日夜遙念，無任慨惜，因久望此次事變確能迅速解決，故未能早日奉電夫人慰問也。柏以至誠敬祝委座充分健全，早日出險，從此益增力量，以領導廣大之貴國。是所至禱。」❹與此同時，德經濟部長沙赫特亦致電中國行政院副院長孔祥熙，表示關注與慰問。20日，孔祥熙回電致謝，並稱：「中國全國一致擁護委座之表現，實為前所罕見，敝政府已採取適當步驟，力圖救護。在此事變期間，中國各項政務，仍照常進行，並一奉聞。」❺

經過蘇俄和中國共產黨的調解努力，「西安事變」最後終於以和平方式得以解決。25日，蔣介石在口頭承諾張揚「停止內戰立即抗日」的要求之後，被釋放回南京，塵埃落定。28日，柏龍白部長親自致電蔣介石，電文如下：

> 蔣委員長鈞鑒：頃聞鈞座安然返京，重主大政，無任欣幸。謹電遙祝，藉達至誠。柏龍白叩。十二月二十八日。柏林。❻

1937年1月11日，德國外交部安排各國駐德使節向德國元首希特勒賀歲。當中國大使程天放與希特勒握手時，希特勒對程大使說「西安事變」發生，他非常關注，他深深瞭解蔣委員長在中國地位之重要，知道他安全脫險，非常愉快。程天放對此表示感謝。希特勒的表態也

❹　二史館檔案廿八⑵3642，載《中德外交密檔》，第28頁。

❺　同上出處。

❻　同上出處。

許是出於真心，因為當時中德關係密切，德國在華利益變大，中國一旦陷入內戰，對德方決沒有好處。

進入1937年之後，由於中國國內國共第二次合作的開始，加之中國國防力量不斷增強，日本軍閥深感再不發動侵華，其征服中國的野心將永遠成為泡影。於是，日軍不斷在中國華北製造事端，試圖挑起戰爭。中國國防形勢愈加危急。

國民政府為緩解戰爭危機，試圖再次施用「以夷制夷」的外交手段，通過爭取歐美列強的支持，威懾日本，使其停止侵華行動，至少也要遲滯其侵略步伐，以達成爭取時間從容備戰的目的。為此，國民政府與英美德意法各國聯絡，準備派大員前往訪問，爭取國際上一切可能利用的力量助華抗日。德國因其與中日雙方的特殊關係，自然成為中國重點爭取的目標之一。

(二)「國防軍之父」駕臨中國

佛采爾與蔣介石鬧僵之後，蔣介石決心「換馬」，在他心目中最理想的替換候選人便是德軍名將塞克特。

漢斯・馮・塞克特(Hans von Seeckt)是德國國防軍元老，在軍界享有崇高聲望的「國防軍之父」，也是歷任德國來華顧問團團長中資歷最長的一位。他以非凡的歷史及其對德國重整軍備的卓越貢獻受到了蔣介石和中國國民政府的竭力推崇與優厚待遇。

塞克特1866年出身於普魯士一個官宦家族，祖上歷代皆任職於王室朝廷，並榮獲多枚獎章。塞克特19歲即成為步兵團軍官，後又進入陸軍軍官學校受訓，畢業後躍為軍界一顆新星，接連晉升，並遊歷世界各地，增長見識，為以後登上德國軍界最高層奠定了基礎。

　　第一次世界大戰爆發時，塞克特以陸軍中校軍銜擔任第三軍團參謀長，他與佛采爾共同在法國北部指揮作戰，立下赫赫戰功，以後又突破波蘭，攻入俄國本土，是德國軍界公認的「最傑出的參謀長」。

　　1918年1月，塞克特受命前往土耳其君士坦丁堡出任土軍最高統帥參謀長，這一職務與後來他來華出任蔣介石參謀長大致相同，當時土耳其是德國的盟友，但因國力有限，很快戰敗，塞克特率領德國參戰人員，全部經由俄國撤回德國。1918年9月17日，他在離開土耳其之前曾寫信給友人，談到了他在非基督教國家服務的經驗，並表示今後如有可能，希望來中國擔任軍隊參謀長❹。

　　德國戰敗後，塞克特曾為之痛哭失聲，但他並未消沉，在興登堡與格魯納委託之下，他曾赴俄國組織德軍撤退與東線布防，塞氏按照其「以攻為守」的戰略思想，曾於1919年初重新發動一系列攻勢，占領東線戰略據點，穩定了戰局。以後他又出任德國赴巴黎和會軍事代表，旋又擔任和平軍組織委員會主席，負責組建一支小規模的戰後武裝。從此，塞克特便成為復興德國軍隊的中心人物，擔負了這椿歷史重任。

　　塞克特決心訓練出一支量少兵精的隊伍，為德國陸軍之復興確立基礎，他經過艱苦努力終於逐步達到自己的目的，在他培養下成長起來的一批軍官，如隆美爾(Rommel)、波克(Bock)、李布(Leed)、萊謝勞(Reichenau)等人以後皆成為二次大戰時期德軍著名將領。

　　塞克特在戰後異常艱難的環境之下，以極大的智慧提出並在實踐中完善了他的「兵不在多而在精」的建軍思想，與之相適應地，他建立了一整套異常嚴格的訓練制度，他要求軍人對政治保持嚴格中立的超然態度，嚴禁官兵參加政治活動。在日常軍事訓練中甚至達到了「不

❹　《史傳》，見《傳記文學》第二十五卷第六期，第72頁。

近人情」的嚴厲程度，例如軍官不許與士兵一起喝酒；為了讓士兵養成絕對聽從命令的習慣，在軍營中凡居住樓上的士兵一律不許用自來水，而要一趟趟地下樓用水勺盛水上樓使用，而不許詢問這種命令之正確與否；哨兵執勤時連續幾小時保持立正姿態，不許稍息等等。在這種近似苛刻的要求之下，德國陸軍漸漸養成了如同機械人一般的嚴謹作風，軍隊的復興與重建基礎賴以奠定根基。

在政治態度上，塞克特是以極右翼的「德國國家人民黨」(DNVP)國會代表身份而進入政界的，但他仍然忠於王室，他希望在共和政府外衣掩護之下，逃避外界巨大的壓力，保存國防軍之精華，為將來向「更大目標」前進作好準備。

希特勒領導的納粹黨勢力利用戰後德國之衰敗和人心思動之機迅速崛起，發動慕尼黑暴動，國防軍中以魯登道夫為首的一批軍官傾向於納粹，曾使塞克特一度左右為難，他不贊成納粹黨的主義，故而在慕尼黑暴動失敗後，塞克特開始了在國防軍中清洗納粹分子的工作，他派助手法肯豪森將軍（即後來接替他赴華顧問團團長職務者）出任納粹分子在軍中活動的大本營——步兵學校的校長，對之痛加整肅，初步抑制了納粹黨人的囂張氣燄。

然而，塞克特及其領導的德國陸軍在復興德國的最終目的上與希特勒是不謀而合的。

1926年秋，塞克特因擅自邀請前德國皇儲檢閱軍隊而被共和政府抓住把柄，為興登堡總統所忌。興登堡在戰後出任德國總統，因同是出身軍人，他對陸軍總司令塞克特存有戒心，塞氏心中當然明白「一山不容二虎」的道理，有興登堡在位一日，就容不得他有所作為。

塞克特參加了「國家人民黨」反對共和政府的活動。該黨在三〇年代初期傾向與納粹黨合作，而塞克特也開始改變他對希特勒的態度，

他討厭「老朽」的興登堡，希望以希特勒為代表的年輕政治勢力來接管政權，解決德國目前之危機。

在國際關係上，塞克特思想並不與納粹黨人一致，他希望維持國際和平。1931年「九一八事變」發生後，塞克特對中國「表示無限同情」，他建議蔣介石充實力量，以備將來，並對中蘇關係緩和表示高興，他主張中蘇德三方聯合一致維護歐亞大陸的和平，反對日本的侵略，他在其所著《東西之間》(Zwis-Chen Ostunr)一書中曾警告德國政府不可貿然反蘇❹。

希特勒上臺後，塞克特對納粹黨人的一套內外方針並不完全支持，但他內心深處又覺得德國目前是需要這樣一個強有力的政權，故而他以退休之身份協助德國國防軍工作。當時德國軍方未被納粹黨所掌握，而是一支相對獨立的政治力量，國防部長柏龍白是塞克特的老部下，與之聯繫頗多，關係密切。在復興德國的大目標下，納粹黨人與陸軍、大企業家三方形成了統一戰線，彼此互相支持，互不干涉，當時政界人物尤其納粹黨人對軍隊的支配與影響十分有限。但這種三足鼎立的局面並不能長久維持，希特勒正把手伸向軍隊，他利用興登堡之老朽昏聵，一步步擠入軍界，以充分的職權與財力支持來換取軍隊對其獨裁與納粹主張的容忍。

在這種複雜變化的國內形勢下，塞克特開始了他的中國之行。

佛采爾邀請塞克特訪華，本意是受蔣介石之託，欲借機為自己的顧問團壯聲威，他完全沒有料到在這背後蔣介石的「換馬」用心。他在邀請函中寫到：「中國政府經常邀請世界知名人士來華訪問，藉以增進彼此間之友誼與瞭解，以及促進共同利益。有關邀請閣下前來，顯然係在探討形成德國制度與組織之深奧所在，尤以推動軍事體系之

---

❹　《史傳》，見《傳記文學》第二十五卷第六期，第75頁。

原動力以及操縱經驗。元帥（指蔣介石）常問部屬有關閣下創建國防軍之詳情。」❹塞克特慨然允諾來華，做一次由中國政府出資的「公費旅行」，自然樂意。同時他也想暫時逃避國內不利的環境，並為國防軍之重建尋求原料幫助，個人經濟也可有所收穫。他當即致電蔣介石表示謝意，同時通知德國外交部，說他將經過英屬印度去中國訪問。

就在塞克特準備來華時，他又收到了一封由安德烈亞斯‧邁爾－馬德爾上尉 (Andreas Mayer-Mader) 代表中國廣西省地方當局邀請他訪問兩廣的信。馬德爾自從1930年起便受聘於廣西當局，任南寧軍校教官，他當時正與梧州大學校長、曾經留德的馬君武一起受李宗仁之託，在德訪問，尋求對於在南寧創建一家兵工廠的支持。馬德爾聲稱廣西是中國的「普魯士」，最後必將統一全中國，並對德國之復興提供較大幫助。塞克特答應了他的要求，來華後將對兩廣做「禮節性訪問」❺。

1933年4月中旬，塞克特攜夫人離德啟程，當時有兩位與德國國防部及工業界有密切關係的商人隨其來華，一為漢斯‧克蘭 (Hans Klein)，另一為庫萬特‧普萊(Curt Preu)。他們乘船抵達香港時，廣東省主席陳濟棠派人到港迎接，欲請他們先往廣東，塞克特因受南京政府之先約，不便前往，便派克蘭、普萊前去，而他準備等一等再尋機赴粵。5月8日，塞克特乘船抵達上海，國民政府特派交通部長朱家驊前往碼頭迎接，舉行了隆重的歡迎儀式❺。

朱家驊受命為塞克特訪華全程陪同者，為照顧67歲高齡的塞氏身

❹　《史傳》，見《傳記文學》第二十六卷第五期，第52頁。

❺　柯偉林書，第136～138頁。

❺　傅寶真：《德國與我國抗戰前南方內陸工業區發展及其背景之分析》，見《逢甲學報》第二十一期，第74頁。（1988年11月出版）

體，他特地選派一位同濟大學醫學院教授陪同塞氏，妥為看護。

佛采爾當時正在北平協助華北防務，未能到滬迎接，他派遣海英士上校來滬，擔任顧問團與塞氏聯絡員，佛采爾並親書函件對不能抽身前來接迎表示歉意。

當時有些報刊由此猜測佛塞兩人關係不佳，並發表消息臆測其中內幕，製造了不少謠言。實際上佛采爾確因軍務繁忙，無暇南下，而他又是一個十分認真的人，不會多慮工作以外的人際關係，造成了此一疏忽，連德國公使陶德曼也認為佛氏應該南下迎塞，然後趁塞在場向蔣介石解釋有關顧問團的一切誤會。可惜佛采爾未及做此，致使塞克特也對其產生了誤解與不快，對他自己及顧問團的工作產生了不良影響。

塞克特夫婦在上海停留數日後，即乘火車前往南京，他們下榻於佛采爾住宅中，受到佛采爾夫人的周到接待。

5月22日，塞克特夫婦乘上蔣介石派來的專用軍艦沿長江西上抵九江，轉上廬山與蔣會見。

塞克特在廬山住了10天，受到蔣介石夫婦的款待並進行了三天長談（29～31日），有關會議記錄目前尚未找到，但據塞克特日記所載，他們在會談中談了許多關於建軍的「大問題」，對於佛采爾及顧問團的工作並未深入涉及。蔣介石向塞克特稍稍透露了他對佛采爾之不滿，同時也實事求是地表揚了佛氏的工作成績，塞克特因尚未與佛氏見面，對這些問題不瞭解，無法表態。

蔣介石盛邀塞克特延長留華時間，作他的「高級顧問」，負責提供軍政經濟問題之諮詢並接任顧問團長，塞克特以身體不佳為由婉言相拒，但他答應根據在華考察的結果為蔣介石寫一份軍隊整理建議書，作為他對中方期待之回報❷。

在談到德國國內問題時，蔣介石向塞克特詢問他對於希特勒及其國社黨的態度，塞氏回答說：「他（指希特勒）這一套我不懂，也不贊成，我動身前他組閣，要我在軍事上幫忙，因我不能同他合作，故婉言謝絕。不過，話說回來，以德國現在情形，沒有重心也不行，各黨派爭執甚烈，恐無人能維持此局面，只有他來或者是一個辦法。」這番話，表明了塞克特對希特勒既厭惡又懷有某種希望的矛盾態度❸。

關於中國軍事問題，塞克特向蔣介石表明了他的看法：㈠中國常備軍有60個師即可夠用，中國士兵勇敢耐勞，只要訓練得法可成勁旅；㈡練兵要有一個較為安定的環境與自給的兵工業，不能完全依靠購買外國武器，在創辦中國軍工企業方面，他可以幫忙；㈢中方應先成立一個訓練團，調集各部隊將官來集訓，逐步推廣德式訓練，以完成重建軍隊的任務❹。

塞克特在會談時根據觀察所得，在日記中談到了他對蔣介石的印象，他認為蔣介石不是一個如同拿破侖、俾斯麥之類的「蓋世英雄」，而只是一位如同土耳其民族領袖恩佛帕夏(Enver Pasha)式的能夠在動盪複雜環境中屹立不倒的人物，也是中國目前統一的希望。他表示了願意助蔣一臂之力的心意：「如果再年輕二十歲，定願與之共同工作。」❺

---

❷　《德國駐華軍事顧問團工作紀要》（臺北，國防部史政局編，1969年版），第6～8頁。

❸　辛達謨：《法爾根豪森將軍回憶中的蔣委員長與中國(1934～1938)》，見《傳記文學》第十九卷第五期，第49頁。又見《朱家驊先生年譜》，第31頁。

❹　同上出處。

❺　《史傳》，見《傳記文學》第二十六卷第五期，第54頁。

　　塞克特在廬山期間因不適應山間變化不定的氣候，患了感冒。6月2日，他下山返回南京，適逢「塘沽協定」簽訂，佛采爾完成了北方的任務，南下江西準備參加「五次剿共」戰役，他在路過南京時，應塞克特之召停留了幾天，兩人進行了會談，「其結果似為不歡而散」。

　　6月6日，塞克特北上視察，在華北各地逗留了三週時間，訪問了山東、河北、北平各地，受到了主持河北政務的何應欽、黃郛等中方大員及駐北平德國公使陶德曼的款待，並會見了各國駐華使節及武官。他還視察了駐長城各口中國軍隊，進行了實地調查，並以此為據草擬了一份「致蔣介石元帥陸軍改革建議書」。月底，塞克特返回南京，途中特地在曲阜下車，遊覽了孔府，並與孔子後裔合影留念。在南京，塞克特訪晤了汪精衛、戴季陶等國民黨要員，進行了禮節性談話。

　　6月30日，塞克特從南京赴滬登輪回國。臨行前，他將草擬完畢的「陸軍改革建議書」託由海英士上校轉呈蔣介石審閱，「作為貢獻中華民國與偉大的領袖的友情禮物」❺❻。朱家驊在送別時，代表中國政府向塞克特贈送了34件珍貴禮品。

　　蔣介石一再挽留塞克特在華多住些日子，就在塞氏臨別前，他還親筆寫信給他，表示將聘任塞氏擔任比現任總顧問擁有更高地位、更大權力的職務。塞克特清楚地明白了中國人對他的倚重甚至是崇拜，他在給其姐姐的一封信中不無得意地寫到：「在這裏，我被當作軍事上的孔夫子——一位充滿智慧的導師。」❺❼

　　蔣介石對塞克特之離去十分惋惜，他發誓要再請他來華服務，對之寄以無限希望。蔣介石在給訓練總監朱培德的信中寫到：「塞將軍

❺❻　關德懋：《關於「在華德國軍事顧問史傳」》，見《傳記文學》第二十七卷第四期，第58頁。

❺❼　吳景平書，第136頁。

今日回京，覺其言行皆可為軍人之師法，中甚有感。彼對中國軍事，必有貢獻，惜將回國，不能久住，惟其回國後，必能盡力相助。」❺❽蔣介石對塞克特的這種崇拜，與其說是來自塞的建議，不如說是出自塞的名望。其實塞克特對於中國問題的見解並不比他的前任或其他顧問高明多少，但塞氏戰後重建德國軍隊之功績及威望則是別人所不及的，這恰好迎合了蔣介石的需要，他滿心希望塞克特在中國再施展一次建軍的手段，一舉改變國民黨軍隊的鬆散、無能及戰鬥力低下的局面。

蔣介石對於塞克特之優寵曾引起了包括何應欽在內的一批國民黨大員的不解與不滿，他們聯合向蔣提出質詢，而蔣介石則耐心地向何應欽解釋說：「我們國家要建軍，建軍是不容易的事，主持建軍的人，要具有很高的學識經驗與品德。馮‧塞克特元帥正是這樣一個勝任的人。」❺❾

在蔣介石的指示下，朱家驊立即組織人員翻譯塞克特臨別時贈蔣的兩本著作《德國國防軍》及《一個士兵的思想》，分發各有關機關、人員參考，而其所著《陸軍改革建議書》則更是被廣泛傳閱並遵照執行。

那麼，塞克特在這份《陸軍改革建議書》中究竟寫了些什麼內容呢？

塞克特在報告中首先指出，「政權的根基是軍隊」，中國當前建軍的迫切任務，不是組建一支龐大的陸軍，而是集中精力訓練出一支素質優良、裝備完善之「核心武力」——教導旅，用以作為將來在需要

---

❺❽　吳景平書，第136頁。

❺❾　周亞衛：《蔣介石對德國顧問的幻想》，載《全國文史資料》第19輯，第191頁。

時「無限擴充」之基礎，「目前貴國軍隊不在患寡而在患多」。「余寧願建十師精銳之陸軍，而非在同時欲建二十師普通之部隊，……同時各兵種之協調亦為現代戰爭成功之首要」。塞克特運用其在德國建軍之經驗，為中國整軍提出三項原則建議：⑴軍隊是國內統治之基礎與防禦外來侵略之盾牌；⑵軍隊之威力來自其優良之素質；⑶軍隊之作戰力在於軍官團之培養。根據這一思想，他建議中方立即著手建設一支新教導旅，「此旅可使參謀本部之軍官及陸軍參謀大學之學員增進指揮作戰之能力，其最終目標即在訓練一組基層人員，通曉現代戰爭原則及其應用，俾便前來受訓者能習染現今戰場指揮官所具有之知識與經驗」。他主張訓練應從師級以上軍官開始，徹底改變軍隊基層的舊式面貌。這一教導旅應包括2個步兵團、1個炮兵營、1個工兵、坦克與通訊連以及1個騎兵中隊，配以一個顧問參謀小組，既有資深的顧問，又有年輕的參謀，針對受訓者各自狀況，給予個別輔導訓練。

　　在武器裝備供應方面，塞克特認為從長遠利益出發，必須發展中國的軍事工業，「除了提高勁旅的訓練水準外，建立中國自己的武裝工業實為刻不容緩之急務」。「本人始終認為中國目前不必自己設置國家工廠，最好委託『歐洲武裝公司』來華興建此類工廠」，他「大力強調了武器裝備的改進與配備對於現代化軍隊的重要性」，並舉例說明「九一八事變」後，「日本窺伺中國，若無相對炮兵與之抗衡，在未來抗日戰爭中防禦和獲勝的可能性將微乎其微」，「如不加強訓練和供應足夠的武裝配備，將來在戰場上勢必遭受嚴重損失甚至潰不成軍」。他提出以歐洲軍工企業為依靠基礎，建設中國的兵工廠，不斷地增加軍火自給，改變完全依賴外購的弊端，以免在關鍵時刻受制於人，他的這一建議被中方採納，在塞克特第一次來華後，便全力發展中國軍工企業，為後來在抗戰爆發時保證中方彈藥供應發揮了重要作

用。

關於戰前交通建設，塞克特在《陸軍改革建議書》中論述道：「中國如無相當的工業基礎，現代化的軍隊將無從建起。獨自地與有效地生產自己的武器以及發展具有戰略性的交通系統，在日本入侵時可以迅速地輸送部隊至危急之地區，實為當前首要之任務。」但是，正忙於剿共的蔣氏並不能顧及這些建設事宜，因而錯過了大好時機，直到臨戰之前，南京政府才開始重視起國防交通建設來，取得了一些階段性的成績。

塞克特還針對中日未來戰爭的實際，提出了加強長江中下游戰略防備的建議，「在長江流域各重要據點有設置魚雷和炮臺的必要，以封鎖敵艦的通航和侵襲，為保障國家政治及軍事中心的安全，防範任何危機的發生，依本人看來，似為刻不容緩的急務」。他的這一建議對於中國的抗日戰備具有重要的價值。

塞克特建議書中最令蔣介石滿意的一點是他提出了加強蔣介石對軍隊獨裁統治的建議：必須建立一支「在您（指蔣介石）本人統帥下的經過正規訓練的軍隊」，「整個軍事體系，包括訓練管理、發展，必須置於一位最高統帥之下」⑥。他強調軍隊的指揮、調遣、人事任免等大權必須集中於最高統帥掌握之中，「由於最近數次對抗日本之軍事行動中顯示，今後在任何情況下，決不能再允許地方或較高軍事當局有任何獨自為政之舉」⑥。這與蔣介石的想法可謂不謀而合，且正中其下懷，受到了蔣介石的高度稱讚。

塞克特的《陸軍改革建議書》還就中方軍隊管理、行政財政改革

---

⑥　《德國外交政策文件》C輯第一卷，第774～776頁，英國政府文書局（倫敦版），轉引自吳景平書，第135頁。

⑥　《史傳》，見《傳記文學》第二十六卷第五期，第58頁。

及訓練方式之改良等提出了更為具體的建議。他指出，「中原大戰等例證說明，中國軍隊缺乏中央權威，各部門職責定義含糊及無法有效統一指揮是其最嚴重之弱點」，必須痛加改正。他建議增加德國顧問的數量並提高其工作效率，由德國顧問來掌握教導旅的發展，參予軍政部的改組，掌握軍費管理並幫助軍火工業之發展[62]。

塞克特在建議書的最後部分談到了德國顧問團的問題，他知道蔣介石對顧問團的工作有所不滿，因而提出了相應的改革建議。他寫道：「被聘來華之德國顧問遭遇種種困難，致使影響力無法擴張，自為預料中之事，僅有以閣下之力量，方能打破此種僵局」，「在此種種困難之情況下，中國官員與德國顧問似可共同合作，以便尋出困難之所在，何者應歸於德方與何者應歸於貴方，以及如何使合作發生效果。有關組織與裝備問題，德國顧問將處於提供具體意見之地位，但閣下必須考慮內在與外在之因素，及將彼等之建議帶入最利實行的狀態中」[63]。

總的來看，塞克特的這份建議書一是要達成在蔣介石絕對領導下軍事系統中央集權化，二是要讓德國獨佔中國軍事重建與工業發展計劃之良機，把德國利益與蔣介石軍事現代化及發展工業藍圖相結合。但這些觀點都是在鮑爾時期就已經提出來的，並不比鮑爾、佛采爾的建議高明多少，但由於塞克特的地位及蔣介石對其期望甚高，愛屋及烏，故而中方對其《陸軍改革建議書》評價甚高，推崇倍至。

塞克特來華後，有人曾建議他順便赴日本訪問一次，以便消除日人對他訪華的疑慮，但塞氏以身體不佳為由斷加拒絕。他離華歸國途中，與隨員詳細研究了德國與中國「兩廣」地方當局的關係問題，並得出結論認為要維持與擴大德國在華影響，必須同時維護對寧粵雙方

---

[62] 吳景平書，第135頁。

[63] 《史傳》，見《傳記文學》第二十六卷第五期，第59頁。

的關係，按照訪華前的安排，塞克特離滬抵港之後，秘密訪問了廣州，並接受了陳濟棠的款待。他還在德國商人克蘭及軍事顧問普萊的陪同下，與廣東方面達成了援粵建立軍工廠及派遣一軍事顧問小組赴廣的協議，廣東方面則允諾對德供應鎢砂。他們在廣州的行動得到了德國國防部長柏龍白及其助手萊謝勞將軍的幕後支持❻。但塞克特此舉卻引起了南京政府的不快，在以後造成了雙邊關係上的一點麻煩，此點容當後敘。

塞克特在歸途中向德國軍界及政經領導人寫下了一份有關德國遠東政策的詳細建議，他寫道：「至於德國嘛，它不能也不應（在亞洲）作戰，我們要設想當中國在所有領域各個方面都能強大起來時，德國仍能確保自己的在華地位，德國與日本站在一邊不會失去什麼，但所得也甚微，……今後的努力還須再一次從軍事方面著手，而不是為了取悅於外交部。」❻他的這種觀點，成為1938年前德國軍方對華政策的基本觀點。

塞克特回國後，蔣介石一直想著要請他再一次來華出任軍事總顧問，不捨放棄。1933年11月初，正在上海的朱家驊忽然接到宋美齡的電話，代表蔣介石吩咐他立即去函塞克特，正式邀請他再度來華服務❻。

早在1933年8月5日，塞克特尚在歸國途中時，蔣介石就曾親自致彼一函，對其表示「慰問」，並試探再邀他來華之可能。蔣介石在這封信中，對塞克特來華後的地位及作用作了明確的說明，他寫道：「塞克特將軍足下：6月30日北平賜書，拜讀之下感佩無已！吾人於此相

<hr/>

❻　《史傳》，見《傳記文學》第二十六卷第五期，第60頁。

❻　轉引自柯偉林書，第145頁。

❻　《朱家驊先生年譜》，第34頁。

別之後惜相見已晚，而又不能常住一處為恨也。所有意見書中所述各節，已分別進行，教導旅亦已開始編練，當能不辜所期也。目下所欲就商者，即前日面談之德國顧問，茲縷述明晰，惟將軍察之：㈠聘請德國高級軍官一人常住中正附近，其任務為調查德國顧問與中國軍官間困難之原因與公正之評判，對於軍事上之組織、設備與國防各問題以及判斷內政外交上種種情形，隨時申述意見，並得代表中正奉派出外檢閱隊伍，其名稱為高級顧問，而性質為中正侍從之參謀長，但非總顧問，以現有佛采爾將軍為總顧問，不必另聘，惟不屬於佛采爾將軍之指揮。如佛采爾將軍不在時，該高級顧問亦可代理其職權之資格。總之，其政治見解與軍事組織能力皆能高出現在駐華顧問之上，如能暫時秘密不與外人明知更好也。㈡……既承將軍之盛情厚愛，不敢有所隱諱。佛采爾將軍之忠誠與作戰經驗能力，皆極可佩，亦為中正所深感……至於外交與政治又未甚注意，此其缺點，應如何補救，亦請將軍詳酌而補充。途中勞頓，未知尊體如何？無任繫念，近日想已安抵貴國，諸維心照，並祝康健。蔣中正。8月5日。」　**❻**塞克特收到此信，當然明白蔣介石對他的盛情優待之心，但他仍推舉他的兩位助手法肯豪森與法勃爾(General Faupel)來華出任高級顧問與軍政部顧問，在他推薦信尚未發出之際，朱家驊又一次通過中國駐德大使館表達了對塞氏本人的邀請之意，朱家驊在致中國公使函中說：「委員長予余極深刻之印象，彼經由塞克特之談話中，深慕其人格與超人之工作潛能。」　**❻**10月12日，塞克特致函朱家驊對佛采爾在華工作之缺陷「表示惋惜」，並感謝蔣介石的信任。26日，他再函朱家驊，告以與國防、

---

❻　傅寶真：《塞克特將軍第二次使華》，《傳記文學》第二十八卷第一期，第32頁。

❻　同上出處，第33頁。

外交兩部長協商結果，以外交部之堅決反對，不能親自來華，願在德國提供幫助。朱家驊復函重申邀請，並轉呈蔣介石親筆函，說明塞克特與他推薦的兩位顧問必須一起來華，否則暫不考慮其所推薦的任何人選，甚至說「塞克特不能來華，惟有讓德國軍事顧問撤退」，以此要挾德方讓步。中國公使館亦奉令發動「外交攻勢」，向德國外交部表示塞克特對中國來說「無比的重要」，希望他「盡快到中國來」，如果不讓塞克特來華，將「對德國在華利益產生嚴重影響」。公使館代辦專程為此訪問德外交部，說明蔣介石對塞氏寄以厚望的態度，因佛采爾在華作風過於「普魯士化」，樹敵太多，不能再執行其任務，而法國人目前正尋求此職位，如塞氏不來，中國將另聘法國貝當(Petain)元帥所率領的顧問團。11月11日，德國外長牛賴特會見塞克特，協商結果同意塞氏來華。22日，塞克特致電蔣介石，表示接受邀請，最早在明年3月來華，並向蔣介石提出了「充分的職權與攜帶足夠的幹練助手」的要求。12月1日，朱家驊代表蔣介石致電塞克特，答應他的一切條件。

11月24日，塞克特將上述變化通過畢格曼中校電告佛采爾，並詢問其有無留華共同工作之意，佛采爾至此徹底明白了塞克特訪華的內幕與結果，他憤憤不平地指責塞氏過河拆橋，說如果不是他的介紹，蔣介石根本不知塞氏為何人！現在塞克特又來搶他位置，還邀他「共同工作」，這完全是「無恥之勒索」，佛采爾對陶德曼大使說：「如果塞克特再登上中國領土，余將立即離華返德。」❻❾次年3月，塞氏來華，佛采爾赴南昌向蔣介石辭行，並以「四年之獨立工作」成績為自豪，而後他便未與塞氏見面，離華而去。他走之前曾致函畢格曼，詳細列舉了他與塞克特關係史上他對塞的幫助及塞氏種種不友好的行為，佛

---

❻❾ 《史傳》，見《傳記文學》第二十八卷第一期，第34頁。

采爾指責說：「他（指塞克特）僅僅是從我的陽臺上來瞭解中國的。」言下之意，塞克特尚無資格來取代他。他還抱怨說：「這一切純粹是按照中國人的方式進行的。」**⓰**

蔣介石鑑於佛采爾來華的工作成績，又需對他的被迫辭職表示「關懷」，便親書一函，「情意懇切，希望他能仍留中國服務云云」**⓱**。塞克特本來無意取代佛采爾，他們的矛盾中有許多客觀上的誤會，塞氏在中方堅邀之下，為保持中德關係大局，不得不以高齡弱體來華服務一段時期，本來就不是為自己，因此也不用向佛采爾表白心跡，何況他來華也不是取代佛氏職務的，這一點，在前引蔣介石信中就有說明。佛采爾走後，總顧問一職空缺，由北平陸大德國教官古道維斯少將暫代，直到法肯豪森來華正式接任，這場風波才告一段落。

塞克特離德前曾與興登堡總統及麥根森元帥會見，二人皆祝塞氏此行順利。國防部方面並表示全力支持塞氏在華工作，必要時可派遣現役軍人前來幫助。但因不久之後，納粹黨上臺執政，所謂支持云云，也就沒能兌現。

塞克特來華，遭到了日本方面的強烈反對。德國駐日大使狄克遜(Herbert Dirksen)電請牛賴特外長阻止其行以免破壞德日關係。牛賴特要塞克特先去北美、日本一遊後到華，以資緩衝，但被塞氏拒絕。日本大使又訪問德國外交部，指責德政府讓塞來華是助華備戰，以便將來對付日本，被德方敷衍過去。

塞克特在這種複雜的國內外背景下第二次踏上中國領土。1934年3月，塞克特攜同夫人抵達上海**⓲**。幾天之後，他的助手馮‧法肯豪

⓰　柯偉林書，第139頁、第146頁。

⓱　周惠民：《德國現存有關中德關係史料》1-01-03，第7頁，載中華民國史專題第二屆討論會論文，1993年9月9日。

森亦抵華。

　　當時蔣介石正在南昌指揮剿共，塞克特與中方接待人員及德國顧問們見面後，即乘炮艦再上廬山與蔣見面，商討關於新的一輪工作計劃安排。4月28日至5月4日，蔣塞二人進行了一週談話，就塞氏地位、職權、辦公方式等問題達成協議如下：

> 名義：委員長委託人、總顧問。
> 辦事方式：一切日常公務以及關於德籍顧問之指揮事宜，均於總顧問辦公室或私宅內處理，代表委員長與中國各機關之談話，在南京軍官學校委員長官邸內舉行之。並於此時間招見有關各軍事人員。
> 時間：每週二、五上午十時至十二時。

　　蔣介石並指示參謀本部、訓練總監部、軍政部各部、次長及軍事委員會各廳主任、兵工、軍需各署長皆應準時到會，向塞克特彙報情況，足見其對「委託人」塞克特之尊重，這一名譽不僅在來華德國顧問中是最高的，在整個來華外籍顧問歷史上也堪稱唯一。蔣介石還批准設立了「總顧問辦公廳」，作為塞克特發號施令之「衙門」，並規定當他不在時塞氏具有代表他發布命令之全權。

　　就這樣，這位德國「國防軍之父」來華伊始，便擁有了比他前兩任同事更高的地位與更多的權力，使德國軍事總顧問的權限達到了空前的水準。

---

❷　《朱家驊先生年譜》，第35頁。

㈢塞克特、克蘭與「中德易貨協定」

　　塞克特第二次來華並就任國民政府軍事委員會總顧問後，在致力於中德軍工合作方面亦做出了很大的努力。

　　在《陸軍改革建議書》中，塞克特曾經告誡蔣介石，中國兵工廠所生產的武器中，有75%到90%不適合現代軍隊的需要，必須迅速重新建立中國的兵工製造業。不過，在中國自己的軍事工業建立起來之前，新式軍隊的武器必須從國外購買。塞克特還認為，中國兵器工業的建立，必須借助於引用外資和外國技術。到底引進哪個國家資本與技術呢？塞克特非常肯定的告訴蔣介石：德國。必須「讓德國無所不在的影響力滲透到軍事重建和工業發展計劃中去。」[73]一言以蔽之，德國人是南京當局最合適的合作夥伴。

　　1934年4月28日～5月4日，在牯嶺，塞克特與蔣介石及陳誠、賀耀組、何應欽等高級軍官舉行為期一週的會談。其間，塞向蔣介石及其下屬重申引進德國技術、資本，發展軍事工業對中國軍隊現代化的重要性，並向蔣等提出了一份本人親自擬定的關於中國軍工建設的詳細計劃[74]，按照塞克特的設想，首期建設應該包括數家兵工廠，一座鋼鐵聯合企業、一家機器製造廠和一個汽車、卡車製造廠。蔣介石對塞克特的建議計劃非常贊賞。並立即委託塞會同國民政府有關職能部門研究實施方法，並積極尋找與德國方面的合作途徑。

　　塞克特進一步向蔣介石建議道，與德方的合作不應以建立幾個合作企業為滿足，應該是多方位的。如果建立起繞過國際市場的中國農

---

[73]　柯偉林書，第144頁。

[74]　該計劃本書將另有專章詳加討論。

礦原料與德國重工業產品（當然包括軍工設備）互相交換的長期的貿易通道，則德國軍工設備及軍工業相關的重工業設備，連同德國技術力量，自會源源來到中國，中國軍事工業體系的建立也就指日可待了。毫無疑問，值此南京國民政府財政窮窘，外匯匱乏之際，這種借助於建立物物交換式的貿易渠道來發展軍工事業建議的設想，對蔣介石等是具有相當大誘惑力的。

塞繼續向蔣介石保證，建立這種貿易通道決非紙上談兵，因為德國方面亦迫切需要中國的各種農礦原料（戰略原料），他好友漢斯・克蘭完全可以把中德雙方撮合到一起，使雙方各取所需，互相受益。塞氏描繪說，漢斯・克蘭擁有卓越的組織才能和「豐實的建設經驗」，在德國政府內享有相當高的信譽。蔣介石表示，原則上同意塞克特的建議，並希望能盡快與克蘭會晤，以便商談中德在軍事工業領域內互相合作的具體細節。

同年6月底，塞克特數度急電在廣州的克蘭，要求他盡快結束在廣州的工作，北上與之會晤，共商與南京國民政府簽訂建立物物交換貿易通道的有關合約的事宜。

7月底，克蘭離粵北上。未幾，二人相會於北戴河。塞克特告之克蘭，蔣介石希望盡快建立中德易貨貿易通道，以便獲取德國的設備、技術，建立中國自己的軍事工業，並有興趣結識克蘭本人。

自然，作為一個投機商人，任何一份訂單和貿易協定，克蘭都是來者不拒的。8月初，在塞克特的安排下，克蘭取道天津，經南京前往牯嶺，會晤蔣介石。

是次會晤的詳細情形，克蘭曾作如下記述：

　　蔣委員長原定於8月4日約見，而我卻於5日清晨才抵九江轉往

牯嶺，此時蔣委員長因公外出，所以我必須等待數日。蔣委員長歸來後立即召見會談並盛情接待，使我有機會表達來意並舉行演講……，蔣委員長對講演清晰的內容十分感激並對我的建議表示完全同意，此外他說明中德兩國合作的觀點完全正確，並非常重要，而且他早已有此想法。接著，他談到廣州，並探聽我在那裏的活動，我向他報告我在廣州興建一座兵工廠並強調此兵工廠頗具規模，完工後將是中國此類型中最完好的一座，他也探聽工廠何時完工及砲徑的大小等等。我向他解釋一切，並將話題轉向另一方面。「鈞座從本人所作報告中可看出，德國將廣東視作中國的一部份，因此，我們在那裏一切所作所為，均視為中央政府的部份計劃，同時，廣東省主席關於他的計劃，無論經濟或軍事的，都會隨時向中央政府和蔣委員長提出報告」，他回答說：「不錯，廣東是中國的一部份。」……同孔部長會談數日後……，齊翻譯官……轉告我，蔣委員長對我的合約草案完全同意，惟最後一條條款要我刪除，因蔣委員長曾說過廣東是中國的一部份，所以此合約包括全中國，因此對我在廣州的談判並無需特別許可。我早已知道這一我原來在廣州活動需要南京政府特別許可的條款並不應列入合約中。我也知道如果廣東是中國的一部份，蔣委員長也不必給我特別許可，我之所以故意將此條款列入合約中，意在再度獲得他對原先聲明的證實，從今以後，我在廣州的工作再也不會有人閒言閒語了。事情進行得非常迅速，第二天，即獲得孔部長的召見，進行討論合約的細節問題，當天晚上我已能將此合約稍作修改後呈上。在簽署合約的隆重儀式中，我向孔部長致詞表示由衷感激與敬佩之忱，孔部長非常誠懇地答詞，保證他本人和蔣委

員長對此合約非常重視而期許甚切，並希望雙方竭心盡力予以實施，以促進中德兩國的福祉。**⑦**

克蘭與孔祥熙在「隆重儀式」下簽訂的合約，全名為「中國農礦原料與德國工業品互換實施合同」，簡稱「中德易貨合同」，在國民政府的公文中，有時亦稱作「合步樓合同」或「克蘭合同」。 這個「合同」的簽訂是中德關係史上堪資紀念、頗值大書而特書大事。我們幾乎可以這樣說，它開闢了中德軍事、經濟合作的新紀元。

這是一份以中文為正本的合同，它的德文本係由中文本譯出，擔任翻譯工作的是行政院秘書齊焌和梁穎文 **⑦**，它的副本，至今仍保存在中國第二歷史檔案館。

「中國農礦原料與德國工業品互換實施合同」一開始即對「合同」的簽訂經過作了扼要交待：「經中國軍事委員會蔣委員長與塞克特將軍數度協商，並由塞克特將軍介紹克蘭先生前來牯嶺，將上述各項協商終了後，雙方一致同意……，議定條文。」 可見，塞克特才真正是中德易貨貿易的始作俑者和設計者。

「合同」的導語對「合同」的實質作了很好的概括，「本合同之目的，在於藉中國農礦原料，與德國工業品，及其他各種成品之交換，以促進兩國工商業和政治之建設，並以增進兩國人民之強大。」顯然，這並不是一個普通的商業合同，在它的背後隱藏著政治目的，雙方均希望透過合同，達到「政治強盛」的目的。

「合同」的核心是在中德兩國之間建立起繞過國際市場的易貨通

---

⑦　辛達謨：《德國外交檔案中的中德關係》，《傳記文學》第四十二卷第二期。

⑦　二史館檔案：「中德易貨合同」三〇九4054。

道。在這一近乎原始的貿易方式下，中國向德國提供德國必需的農礦原料，德國向中國提供中國急需的工業品。至於「中國農礦原料」與「德國工業品」之「訂價標準」，則由雙方協商解決，協商中可以參照國際市價，但不必強求與國際市價一致。

依據「合同」條款，這種易貨方式在「記賬方式」下進行。即，中國向德國定購之各項工業品，由德方依其價值：「隨時記賬」，作為借款，然後由中國政府供給農礦原料，「以資清償」，中國政府供給德國之農礦原料，亦隨時照價記賬，以作為在德存款，中國政府隨時按照本合同原意自由支配該項存款，作「購進德國工業品及其他成品之用」。

為了使中國農礦原料源源不斷的運往德國，克蘭向中方承諾，德方將供給設備和技術援助。克蘭願遵照中國政府之意見，供給各項必要之專門人材，以資協助。「關於農礦原料開採工作方面所必需之機械及其他設備，為中國國內所不能置辦者，克蘭願供給中國政府」。自然，這種資助並不是無償的，它最終仍須從「中國政府供給德國農礦原料中清償」。

為了便於中國採購德國工業品，「合同」規定由克蘭向中國政府提供數額為一億馬克之借款。這筆錢不必付現，中國政府將用此款來訂購德國工業品，將來即用運到德國之農礦原料償還。同時，「該項借款，應以中國農礦原料之供給而自行周轉補充，取用不竭」。只要中國農礦原料源源運德，德國工業品即可透過這一億馬克借款為周轉資金源源流入中國。

所謂「中國農礦原料」和「德國工業品」究指何物，「合同」中並無明確規定。似乎，只要雙方願意，任何貨物都可以交換。由此可見，「中德易貨合同」只是對開闢中德易貨貿易通道的總體原則作了概括

性規定。至於在這個貿易通道下的每筆生意如何運作，則仍須雙方根據「合同」原則協商進行。其他相關資料表明，克蘭希望通過該「合同」獲取的，主要是指高品位的礦物。「合同」第十四條規定：「今後，克蘭與柏林方面，及中國政府方面，分別洽商之結果，而應有多項補充條文，均應加於本合同之後，作為附件。」❼這些附件至少應包括：一億馬克信用貸款應如何籌措，利率如何，償還辦法，中德雙方貨物如何估價、運輸、計賬，有關協調機構、金融代理機構應如何建立等等，只有當這些問題全部得到妥善解決，開關易貨貿易通道才能由一紙契約變為現實。由此可見，對於南京國民政府來說，簽訂「中德易貨合同」只是邁開了第一步，後面的路還很長、很長，更加艱苦細緻的談判尚在後面。

「中德易貨合同」的簽訂，標誌著克蘭贏得了南京政府的信任。他在南京已初步打開了局面。但是，這個唯利是圖的投機商並沒有因為南京政府的信任而放棄他的「廣東方案」。9月初，他回到廣州，又與陳濟棠簽訂了三個合約，幫助陳濟棠建造一家防毒面具廠、一家火藥及爆破器材廠。

由於案牘缺略，有關火藥及爆破器材廠合約的詳情目前尚不清楚，但有關防毒面具廠的合約卻在中國第二歷史檔案館典藏的兵工署檔案中被發現。根據這個合約，克蘭的合步樓公司將幫助廣東當局建造一座日產「1930年式面具150具，呼吸裝置150具，面具箱150個」之防毒面具廠。該廠內部共分「面具廠」和「金屬廠」兩個部分，全部造價為360,000香港元（一香港元等於一金馬克，即0.358423格蘭母真金）。　除廠房、倉庫等建築物須由兩廣當局自備外，所有設備、技術均由克蘭提供。

❼　二史館檔案：「中德易貨合同」三〇九3054。

「防毒面具廠合約」是「中德交換貨品合約」精神見諸實施的產物。該約第3條規定：「於西曆1934年7月20日所訂中德交換貨品合約之原則，此約亦可應用。」⑱ 該廠之造價，均由廣東方面運德農礦原料所值中扣除。

很明顯，漢斯・克蘭在耍弄腳踏兩條船的把戲。這種勢利、卑劣的商人行徑很快又在中德兩國間引起外交風波。

1934年9月底，漢斯・克蘭滿載而歸，回到他的祖國德國。他的公文包中不僅有與寧、粵兩方簽訂的各種合同，還有陳濟棠、蔣介石的簽名照片——這些都是難得的信物，它們似乎足以表明，這個膽大妄為的冒險家已完全取得南京和廣州的信任。10～11月間，克蘭分別晉見希特勒、柏龍白、開卜勒、萊謝勞等，聲稱自己在中國取得了巨大的成功，要求德國政府迅速批准並履行他所簽訂的合同，並向中國提供無擔保貸款——這是中德合作的關鍵。「德方進行的程序緩慢而官僚，未能切實配合中國方面對德國寬懷大量之信任」⑲，克蘭向希特勒、柏龍白抱怨道，

在敦促德國政府的同時，克蘭控制下的合步樓公司依據「琶江口各兵工廠合約」等，大量採購德軍事工業設備，秘密運往廣州，各種技術人員亦秘密由德赴粵，與廣州方面的合作已開始啟動了。

南京方面真的默許了克蘭在廣州簽訂的各種合同嗎？當然不會。因為放任德國工業界對陳濟棠的扶植，將危及南京政權存在的基礎。自然，對於克蘭這個有「前科」的冒險投機商，南京方面會密切注視著他在廣州的一舉一動，瞞天過海在這裏會顯得愚蠢而且笨拙。

---

⑱　馬振犢主編：《中德外交密檔1927～1947年》（廣西師大出版社，1994年10月版），第469頁。

⑲　《傳記文學》，第四十二卷第二期。

　　1934年秋，克蘭在廣州的各種計劃為南京方面所偵知，自然，蔣介石十分惱火。同年10月間，蔣的親信將領顧祝同報告說，在德國人的幫助下，琶江口兵工廠已經上馬了。蔣介石再也坐不住了，他電令駐德公使劉崇傑向德國政府提出嚴重交涉，同時，駐德商務專員亦受命向德方提出質問[80]。

　　11月6日，劉崇傑以中國駐德使館的名義照會德國外交部，聲稱，中國政府實行嚴格的軍火進口管制，沒有中國中央政府的批准，中國任何省份不得私自向國外訂購軍火及軍事工業設備，德國合步樓工業公司未經中國政府允許私自向廣東提供軍事工業設備是一種極端的不友好的舉動，德國政府必須阻止這種不友好的行為發生和蔓延。

　　德國外交部一向主張在對華軍火出口問題上要謹慎，以免引起不必要的外交糾紛，但鑑於德國政府內部存在著一股支持克蘭的勢力，且克蘭本人堅稱他在廣州的計劃已獲得蔣介石的首肯，合步樓公司又是一個「私人」公司，德國方面亦有足夠的藉口，故面對中方措辭嚴厲的抗議，牛賴特的回答也是相當強硬的，他覆照劉崇傑稱，合步樓公司是一家私人商業公司，他在廣州的任何活動都只是純粹的商業行為，有商業合同為依據，與德國政府沒有任何關係，德國政府自然不能也沒有理由無端加以制止。

　　中國方面對這份覆照作何反應，自在牛賴特的意料之中。同時，由於漢斯・克蘭始終信誓旦旦地宣稱他在廣州的計劃曾經獲得過蔣介石的許可，而柏林中國公使館卻另執一詞，牛賴特覺得，欲平息這場風波，必須徹底弄清蔣介石究竟是否確曾默許過克蘭的廣東計劃。鑑於塞克特是時下最接近蔣介石且最受信任的德國人，牛賴特命令德國駐華外交機構透過塞克特，瞭解事實真相。

---

[80]　郭恆鈺、羅梅君：《德國外交檔案1928～1938年之中德關係》，第167頁。

　　塞克特的確是這場外交風波中的關鍵人物。當1933年夏克蘭在廣州與陳濟棠就「琶江口兵工廠合約」舉行會談時，塞克特曾於歸國途中在廣州停留，與陳濟棠有過晤談，完全瞭解該合約的內容。1934年6月，克蘭第二次來華，擬與陳濟棠續簽「中德交換貨品合約」，起程之前，克蘭曾將此次來華的目的、計劃（繼續推行「廣東方案」）告之塞克特，塞氏是時已經擔任軍事委員會總顧問，完全瞭解蔣介石沒有可能同意克蘭的「廣東方案」，但他並未正面予以勸阻。同年秋，南京國民政府獲悉合步樓公司為粵方提供之軍事工業設備已經運抵廣州，琶江口兵工廠工程正式開工，並向德國政府提出嚴正交涉後，陶德曼曾向塞克特打聽蔣介石究竟是否同意克蘭在廣州的項目，塞克特曾向陶德曼透露，蔣介石根本不可能同意克蘭在廣東的項目，但是，蔣介石知道這件事，克蘭試圖得到蔣介石對廣州易貨談判的明確允許，但是沒有成功。塞克特表示他本人將迴避這件事。站在塞克特的角度考慮，身為蔣介石深深信賴、倚重的總顧問，由自己帶到中國並向蔣極力推薦的克蘭闖大禍，甚至引起外交風波，實在難以向蔣交待，也就只好盡量迴避。

　　1935年初，惱怒異常的蔣介石再次電令中國駐德公使館向德方嚴正交涉，牛賴特的態度雖然基本未變——仍然不肯明令禁止克蘭在廣州的活動，但卻已有所緩和。他表示，德國政府將徹查事實真相，如果確屬事實德國將另作處理。

　　同年2月，德國駐華公使館以牛賴特的名義致函塞克特，要求塞克特函告事實真相，並就此事發表看法，鑑於風波愈演愈烈，繼續沉默，勢所不能。2月14日，塞克特致函德國駐華公使館。稱：

　　　委員長並未對克蘭之廣東計劃予以公開認可，亦無期待之可

能。因此，本人亦未作此項請求，除非在不得已之情況下被迫
闡述其態度外，委員長將不難採取外交途徑（諸如正式抗議）
以外之措施，駐柏林公使與此間貿易部門之主管均認為非委員
長之可靠支持者。根據一般之意見，尤以後者代表中國特殊集
團之利益，因此，余建議，暫緩支持克蘭之廣東計劃，直到彼
與此間之談判結束後，或先以非軍事性的工作諸如船塢、礦業、
鐵路與港口工程等著手，對此等工程之信用貸款，將不致遭受
反對。**❽**

顯然，塞克特認為，蔣介石反對德粵間軍事合作的態度十分堅決，
沒有任何通融的餘地，要想平息這場外交風波，除了暫停克蘭廣東計
劃，或至少暫停執行該計劃中的軍事項目，別無他法。

德國外交部弄清事實真相後，乃向國防部明確表示，應該暫停克
蘭的「廣東計劃」。但是，德國國防部和經濟部仍然堅持支持克蘭。
柏龍白認為，「廣東計劃」、「南京計劃」均將使中國戰略原料運入德
國，應同時實施，相比之下，他反而更加重視「廣東計劃」，因為陳
濟棠控制下的廣東及其鄰省才是中國戰略原料的主要產地。沙赫特甚
至建議，先向廣東當局提供2,000萬馬克的信用貸款、1,200萬馬克的
礦區貸款、150萬馬克的鐵路貸款，使克蘭的「廣東計劃」迅速實施。

柏龍白在一封致牛賴特的信中則稱，「廣東計劃」必須維持，即使
遭受南京政府之反對。經濟部長（即沙赫特）對事態甚表支持，望閣
下訓令駐華公使，在適當的時機，向南京政府表明此點**❽**。不顧任何
阻力，堅決實施「廣東方案」的強硬態度躍然紙上。

---

❽　《傳記文學》第三十卷第二期，第94～95頁。

❽　同上出處。

　　最終，仍是沙赫特和柏龍白的主張占了上風，他們使克蘭的「廣東計劃」和「南京計劃」同時得到了德元首希特勒的首肯。威廉大街軟弱無力的呼籲又一次被壓制了。

　　1935年3月，克蘭第三次來華。為了取信於中方，他帶來了德方的信物——德國政界要人，元首希特勒、經濟部長沙赫特、國防部長柏龍白、外交部長牛賴特等人的簽名照片及親筆信等。與此同時，德國外交部訓令駐華使館、駐滬、粵領事館，謂克蘭已得到最高當局允准赴華接洽經濟合作，務請所有德國駐華外交人員給予克蘭必要的支持。

　　有一點必須強調，克蘭帶來的信物都是雙份的。一份給蔣介石，另一份給廣東王陳濟棠❽❸。這表明，克蘭和他的政府都打算把他的廣東計劃繼續下去，儘管中國政府強烈反對。在致蔣介石的信中，柏龍白、沙赫特等仍在重彈老調。他們稱，根據克蘭先生的報告，在中國的計劃，包括在廣東的各種計劃，已經獲得您，蔣介石元帥的堅定支持。

　　至此，如果不向德國政府提出交涉，表明態度，則意味著對克蘭在廣東的種種計劃、行為的默認。1935年4月12日和18日，蔣介石分別致電萊謝勞和塞克特（是時，塞克特已因健康原因辭去了總顧問職務），指出：「與期望的相反，中國政府對於通過克蘭向廣州提供軍事裝備一事的觀點，沒有得到德國政府的充分注意。克蘭到處聲稱這樣做得到了我的同意，這完全是不符合事實，在我們的談話中，我從未同意過此事，為澄清事情真相，我要求閣下盡快把我的觀點轉告德國國防部。」❽❹

❽❸　前引吳景平文及柯偉林書。亦可參見關德懋等人的回憶。

❽❹　《近代史研究》1992年第六期。

　　如前所述，克蘭此次赴華期間，德國外交部曾電告駐華外交機構、外交人員協助克蘭的工作。但是，這並不表明德國外交部反對克蘭廣東計劃的一貫態度有所鬆動，因為德國外交部之所以這樣做，完全是迫於國防部的壓力，蓋德國元首希特勒已經認可克蘭的廣東的項目。

　　事實上，德國外交部和駐華使領人員對克蘭廣東風波可能誘發的嚴重後果一直有比較深刻的認識，陶德曼曾多次致電德國外交部指出，如果德國政府一意孤行，強制推行廣東計劃，南京國民政府有中斷在華德國顧問團使命的可能，德國在華的利益，無論是經濟利益還是政治利益，都將遭受無法彌補的損失。但是，由於德國國防部支持克蘭廣東計劃的態度異常堅決，陶德曼的忠告沒有起到任何作用。

　　同年4月24日，德國駐華公使館秘書，代理公使勞騰史拉格致電德國外交部，指出，由於克蘭廣東風波懸而未決，「克蘭的全盤計劃可能全部成為泡影」。勞騰史拉格提請德國政府必須認清「南京和廣州並非兩個互不相屬及等量齊觀的政府，南京是中央政府，而廣州是與廣西結盟的省政府，予省政府以龐大的信用貸款，軍事物資進口及省政府的預算等，其本身皆需中央政府核准等」。他報告說，就目前而言，「實際上南京和廣州是兩個互相敵對的政府……，南京的政策是削弱廣州政府的經濟和政治軍事力量……，形成這種情勢演變的原因是由於前不久南京與廣州談判失敗而使雙方關係惡化所致，廣州軍閥（兩廣當局）顯然深感威脅，並且南京謠傳蔣委員長於結束剿匪之後可全力對付廣州之前，廣州方面將採取對抗南京的軍事行動」。由於寧粵關係如此惡化，蔣介石當然沒有可能同意有可能增強粵方——敵方的軍事力量的克蘭「廣東方案」。勞騰史拉格認為，從理論上來講，在寧粵雙方互相對峙僵持、勝負未定的情況下，克蘭的南京計劃和廣東計劃都存在著一定的風險。首先，如果雙方互相對峙的局面僵

持下去，則蔣介石對兩廣的事務鞭長莫及，德國強制推行廣東計劃，南京國民政府自然無可奈何，但是，如此會使德國對南京政府的關係惡化，並危及到在華之全部投資——不僅限於南京勢力範圍中的克萊因（克蘭）的計劃。其次，如果南京政府在寧粵衝突中取得勝利，則「廣州將面臨武裝工業被南京政府沒收的危機，而中國政府亦不負對德投資賠償的責任」。反之，如果廣州方面獲勝，則德國與南京政府間的任何合作項目亦將面臨被廣州政府沒收的命運。勞騰史拉格認為，南京政府極有可能在寧粵衝突中取得最後勝利，因為，與廣州政府相比，南京政府的勢力強盛得多。基於這點認識，勞騰史拉格聲稱，「實施克蘭廣州計劃的前提條件將是設法獲得南京國民政府對該計劃的批准——假如克蘭『廣州計劃』對於德國的確具有非凡的意義的話。怎樣獲取南京國民政府批准克蘭『廣州計劃』呢？唯一解決問題的途徑是……嘗試使德國對南京政府信用貸款——至少獲得一種默契——與獲准在廣州興建武裝工業計劃互相關連與溝通」❽。很明顯，勞騰史拉格希望，以信用貸款為籌碼（或曰誘餌），換取蔣介石對克蘭「廣東計劃」的默認。

　　德國政府對勞騰史拉格的答覆已無可查考，也沒有考查的必要。因為，勞所開的藥方——以信用貸款為代價換取南京蔣介石政權對克蘭廣東計劃的支持或許可，是行不通的。誠然，南京國民政府希望得到來自在德國的信用貸款，以緩解自身匱乏的財政狀況，並加強軍工建設。但以此為代價，允許自身政權的潛在敵人——陳濟棠廣州政權，在德國人的幫助下坐大，豈非為謀小利而自掘墳墓？勞騰史拉格寄予厚望的「唯一解決問題的途徑」，其實並不存在。

❽　辛達謨：《德國外交檔案中的中德關係》，載《傳記文學》第四十二卷第二期，第126頁。

　　稍後，法肯豪森亦表示了同樣的看法。法氏為馮・塞克特的助手，當1935年4月塞氏離華返國後，他繼承了塞總顧問位置。為了瞭解克蘭廣東方案的真相，德國駐華公使陶德曼亦奉命向法氏徵詢意見。法肯豪森的回答肯定而乾脆。他稱：「他（蔣）不可能承認克蘭在廣州興建兵工廠的合約，南京國民政府不可能容忍它屬下的地方政府擅自與外國合辦軍事工業，即使放棄克蘭的南京計劃──『中德易貨合同』，甚至中斷顧問團在南京的工作亦在所不惜。」❽他認為，將所有軍事工業收歸國營，一直是南京國民政府的既定政策，在這種政策下，克蘭在廣州的計劃，根本沒有妥協的餘地。

　　1935年4～5月間，德國駐上海總領事赫爾曼・克里拜爾亦插手漢斯・克蘭在廣州的計劃。饒有趣味的是，這位曾經擔任過蔣介石總顧問的德國國家社會主義工人黨黨員早在1934年曾對江西特有的礦產、經由廣東出口的鎢、銻等（──別忘了，這正是克蘭「廣東方案」的焦點），發生興趣。那年12月，他曾與江西省政府主席熊式輝在南京作過數度會談，探討德國和江西直接交往的可能性。或許是出於對克里拜爾與希特勒私交甚篤的考慮，值此中德爭執愈演愈烈之際，德國駐華使館負責人勞騰史拉格想到了他，並在1935年4～5月間多次敦請他向希特勒疏通，要求希特勒明令禁止克蘭在廣州的活動。

　　5月17日，克里拜爾致電希特勒，聲稱：

　　　　中德軍火貿易之先決條件，以及甚多上海德國商行存在之基
　　　　礎，即在南京德國軍事顧問團之能繼續執行職務，任何危及顧
　　　　問團存在之行動，等於切斷與南京政府之交易，亦即切斷克蘭
　　　　之南京計劃，如果德國顧問團為日本顧問所取代，整個之貿易

❽　前引吳景平文，亦可參見傅寶真、柯偉林等人的論著。

即為日人所據有。

與克蘭廣州武器交易及兵工計劃有關之軍事顧問,已陷南京顧問團於被召回之危機,蔣委員長曾以堅定的口吻坦告法爾根豪森(法肯豪森)將軍,余深恐國防部誤解事件之真實性以及廣東與南京之關係,倘吾人相信能一方面支持合法之中央政府,他方又能支持其未來之潛在敵人,則吾人會喪失南京之信任與冒有兩面落空之危機。

有基於此,余願提出一解決之辦法,召回廣東之軍事顧問,或將其轉調至南京,放棄克蘭之廣東武器與兵工交易,以換取與南京政府大規劃之合作。 **❽⑦**

希特勒對這份電報作何反應,不得而知。但是,同月下旬,德國政府經濟部和外交部會同時向駐華使館簽發了一份急電,對解決克蘭廣東方案作出新的指示:令克蘭盡快與蔣介石取得聯繫,並向蔣表明:⑴克蘭將在廣東的工作轉移到南京;⑵逐漸中止在廣東省省內的工程,不再向粵方出售任何軍火,至於原來與廣東當局簽訂的合同項目,是否有繼續存在之可能,則視協商結果而定;⑶粵方聘請的德籍顧問,逐步撤退,如有可能,則轉至南京德國顧問團,統歸法肯豪森將軍領導。

不難想像,克里拜爾的呼籲,受到希特勒的重視,而這一改變的確影響了克蘭在中國的工作。

---

❽⑦ 前引吳景平文,亦可參見傅寶真等人的論著。

(四)德國馬克與中國工業國防

通過發展工業，促進國家工業化（尤其是國防工業現代化）的途徑來達到富國強兵的目的，是國民政府的一貫追求。毫無疑問，這種設想的創始者是國民黨的鼻祖孫中山。中山先生在自己的著作中曾對這種設想詳加闡述，他的「實業計劃」含有強烈的軍事目的已是史界的共識。孫氏仙逝後，攫得其「合法」繼承人地位並逐漸統一了中國的蔣介石亦繼承了孫氏的衣鉢，始終強調透過發展工業強化國防。1931年11月15日，蔣介石在他的知己張靜江主持的全國經濟委員會召開的公開大會即曾聲稱：「國民政府設想委員會將希望有這樣的考慮下開展工作，即中國在她仍明顯為一個農業佔優勢的國家時，國家需要的是在一個相當大的範圍內迅速發展工業的保證，這件事要在政府推動和幫助下，有計劃、大規模地去進行。」[88] 其後，蔣氏又曾多次對該委員會表示，中國雖是一個農業國，但是，由於國防上的原因，發展工業的迫切性更甚於發展農業。

然而，發展工業，首先需要的便是大量的啟動資金。如何籌措用於發展工業的大宗款項？

首先映入人們腦海的當是通過改進農業、提高農產量而獲得的盈餘。這是一個農業國實施工業化時籌措資金的普遍的共同手段。然而，中國是一個地域遼闊、困苦萬狀、極度貧窮的農業國，即使在豐年，它的糧食都不能自給，仍有近四分之一的部分仰仗進口[89]，農業之盈餘，幾近夢囈。也許正是由於這個原因，孫中山在設計實業計劃時，

---

[88]　楊格：《中國建設國家的努力》，第293頁。

[89]　《東亞評論》第十六卷第二期，第32頁。

從沒有提到過用提高農產量而獲得的盈餘來為工業發展籌措資金的可能性。出於同樣的原因，國民政府成立後，自稱為孫氏的繼續者們亦對所謂農業「盈餘」不抱任何期望。1928年7月，全國經濟會議召開，國民政府決定將歷來視為國稅的田賦劃歸地方，此舉更標誌著農業生產率與中央政府財政之間幾乎失去任何聯繫，此後，籌措工業資金，須別覓他途。

除此之外，籌措資金的措施尚有二種，一是利用本國的私人資本，將與國計民生相關的工業（包括國防重工業）開放民營；一是吸引外資，在不損及國家主權的原則下實施中外合資。

出於對私人壟斷資本出現後可能導致的社會兩極分化的擔憂，孫中山對於發展私人資本始終抱有戒心。他曾宣稱：「假如我們不是利用國家的權力去建設這些企業，而把它們留在私人手中，結果將很簡單，這就是私人資本的擴張以及隨著社會不平等而來的擁有巨大財富階級的出現。」❾此種心態，溢於言表。撇開孫氏的偏見不談，實事求是地講，在國民黨統治前後，脆弱的民族資本實亦不足以擔此重任，中國的繅絲廠、棉紡廠、火柴廠較之德國西門子、卜福爾、克虜伯，可謂別在雲泥。

孫氏之後的國民黨當政者對民族私人資本的戒備、敵視心理可以說是有過之而無不及。中國銀行總裁張嘉璈曾抱怨說，「(國民黨領袖)想讓政府對每件事都施加影響。他們認為，如果黨的政府不過問生意（工廠、銀行、商業）的話，就會失去對國家的影響，一黨制刺激政府出於政治目的而對大型企業加強控制」❾。這意味著，在國民黨的既定政策裏，不存在著私人民族資本注入國防重工業的可能性。

---

❾　柯偉林書，第98頁。

❾　同上出處，第342頁。

　　農業「盈餘」既不存在，私人資本又不能利用，那麼，籌措工業資金則只能依靠「特別手段」——「盡量利用外國資本、盡量利用外國技術」❾❷。

　　利用外資發展本國工業是孫中山的一貫主張，他的《建國方略》曾對此多所闡述。關於這一點，史界論著頗多，早有定論，此處無須再費篇幅。南京國民政府成立後，孫的這一主張得到了他的「後繼者」的繼承和強化。1931年11月，國民政府頒布「關於國民生計之規定」，稱：「現代世界之經濟關係，至為密切，一切經濟生產之組織已超過純正國民經濟之時代，而進入世界經濟之時代……中國為生產落後之國家，欲迅速發展其國民經濟，及一切生產事業之建設，須謀利用國內與僑胞之資本，然尤非充分利用外國之資金與技能不可。總理之《建國方略》及實行其方略之方針，實為中國經濟政策上不易之原則。」

　　對於這個「不易之原則」，肩負籌劃國防工業重任實際負責人，翁文灝和錢昌照，有著比他人更加深刻的體會。翁氏曾宣稱，中國是一個貧窮的，基本上仍使用中世紀技術的農業國，枯竭的財政狀況和不值一提的工業基礎同短期內大規模發展國防重工業的艱巨任務形成鮮明的對照，他強調，嚴峻的形勢迫使政府職能部門必須採用非常手段，「盡量利用外國資本，盡量利用外國技術」。　翁的搭檔錢昌照則表述得更加透切和直接。

　　「我們認為，中國的國民所得很少，每年積蓄能力有限，資本市場又沒有組織起來，要想加速工業化，非利用外資不可，……外資的流入，絕對沒有可怕的理由，就看我們能不能利用。」「創辦重工業總得迎頭趕上，我們時間不多，不容我們從容研究，也不容我們隨意嘗

<hr>

❾❷　二史館檔案：錢昌照《兩年半創辦重工業得到不少教訓——痛苦而深刻的教訓》，廿八⑵6238。

試。」 [93]

令人沮喪的是，雖然政府職能部門及當政者們在利用外資發展本國工業這一點上取得了共識，但是在實際操作過程中，尋找外國「合夥人」的努力卻頻頻受挫，在南京國民政府登臺後的頭五個年度，中國在引進外資方面，實在是缺乏可資談論的具體成果。卡爾‧雷麥、吳承明等曾對此作過非常深入細緻的考察，他們的結論是，在1933年以前，中國幾乎未見像樣的外國投資。

造成這種狀況的原因，主要有三點：

第一，政局動盪不安，戰亂連年，國民黨對中國的統治尚不穩固，缺乏安全可靠的投資環境，唯恐血本無歸的外國投資者望而卻步。這是最重要最根本的原因。

第二，中國在發展工業方面缺乏統一的規劃和部署。在國防設計委員會及資源委員會成立以前，籌備發展（國防）重工業的使命一直被許多互不相涉的政府機構分割。行政院屬下的實業部、建設部、交通部、鐵道部、工商部、直屬國民政府的全國經濟委員會、全國建設委員會等在涉及到工業政策及工業規劃等問題上都擁有發言權，他們都根據自己的需要提出了若干份自鳴得意的工業發展規劃。例如，建設部長孫科曾經提出過「十年實業計劃」，實業部長陳公博曾經提出過「實業四年計劃」，宋子文的全國經濟委員會則出臺了一個「三個發展規劃」。然而，由於政府內缺乏一個可以駕御全局的協調機構，令人眼花撩亂、目不暇接的局部計劃雖頻頻出籠，但全國性的工業發展戰略規劃卻始終未能形成。在這種狀況下，吸引外資辦工業已成為官僚政治下政客們爭權奪利、彼此傾軋的內容之一。劃分領地，甚至

[93] 二史館檔案：錢昌照《兩年半創辦重工業得到不少教訓——痛苦而深刻的教訓》，廿八⑵6238。

互相拆臺的事件亦屢見不鮮。例如，由孫科出面聯繫的中美合作建立國內航空運輸網的計劃和活動即曾遭到交通部長王柏群的指責，因為王氏自1927年起，即已同德國漢莎航空公司接觸，有關雙方合辦歐亞航空公司的談判已近瓜熟蒂落。在王氏看來，孫科的舉動，不僅刺激了德國人，還侵犯了自己向來控制的領地。作為對孫氏此舉的回擊，王柏群立即答應以更優惠的條件同德國人合作開發一個類似的航空網。

第三,南京國民政府登臺後不久適逢世界性的經濟危機席捲全球，歐美各主要工業國自顧不暇，斥資中國，揮師遠東自然要受到較大的影響。

1934年以後，隨著全球性的世界經濟危機的解除，恢復了活力的西方工業國家漸漸對獲取中國訂單、參加中國工業建設，尤其是大規模國防工業建設重新表示出興趣。與此同時，隨著中國工農紅軍被迫長征及李、馮、閻等反蔣戰爭均以失敗而告終，南京國民政府對全國的統治已漸趨穩固，再加之籌備工業發展的使命已有了新的職能部門——蔣介石親自控制下的國防設計委員會及後來的資源委員會來協調，中國的投資環境大為改善，擾攘經年的「盡量利用外國資本」方才漸漸落到實處。

在中國試圖向工業化的目標邁進的過程中，幾乎所有西方工業國，英、美、法、意、德、荷、瑞、比等，均曾為中國注入資金。在這些國家中，南京國民政府最信任、最愜意且受惠最多的合作夥伴無疑是德國。柯偉林教授曾經恰如其分的指出：「中國重工業的創立，是國民黨努力的中心和中德合作的最重要的部份。」 ❹人們完全可以這樣說，在國民黨政府朝著工業化邁進的歷程中，處處可以見到馬克的蹤

❹ 柯偉林書，第95頁。

影。

中國重工業與德國馬克的「聯姻」過程中，德國傳統貿易商行、大型私人財閥和德國政府直接控制下的國營公司交相輝映，「都在注視著中國」。 在所有德國公司中，最堪注意且值得大書特書的當數奧托‧俄普夫公司和合步樓公司。

奧托‧俄普夫公司是在鋼鐵、礦業、造船和鐵道、汽車等行業都具有實力的工業集團。在三〇年代早期，該公司的年經營額已達 3 億馬克以上**❾❺**。自1934年在上海建立辦事處後，該公司即對向中國注入資金表示出濃厚的興趣，並先後在中國鐵道部、浙江省合建浙贛鐵路，與航空委員會合辦航空器材製造廠及與交通部合辦中國汽車製造公司等項目中取得了成功。有關這幾個項目的詳細情況本書將另作介紹。

除了在以上幾個項目中獲取定單之外，奧托‧俄普夫公司尚致力於尋求與中國當局建立長期穩定的「信用貿易關係」， 試圖在參與中國工業化的活動中占據壟斷地位，這充分反應了體胖健壯的老俄普夫的穩健進取的經營風格和勃勃雄心。

有關與中國政府建立「信用貿易關係」的動議是1934年底1935年初老俄普夫正式作出應邀訪華的決定以後由該公司上海辦事處向中方提出的。這個計劃的主要內容，可由老俄普夫親自擬具的，由上海辦事處向中方轉交的《發展中德貿易意見書》中窺見大概：

Otto Wolff 中德貿易意見書

（前略）中國欲推行其建設計劃，必須大量輸入大量機器及其他生產工業。但因資本缺乏，原料及半熟貨輸出之減退，以及銀幣貿易受世界市場之影響，建設計劃之實行殊多障礙。而德

---

❾❺ 二史館檔案：廿八(2) 2133。

國適居其反，正亟圖增加其工業製造品之輸出，保持其購買外國原料及半製造品之能力，苟得兩國通力合作，互濟供需，實為兩利。

德國工業發達，技術進步，對於中國建設所需之機器及其生產工具均有供給之能力，欲對此項供給加以長期之通盤籌劃，實非難事。苟能使德國對於援助中國建設之貿易，力矯私人商家各自為政之弊，而作整個的計劃，則中國所欠貨債，不難以交換方法還之。中國可以供給多種德國所需之物，如桐油餅、飼料、若干礦物如錫、鎢等。

此種長期的、整個的大規模貨物交換，範圍廣大，事類繁雜，欲交易之暢行無阻，則非設立專門的管理機關不為功。購用德國貨者，將不僅為中國之國有企業，而實遍及於地方機關及私家企業。同時，中國供給德國以作交換之貨物，亦必於中國市場各處廉價採集。此種事務，似可組織一資金團 (Konsortilm)，由中國政府、中國工業界（尤以製造或販賣輸德貨物之廠家）及中國各銀行共同參加。同時，德國方面亦由工業界及銀行界共組同樣之資金團，以利貿易之進行。

Otto Wolff 曾以德工業集體領袖之資格於過去十年中與蘇俄訂立各種供給貨物合同，以作經濟復興之用。戰後首與俄國成立大規模貿易者，彼為第一家。彼與蘇俄成立之第一次貿易為 AEG 共同貸出之一萬萬（馬克）借款，以後數年成立之貿易遠遠超過此數若干倍。同時，彼亦曾與德國之工業組合共同對土耳其及羅馬尼亞成立巨額之貿易。

就此種豐富圓滿之經驗，同時又以其在德國經濟兼有大實業家及金融家之領導地位，該氏乃有上述中德合作之想，其規劃與

前此之對俄貿易相埒。**⑯**

透過奧托・俄普夫本人的自述，不難看出，他的信用貿易關係仍是此前該公司在蘇聯、土耳其、羅馬尼亞等國開展的易貨貿易在中國的翻版。即：通過由該公司為中國籌措信用貸款及在中德兩國間設置一種名曰「資金團」的協調機構來促進中國農、礦原料，半製成品與德國工業品的交換。質言之，奧托・俄普夫所設計的是一種以中國原料與德國機器相互交換的易貨貿易計劃。

奧托・俄普夫的計劃與本書前已述及的漢斯・克蘭所促成的以「中國農礦原料與德國工業品互換實施合同」為基礎的中德易貨貿易計劃不謀而合，如出一轍。所不同者，俄普夫的易貨貿易係由私人組織「資金團」來推行，而漢斯・克蘭的易貨貿易後來成為兩國政府間官方貿易而已。由此可見，在推行中德易貨貿易計劃的過程中，漢斯・克蘭合步樓公司曾經遭遇過奧托・俄普夫公司的強有力的競爭。

中國政府收到奧托・俄普夫的《發展中德貿易意見書》後立即將其發交主管工業發展戰略職能部門——國防設計委員會研究該「信用貿易關係」的可行性。在翁文灝的授意下，經濟學家，國防設計委員會專員孫拯（恭度）承擔了這一工作。1935年2月6日孫氏向翁文灝呈交《Otto Wolff發展中德貿易意見書研究報告》，闡述了自己的看法。他認為：「由經濟、財政、政治（軍事）三方面言之」，「設立一種工商業之聯合組織使為私人法人，對國外行交換辦法，實為有效政策」，「Otto Wolff 所提議資金團行交換貿易之辦法，實適合我國之需要」。並建議，「對於Wolff君似可答以當局確有意願與之接洽，至於詳細的條件，容俟其來華接洽之後再行詳細研究」**⑰**。

---

⑯ 二史館檔案：廿八⑵2133，《中德外交密檔》，第199～200頁。

1935年中，奧托‧俄普夫如願訪華。經法肯豪森的居中介紹，俄普夫受到了蔣介石、孔祥熙、宋子文、翁文灝、錢昌照等中國政府要員的禮遇。毫無疑問，他們之間談到所謂「資金團」和「信用貿易」問題。然而，正如人們今天所見到的那樣，這個自詡為「德國工業集團領袖」、具有「豐富圓滿之經驗」及「在德國經濟界兼有大實業家及金融家之領導地位」的工商界鉅子，卻在與一個自稱為「小羅卜頭商人」的投機取巧者漢斯‧克蘭的較量中翻了船，中國政府最終選擇了合步樓公司作為易貨貿易的合作夥伴。

由於案牘闕略，有關奧托‧俄普夫公司與中國政府磋商「資金團」及易貨貿易詳情至今仍不清楚。有基於此，要想全面概括奧托‧俄普夫公司被中方淘汰的原因的確是相當困難的。不過，透過與中德易貨有關的一些相關資料，以下的推測當不致有大的偏差。

第一，漢斯‧克蘭有著複雜的政治背景。本書曾經多次提及，克蘭本人雖是一個冒險者，但是，他的行動得到了德國國防軍、經濟部及在華顧問團負責人馮‧塞克特的堅決支持。假如，將蔣介石對塞克特的信任及對發展中德關係的強烈渴望等等因素考慮在內，人們將會發現，與單騎闖中國的老俄普夫相比，漢斯‧克蘭的確具有無可比擬的巨大優勢。

第二，奧托‧俄普夫公司在其已經得到參與中國建設的若干項目中，表現不佳，給中國政府官員留下了極其惡劣的印象❸。

第三，奧托‧俄普夫公司建立「資金團」協調易貨貿易的思路與翁文灝等人確立的工業發展戰略的總體原則背道而馳，大相逕庭。我們曾在本書中多次強調，翁文灝的工業發展規劃是在這樣的原則下制

---

❾　二史館檔案：廿八(2)2133，《中德外交密檔》，第201頁。

❸　本書將對此另作專門介紹。參見《俄普夫公司與浙贛鐵路》一段。

定的：工業的發展，必須置於國家的絕對控制之下（國營原則），「如果黨的政府不過問生意（工廠、銀行、商業）的話，就會失去對它的影響」。然而，奧托・俄普夫所設計的「資金團」只是「工商界之聯合組織」，即私人法人。雖然它能夠避免引起外交上的無謂紛爭[99]，但是，它畢竟與翁文灝所設計的國民黨的工業發展戰略的大前提（國營原則）互相抵觸，是絕對不能接受的。相反，漢斯・克蘭的合步樓公司則是專為中德易貨而設立的，它一出臺即有德國國防軍撐腰，爾後更變成了德國政府直接控制下的國營公司，很好地適應了蔣介石、翁文灝等希望將中德工業合作及中德易貨貿易變成政府之間的官方貿易的要求。

合步樓公司是德國政府直接控制下的國營公司，其董事長、總經理分由德國經濟部部長（沙赫特）及經濟部次長兼全德資源公司總裁（克拉愛）分任，董事會成員則包括：國家銀行代表（匯金銀行經理德奧爾）、糧食部代表、財政部代表（尼梅茨）、外交部代表（經濟司長衛勤）、國防部代表（國防經濟廳廳長托馬思）、希特勒辦公室代表（開卜勒）及戈林「四年計劃辦公室」代表（佛斯）[100]，幾乎囊括了德國經濟界的所有頭頭腦腦。揆諸這樣一個陣營龐大的組合，我們如將其稱之為經營公司，倒不如將其視作政府協調機構更為妥貼。

合步樓公司成立、性質演變（收歸國營）與拓植對華業務的歷程，原本即是一部中德兩國政府間尋求實施工業合作的滄桑史。在三〇年代所有由中德合作主持實施的工業規劃中，本書前面已經提過的「三年計劃」在規模上是最大的。這個計劃在中國方面係由翁文灝、錢昌照主持的資源委員會執行，並通過合步樓公司來協調它與德國工業界

---

[99]　二史館檔案：廿八⑵2133。

[100]　二史館檔案：廿八⑵3637。

的關係。

溯自「三年計劃」醞釀伊始，德國工業界即已置身事中。該計劃從制定到最後定稿，顯然揉進了漢斯‧克蘭及其他合步樓公司派往中國專家的意見。更為重要的是，「三年計劃」的實施基礎，繫於顧振代表團在德國獲取的訂單。人們也許還記得，南京國民政府正式批准「三年計劃」的時間是1936年6月底，而這個時間又恰恰是顧振代表團由德返國的日期，這決不是簡單的巧合。

「三年計劃」中所有項目都是中德經濟合作的重要組成部分。雙方的合作方式是：德國公司、廠家通過國營合步樓公司向中方提供建設各個項目所需的全套設備及所需技術與專家，而中方則在合步樓信用貸款擔保下向德國輸出農礦原料（尤其是鎢、錫等礦物），償還德國設備的造價。質言之，這是一種透過易貨貿易途徑實施的政府間經濟合作。

合步樓公司在對華輸出機械設備的同時，尚負有對華技術援助的義務，這也是中德工業合作的重要組成部分。1936～39年間，在資源委員會及其他機構的安排下，大批中國莘莘學子赴德「取經」。他們學成歸國後，大多均能在自己的崗位上充當「棟樑」。自然，德國人在向他們「傳經」的同時，亦有意識地為之注射了「親德情結」。值得提及的是，這種「親德情結」在1936年以後確實在中國政府中產生，大批中國政府要人紛紛將自己的子女送往德國「深造」可為高漲的「情結」提供有力的佐證。直到抗日戰爭爆發，在華德國顧問團被希特勒召回，中德關係趨於緊張之後，仍有部分中國政要子弟滯留在德國，他們是：蔣緯國、戴安國、居伯強、丁基實、馮志理、張徵正、張國魁、孔令傑等。

更為重要的是，合步樓公司不僅為中方提供了技術輸出，而且還

透過易貨貿易的途徑，解決了困擾中國工業發展的攔路虎──啟動資金的難題。根據長期跟隨翁文灝辦理中德易貨貿易的關德懋估計，中國透過合步樓信用擔保向德國訂購的機器設備，總價值大約已近3億法幣，揆諸南京國民政府當時的財政狀況，這的確是一筆不可小覷的開支。

有關中德工業合作的個案分析，本章擬分四點略作闡發。

1.中央鎢鐵廠

鎢是一種重要的國防工業原料。中國鎢的儲量、產量均甲冠全球。然而，由於中國一直沒有自己的煉鎢廠，所產鎢砂，只能賤價出口●。正因為如此，有計劃地開採鎢砂，建造自己的鎢鐵廠，壟斷世界市場，一直是國人的夢想。在「三年計劃」所標列的十個項目中，鎢鐵廠榮列榜首，正是這種夢想的延續。

有關籌設鎢鐵廠的最初醞釀，始於1935年，時翁文灝與漢斯·克蘭間圍繞「中德易貨合同」而進行的談判正在進行，「三年計劃」亦只是一個模糊的輪廓。1936年初，顧振一行赴德。3月19日，經克蘭居中斡旋，柏林合步樓公司與顧振代表團達成初步協議，擬向中國提供全套煉鎢設備。這些設備主要包括「一千八百開維愛電溶爐三座及附件；十五噸引動五十公尺之起重機一具，所有電氣機；壓碾及其他機件」●，全部造價為一百餘萬馬克。6月22日，經過近三個多月的討價還價，資源委員會與柏林合步樓公司在前述初步協議的基礎上達成正式協議，德方向中方提供煉鎢設備的種類、數量等亦隨之確定。它們是：「(A)煉鎢設備（由含65%WO3之中國鎢砂內每二十四小時可

● 一般而言，倫敦鎢砂市價較諸中國鎢砂收購價，往往高出8倍以上。參見洪誠《整理中國鎢礦之記述》。

● 顧振致翁文灝電（1936年3月17日），載《中德外交密檔》，第363頁。

煉製75％之鎢鐵六噸半），包括下列各項：1.三相煉鎢電爐二座，每座各附三底盤、變壓器、電機自動調節器及一切配電設備； 2.十五噸平行起重機一架； 3.一切電線電纜及其他附件； 4.足敷六個月需用之電機、砌爐火磚及其他備用材料； 5.修理廠機器及其他應用之設備等。(B)煉製電石設備一套。(C)電磁檢錫機一套。(D)製筒廠機器全套。(E)發電廠設備，包括二千KW透平發電機二座，全部配電設備、電線、電纜及電燈等。(F) 鍋爐三座（內一座係備用）及一切水泵與水管等。」❶❶❸

同年7月，合步樓公司派遣杜爾教授來華，會同資委會專員杜殿英赴湘贛考察鎢鐵廠廠址、原料及動力來源。經杜殿英提議，杜爾認可，雙方決定將鎢鐵廠設於江西吉安縣縣城城南約十華里之神崗山。翌月，中央鎢鐵廠籌備委員會成立，杜殿英任主任委員，洪中、周迪評、徐鑫堂、曹懋德等任委員。籌委會成立後，一面派員前往吉安，辦理購買廠基、劃定界址等前期準備工作，一面由杜殿英與杜爾在南京就雙方合作細節舉行磋商。同年底，雙方商定，中央鎢鐵廠的規模為日產鎢鐵6.5噸，合步樓公司必須在1937年1～4月內將前開所有設備交付中方，並負責安裝調試及為中國培養工程技術人員。

萬事俱備後，鎢鐵廠的土木工程在1937年初正式開工，全部工程分為三期，係招標承建。

期　別	承建商	承建費	建設項目	完成情況
第一期	大昌公司		廠基工程、碼頭、駁岸、涵洞等。	1937年1月21日開工，5月完成廠基，10月完成碼頭、駁岸。

❶❶❸　二史館檔案：《中央鎢鐵廠備忘錄》廿八(2)1021。

第二期	大昌公司	220,000（元）	重要廠房、發電廠、電爐廠、製筒廠廠房及辦公室。	1937年3月開工，8月製筒廠廠房竣工，9月發電廠廠房竣工，12月辦公室廠房竣工，翌年8月電爐廠廠房竣工。
第三期	徐廣記公司	507,379（元）	員工住宅、試驗室、自來水廠、貨棧、醫院、道路等。	1937年12月開工，38年3月完成員工住宅，5月進水房竣工，7月試驗室竣工，其餘工程因戰爭關係，被迫停止。

資料來源：據《中央鎢鐵廠沿革考》記載之施工進度歸納。

　　在從事土木工程的同時，督促德方趕運機器設備亦在加緊進行。按照當初協議，所有機器必須1937年4月全部運抵上海，再由滬運贛。然而，迄至1937年8月，合步樓公司運到上海的機器，尚不足全額的三分之二●，而由滬運贛者更是只有半數。旋八一三滬戰爆發，上海淪為戰區，資委會與合步樓只好將交貨地點移至香港（已運滬而未運贛者亦轉至香港），再由港經穗轉粵漢線運贛。由於輾轉波折，直到1938年8月，中央鎢鐵廠全部機械設備始全部到位，其時，吉安神崗山已隱約聞見日軍的炮聲了。

　　同年夏，日軍侵占豫章，烽火漫及彭蠡，吉安已時有日機光顧。由於安全已無保障，7月，經蔣介石核准，資源委員會決定暫停中央鎢鐵廠工程，並飭令杜殿英、洪中等迅速組織人力「將所有機器，拆卸運至香港存儲，以備將來」●。據《資源委員會中央鎢鐵廠籌備委

● 鎢鐵廠向德方購置之機器設備，以重量計，共為1,600餘噸，至1937年7月，德方運滬機器僅為1,012噸。

員會民國二十七年度工作報告》記載，是時，「鎢鐵廠廠房已大致竣工，發電機器設備已裝十之八九，電爐部分亦正在裝置，依其進度，十月開工，絕有把握」[106]。拆卸工作，自七月下旬開始，至9月底全部完成。行將垂成之中央鎢鐵廠，正式宣告壽終正寢。江西吉安神崗山，復成社灶煙冷的不毛之地。

2.中央鋼鐵廠

鋼鐵工業是國防工業的支柱，「一切軍用器械莫不以鋼鐵為原料」。三〇年代初，中國年耗鋼約60萬噸，內中國產者僅約6～7萬噸[107]，供求差距，令人觸目驚心。嚴峻的現實，迫使當局者急謀補救，故在資委會尚未成立、「三年計劃」尚未制定之前，籌建一座大型鋼鐵廠的行動早已大張旗鼓地展開。

早期的籌備工作係由實業部及其前身工商部負責。實業部的做法是：尋找一個切實可靠的國外合作夥伴，籌資一億元，在首都南京附近建立一個年產量為15萬噸的大型鋼鐵企業——中央鋼鐵廠（該廠冠以「中央」之名，殆因其廠址將建在首都附近，靠近「中央」）。1931年春，實業部國營中央鋼鐵廠籌備委員會成立，實業部長孔祥熙任主任委員，翌年1月26日，經過激烈地討價還價，實業部與由德國喜望鋼鐵公司、迪麥公司、孟阿思公司及德國聯合鋼鐵廠等六家鋼鐵企業組成的「德國鋼鐵聯合體」簽訂「中國實業部向德國鋼鐵公司借款創辦國營鋼鐵廠草合同」。雙方商定，中央鋼鐵廠必須建在「安徽或江蘇之適當地點」（確切廠址，將由雙方會勘），德國鋼鐵聯合體將向實業部提供2,000萬美元啟動資金及全部技術[108]。旋「中央鋼鐵廠廠址勘

[105] 《中央鎢鐵廠籌備委員會民國二十七年度工作報告》。

[106] 同上出處。

[107] 二史館檔案：《籌劃國營中央鋼鐵廠總報告及計劃》廿八(2)1021。

察團」成立，經該團近一年半的實地考察，1933年7月，雙方確認廠址定在安徽當塗馬鞍山[108]。8月，實業部長陳公博與德國鋼鐵聯合體全權代表德曼・歐脫會同擬就正式合同草案，雙方打算在三年內完成中央鋼鐵廠全部工程。翌月，行政院就中央鋼鐵廠上馬與否召集有關人員舉行討論，令陳公博沮喪不已的是，會議的結果是，「正式合同暫緩簽字」。

籌備經年的馬鞍山中央鋼鐵廠中途下馬，最直接的原因是翁文灝強烈反對。翁氏認為，在未對全國工業作統一規劃之前，不宜耗費巨資，匆忙搞一個鋼鐵廠。未幾，資源委員會成立，由於鋼鐵是最重要的國防資源，而資委會負有統制國防資源專責，加之陳公博因汪精衛被刺而退出南京國民政府，籌劃鋼鐵廠事宜遂由實業部移至資委會。

資委會對全國鋼鐵工業的規劃，見諸《三年計劃》「乙」、「丙」、「己」各點，其核心內容是在馬鞍山和湘潭各建一個年產15萬噸的鋼鐵廠。其中馬鞍山鋼鐵廠係自實業部手中接收，資委會打算將其租給外商；湘潭鋼鐵廠則被命名為「中央鋼鐵廠」（「中央」二字，取「國營」之意），係另起爐灶，由柏林合步樓公司幫助資委會建設，廠址選在距湘潭不遠的下攝司。

1936年5月，資委會中央鋼鐵廠籌備委員會成立。6月，籌委會委員黃伯樵、程義法等赴柏林與德方就合作細節展開磋商。未幾，合步樓公司派遣以杜爾教授為首的專家團赴湘，考察廠址，規劃廠區，指導土木工程建設。翌年6月25日，翁文灝利用赴歐參加英王加冕典禮途經德國之機，與合步樓公司簽訂「關於籌辦湘潭中央鋼鐵廠之契約」。

[108]　二史館檔案：「中國實業部向德國鋼鐵公司借款創辦國立鋼鐵廠草合同」廿八(2)1021。

[109]　二史館檔案：《陳公博致蔣介石函》(1933年7月20日) 廿八(2)1021。

該「契約」的簽訂，使湘潭中央鋼鐵廠的規模及施工進度得以最後確定：「在最初數年，每年年產量十萬噸，迨技術成熟、煉鋼、軋鋼程序確當後，則年產量在50萬噸左右」；「廠內設備之裝置完成，至1939年7月1日止，廠內設備之試用及開始運用，至1939年10月31日止」❿。

旋七七事變爆發，殘酷的戰爭環境使中央鋼鐵廠的前途蒙上了陰影，但建設工程仍在同年秋如期破土動工。8月，資委會呈准行政院由1億馬克信用貸款中撥出一部分為鋼鐵廠建設費匯劃合步樓公司，與此同時，由杜爾教授率領的德籍專家團亦絡繹相繼赴湘，督促施工進度，德方對中央鋼鐵的前途仍甚樂觀。不幸的是，中德雙方這種樂觀的情緒並未維持多久。隨著淞滬會戰、徐州會戰、南京保衛戰相繼爆發，中日戰爭全面鋪開，大半個中國淪為一片焦土。在確認戰爭不可能於短期內結束後，惟恐血本無歸的合步樓公司打退堂鼓了。1938年4月14日，杜爾致函翁文灝，稱：「在目前情況下，該廠（即中央鋼鐵廠）應暫行擱置，無須急急設立。」⓫此種心態，溢於言表。此後，中央鋼鐵廠建設工作雖在「中國方面願負一切意外之責」⓬的前提下勉強進行，但施工進度卻因德方的消極、觀望而大受影響。

未幾，武漢會戰結束，湖北大部淪陷，湖南臨近戰區，湘潭下攝司已毫無安全保障，中央鋼鐵廠的命運竟不幸為杜爾教授言中，被迫中止，已是箭在弦上，不得不發了。1938年7月，資委會接到行政院指令，「中央鋼鐵廠廠地各工程暫停進行，所有機器工具拆卸，運存湘西」。資委會副主任委員錢昌照後來曾傷心的寫道：「多年的工作，在一日之內喪失殆盡。」⓭據《中央鋼鐵廠籌備委員會報告書》記載，

❿　二史館檔案：「關於籌設湘潭中央鋼鐵廠之契約」廿八⑵6243。

⓫　二史館檔案：《杜爾教授視察中央鋼鐵廠報告書》廿八⑵1025。

⓬　二史館檔案：《翁文灝致杜爾函》廿八⑵1025。

奉令停工、遷移時，中央鋼鐵廠廠基工程已「完成過半」。[113]

3.中央煉銅廠及其他項目

陳中央鎢鐵廠、中央鋼鐵廠之外，《三年計劃》中的其他項目尚有：中央煉銅廠（丁）、中央酒精廠（辛）、中央機器廠（壬）、中央電工器材廠（癸）等。由於案牘闕略，前述各廠的施工過程與最終結局已很難得悉其詳。茲將筆者所知，縷列如後。

中央煉銅廠的規模為年產3,600噸，其中總產量的三分之一係由廢銅溶煉，另三分之二則由銅礦石提煉。該廠設計方案完成於1937年春，並由資委會呈行政院核准，其主要設備均由合步樓公司在德國代購，透過合步樓向該廠提供設備與技術的德國廠家計有古特一霍夫隆冶金廠、聯合鋼鐵廠及德國機器製造廠等。1937年秋，該廠正式動工，1939年4月，主要設備均安裝完畢。抗戰期間，該廠曾生產出少量銅絲。

中央機器廠設於湘潭，於1936年9月正式開工，籌委會主任是抗戰前多次穿梭於中德兩國之間的杜殿英。抗戰爆發初期，該廠已完全竣工，且具備一定的生產能力。1938年1月，該廠遷往昆明。此外，中央電工器材廠亦在抗戰初期於湘潭建成，並遷往內地。這兩個廠所用的機器設備均係資委會委託合步樓公司向德國有關廠商定製，並由合步樓派遣工程技術人員赴華安裝調試。

4.德國與中國兵工製造業

在近代中國，德式裝備向來享有極高的聲譽。李鴻章曾在他那著名的《籌議海防析》裏對西太后說：「西國水陸戰守利器……，英德兩國新式最精，德國克鹿卜〔克虜伯〕後門鋼炮擊敗法兵，尤為馳名。」中國近代兵器科學的拓荒者徐建寅是第一位考察歐洲的科學家，在他的《歐遊雜錄》中，這位一向對洋人不服氣且十分自負的中國兵工前

---

[113] 二史館檔案：《中央鋼鐵廠沿革考》廿八(2)1020。

驅雖照例說了許多「吾國實古已有之」之類的撐門面的大話，但字裏行間，仍處處流露出內心深處對德國槍炮的鍾情與愛慕。民元以返，經過先輩們推波助瀾，對德式武備的推崇，儼成一代風氣。南京國民政府登臺後，這種風氣愈演愈熾，「火」得無以復加。「工作餘暇，好好補習德文，我準備派你到德國去留學」●，竟是第一任兵工署長張群召見下屬時掛在嘴邊的口頭禪。

　　在這種狀況下，德國軍工設備自然成了中國兵工界追逐的目標，德國「專家」也每每被「畀以高位」。張群僅能控制的金陵、上海南京兵工廠，比李勱協、密蠟伊更不中用的冒牌貨比比皆是。而張氏權力不及之地，德國公司同樣「參與了好幾個省的兵工廠現代化的工作，包括瀋陽、太原、濟南、昆明、重慶和南寧等」●。

　　經過化工界前輩洪中的短暫過渡後，俞大維於1933年1月26日繼任兵工署長。俞氏早年曾赴德入柏林大學攻讀數學和彈道學，愛因斯坦主編的期刊中，曾能見到他的大作。在兵工製造方面，他無疑是個內行。留德學生獨有的戀德情結；多年主管柏林中國使館商專處、參與購買德械的親自體驗；加之德國人的知遇之恩●，在在均足以使俞氏對德式裝備另眼相待。

　　另一件為德國軍工界進軍中國大啟方便之門的大事是塞克特出任總顧問和「委員長的委託人」。塞氏的《中國軍備工業之建設計劃》本書已作過詳細介紹。儘管塞氏對中國兵工製造業的實際狀況缺乏瞭解，《中國軍備工業之建設計劃》更是一份抄襲德國國防軍有關案卷的應景之作，最重要的是，塞氏在為蔣介石擬具這項計劃的同時，亦

●　陳修和：《我所瞭解的上海、金陵兵工廠》，載《江蘇文史資料》第28輯。

●　柯偉林書，第259頁。

●　俞氏出掌兵工署，係出於德國顧問的推薦。

將中國兵工製造業的動向傳達到了德國。他「總是同德國工業集團中渴望得到在華投資第一手信息的人密切聯絡」**⑰**。不用說，中德軍工合作，是塞氏設計中的中國軍備工業建設計劃的大前提，而塞氏密友漢斯‧克蘭導演的易貨貿易則為該計劃提供了財政基礎**⑱**。而且，塞氏還曾直接向蔣介石提出，中國軍備工業，尤其是各兵工廠，應該在克虜伯的幫助下按照循序漸進、由小到大、統一發展的模式實施全面改造**⑲**。

　　按照塞氏的建議，俞大維上任不久即對全國兵工廠實施調整。他的做法可用三句話來概括：一曰改造老廠，或停辦，或合併，或充實改造；二曰籌建新廠；三曰創建兵工科研機構。所有這些都必須借助於外國的幫助，德國人自始至終扮演著主角。

　　中國近代最著名的兵工製造企業——漢陽兵工廠在1933年前後已經殘破不堪，為了使之恢復昔日的輝煌，俞大維指派自己的親信鄭家俊接替成績不佳的鍾毓靈任廠長，並「引用德國技術人員擔任指導」**⑳**，購置了一批德式設備，實施全面整頓。1935～36年間，該廠恢復了活力，並生產出民國兵工史上婦孺皆知的「中正」式步槍。這種槍當時亦稱「漢造廿四式」，它的設計脫胎於「毛瑟」(Mauser)九八型。二者之間，「是如此相似，以至於它們可以互換槍機」**㉑**。

　　另一座歷史悠久的兵工製造企業金陵兵工廠（前身是李鴻章創建的金陵機器局）在俞氏上任時同樣已只剩斷垣殘壁。1934年9月27日，

⑰　柯偉林書，第230頁。

⑱　二史館檔案：《蔣介石致塞克特函》(1935年11月23日)，廿八(2) 0688。

⑲　參見楊杰訪德歸來的報告，載《國防新論》，第515頁。

⑳　王國強：《中國兵工製造業發展史》，第90頁。

㉑　柯偉林書，第260頁。

該廠廠長李承乾上書俞大維，要求擴建。翌年初，在蔣介石的親自過問下，該廠在南京中華門外徵地223畝，先後興建了南彈廠、北彈廠、木廠、工具廠、物料庫、試驗室等 ⑫，並從德國引進了大批新式機器設備。與此同時，該廠還「獲得了德國一九〇八式馬克沁(Hiram Maxin)機槍工作圖樣、工程程序、刀具、夾具、量具、公差、材料熱處理等表冊全套資料」 ⑫。並於1935年間仿造出中國式的馬克沁機關槍——「寧造廿四式」，結束了中國不能自製機槍的歷史，未幾，該廠又仿造出德國柏格門(Bergmam)手提機關槍。

鞏縣兵工廠經過整頓後，不僅已能生產一種德國式的迫擊炮，而且還增建了一座化學廠。這個化學廠實際上是第一座「我國新式之化學兵工廠」。它於1933年7月開始籌備，設「鞏縣化學廠籌備處」於南京，由兵工署理化研究所負責人吳欽烈任主任，佛采爾的顧問團亦派出幾位專家前往襄助。籌備處成立後，一面派員前往河南鞏縣孝儀鎮勘察廠址，擬定建設方案，一面派遣有關專家前往歐美，選購機械設備。為了掩人耳目，對外保密，1933年10月，該廠改名為石河兵工廠，翌年5月，復易名為鞏縣兵工分廠。1934年10月11日，蔣介石前往河南孝儀，視察該廠施工進度。據稱，因該廠規模宏大，蔣氏「為之色喜」 ⑫。1936年初，該廠全部建成，吳欽烈正式就任廠長。是時，全廠共設硫酸廠、食鹽電解廠、催淚劑廠、噴嚏劑廠、砲膿劑廠、煙幕罐廠、砲彈裝填廠、防毒面具廠、活性碳廠等九個單位。為了加強該廠與德國化工界的合作，翌年初，兵工署特派吳欽烈率領一批中國技

⑫　趙志中：《金陵兵工廠──第六十兵工廠》，載《江蘇近代兵工史略》，第63頁。

⑫　王國強書，第103頁。

⑫　同上出處，第332頁。

術人員赴德入德國皇家威廉纖維化學研究院進修。未幾，抗戰爆發，該廠被迫內遷，並被改組為兵工署第23兵工廠。1939年初，第23兵工廠在四川瀘縣恢復生產，其產品「除供應防毒器材，如防毒面具、防毒衣、防毒靴、漂粉消毒罐、防芥子汽油膏，及一部份之無煙火藥純係軍品外，對於其他工商業所需之化學藥品如硫酸、鹽酸、燒鹼、純鹼泡花鹼、漂鈉液氯、酒精以脫氧氣與氧化鋅等，均可製造」。

　　對於這個德國顧問指導籌建的我國第一個化學兵工廠，後人曾有這樣的評價：「該廠自籌建至西遷復工，就我國兵工史而言，不啻為一創舉，但其製造規模，與諸工業先進國相較，只能當作一個多元性之大型化工試驗場，始終未生產毒氣，亦從未對敵實施毒氣攻擊，然對加強前線官方之防毒教育卻大力推行……以增強官兵對於敵人毒氣之精神防禦……，對抗戰之貢獻重大。」[125]

　　除參與舊兵工廠的改造外，德國兵工界還積極圖謀與南京國民政府合辦新兵工廠。（株州）新炮廠和（南京）軍用光學儀器製造廠就是這種努力的結果。

　　炮是導彈出現以前最重要的陸上遠程重武器。抗日戰爭爆發前，中國自製（事實上只應稱之為仿製）炮的產量大抵為：上海兵工廠月產七五山炮6門；南京兵工廠年產八二迫擊炮1,800門，炮彈15,000發；漢陽兵工廠月產七五山炮2門，八二迫擊炮107門；鞏縣兵工廠月產七五山炮炮彈250發，一〇五榴彈炮炮彈250發[126]。

　　與以百萬計的龐大軍隊相比，中國炮的生產量的確微不足道，供求差距實在令人觸目驚心。職是之故，溯自南京國民政府登臺，建立

---

[125]　趙志中：《金陵兵工廠——第六十兵工廠》，載《江蘇近代兵工史略》，第63頁。

[126]　抗戰前兵工署所轄兵工廠生產概況表載王國強書，第280頁。

一個略具規模的新式製炮廠，即一直是蔣介石等人的夙願。1932年1月31日，蔣介石指示軍事委員會，「民國二十二年度軍事進行綱要中務列炮彈廠」。同年12月26日，蔣氏致電洪中（兵工署署長），令其擬具一個切實可行的籌辦炮廠方案。翌年，蔣介石又兩度（6月7日及7月7日）致電新任兵工署署長俞大維，令其務於1936年以前完成製炮廠及炮彈廠建設。迫切情形，急於星火。

根據蔣介石的指示，1934年～38年間，兵工署與德國克虜伯集團合作，於湖南株州興建了一座全套德國設備組成的新兵工廠——株州炮廠。

有關株州炮廠的材料很少。不過，可以肯定的是，中德合建是項以造炮為主的新兵工廠的醞釀，至遲始於1934年夏秋之交。是年8月28日，經馮·塞克特的介紹，克虜伯集團董事長馮·波倫(von Bohen)致函中國財政部長孔祥熙及兵工署長俞大維，提出了一份中德合辦新兵工廠的意向性計劃書。在該計劃書中，波倫打算幫助中國建造一個包括炮廠、炮彈廠、銅廠、鋼廠、試驗廠、動力廠等六個單位在內的新式兵工廠。他預計，這個兵工廠的造價將在4,884萬元左右（如果再加上一個1,200萬元的火藥廠，則會突破6,000萬元）**❷**，中方將以易貨或分期付款方式來償還。

在中方表明有意與克虜伯方面進行合作後，1934年底1935年初，克虜伯集團駐華代表普泰與孔祥熙的代表李耀煌及俞大維等進行了數度磋商。1935年1月，普萊**❷**向俞大維提出了一個他自認為雙方均能夠接受的計劃。這個計劃將籌劃中的新兵工廠的規模規定為：

㈠製造廠：每月生產七生五步兵炮16門；建設費大約為940萬元

---

❷ 二史館檔案：《李耀煌致孔祥熙呈》(1934年11月4日)，三一八⑵554。

❷ 普萊是克蘭的助手，關於他本書已作過多次介紹。

（國幣）。

㈡製炮彈廠：每月生產七生五炮彈四萬顆；十生五炮彈12,000顆；十五生炮彈5,000顆；建設費約為18,225,000元。

㈢煉銅廠：每月生產銅片250公噸；銅條75公噸；建設費約為1,275,000元。

㈣煉鋼廠：月產5,000～6,000公噸，建設費約為18,700,000元。

㈤審驗廠

㈥發動廠：㈤、㈥兩廠建設費約為6,500,000元。

㈦藥廠：月產槍彈藥60噸；炮彈藥150噸；黑藥1,200公斤；炸藥與白藥不製；建設費約11,800,000元（因克虜伯集團素不製藥，擬招標承辦）。

這個方案「共約國幣六千五百九十萬元，此外，尚有各廠建築費二千二百三十萬元，總共約需八千八百二十萬元」❿，與波倫的計劃相比，其規模又有較大幅度的擴充。然而，它並不是兵工署有限的預算所能承受的。1935年2月初，俞大維向即將返德復命的普萊表示，新兵廠的規模（尤其是內中的煉鋼廠的規模）必須縮小，全部預算不得超過50,000,000元。同月晚些時候，波倫電告俞大維、孔祥熙等，原則同意（中方的要求），「相信中國兵工署諸項要求均可圓滿解決」❿，並希望新兵工廠造價能以易貨的方式償還。

未幾，負責全國重工業建設的資源委員會成立，新兵工廠中的煉鋼廠、煉銅廠劃歸該會，另行籌辦「中央鋼鐵廠」和「中央煉銅廠」，兵工署與克虜伯方面爭執甚烈的兵工廠規模過大問題迎刃而解。此外，彼時普萊的老闆漢斯·克蘭所促成的中德易貨貿易計劃已趨瓜熟蒂

---

❿　二史館檔案：《李耀煌致孔祥熙呈》（1935年2月），三一八⑵554。

❿　同上出處。

落，波倫所要求的以易貨的方式償還造價亦已不成問題。1935年9月，在中國方面開具的《中德貿易貨物概算初稿》中，新工廠的造價已被列入其中❸，並擬俟中國代表團赴德對克虜伯炮廠進行實地考察且與德方專家進行詳細討論後即簽訂有關定單。

　　1936年3月，中國赴德代表團成員、軍事工業專家王守競與克虜伯集團董事長波倫簽定以製炮為主的中國新兵工廠機械設備購買合同。與此同時，在遠隔萬里的中國，籌建新兵工廠的工作亦正式拉開序幕。同月14日，兵工署在南京設立「炮兵技術研究處」。這是一個為建設新兵工廠作準備的籌備機構，「德國德萊斯頓高工機械科特許工程師」❹，時任兵工署炮兵器材科科長的莊權任處長。

　　新兵工廠擬設在「新經濟中心」湖南株州。同年9月，炮研處於株州董家塅設辦事處，負責籌劃建場工程。翌年1月，該處復派龔積成、蔡其恕赴德接收所購機械，同時，原漢陽兵工廠所屬製炮機械設備亦奉令移入該廠使用。1938年5月，該廠全部建成，並迅速投產。是時，全廠總占地5,400餘畝，出產槍械計有20毫米、37毫米、75毫米和100毫米大炮以及相應口徑的炮彈。未幾，該廠奉令西遷重慶，並被改組為兵工署第十兵工廠。

　　另一座由德國人幫助興建的兵工企業是（南京）兵工署軍用光學儀器設備廠。

　　該廠發軔於1936年秋。是年9月7日，在軍政部長何應欽的親自過問下，該廠籌備處於南京珞珈路5號正式掛牌，處務由一名德國專家及數名留德學生負責，主任由周自新擔任。1937年7月，籌備處於南

---

❸　二史館檔案：《中德貿易貨物總價概算初稿》及《中德軍火、農礦品貿易洽商情況表》，廿八(2)3638、3650。

❹　二史館檔案：廿八(2)694。

京中山門外百水橋附近覓得廠址，建廠工作正式啟動。翌月，周自新率工程師龔祖同、金廣路等赴德，與合夥人德國蔡斯(Zeiss)公司接洽器材購置及技術合作事宜。1938年1月，周自新一行完成了有關合同，帶著大批設備由德返國。彼時抗戰已經進行了半年之久，南京亦已陷於敵人，軍用光學儀器廠被迫西遷。翌年1月，該廠於雲南昆明南門外柳壩材復工，並被改組為兵工署第二十二兵工廠。同年4月29日，在德國專家雅可波的幫助下，該廠生產出中國兵工史上第一具國產6×30雙眼望遠鏡。抗戰期間，該廠又開發出八○公分測遠鏡、卜郎德瞄準鏡、指北針等當時較為「尖端」的產品，為對日作戰作出了突出貢獻。

除直接參與中國兵工廠建設外，德國勢力在兵器工業科學研究領域的滲透同樣引人注目。抗戰前及抗戰初期軍政部兵工署設置的各類研究機構中，德國專家一直發揮著重要的作用。在彈道研究所，俞大維的老師、德國彈道學權威克郎茲 (O. Granz) 教授不僅是位令人尊敬的導師，還是位「太上」所長，另一位專家，大名鼎鼎的沙定 (H. Schardin)博士，同樣被俞氏高薪聘作頂梁柱；在理化研究所，法本化學工業化司工程師、黑色火藥專家布盧梅 (Blume) 幾乎已成為所有的研究項目的「保姆」；在應用化學研究所，杜爾豪澤爾 (S. Dull-hauser)同樣擔負著主要領導職責。所有這些，似乎已足以表明，「楚材晉用」的古老傳統已被俞氏充分的發揚光大。

德國勢力對中國兵工領域無孔不入的滲透，不僅加速了中國軍事現代化的進程，還培植了中國軍界的「崇德」情緒。隨著這種「情緒」日復一日的積累，中國兵工界領導層內漸漸出現了一股親德勢力，民國以來兵工領域中一向占據主導地位的留日學生群亦漸為留德學生所取代。不用說，這股勢力的一號人物是兵工署長俞大維本人。在他的

兵工署中，柏林工業大學畢業的李祖冰擔任總務處長，慕尼黑大學畢業的江楊擔任兵工技術司司長，柏林大學畢業的戴安國出任總工程師，「德累斯頓機械科特許工程師」莊權擔任炮科科長，德國參謀大學畢業的徐培根擔任軍械司司長，而俞大維的副手、兵工署副署長則由戴安國的校友楊繼曾擔任。

對於以克虜伯為代表的德國軍工集團來說，中國軍界的「崇德」情緒和「親德勢力」是他們進軍中國所獲得的重大成果之一。毫無疑問，與可以用馬克來計算的利潤相比，這種「情緒」或「勢力」的重要性毫不遜色，只要它一息尚存，德國人即能確保自己的在華地位。

(五)不和諧的插曲

在德國與南京國民政府發展友好關係的美妙合奏聲中，始終伴隨著一支低調而不和諧的插曲，這就是德國與中國兩廣地方實力派的「合作之聲」。

廣東省地方政府的對德關係，起源於孫中山南方革命政府時代。由於孫中山代表廣東政府積極對德聯絡，形成了雙方發展關係的歷史淵源。國民政府北遷武漢之後，留守廣東的李濟深繼續對德謀求合作。曾經是國民政府發動北伐革命大本營的廣東，在蔣介石的南京政府成立後，卻成為一支相對獨立於南京政權之外的政治力量，保持了自己的政治、軍事、經濟上的獨立性，變成了中央政府的一塊「心病」。

1928年4月間，就在南京中央政府派遣考察團赴德接洽關係之同時，李濟深也向德國派出了一支以前孫中山駐德代表朱和中為首的廣東地方代表團赴德訪問，在其舊友鮑爾的幫助下，推動了德廣關係的發展，取得了實際成果。具體經過已在本書前文第二章第二節中詳述。

　　1929年，「廣東編遣區主任」陳濟棠通電「討蔣」，依靠手中兵權一躍成為掌握廣東的地方實力派領袖。1931年5月，他又聯合其他反蔣派系在廣州召集「國民黨中央執監委非常會議」，並成立「廣州國民政府」，公開與南京政府分庭抗禮，廣東獨立之勢基本形成。在南京國民政府轄權之外，陳濟棠聯絡廣西桂系李宗仁、白崇禧形成了兩廣反蔣政治軍事聯盟。雖然後因「九一八」事變發生，「廣州國民政府」迫於外患加劇而不得不於1932年1月5日宣布撤消，與南京達成了某種程度上的妥協，但同時另設「西南政務委員會」及「西南軍事分會」，繼續保持了兩廣的獨立性質。

　　在這一大背景之下，德國繼續與兩廣發展特別的合作關係就不能不影響到他與南京國民政府的雙邊關係。

　　在德國政府看來，兩廣只是中國的一部份，發展德廣合作，也是幫助中國的具體內容之一，更因為廣東地方擁有他們所需要的農產品及礦產原料，陳濟棠又向德方表示，他可以聯絡擁有豐富礦藏的湖南、江西等省當局對德提供易貨資源，故而深得德方青睞，再加上陳濟棠、李宗仁治理下的廣東與廣西地方當局，內政相對比較清明，辦事效率較高，富庶的地方財政可為對德貿易提供德方急需的現鈔，這一切對德方來說都具有很大誘惑力，使德方很願與之發展貿易及合作關係。希特勒執政後，更加奉行「實利」外交，在此問題上與國防、經濟兩部主管辦事人員的立場並無矛盾。

　　南京政府在開始階段內憂外患左右不能兼顧，對德廣「勾結」只能睜一隻眼閉一隻眼佯作不知，在這種情況下，德廣關係繼續得以發展推進。

　　德廣間早期發展經濟及貿易合作的過程是與德國與南京政府發展經濟合作的歷史緊密相連的。本書已在以上有關章節中具體詳述。這

裏所記載者為德廣間發展雙邊外交及軍事合作的有關情形。

　　要談到德廣軍事合作，就必須從德赴華軍事顧問團中的一員大將、陳濟棠的政治軍事、經濟總顧問——林德曼(Lindemann)中將談起。

　　林德曼出身於德國一貧苦平民家庭，自幼進入德國陸軍充當一名炮手，依靠苦幹漸漸發跡，升為軍官。一次大戰期間升任炮兵團長，並因戰功獲鐵十字勳章❸。與許多德國軍官一樣，林德曼在戰後因「厭惡共和體制」，與德國陸軍總司令芮因哈德等人持有相同觀點而被賞識，進而被委任為「新軍官教育政策之籌劃人」。「卡普暴動」失敗後，塞克特出掌軍權，嚴格執行「軍隊中立」政策，林德曼堅持「道不同不相與謀」的立場，掛冠而去，改任步兵學校校長，從此奠定了他在軍事教育界的地位。傳聞他後來又因對納粹黨「恢復德國之光榮與軍備完整」的號召很感興趣，對學校內納粹活動制止不力而被塞克特免職，並退出現役。這樣，他便於1929年春受聘來華充當軍事顧問❹。

　　來華初期，他在北平陸軍大學當教官。當時北平地區及陸大在馮玉祥、閻錫山勢力控制之下，與南京國民政府保持著距離，實際上林德曼已成為馮、閻雇傭的德國顧問，所以連德國駐華使館也沒有把他算做南京政府的顧問，以至於後來在1938年希特勒勒令顧問團離華回國時，名單中也無林德曼的名字，使他得以在北平隱居下來。

　　林德曼以其在德國軍事教育界的地位怎麼沒被蔣介石器重呢？其中當然自有原因。

　　當林德曼與中國駐德公使館簽訂合約時，正值鮑爾顧問病逝，當時為其辦理聘用合同的中國使館商務專員俞大維一時高興，隨口表示

───────────

❸　傅寶真：《在華德國軍事顧問史傳》，見《傳記文學》第五十二卷第二期，第78頁。

❹　同上出處，第79頁。

以林氏的資歷，蔣介石總司令可能會任命他為德國軍事總顧問。林德曼信以為真了。後來當克里拜爾及佛采爾連續出任此職後，林氏大為不滿，「且怨言百出」 **⑬**，是為後來他不願為蔣工作的基本原因。

蔣介石為什麼沒有注重林德曼呢？據一些推測，也許是因為林氏之特長在於軍事教育，而蔣介石當時為應付「中原大戰」， 正急需軍事作戰參謀而並非擅長教育之人才，如曾任德軍參謀本部作戰處處長的佛采爾就適合了蔣的需要，倍受其重視。但蔣介石決沒有歧視林德曼之意，他曾通過中央軍校教育長張治中數次電請林德曼來寧出任軍校總顧問一職，但這項熱心邀請卻被正在賭氣的林氏拒絕了，理由是他「太喜愛北平與陸大，不忍離開」云云 **⑱**，實則是因為林德曼自以為官階較高而不願屈尊於克里拜爾或佛采爾之下，受其領導之故。

林德曼認為蔣介石之所以不願重用他是因為他與馮玉祥及閻錫山私人關係過於密切，「有被列為『不忠分子』之嫌」 **⑰**。的確，林氏供職於北平陸大，其學生多為閻馮部下之中下級軍官，他們之間建立了良好的友誼，以至於林德曼在1936年離開廣東後即被聘為駐守河北的二十九軍宋哲元部（原馮玉祥部下）的軍事顧問，再赴北平。閻錫山也曾親自派人邀請林氏去太原出任自己的總顧問，但被拒絕了，林德曼還在等待來自南京方面的器重與邀請。馮玉祥與林德曼在思想觀念上頗為接近，比較注意軍民結合，兩人關係也不錯，以至於在中原大戰中馮軍反蔣作戰一度得手之時，便傳出了林德曼輔佐馮軍攻擊蔣軍的流言。當時，美國記者亞奔德曾有報導猜測林德曼擔任了馮軍的秘

---

⑬　傅寶真：《在華德國軍事顧問史傳》，見《傳記文學》第五十二卷第二期，第80頁。

⑱　同上出處。

⑰　同上出處。

密軍事顧問❶。而林氏自己在回憶錄中卻否認了這段事實。

「九一八事變」發生後，北平安全漸漸受到了日本軍隊的威脅，陸軍大學被迫遷至南京市郊，林德曼亦不得不前往他一直不想到的南京，並與德國軍事顧問團長佛采爾共事。時克里拜爾已辭職，過去他與林德曼之間形成的各管一攤互不干涉的平衡局面也被打破。

林德曼與佛采爾的脾氣十分相像，都自視清高恃才傲物，而兩人的資歷、經驗迥異，在軍事理論上又持著不同觀點，矛盾便不可避免地產生了。

林德曼為人比較傲慢，在北平時他便與副手顧德威少將(Gudovius)相處不洽，最後竟使顧德威及另一副手洛森上校(Lassen)離平赴京，投奔蔣介石門下。後來林德曼自己也曾於1931年夏赴南京一次，與佛采爾、蔣介石等人共商中國軍事教育改革問題，當時佛采爾曾盛邀林氏留京，領導顧問團內軍事教育小組的工作，並將其擴大範圍，林德曼仍因不願與佛采爾共事而婉拒。現在冤家路窄，他們又走到一起來了。

林德曼在1931～1933年留居南京期間，其上呈蔣介石所有的各項改革建議，從陸大新教育方針到顧問團的工作以及中國全盤整軍計劃，無不沿襲十九世紀初期普魯士軍事改革方案之藍圖，「彼常將康德之道德理論、費希特之國家意識以及香和斯特與波盎等之軍隊自由論概念混雜其中」，「極力主張強兵之先決條件乃在民心士氣之振奮……單靠機械與精兵不足以解救當前（中國）之危機，……首先須將軍隊之士氣提高，使其具有高度之國家民族意志及鋼鐵般之紀律」❷。而佛

❶　傅寶真：《在華德國軍事顧問史傳》，見《傳記文學》第五十二卷第二期，第80頁。

❷　同上出處，第82頁。

采爾的觀點正與之相反，他「以我國正受強鄰欺壓，迅速發展一支現代化之武力配以最新式之武器與作戰方式為目前首要工作，其他問題均屬次要」❹。這正適合了蔣介石與國府當局的想法，而對比之下，林德曼的設計卻與當時內戰頻仍的中國情形不相適合，再加上與德國民族「尚武」的精神相反，中國社會自古以來「好男不當兵」的意識根深蒂固，林德曼的設計雖然正確，但在當時的中國卻「無用武之地」。蔣介石此刻正忙於坐鎮武漢指揮「剿共」，　對林德曼「過分理想化」的建議無暇顧及，林氏等待許久不見回音，一氣之下，他在1932年底聘約期滿之時，準備辭職回國。

林德曼辭職消息傳出後，四川省主席劉文輝立即請其入川為顧問，林氏以川省內戰情況複雜，不願前往。廣東省主席陳濟棠聞訊亦請其入粵充當總顧問，當時德國在廣東的經營已有一定基礎，林氏遂答應前往履新。西門子公司等德方大企業對林德曼赴粵寄以推進貿易之希望，便竭力支持其前往，給予了實際資助；而德國官方卻對林氏此行充滿憂慮，駐華使館更是困惑不安；國防部指令林德曼申訴去粵理由，並要其隨時報告行蹤；駐廣州德國領事則拒絕與林見面，更不願提供幫助。南京政府對林氏此舉則未持強烈反對態度，一則因為當時廣東局面尚穩，陳濟棠也沒公開反蔣，德國人只要不助其反叛而專搞建設，並無害處；二則是因為大規模的「剿共」戰事即將開始，廣東處於江西戰場之後方，南京還需要陳濟棠的配合。

這樣，林德曼便單槍匹馬來到了廣州。

林德曼當時將廣東省看作是中國的「普魯士」，認為這一地區具有自身的特點，很有發展前途，大有發揮自己才幹的機會，這正是他一

<hr>

❹ 傅寶真：《在華德國軍事顧問史傳》，見《傳記文學》第五十二卷第二期，第82頁。

直所追求的「實現價值」之所在。至於寧粵矛盾，他認為一旦大敵當前，中國人內部矛盾會自然彌合，他也可以居中做些調和工作，並非介入中國內爭。

陳濟棠對林德曼的到來寄以厚望，委任其為政治、經濟及軍事總顧問，聘期兩年，同時委任他兼任廣州軍校教官，工作任務比較繁重。當時在廣東已有數名先前聘用的德國顧問，但林德曼與他們互不干涉，各司其職，不存在統領關係，彼此倒也能相安無事。實際上林德曼赴粵後，在外界看來廣東便形成了一個以他為首的「顧問小組」，後來被南京方面視為一大「禍根」。

陳濟棠為考察林德曼的忠心曾刻意詢問他一些尖銳問題。

陳問：「當你在南京服務時，是否瞭解中央政府之軍事秘密？」

林答：「因在南京僅擔任教官與負責軍事教育政策之擬定，無法參予軍事秘密。」

陳問：「如果廣東與敵人發生戰爭時，你是否願為廣東而戰？」

林答：「除非敵人是德國，我將為廣東擔當任何危險任務。」**⑭**

陳濟棠這才放下心來，賦予林德曼以全部信任。

在廣東的兩年，是林德曼在華「最愉快之階段」，與他自認的在南京近兩年「最不得意」的時光形成了鮮明對比。他與上關係不錯、與同事相處融洽，常忙到深夜仍不得休息。

林德曼在廣東的工作包括以下幾方面：其一：幫助陳濟棠實施建設廣東之「三年經濟計劃」。雖然他是否曾參予該計劃的擬定尚不得而知，但林氏的確為實現這一計劃起到過重要作用，而其中在發展廣東空軍方面，林德曼的作用尤其突出。陳濟棠在計劃中準備在1935年

---

⑭ 傅寶真：《在華德國軍事顧問史傳》，見《傳記文學》第五十二卷第二期，第83頁。

底前發展成一支擁有400架飛機的空軍力量，為此曾發行1,500萬元航空獎券及3,000萬元國防公債，募集購機經費，而他的供貨方則以美國道格拉斯(Douglas)飛機廠為主，計劃還確定準備雇傭30名德國空軍教官擔任教練任務，林德曼對此曾起過促進作用。

　　當時德國自己並無空軍，故無法插手在此範圍內的對華競爭，美國及意大利趁機擠占了中國空軍市場，還派出了空軍顧問，林德曼為彌補德方這一缺憾，欲借中國之地利用美國飛機達成訓練德國空軍基礎力量之目的，成功地使廣東方面允諾聘用德國飛行教官，此可謂一箭雙鵰之舉。林德曼在組建廣東空軍及將之布防於省內各適合地點方面，也起到過重要參謀作用，例如他曾提出為有效確保防空起見，機場須平衡分配，他提出以汕頭為重要基地，以便與廣州相呼應，而在各地修建機場設施過程中，他「當然充分地利用西門子公司的技術與器材」。

　　其二：作為陳濟棠的政治總顧問，林德曼在輔佐其處理國內問題時也發揮了一定作用。當時南京政府欲藉「剿共」之機，重兵壓迫中共紅軍退向粵境，而後再以「追剿」為名派兵入粵搶占地盤，林德曼為此曾專門撰寫過一篇《設防與防衛的理論與方法》(*Bestigung-und Abwehim ethoden*)的文章，告誡粵方「防衛的最佳方法在於攻擊敵人」。遵照這一原則，陳濟棠決定在1934年2月派兵參加「剿共」行動，並主動予以「追擊」，以確保粵境之平安。

　　當時曾有一家德國報紙報導說：「一位德國將軍曾在中國南部廣東省之北方邊境，成功地阻止中國共產黨之南移，並使之被迫向西往湖南與四川等省逃亡……。」⓮ 而林德曼自己卻在回憶錄中否認其參加

⓮　傅寶真：《在華德國軍事顧問史傳》，見《傳記文學》第五十二卷第二期，第85頁。

指揮「剿共」戰爭，說他當時正臥病在床，沒有可能參加任何軍事行動。實際上這種掩蓋當時在德國顧問中是正常的現象，南京方面也有類似情況，為的是減少外界對於他們介入中國內戰的指責。

其三：林德曼為陳濟棠籌劃了廣東省境內的國防作戰體系。他鑑於廣東海岸線漫長，一旦中日戰爭爆發，日艦勢將南下，威脅粵省沿海任何一點，故建議陳濟棠效仿德國，劃全省為 100 個防衛區(landswehr betirke)，並在區內組織亦農亦兵的民兵組織。他還建議修築了廣州至雷州半島及至汕頭之交通幹線，以備戰時之需。

其四：林德曼又利用職務之便，為回報西門子公司對其赴粵的支持，就廣東建設問題與西門子公司開展了廣泛的深入合作。他曾與西門子公司合作設計了開發海南島與整頓黃埔港等重點工程項目，並親自前往海南、雷州半島考察。林德曼與西門子公司駐遠東代表錫克(Sick)是好友，在合作建設廣東方面甚有成績。1934 年錫克病逝後，林德曼與他的繼任者希奧布(Schwob)也保持了友好合作關係，在雙方努力下，舉凡廣東大宗經濟、軍事建設項目，皆有西門子公司參與其中。當然這也不是說林氏成了西門子在廣東的推銷員或代理人，在某些方面，林氏還是能夠比較公允地對待來廣活動的其他外商。例如，當他發現法國希乃德工廠(Schneider Creuzot)所生產之大炮射擊準確、移動方便，比較適合於廣東山地運行之特性，比德產卜福斯大炮更好時，便主動說服陳濟棠改訂法國大炮。這也體現了德國軍人的另一種本色。

1934 年底，正當林德曼在廣東的工作蓬勃發展之時，他的聘約期滿，即以健康不佳為由，辭去粵省總顧問一職，在遊歷日本後返回北平。

林德曼為何要作出這種意外選擇呢？原因如下：

　　1933年5月，德國名將塞克特訪華之時，帶來了兩位同行助手——克蘭(Klein)與普萊(Preu)，路經香港時，把他們留在了陳濟棠身邊，主辦德廣軍經合作事宜。7月20日，克蘭代表德方與廣東當局簽訂了「中德交換貨品合約」，12月14日又簽訂了「琶江口各兵工廠建築物承建合約」，次年9月8日又簽訂了「建設防毒面具廠合約」❸；普萊則為廣東募集軍事顧問。他兩人在廣東的活動受到了德國國防部的大力支持，1934年，德國國防部派出以退役中將澤姆斯道夫為首的六人軍事顧問小組到達廣東擔任了陳濟棠的私人顧問，標誌著德廣政界合作的開始，塞克特便是其「幕後督導人」。而林德曼與塞克特一向不和，林氏眼看塞克特指揮下的德廣關係急速發展，有使自己落入塞克特掌握之下的可能，遂起離去之心。難怪陳濟棠曾對林德曼說過：「你們德國人均不能彼此互信，叫我們如何能夠相信你們?」❹再者，1934年下半年起，寧粵關係惡化，隨時可能再開戰局，林德曼為避免使自己更使德國政府陷入中國內戰漩渦，採取了「三十六計走為上策」的選擇。有消息說當時德國政府曾勸林德曼速速離粵，惜經有關學者考證，關於這一問題德國外交檔案見缺，無從證實❺。

　　當時華北地區已被林德曼的舊友宋哲元部所控制，成為居於南京政府之外的又一個「廣東」，林氏自廣東經日本抵達北平後，原擬回國，已購好船票，但二十九軍軍長宋哲元親自前往相邀，欲聘其為二十九軍總顧問，林德曼對華北懷有戀舊之情，也相信能有大展身手之

---

❸　馬振犢主編：《中德外交密檔(1927～1947)》(廣西師範大學出版社，1994年9月版)，第460～471頁。

❹　傅寶真：《在華德國軍事顧問史傳》，見《傳記文學》第五十二卷第二期，第79頁。

❺　同上出處，第85頁。

機會，於是決定留在北平與西北軍將領老部下「續緣」。他思考再三，決定以「健康不佳」為由向陳濟棠辭職，是為了在拒絕其「續聘」時雙方在「面子」上過得去。

當時二十九軍中已有日本顧問，宋哲元為了平衡「外交」，欲借林德曼之力牽制日本人，而林氏則認為正因日本顧問居於其間，才不致使他的新職召來日方的反對，給德國政府惹出麻煩。

可是德國政府卻不同意林氏的看法。當他將與宋哲元的談話報告德國駐華大使陶德曼之後，陶大使認為華北局勢太複雜，德國人介入中日鬥爭大大不利。為使林改變決定，他急電柏林彙報，在得到國防部長柏龍白批覆之後，大使派專人將部長電令送往林宅，並坐待林氏允諾照辦。林德曼於無奈之中只好答應謝絕二十九軍之聘，並即電告德國國防部照辦。從此他便以私人身份在北平「隱居」， 僅與宋哲元等人保持私人聯絡關係，直至北平淪陷後的1940年。其間他撰寫了自己的《回憶錄》， 對目睹日軍在華各種暴行均有揭露，並斷言日本對華這種無止境的侵略最後必將走上失敗之途❿。本來林德曼已在北平購置花園洋房，準備久居，但後來他卻受到命運之捉弄，下場淒慘。

1941年，希特勒在大舉攻俄前夕徵召所有預備役軍官復役，林德曼此時很可能與眾多德國顧問一樣回國，以盲目效忠「祖國」而投入戰場。1943年後，德軍在各條戰線上連遭失敗，一些德軍將領認為希特勒不除德國將永無寧日，於是在1944年7月20日發動了謀殺納粹元首之舉，可惜未能成功。陰謀敗露後，數以千計的軍官被殺被關，林德曼也名列其中，他以德軍最高統帥部工兵部主管、炮兵上將的身份與許多高級將領一同於9月間被希特勒絞死在獄中，結束了他的一生。

❿　傅寶真：《在華德國軍事顧問史傳》，見《傳記文學》第五十二卷第二期，第87頁。

　　林德曼雖然走了，但他所奠定的德廣合作基礎卻賴以生根。以克蘭與普萊抵達廣東為標誌，德廣合作開始了一個新階段。

　　說來也奇怪，南京中央政府與德國大規模的經濟合作居然是在德廣經濟合作關係確立之後，因為南京方面對德國在廣東的活動提出了異議，塞克特為了在中國人之間「搞平衡」，這才命令克蘭轉赴南京，代表德國政府開始與中國中央政府洽談經濟合作事宜。

　　德國人對於廣東的器重是出自這樣一種觀念：即1934年的廣東是一個相對獨立的省份，而且其具有「最富庶的省份」的特徵，與它相毗鄰的廣西、貴州、雲南、湖南都是與南京中央政府「不親近」的，廣東對這些富於礦藏的省份的關係實際上是一種「聯盟」的關係，從這個意義上說，「南京能實際控制的地區似乎還不及它實在」❼。德國人由此對廣東寄予很大希望，國防部長柏龍白曾坦白地說過：「只要能獲得戰略資源，管他是哪個政權。」❽而陳濟棠則更是拍著胸脯對德方保證，廣東是一個經濟上的「獨立體」，實施發展項目時「無須獲得中央政府的批准」，而廣東發展軍火工業則只是為了「抗日」❾。

　　實際上，廣東地方政府的力量並非像德國人想像的那麼大，廣東境內的礦藏也並非很豐富，尤其鎢的產量十分有限。中國鎢礦蘊藏量的80%在江西，集中在贛州附近地區，且被劃分為小片，掌握在各礦主手中，廣東省政府1933年頒布的統制鎢礦出口的命令在各種外因作用下其效力是很有限的。儘管廣東的軍隊已被派往超越省境的礦區，但由於不是直接擁有產地，廣州當局從未能有效地對此進行過貿易統制。

❼　柯偉林書，第157頁。

❽　《德國外交政策文件》C輯第四冊No. 101，第102～103頁。

❾　柯偉林書，第157頁。

　　克蘭卻不知這些，他依然穿梭於南京廣州之間，忙於和雙邊簽署易貨及合作協定，他甚至在1933年7月20日與兩廣簽訂易貨協定時允諾給廣州提供 2 億馬克的貸款，這比德方給南京的數目整整多出了一倍❿。

　　有關克蘭在廣東的活動以及由此引起的德國與南京政府之爭執交涉，本書已在第四章第三節、第五章第二節中結合中德易貨協定之簽訂過程具體論述，在此不再贅述。總之，到1935年夏初，德國國防部鑑於南京方面的激烈反對，為顧全德國自身的根本利益，已決定按照外交部意圖淡化德廣關係，國防部長助理萊謝勞將軍會同外交部長牛賴特聯名急電駐南京使館，命令克蘭將工作重心由廣州移往南京，並聲明如果克蘭要繼續與陳濟棠打交道就必須首先請求蔣介石的同意❺。德方的這一命令當然也通過外交渠道向南京政府作了通報，使蔣介石非常滿意。

　　由於南京軍隊對江西蘇區的第五次「圍剿」取得了成功，中共紅軍被迫進行戰略轉移，江西產鎢區遂被南京政府控制。蔣介石對下一步謀占廣東充滿信心，在竭力對德擴大鎢礦出口之餘，他對德廣合作項目之「善後」也採取了容忍的態度，深信這些建設項目不久之後將會成為自己的「囊中之物」。

　　到1936年夏，德廣合作已進尾聲，兵工廠等項目已經停工，陳濟棠的 6 名德國軍事顧問將被解聘，首席顧問澤姆斯道夫將軍在寧粵開

---

❿　柯偉林書，第159頁。

❺　《德國外交政策文件》C輯第四冊No. 101，第192～193頁，《邁爾致陶德曼》（1935年5月24日），轉引自柯偉林書第162、359頁。據說這一轉變對萊謝勞來說十分不容易，過去他一直支持克蘭在廣東的「冒險」，因為他有位「不中用的兄弟」受雇於廣東琶江口的工程。

戰前「適時地」病死了，德廣之間也爆發了對德方「違約行為」之爭吵，陳濟棠氣憤地發現，原來他計劃從德國得到的現代化軍備已經裝備了南京軍隊並正被用來攻擊自己。

6月1日，「兩廣事變」發生，陳濟棠聯合桂系出兵湖南反蔣。7月4日，在南京策動收買之下，粵方苦心經營的空軍48架飛機叛陳投蔣，粵軍第一軍軍長余漢謀亦同時倒戈，廣東陣營土崩瓦解，7月18日，陳濟棠被迫逃往香港，廣東從此落入蔣介石手中。

長久以來一直困擾蔣介石的德廣關係難題至此徹底消除了。

(六)「第三者插足」的風波

在中德雙邊關係發展過程中，有許多第三者、第四者一直在以一種不安份的眼光注視著中德之間所發生的一切。其中反映最強烈者其過於德國在遠東的另一重要夥伴——日本。

民國時期對華關係最複雜的國家當為日本。日本軍閥為了實現侵華野心，對中國的內政外交無一不給予密切注視，直至插手干涉，對於中德關係之發展更不能例外。因為德國與日本也存在著極特殊的關係，尤其在希特勒上臺之後，日本成為納粹德國的戰略夥伴，就更不能容忍自己的朋友與「敵國」之間發展友好，何況這種友好的主要內容之一是德國在幫助中國整軍備戰！

在這種大背景下，中德日「三角關係」便成為遠東國際關係中焦點問題之一，具有高度的複雜與敏感性。日本這個「第三者」的插足，給「熱戀」中的中德雙方帶來了無窮的煩惱。

首先的麻煩是由日本的畸生傀儡——偽「滿洲國」的出現而引起的。

　　1931年「九一八事變」後，日本武裝占領我東三省，1932年3月又扶植了偽滿政權。這一傀儡成立之初，國際上幾無人承認，在外交上處於極端孤立狀態。但是，世間萬事總在變化，國際關係更為複雜，各國從自身私利出發，並不是都能嚴守正義與公德的。國民政府忙於內戰，對收復失地無所作為，偽滿在日本人槍桿支撐下苟延下來。漸漸地，我國東三省豐富的土地資源及其戰略地理位置使得與之有關的國家，如蘇聯等等，再不能「穩守其貞」了，他們為了私利，不顧中國政府的強烈抗議，開始與偽滿發展各種明暗關係。德國也加入了這一不光彩的行列之中。

　　1933年3月6日，一名從事販賣鴉片與軍火生意的商人斐迪南·海耶來到德國外交部，他表示已受納粹黨要人戈林之委託，向外交部陳述他的一項計劃，準備用德國資金在「滿洲國」組建一家銀行，打開德國資本和工業產品在中國「滿洲」及內蒙古地區「開發」之路。海耶表示，他的這一計劃已得到日本人的支持，日方已經承諾負擔1/3的費用，而那些與他有交的蒙古王公也願出資。更重要的是，海耶表示這一計劃實現後，他甚至可以說服日本人對蘇採取軍事行動，越過西伯利亞，「給布爾什維克主義以致命打擊」[152]。

　　德國外交部對狂妄的海耶計劃十分反感，不予理會。但海耶憑藉他過去在滿洲販毒的經驗與戈林的支持，決心實施他的計劃。

　　唯利是圖的德國財團對海耶計劃則表示支持，希望由此向中國東北內蒙開拓市場。實業家費里茨·蒂森(Frifz Thyssen)與戈林聯合出資，資助海耶於1933年夏赴滿洲及日本活動。

　　海耶在東京與日本政經要員會談，並赴滿洲拜會了偽滿官員及其

---

[152]　《德國外交政策文件》C輯第一冊No. 50，第104～107頁，轉引自柯偉林書，第172頁。

日本關東軍參謀長小磯國昭中將。海耶對小磯等皆自稱他具有希特勒授權的特殊身份，小磯對他的資格深信不疑，託他轉交希特勒一封信，表示：德國要想在「滿洲國」獲得「特殊經濟地位」，必須以首先正式承認傀儡政權作為交換條件❸。與此同時，日本政府也向德國新任駐日大使狄克遜(Dirksen)提出，希望德國正式承認「偽滿」。

11月，海耶回德報告訪日、訪「滿」情況。德國外交、國防二部堅決反對德方承認偽滿，但在戈林的遊說之下，希特勒同意委給海耶「德國臨時代表」的身份，「在建立德國與滿洲國貿易關係方面充當前導」❹。

1934年初，海耶再次赴「滿」，與偽滿當局頻頻接觸，自稱「首任德國駐滿洲公使」，一時間，德「滿」合作之言論在德國到處傳播，連德國駐哈爾濱領事也發表了類似看法。但海耶在「滿」活動卻遲遲不見實際成果。3月9日，日本駐德大使拜訪德國外交部，解釋日本「不重視海耶」的原因，認為他在「滿」提出的換取正式承認要價條件太高，甚至超過了「滿洲國」給日本的優遇。因此，日方不再喜歡這個「鴉片販子」。另外，他的外貿知識水平也太差云云。

海耶尚不知道日本的意圖，他還在四處活動。1934年6月5日，他宣布與「滿洲國」達成一項「臨時貿易協定」，卻又遲遲不向柏林有關方面彙報，此事激起了德國政府的憤怒。6月21日，德國外交部決定，無論就政治或經濟角度而言都不能批准這項「協定」❺。1935年

---

❸　《德國外交政策文件》C輯第一冊 No. 312，第582頁《比洛備忘錄》（1934年3月10日），轉引自柯偉林書，第172頁。

❹　《德國外交政策文件》C輯第一冊 No. 438，第797頁《狄克森（東京）致德外交部》（1934年5月7日）。

❺　吳景平書，第160頁。

2月4日，希特勒正式將其免職⑮。

　　海耶的使命雖然就此結束，但德國與偽滿的建立關係卻從此開始了。蒂森在與外交部官員討論德國對外總方針時引用海耶的話說：「從長期打算，就德國和俄國、日本、美國發展關係的全過程來看，德國在亞洲必須傾向日本而不是中國。」⑯希特勒聽取了蒂森的彙報，表示同意這一基本原則。

　　中國政府對德與偽滿建立關係表示了強烈的抗議。1934年2月22日，中國公使劉崇傑專門拜會希特勒，向他介紹了「東北問題」真象，勸告德方停止與偽滿傀儡政府往來。26日，劉公使又書面照會德國外交部，稱：「近來本人多次接到報告，在此地和遠東正在進行著實現德『滿』合作的活動，尤其是在經濟方面。與此相應的，有關承認所謂『滿洲國』的談判，也在進行之中。

　　這些報告對中國政府產生了極為不好的影響。我已經收到南京外交部的來電，稱國內普遍反映極壞。現在的事態表明，德國經濟界對中國東三省問題缺乏正確的認識。

　　我相信德國政府不會拋卻以往對華友好立場，並且希望閣下能重申這一立場。」⑰

　　3月3日，德國外交部覆照中方，宣稱德方不承認偽滿的立場並無任何改變⑱。

　　德「滿」往來反過來又促進了德日政治關係的密切化。

⑮　《德國外交政策文件》C輯第一冊No. 478，第904頁《諾伊拉特致黑斯》（1935年2月4日），轉引自柯偉林書，第173頁。

⑯　同上出處。

⑰　《德國外交政策文件》C輯第二冊，第533頁。

⑱　吳景平書，第159頁。

　　德國垂涎於滿洲的是那裏出產的高品質的大豆，德國從滿洲進口大豆交易成為德滿日三角關係的重要紐帶之一。自然，滿洲的大豆是通過日本的公司對德供貨的，支付的辦法也是用德國對日貿易中出口的節餘來償付。1933年由於日元脫離金本位貶值，外貿大受影響，德國為減少外匯支出，不得不限制進口，德日貿易減少，再加上中德易貨及經濟合作的發展，日本人認為德方在經濟上「侵占了日本的勢力範圍」●。他們對中德「合步樓」協議提出抗議，但德國政府對此敷衍了事，而德國赴華軍事顧問團在南京影響卻越搞越大。這一切致使日本人於1934年4月13日，發表《天羽聲明》，表示：日本反對中國利用其他國家反對日本的「以夷制夷」政策，更對外國對華「提供武器、派遣顧問」等不能「置之不理」。這份聲明內容在很大程度上是針對德國人來的，表示了日本對中德發展軍事合作的強烈不滿。親日的德國納粹黨領導人也不得不因此給予日本某些安慰來減輕他們的不滿。

　　1934年5月，塞克特將軍二次來華，正式出任駐華軍事總顧問。為平衡對日外交，希特勒連忙邀請日本海軍中將松下訪德。1935年5月，法肯豪森接任駐華顧問團長，希特勒又一次與戈林一同接待了日本海軍訪德艦隊。是年秋，日本尚和鋼鐵廠總經理率日本兵器代表團在德考察了克虜伯各廠，並就購買該廠「直接製鋼」技術與德方開展談判●。到1935年底德日「滿」經濟合作又達到了一個新高潮。

　　1936年2月，中國駐德使館商專處得悉情報：德方曾允許來德參觀的日本軍官察看萊因鋼廠為中方生產的大炮，便立即告之南京。中國財政部表示，如此事屬實，中方將停止向德方支付炮款。德國國防

●　《德國外交政策文件》C輯第五冊No. 338，第565頁《狄克遜（東京）致德國外交部》（1936年5月19日）。

●　柯偉林書，第174頁。

部聞訊，於2月15日急電蔣介石，保證：「日本軍官實未嘗見大炮，敝方擔保一切，均守絕對秘密。」3月3日，蔣介石回電柏龍白，表示「中國在德製造軍器，自不應使他國人知悉，既承聲明，中國約定應付款項仍應照發」❶。這一風波才算過去。

隨著德國擴軍備戰步伐的加劇，對油脂的需求膨脹，德方為了節省資源，致力尋求替代品，對滿洲的大豆原料之需要因此加大。1934年8月，德國政府默許半官方的「德滿進出口公司」與滿洲「政府」談判以德國工業產品換取大豆事宜。1935年底，當中國一個學術代表團啟程訪德之際，德國也向遠東派出了一個經濟考察團，主要目的是訪問日「滿」，建立正式的貿易合作關係，順便也對中國進行了考察。

以奧托・克樸(Otto Kiep)博士為首的德國遠東考察團，包括了工業、財經界巨頭，他們在日「滿」進行了有效的活動，而對南京政府只是作了一般性應酬❶。與此同時，日本軍事、經濟代表團頻頻訪德，對撮合日德滿勾結起了很大推進作用。

1936年4月30日，德國政府外匯局的代表同偽滿政府的代表，在日本東京簽署了「德『滿』貿易協定」。該協定共14條款，主要內容如下：

1. 德國國外匯兌局允許價值1萬萬元之「滿洲國」貨物，於1年期內輸入德國，其中3/4 (7,500萬元) 以外匯（美元）付款，1/4 (2,500萬元) 以德國馬克付款；

2. 「滿洲國」當局應採取必要辦法，保證德國貨物於1年期內充分輸入「滿洲國」；

❶　《就日本軍官參觀德萊因鋼廠供華軍械事中德交涉電》，見《中德外交密檔(1927～1947)》，第49頁，二史館檔案廿八(2)3653。

❶　請參見本書第四章第一節有關克樸在華活動的內容。

3.德、「滿」兩國間之私人貿易清付行為，須得兩國當局之許可；

4.德、「滿」兩國間貿易額，應由雙方主管代表於每三個月在柏林查算一次；

5.本協定自1936年6月1日起生效，以1年為期❿。

偽滿「政府」對這一協定「深感滿意」。為執行為一「協議」，偽滿大量搶購大豆，以致造成東北大豆市場供應「恐慌」， 年內大豆價格上漲了50%。由於日「滿」對德訂貨並未增加，結果德國人以高價購買了大量「滿」豆，使德國對其貿易赤字從1936年5月的2,890萬馬克一躍升為1937年5月的3,850萬馬克，並且在以後續約一年期間繼續擴大❿。日「滿」在這項協定中不僅撈取了大量經濟利益，更重要的是通過這筆交易，使德國在實際上承認了偽滿，從而造成了德國在中日問題上對日本的一大讓步，給正在發展的中德關係蒙上了濃厚的陰影。

南京國民政府對德「滿」貿易協定之簽署十分惱火，進行了多次對德交涉。

1936年4月29日，就在德「滿」簽約前一天，南京政府外交次長徐謨召見德國駐華大使館代辦，就此提出質詢。德方解釋說：德方之所以要簽署這項協定：「因我方需要滿洲大豆，往時每年購量可達一萬萬元，近年已減至五、六千萬元，而德方因無力給付外幣，幾無法增進貿易。依照現在新訂辦法，我方擬在滿洲購買大宗大豆，其應付貨價，在德國開一帳目，逐次積存，滿方即可利用此項存款，購買德國機械等貨，如此我方可不必給付外幣而謀對滿貿易之平衡，同時我方大豆之需要，仍可盡量維持。」❿德國代辦反覆說明，該協定只是貿

---

❿　詳見秦孝儀主編：《中華民國重要史料初編》第六編㈠（臺北，1981年版），第145～147頁。

❿　《遠東年鑑》（東京1941年），第670頁，轉引自柯偉林書，第175頁。

易、技術性的，並無任何政治意義與作用。徐次長對此表示不可理解，保留意見。30日，中國駐德大使程天放奉令向德國外交部進行了交涉。

雖然德方故意拖延，不向中方送交協定全文，中國政府不能立即弄清內幕並提出抗議，但仍通過外交途徑向德國駐華代辦表示：就德方承認的協定形式而言，顯然是由德國政府機關與偽滿外交代表所簽訂，中方「對此不能不認為十分遺憾」，「倘貴方不予公布，又不抄示全文，則不能不令人疑為德、偽或已簽訂秘密協定」❼。

在中方一再追究之下，6月1日，德方才向中國政府送抄了「德滿協定」全文。中方經慎重研究，於6月8日向德方發出一份照會，內稱：「(中國政府) 外交部於詳閱該『協定』後，不得不有以下之結論：該『協定』實質上為一規定兩國間某種關係之協定，又為德國政府機關代表與所謂『滿洲國』代表所簽訂之協定，而德國政府深知所謂『滿洲國』為一以非法手段造成且未經世界自尊國家承認之組織。中、德兩國睦誼素敦，而德國政府竟簽訂此種性質之協定，不勝遺憾。中國政府雖不信德國政府已擇取與世界各國對於所謂『滿洲國』之共同態度相反之行動，但不得不詢明德國政府於簽訂上項『協定』之時，是否業已對於目前存在於中華民國東北各省之非法組織予以承認。盼即見覆為荷。」❽

從這份照會內容語氣分析，中方對德國與偽滿往來仍保持了十分克制的態度，甚至連「抗議」一類字句也未使用，而是採用了十分溫和的「非議」態度，並還應德方要求，沒有公布這份照會。在德方答覆中方不會正式承認偽滿「政權」之後，南京政府也就停止其對德交

---

❻　轉引自吳景平書，第161頁。

❼　秦孝儀主編：《中華民國重要史料初編》第六編㈠，第151～152頁。

❽　同上出處，第153～154頁。

涉了。

但是，德國政府並沒因中方的克制而中止與偽滿的往來。

1937年3月，德國政府正式向偽滿「新京」（長春）派駐了一名商務專員克諾爾(Knoll)，南京外交部立即向德國駐華大使陶德曼表示了反對態度，並要求克諾爾不要介入政治事務。德國外交部經濟司司長李特爾(Ritter)則向前來質詢的中國大使程天放保證，克諾爾使「滿」，完全是為了貿易需要，沒有政治作用，不具備外交官身份，也不與偽滿政府發生關係。他並表示，德「滿」協定，德方應買的都買了，「滿」方卻沒有買足，德國吃了虧，但他又支吾其詞，不肯表示停止協定的意向。程天放兩度交涉，無功而返⓰。

5月間，德「滿」達成協議，將貿易協定延長三年。6月9日，正當中國政府特使、行政院副院長兼財政部長孔祥熙應邀訪德，在柏林晚宴上與德方大員把酒歡宴之時，「在五千英里以外，德國貿易特派員（克諾爾）在新京設宴慶祝德『滿』貿易協定續約。」他說：「協定雖不理想，但犧牲是必要的，因為高於協定所追求的物質目的的是一種發展親密友誼的願望。」⓱這番話，道出了德國對日「滿」的真實態度。

南京政府此刻正忙於準備抗戰，需求德國軍事外交之助頗多，因此也沒有對德「滿」往來作進一步的交涉。

「滿洲」問題尚未解決，中德日三角關係又起波瀾，這就是1936年11月25日，德國與日本簽訂了一份「反共產國際協定」。

⓰　程天放：《使德回憶——1937年初期》，見《傳記文學》第五卷第二期，第31頁。

⓱　《東亞評論》第十七卷，第360頁（1937年7月17日），轉引自柯偉林書，第176頁。

　　就當時國際形勢而言，反對共產主義的蘇聯是西方列強的共識，那為什麼單單德日之間要搞這麼一個「反共協定」呢？其「醉翁之意不在酒」也。

　　進入 1936 年後，希特勒領導的德國已渡過了「埋頭苦幹」時期，重整軍備恢復經濟初見成效，德國人自稱再也不甘忍受在歐洲及世界上的孤立地位，為了對抗英法在歐洲對德國的「聯合圍困」，德國欲向全世界表明，他也有朋友，而且也有強國作朋友。於是，他需要拉攏亞洲強國日本，結為「政治同盟」，以壯聲色。另外，在納粹的「世界戰略」上，他們一直是靠「反共」起家的，並且把蘇聯視為「死敵」，必欲除之而後快。對蘇聯一國的力量，德國人自稱是不怕的，但他們害怕的是蘇聯與英法聯手來對付德國，於是便急於在國際上尋找反共盟友，以孤立蘇聯。

　　日本此時正忙於準備侵華。從歷史上中日俄三國解不開的「干係」著眼，日本侵華就必須防備中蘇聯手對付日本，日方很擔心蘇聯援華抗日。為此，也想找德國人作反蘇夥伴，從歐洲予蘇聯以威脅，使之無暇東顧，以利日本侵華。於是，德日為了自己的「全球政治戰略」便走到一起來了。

　　1935 年 5～6 月間，日本駐德大使館武官大島浩就與德駐英大使、納粹黨「影子外長」里賓特洛甫開始了建立德日反共聯盟的談判，經過雙方的頻繁外交活動，次年 5 月，德方提出了成立反共產國際共同陣線的建議，德日簽約的時機已經成熟了。

　　11 月中旬，英國《泰晤士報》詳細報導了德日間準備簽訂協約的消息，並明確指出「它的內容一部份是共同反共的宣言，另一部份則是物品和軍事技術交換的協定」，「意大利將來也會加入這個條約，而造成德意日反共陣線」。另外還預計：德意不久必將承認偽滿，而日

本也會承認意大利對阿比尼西亞的侵略。英報激烈抨擊了這一事件❼。

　　中國政府十分注意德日結盟的可能性。早在1934年底，就曾為此事訓令當時駐德公使劉崇傑，向德方質詢德日結盟的可能性與德日、德「滿」合作內容，德方對此斷加否認❼。現在風波又起，中國駐德大使程天放，再次奉令就此事向駐柏林各有關國家使節探聽消息，交換意見。法國駐德大使龐賽(Francois-Poncet)對程表示：德日皆反蘇，訂約不意外，但德國拉攏日本又要交好中國，在遠東已陷入自相矛盾境地。美國大使都德(Wm. Dodd)認為德日反共早有合作，簽約只不過是其公開化而已，美國對此態度有待於與英法協商後決定。他還私下告訴程大使，當年「九一八事變」發生時，美方曾與英方協商聯合制裁日本，但因英方不同意而作罷，現在英國對此也有後悔之意。美大使最後說：「羅斯福總統講過，對侵略國家，全世界都應該實行經濟制裁。」蘇聯駐德大使素立茲(Suritz)對程大使慷慨表示，蘇聯早已作好準備，即使德日同時進攻蘇聯，他們也不怕。接著他又故作關心地說：德日協定簽訂後，日本倒不一定敢進攻蘇聯，首先受害的將是中國，日本有德國為盟友，對華侵略將更肆無忌憚。程大使回覆說：中國決不上日本的當，決不與他搞什麼「聯合防共」。國民政府與中共鬥爭是中國內政，不容他人干涉。如果日本擴大侵華，中國將出自一戰以圖救亡。如果日本占領華北內蒙，其犯蘇將成現實。最後中蘇兩國大使達成共識，認為雙方利害相同，應該加強溝通合作❼。

---

❼　程天放：《使德回憶——德日反共條約》，見《傳記文學》第四卷第六期，第18頁。

❼　吳景平書，第163頁。

❼　程天放：《使德回憶——德日反共條約》，見《傳記文學》第四卷第六期，

11月27日，中國外交部長張群約見德國大使陶德曼，根據國際輿論傳言，詢問「德國是否已經和別國政府（當然指日本）建立了反布爾什維主義的共同戰線?」陶大使對此斷加否認，但他又解釋說：德國認為目前布爾什維克主義危險空前嚴重，德國為免受其害，已經與意大利達成了諒解，並正在設法與別國也達成這種「諒解」。張群則強調說中國政府將盡自己的力量來鎮壓共產主義❼。這次會見後，陶大使請示柏林外交部是否要將德日締約談判一事轉告中方? 柏林指示暫不通報。德國政府很清楚，他的對華與對日政策是相互抵觸的，最終必須選擇其一而不能兼顧，因此，為促成德日結盟，柏林曾一度下令暫停向中國提供重炮及魚雷快艇裝備，把對日關係放在首要位置❻。

中國政府認為德日結盟將對中國大大不利，於是竭力試圖加以阻止。11月17日，行政院副院長孔祥熙緊急約見「德國駐華易貨代表」克蘭，要其轉告德方「我極為重視德中之間的親密友誼，如果這種友好關係因德日結盟而受到損害，我將十分遺憾……」，「歐洲人對日本政府及其政策瞭解甚少，日本政府試圖統治整個中國亦即亞洲，從而對歐洲造成威脅。日本是一個工業國，需要廣大的原料產地和工業品市場，因此，日本總有一天成為德國最強大的競爭對手」。

「我們感到費解的是：在反共方面，德國為什麼從各國之中選擇日本與之結盟? 日本是我們最大的敵人，……中國已經進行了5年的反共流血作戰，在此過程中作出了數百萬人的犧牲。」

第18頁。

❼　南京《中央日報》(1936年11月28日)。

❻　《德國外交政策文件》C輯第六冊，第33～34頁，轉引自吳景平書，第164頁。

「如果德國確實已同日本結盟，那麼德國將因此而到處樹敵。儘管中國希望以各種方式與德國合作，並能在各個方面襄助德國，但也將因此而被迫同德國疏遠。」**⓰**

中國的勸說並不能阻擋德國的決心，11月25日，「德日反共產國際協定」正式公布。

11月25日當天，中國大使程天放前往德國外交部詢問有關「德日協定」一事。牛賴特外長立即拿出這份協定抄本交給程大使，表示「這件事磋商了幾個月，最近才商定，今天下午在柏林簽約」。他鄭重聲明，除協定公開條文外，德日間並無秘密條款，英法報紙報導都是造謠。程大使立即回到大使館，向南京外交部報告了德日協定之全文：「條約內容非常簡單，一共只有三條。第一條規定，兩國共同防範共產國際的活動。第二條規定，如果第三國內部和平，受到共產國際的危害時，兩國將共同邀請它採取防禦措施，或者參加本條約。第三條規定，條約自簽字日起生效，有效期間五年，德日兩種文本，都是正本。議定書也只包括三條。第一條，兩國對於共產國際活動的情報，應彼此交換，兩國的反共宣傳和防衛對策，應密切合作。第二條，兩國在現行法令範圍內，對在國境外直接間接替共產國際工作的人，應該嚴屬取締。第三條，兩國設常任委員會，研究和計劃反共的防禦政策。」**⓱**奇怪的是這份協定德方簽署人不是按慣例由外長牛賴特執筆，而是由德國駐英大使里賓特洛甫(Joachim von Ribbentrop)代簽，日方則由日駐德大使武者小路簽字。這一反常現象，說明了以牛賴特為首的德國外交部並不同意希特勒的「聯日」方針，希特勒不得已才令其

⓰　《德國外交政策文件》C輯第六冊，第106～108頁，出處同前第165頁。

⓱　程天放：《使德回憶——德日反共條約》，見《傳記文學》第四卷第六期，第18頁。

「影子外長」里賓特洛甫出面辦理。不僅外交部，德國國防部在柏龍白將軍主持下對此也採取了「淡化」態度。

11月25日，簽約當日，中國行政院長蔣介石通過克蘭轉致柏龍白部長一電，文曰：「絕密。請以我的名義詢問柏龍白元帥，（德國）國防部對德日協定持何態度？並請他給我明確答覆。」❽蔣介石最擔心者唯恐德日協定影響到德國供華軍火交易及德國軍事顧問的在華活動，德國國防部體會到了蔣介石的擔心，立即回電給克蘭，柏龍白部長亦於次日致電中國行政院副院長孔祥熙（因當時蔣介石不在南京），反覆強調德日協定「絕不反對任何一國家，亦不反對俄國」，「因另有原因，發表中鬧得熱熱鬧鬧，擴張其詞，實則無一此事實的價值」❾。「德日協定內容僅係防衛國際煽動組織之合作，絕不反對任何國家，並對中德友誼關係，絕無影響，中德完全互信互助之合作，始終如一」❿。27日，柏龍白再函孔祥熙，強調「我中德兩國之經濟繁榮，實有盼於兩國之合作日增密切。私衷佇望，正與尊願相同，德日防共協定之簽訂，全為防禦赤化陰謀，決不影響於吾兩國之共同建設事業，此柏所敢為部座斷言者也。此項協定，對於國際共產組織之破壞工作，加以抵制。貴國亦常感受國際共產組織之威脅也」。「敝國人民所佇禱於貴邦者，為最近期間獲取大量農礦原料之供給，倘蒙部座促進此願望之實現，私衷慶慰，寧可言宣」，「關於敝國所能貢獻貴邦之物品，柏終始如一，願竭綿薄，促其供輸」⓫。

❽　《德國外交政策文件》C輯第6冊，第105頁，轉引自吳景平書，第165頁。

❾　二史館檔案：《德國國防部致克蘭電譯稿》（1936年11月25日），廿八⑵3642，見《中德外交密檔(1927～1947)》，第50頁。

❿　二史館檔案：《柏龍白致孔祥熙電譯稿》(1936年11月25日)，廿八⑵3642，見《中德外交密檔(1927～1947)》，第50頁。

　　由於主管軍火貿易與顧問團的國防部長有了這般表態,使蔣介石心中稍稍平靜下來。按照克蘭的描述,柏龍白的電報在此危急關頭挽救了中德關係,使其避免了一場危機。

　　原則問題雖然初步解決了,但中方仍不放心,生怕德日協定背後還有什麼秘密協定。中國外長張群於28日再次約見陶德曼,就德日協定疑點進行了詳細詢問,陶大使一一作答,並再次轉達德國政府意圖:德方將在任何情況下保持同中國的友好關係,德方把發展對華友誼置於頭等重要的地位。德日協定無論在文字上還是在含意上都不是針對中國的,與中日矛盾也沒有任何關係,該協定不損害第三國的主權,也不具有結盟性質,目前也不打算邀請其他國家參加❷。張群對德方的這些保證表示滿意。

　　11月30日,蔣介石在洛陽行營「紀念週」上針對「德日協定」發表了講話,他「一方面重申中國不容許外國干涉內政的決心,另一方面說明中德兩國近年來非常友好,相信此種親善關係決不致受此條約的影響」。12月1日,他再次電令駐德大使程天放對德方交涉,問清「德日協定」之細節內幕。

　　程天放首先拜會國防部長柏龍白,詢問他德方會不會根據「協定」規定對日本「交換」去有關中國軍備的情報?柏龍白回答說:他相信日本不會提出這種無理要求,即使萬一提出,德方也不會照辦。因為「交換」情報只限於對共產黨的活動而並不包括第三國的國防。他說:他是中國多年的朋友,以後也決不會變更態度,請中方放心。

　　3日中午,程大使又拜訪了德國外交部,他對牛賴特表示:中方

❶　《柏龍白致孔祥熙函》(1936年11月27日),同上出處第51頁。

❷　《德國外交政策文件》C輯第六冊,第121～122頁,轉引自吳景平書,第166頁。

對「德日協定」既懷疑又不滿，雖然我方可相信德方並無惡意，但日本方面的用心就很難說了，因此有幾點具體條款內容需向德方問清。

第一是對於「第三國內部和平受共產國際威脅時」一句的下文，德文本協定內容是德日將「邀請第三國共同採取應付措施」，而日文本則可理解為「共同對第三國採取防禦措施」。究竟何者正確？牛賴特回覆是以「德文本為準」。

第二是「協定」有無邀請中國加入之意？回答是德國瞭解中國情形特殊，並無邀其加入之意。程大使要求德方正式發文說明此意，以免被日本鑽空子。牛賴特以無必要為由婉加拒絕，但他同意在華發表他的這次講話以達其宣示效果。

第三是「締約國對境內外共產黨人要嚴屬制裁」是否包括除德日兩國以外的其他國家公民？回答是「不包括」。

第四是「協定」議定書所規定的「常任委員會」有沒有成立？回答是德國在警察總局中早已設立了一個專門的反共機構，並不另設「常委會」。

第五是該「協定」究竟是以誰為主體，誰先倡議發動？回答是：雙方都有意思，但仍是「以德方為主體」。

程天放詢問完畢表示，中國政府堅持反共立場，但決不許他國以任何借口來干涉中國內政。牛賴特表示：德方深知中國立場，早在對日談判時就已屢次聲明，德對中國毫無惡意，不許日本利用這一協定來作壓迫中國的工具，深信中德友誼不致受該協定之影響[183]，中方對德方的這些表示頗感滿意，蔣介石對德國軍事顧問團之信任也一如既往。

---

[183]　程天放：《使德回憶——德日反共條約》，見《傳記文學》第四卷第六期，第20頁。

　　德日「反共產國際協定」在簽字之時，因簽約雙方的鼓噪宣傳，一時引起全世界的重視，但其實並沒有什麼特殊的歷史作用。雖然德方對中國撒了謊，該協定簽訂同時還附有一份秘密反共條款，規定「雙方在反蘇政治上合作，未得一方同意另一方不得與蘇聯簽署任何條約，必要時兩國可採取軍事合作等等」，因為當時國際形勢的發展日本決不敢輕易對蘇下手，而德國為了首先對付英法，對蘇聯反而採取討好政策，這便使這一紙「協定」成為廢紙。更有甚者，1939年8月23日，希特勒為了戰略需要，首先違約，擅自與蘇聯簽訂「互不侵犯條約」，把日本甩在一邊不理，而代表希特勒去莫斯科簽約者，又是那個酒販子出身的納粹分子里賓特洛甫，這成為一樁歷史大笑話。由此可見這一「協定」並無什麼實際價值，唯一具有歷史意義的是「反共產國際協定」的簽訂標誌著德日在政治上結盟的開始，而這對於正在準備抗日的中國，對於正在發展的中德關係來說，的確是一件麻煩的事情。從此以後，中德關係更與德日關係密切相關，陷入了更加複雜的境地。中方對該協定及其德日雙方一舉一動都緊張關注，唯恐「城門失火，殃及池魚」。

　　1937年春，南京政府探悉德日欲拉意大利加入「反共產國際協定」，使德日同盟進一步發展，中國政府行政院秘書長翁文灝立即向「德國政府代表」克蘭表示：「德日協約中如果更復加入意國，則意義顯然更為重大，甚盼德政府勿輕舉妄動。」3月5日，柏林回電說：有關「三國行將訂立同盟條約之說，柏龍白元帥實毫無所聞」，「擬即向各主管機關訪詢，然後將事實真相詳細電告」⑱。蔣介石為此事召見克蘭，對他說明了中方的「擔憂」。陶德曼大使奉德方命令對蔣表

⑱　二史館檔案：《翁文灝致蔣介石電稿》(1937年3月6日)，廿八(2)3462，見《中德外交密檔(1927～1947)》，第52頁。

示，德中友誼仍是德國外交政策的基礎，不會動搖。而蔣介石則認為：儘管中方仍重視中德友誼，但因有了這份德日「反共產國際協定」，不免使中國人普遍對德方產生了疑慮，他們無法理解德方為什麼要作出與日本結盟的決定，現在又要擴大化，這就與以往的情況不同了。陶大使再次對蔣保證：德國無意介入中日糾紛，也不打算要求中國加入這一「反共產國際協定」**❿**。但無論如何，事情仍是按中方預料的方向在發展。1937年11月6日，意大利終於宣布加入「反共產國際協定」，並與之結盟，形成了世界法西斯侵略集團，德國從此逐步走向中國的對立面。

在結束本節內容之前，我們還有必要簡略考察一下作為西方列強之首的英美兩國以及世界另一大國蘇聯對於中德發展關係的態度。

就美國人而言，他們對中德關係之發展早在鮑爾來華時代便開始給予嚴密注意，華盛頓對德國在華建立「令人難以捉摸的壟斷效果」尤為擔心。其在華武官掌握下的情報組織，對德國軍事顧問的在華活動嚴密偵察，欲弄清其中真相。因此，迄今尚保存在美國的有關情報檔案，便成為記載德顧問在華活動的為數不多的資料來源之一，儘管這些情報的準確性並不一定可靠。在經濟方面，當時美國人在華並無太大作為。1934年，美國貨占中國進口貨總數的26.2%，到1936年上半年，這一數目卻下降為17.7%，已接近德貨17.24%的水平，但美方似乎並不著急。美國國務院仍把中國列為投資「危險區」。1935年3月，一個美國非官方組織「全國貿易委員會」(The National Trade Council)派遣一個經濟代表團赴華考察，準備推動中美經貿合作。雖然代表團回國後熱情高漲，但他們遍訪美國財經企各界，卻飽受冷遇。對於美

---

❿ 《德國外交政策文件》C輯第六冊，第590頁，轉引自吳景平書，第167～168頁。

國人的這種冷淡態度,《遠東評論》(*Far Eastern Review*)在1937年6月發表的一篇文章中尖銳指出:「每一個跡象都已表明,德國人將成功地奪取英美在東方貿易的相當大部份。」⑱

英國是一個在華擁有大量殖民利益的老牌帝國主義國家,他當時在華的戰略任務不是要急於擴大勢力,而是要穩穩地保住特權。英國工商界人士在1934年前後不斷要求政府尋找在華投資新途徑,必要時「甚至不惜犧牲英日關係為代價」⑱。

被中國政府英籍財政顧問李滋羅斯(Frederick Leith-Ross)稱為「既無資本又無信用」的德國人在中國的崛起,使英國人慢慢清醒過來。1933年,當塞克特首次訪華時,英國外交部並未加以重視,到1935年,德國已代替英國成為對華第三大出口國,英國在中國重要的鐵路建設中只獲得了5%的份額。這一切刺激了英國人。以李滋羅斯1935至1937年來華協助國民政府進行「幣制改革」為契機,英方開始了與德國爭奪中國市場的努力。中德「合步樓」貸款協議簽訂後,英國駐滬商務參贊路易斯‧比爾(Louis Beale)悲嘆道:「這一協議的後果是在(中國的)發電廠、煤礦、工廠和鐵路,到處安裝的都是德國設備⋯⋯這一趨勢必使生產同類產品的英國製造廠商的利益受到危害,這是在中國發生的非常嚴重的事態。」⑱李滋羅斯強烈要求英國政府效仿德國對華提供相同優惠條件的貸款,並試圖向南京派遣英國顧問及工作人員,以抵消德國人的對華影響。

---

⑱ 《遠東評論》第三十三卷第六期(1937年6月),第218頁。

⑱ 恩迪科特:《英國的金融外交與中國》,第484頁,轉引自柯偉林書,第270頁。

⑱ 英國外交部檔案:FO405/276No. 13《比爾(上海)致許閣森》(1936年11月24日),轉引自柯偉林書,第271頁。

　　中國政府為了在政治上爭取英國同情中國抵制日本，給予了英方一定照顧。1936年末，南京曾將已下臺的陳濟棠與德方克蘭訂過合約的廣州－梅縣鐵路建設權交給了英方，並允諾將來予之更多的利益；蔣介石邀請英國人參與廣州的國防設施建設工作，並要求英方將海南島納入其「保護區域」，以免將來被日本人占領❽。

　　在這種情況下，英國在1936年曾向德方建議劃分其在華利益範圍，就信貸條款、市場界限等問題訂立一個「君子協定」。以上這些措施，使英國在華利益有所恢復❿。但不久之後中日戰爭爆發，連同「廣梅鐵路」在內的英國在華項目俱成泡影。

　　對於當時世界上唯一的社會主義國家蘇聯來說，因為他與南京國民政府的歷史舊隙未復，兩國關係直至抗戰爆發前夕才因共同的國際戰略利益而開始好轉。1936年中國新任駐蘇大使蔣廷黻抵達莫斯科。從11月至次年2月間，他在蘇聯進行了廣泛的外交活動，意圖爭取蘇方支持中國的抗日大業。

　　在蔣廷黻與蘇方會談中自然不免要談到中德關係及當時國際上的熱門話題之一的德日「反共產國際協定」。蘇聯外交人民委員會副委員長斯多蒙涅可夫在1936年12月9日會談中對中國大使說明了蘇方的觀點並著重指出了該協定對中國的直接危害。他說：「此秘密議定書之範圍甚廣，『侵犯』及『侵犯威脅』等字句在日德兩方面皆能作極奇異之解釋也。秘密協定與反共協定相互為用，反共協定明言為防止第三國際，協約國得在國外採取必要行動。聞簽字時，日德曾有對中國之瞭解。」蔣大使復問：「日德簽字時對中國之瞭解如何？」他說：「詳情不明，惟所謂『能在國外採必要行動』屬於日本方面者係指中

❽　　恩迪科特：《外交與企業》第138～139頁，轉引自柯偉林書，第272頁。

❿　　同上出處，第132頁，轉引自柯偉林書，第272頁。

國，日本在運用上必聯合公約與秘約化為一約，日本能隨時對德聲明日本或滿洲國已受侵犯威脅，因之派兵進攻中國，蘇俄現在雖感德國之不存好意過於日本之不存好意，然日能助德，德亦能助日，且此約係侵略國集團實現之初步，意日之互認滿洲國與亞比西尼亞即其明證，余可預料日、意、德必採共同行動，以達其侵占他國土地及勢力範圍之目的」⓱。

次年2月16日，蔣廷黻大使與蘇聯駐華大使鮑格莫洛夫會談時也談到了中德兩邊關係問題。鮑大使對中德發展關係表示了憂慮。他說：「你我兩國（中蘇）的出路均在一個大聯合之中……我覺得中德的關係不無困難……。」

蔣大使答：「中德之間並無特別聯合。」

鮑又說：「德國軍事顧問是我們不能放心的一件事。」

蔣回答：「軍事顧問均是一個一個請來的，契約有定期，並且是我們政府與每個顧問的契約，不是中國政府與德國政府之間的契約。」

鮑：「這事非小心不可，中國軍事秘密恐東京無不知者，最近，中德經濟的合作似乎是因為條件方便。」

蔣：「正是如此，此外毫無政治意義。我希望貴大使將今晚的談話報告李外委長，俾他作為制訂訓令的參考。」⓲

因為當時複雜緊張而又多變的德蘇關係，蘇方當然不願看到中德接近，故力勸中方遠離日德，以免「引火燒身」。但中方對德國還存有許多幻想，也並未下定決心與蘇聯聯合，蘇聯的勸告並不能影響中國的外交戰略決策。

⓱　《民國檔案》1989年第四期，第26頁，二史館館藏檔案。

⓲　同上出處，第29頁。

五、並非出自正義的支援

(一)中國代表團赴德的前前後後

在「廣東風波」愈鬧愈僵時，雖然蔣介石曾向法肯豪森明確表示：由於德國政府放任克蘭扶持廣東當局，他對見利忘義的克蘭促成的「合步樓合同」已覺味興索然，但到1935年1月31日，「合步樓合同」仍經國民政府核准備案，完成立法手續。

同年2月7日，蔣介石致函塞克特，希望克蘭能於3月間來華，完成最後之協定及解決各項細節問題。

同年4月，塞克特辭去總顧問之職，離華返德，臨行前收到遠在西南巡視的蔣氏電報，要求塞克特歸國後，為「合步樓合同」早日付諸實施，開展中德貿易向德國各界疏通。

種種跡象表明，蔣介石非常渴望開展中德易貨貿易——他對克蘭的「南京方案」是「有所謂」的。事實上，溯自「廣東風波」發生，蔣介石和他的政府即把「廣東方案」和「南京方案」分開處理，即不因「廣東問題」，而放棄「南京方案」，也不因「南京方案」而稍事妥協。

1935年3月底，克蘭重臨中國，適逢蔣介石巡視西南各省。由於沒有相晤的機會，這個腳踏兩條船的投機商人只好在上海靜候蔣的歸來。其間，他曾與財政部長孔祥熙舉行過數度會晤，但雙方並未「獲

有完全清晰的發展」。

5月初，克蘭委託法肯豪森懇請蔣介石早日賜見。未幾，德國駐華大使館致電克蘭，飭其結束與「廣東問題」有關的一切工作，集中精力與國民政府打交道。翌月，克蘭赴成都晉見蔣介石，克、蔣之間談到了「廣東問題」，並達成了諒解。但是，究竟是克蘭答應放棄在廣東的投資項目（或部份放棄），抑或是蔣介石默許了克蘭在廣東的投資，史料並無記載。從數月後中德之間再度發生「廣東風波」及有關旁證資料來看，這兩種可能性都存在。美國學者柯偉林教授《德國與中華民國》(*Germany and Republican China*)一書中寫道：「1935年6月……，關於初期的廣東兵工廠工程（克蘭稱之為小事一椿），和黃埔碼頭設備問題，顯然獲得蔣氏的默許。」❶但這只是一種推測，柯偉林教授並未在書中列舉有力的證據。

得到蔣介石的諒解後，克蘭返回上海，與孔祥熙就全面實施「合步樓合同」，開展易貨貿易展開磋商，磋商的細節計包括：德國對華信用貸款的數額、利率、計帳方式，易貨的種類、數額，雙方執行機構的運轉、聯繫方式等。

磋商期間，德國經濟部長沙赫特致電孔祥熙，聲稱他本人及希特勒均對「中德易貨合同」寄予很高的期望，德國方面已做好向華輸出工業品及由華輸入農礦產品的一切準備，並擬向中國提供數額為2,000萬馬克的商業貸款。為了使雙方期待已久的「中德易貨合同」早日付諸實施，沙赫特建議，經辦易貨的組織必須由各自的政府直接控制，希望中國政府派遣官方代表團前往德國進行具體談判。

蔣介石比沙赫特走得更遠。同月晚些時候，他致電沙赫特，稱：

---

❶ 柯偉林書，第162頁。

沙赫特部長先生勛鑒……敝國政府與克蘭君所簽訂之貨物互
換合同，已蒙台端承認，並予以貨物借款之輔助，中正無任欣
慰！謹向台端表示感謝之忱！

敝國財政部長孔祥熙博士，將與台端直接聯絡，並將派遣全權
代表，前往貴國，謀與台端結束最後交涉。

此項交涉結束以後，中德兩國，為使在建設過程中，彼此互助，
可由經濟、文化之合乎溝通而結合一致，中正對此懷抱已久之
素願，實現可期矣。台端示敝國以誠信，中正實不勝歡快，亦
必貫徹始終，以實現台端對敝國所懷抱之期望也……。❷

這是一個信號，以「合步樓合同」為基礎的中德易貨貿易，將要
「升級」為政府間的官方貿易。

在這之後，行政院秘書長翁文灝受命與克蘭舉行談判。談判的範
圍與經過為：

1.關於信用貸款

由於中德雙方貨價懸殊太多，翁文灝等建議，由德國政府向中國
提供信用貸款，以便在華貨價值少於德貨時仍能進行物物交易。如前
所述，沙赫特同意為中方提供貸款，但只打算提供2,000萬馬克。顯然，
這離南京國民政府所期望的數目相差太遠了，翁文灝等推測，沙赫特
所允之信貸如此之少，顯係對中國供貨能力心存疑慮。為了顯示中方
的供應能力，打消德方疑慮，翁文灝要求克蘭轉告德國政府，中國政
府即將設置專門機構專司對德易貨，並答應於同年冬季為德國提供
2,000噸鎢砂（這是一個十分可觀的數目，相當於德國半年的鎢砂進口
額）。 由於中方的強烈要求，最後，德方則答應信貸數額「可根據將

---

❷ 二史館檔案：《蔣介石致沙赫特函》廿八⑵686。

來互換進行範圍之大小隨時增加」。

2. 易貨的範圍、數額

這是克、翁磋商的另一項重要內容。至10月底，雙方原則商訂，易貨合同正式實施後的第一年內，中國向德方採購價值為1億馬克的工業品，並向德國提供3,000萬克之農礦原料。

德國需要採購哪些農礦原料呢？同年10月29日克蘭在致翁文灝函中聲稱：「敝（德）國農礦原料之需要，異常廣泛，足以包括中國輸出可能之全部……，計合要義如左：甲為國防實力儲備方面之需要；乙為德國經濟方面之經常需要。」❸

在該函中，「克蘭依據敝（德）國政府電訊之結果」，將上述甲、乙「兩項所需之最關重要之農礦原料的最低數量」列表開示如下：

礦農原料	國防方面之存儲（噸）	緊縮經濟方面之三月需要（噸）	每年需要（噸）
銻	2,000	750	300
石棉	5,000	6,000	24,000
鉛	30,000	25,000	100,000
鐵砂	2,000,000	2,000,000	8,000,000
鉛	150,000	100,000	400,000
錳	50,000	100,000	400,000
鎂	1,000	1,500	6,000
鎳	8,000	2,500	10,000
水銀	150	150	600
鎢	2,000	2,000	8,000
錫	4,000	6,000	24,000

❸　二史館檔案：《克蘭致翁文灝函》（1935年10月29日）廿八(2)690。

鋅	10,000	55,000	220,000
鋅砂	—	5,000	200,000
棉花	60,000	170,000	680,000
麻	5,000	1,250	5,000
絲	1,600	1,750	7,000
茶	—	1,500	6,000
油類果實	—	1,000,000	4,000,000

至於「中德易貨合同」正式實施後第一年內德國希望中方運德之農礦原料則為❹：

種類	數量	種類	數量
大豆	100,000噸	花生	100,000噸
油子	50,000噸	棉花	10,000噸
錫	4,000噸	銻	4,000噸
鎢砂	4,000噸	鎂	300,000馬克
桐油	2,500噸		

中國第一年內向德方採購工業品之數量及種類，雙方商訂如下：

變款及投資　200,000,000元

鋼鐵廠　25,000,000元

其他重工業各廠機械　30,000,000元

軍械　60,000,000元

兵工廠機械　30,000,000元

❹　二史館檔案：《克蘭致翁文灝函》（1935年11月1日）廿八(2)690。

　　　　總計　165,000,000元 ❺

　　　　（注：1馬克等於1.35元）。

3.關於價格協定與運輸

　　是項磋商，係在克蘭提出之《運輸及價目協定辦法之建議》的基礎上進行。至10月底，雙方原則商定，中德易貨貿易，由德國政府指定特許公司會同中國政府協商辦理，至於該特許公司究係國營公司抑或私營公司，則由德國政府決定。但德方必須對該公司「授予全權」。該公司負責運輸中國供給德方之農礦原料，並會同中國政府或其全權代表商訂是項農礦原料之價格。具體做法是，先將農礦原料之價格折合成英鎊，然後按「當日英鎊行市」折合成馬克。貨價借款，由德方以馬克計算，撥付中國存款項下。由英鎊折成德國馬克之計算，須按照中國交貨之「當日匯兌行市為依據」 ❻。

　　此外，孔祥熙、翁文灝、克蘭等還打算成立雙方合辦「中德輪船公司」，以促進中德易貨貿易之發展。據1935年11月1日克蘭致翁文灝函稱：「去歲在牯嶺與孔部長會商互換合同時，孔部長即曾提及，倘中德兩國能合組一內河、沿海、海洋輪船公司，使兩國互換合同之利益，充分表現，實有甚大意義。克蘭對此問題，曾於去歲歸國後與敝國關係各方，尤以與敝國領袖之特派經濟專員開卜勒先生作較切近之商討，開卜勒先生實已承認此事之重要，並在原則上表示同意，開卜勒先生並將此節通知『漢堡美洲』及『北德』兩輪船公司，並獲有瞭解同意之表示也。」 ❼11月中，雙方原則商訂，中德輪船公司由中國中央政府、中國輪船公司、德國國家政府、北德及美洲公司四方投資，

---

❺　二史館檔案：《中國對德易貨貿易購貨計劃表》廿八(2)3650。

❻　二史館檔案：《運輸及價目協定辦法之建議》(1935年8月) 廿八(2)693。

❼　二史館檔案：《克蘭致翁文灝函》(1935年11月1日) 廿八(2)694。

但中方股權應佔50%以上。詳細細則，則俟中國代表團莅德後再作最後定奪。

4.中國赴德代表團組成

中德雙方決定將克蘭與孔祥熙簽訂之「中德易貨合同」「升級」為官方合同後，中國官方代表團赴德已是順理成章、指日可待之事。1935年秋，中國政府通知德方，中國代表團之籌組工作正在進行，翌年初即可赴德。

赴德代表團之籌備組織，係在克蘭的協助下進行。受翁文灝委託，克蘭於1935年8月間擬具「中國代表團計劃」，建議代表團由「團主任一人（同時為委座特派專員）」、「軍事專員二人」、「財政專員一人」、「技術經濟專員一人」及翻譯、隨員數人組成。依據克蘭的觀察，代表團最佳人選為：軍事委員會軍事雜誌社總幹事杜心如，教導總隊隊長桂永清、兵工署軍械司司長徐培根、參謀本部參謀鄭介民、行政院秘書齊煥及兵工署技術司炮科科長莊權等❽。

克蘭建議，代表團訪德期間之行程安排，應由「塞克特將軍會同團主任確定」，他希望塞克特運用自己在德國軍政各界的老關係，為代表團提供各種方便。在克蘭看來，中國代表團訪德，是促進中德關係進一步發展的絕好機會，因此，該代表團的任務不應以簽訂中德易貨合同之最後協議——信用借款為滿足，應藉此契機加強中德間之政治、軍事、經濟、文化乃至意識形態領域諸方面之多角度，全方位之合作。代表團莅德後，應立即向德方接洽人員表明，希望遍晤德國政界首腦，這些人至少應包括——按克蘭開示的名單：德國總理希特勒，國防部長柏龍白，航空部長兼普魯士邦總理戈林，德方特派經濟專員開卜勒，經濟部長兼國家銀行總裁沙赫特，宣傳部長戈培爾，財政部

❽ 二史館檔案：《克蘭擬具中國代表團組成人員及推薦名單》廿八⑵694。

長施外林方格羅謝克，內政部長福力克，教育部長魯士特，外交部長牛賴特，交通部長艾爾次呂拜納赫，農業部長大萊，勞工部長塞爾吉等❾，與他們進行廣泛交談，簽訂有關協議或意向書。從翌年初中國代表團出訪德國的實際情況來看，蔣介石、翁文灝只是有選擇地採納了克蘭的建議。

翁、克磋商結束以後，1935年12月初，克蘭離華返德。他的公文包中，裝滿了各種意向性的合約和他本人呈送中國政府的種種建議案副本，這些東西已能夠勾勒出旨在加強兩國經貿關係的中德易貨貿易的大致圖案。不用說，克蘭此次返德，即是要打通各種關節，將「意向性」的方案落到實處。

翌年1月10日，克蘭拜會德國國防部部長柏龍白，向柏較交蔣介石的親筆信。信云：

> ……前由克蘭君賜交玉照一幀，並荷存問厚意，永誌欣感。貴國國防軍之新興建設，殊足引起中正濃厚興味及關切之心，將軍之毅力決心，能使貴國於短期內，造成實力機構，給予貴國以實施和平經濟建設工作之安全保障，尤足令中正欽佩者也。
> 中正之努力，欲由軍事建設，以求中國之團結，由國防實力之保障，予和平耐勞之敝國國民以經濟上發展能力，將軍不啻為導師也。
> 由互換合同促成中德兩國之合作，中正深為慶幸。敝國本有供給貴國以各種原料之可能，決不避困難，以救濟貴國原料之恐慌，關於此點，將軍盡可釋意。

❾ 二史館檔案：《克蘭擬具之中國代表團之組織及訪問計劃內容》廿八(2)694。

將軍擬予中正以實施軍事之導助，實深銘感。中正決心依照塞克特將軍之意見，經由克蘭君口頭及書面敘述之計劃亦必予實施。關於軍事及軍事技術方面，尚懇將軍不吝博識，賜予南針，中正有意，以貴國系統為敝國新建國防軍編制訓練武備方式原則也（下略）。**❿**

　　蔣氏斯信中雖多外交辭令，但透過實施易貨貿易、引進德國軍備，加強軍事建設的企望仍可見於字裏行間。柏龍白是推行中德易貨貿易、搜購中國戰略原料、鼓勵克蘭數度來華的德方中堅人物，自然亦希望中德間迅速完成最後談判。同日，柏龍白覆電蔣介石，稱：「此項計劃如能早日著手進行，尤為本人所深切期待者也……貴代表團行抵本國之後，本人必竭盡綿薄，以助其早日完成使命，尚請放懷為禱。鄙人與代表團商洽之後，如蒙鈞座不棄，擬略抒鄙見，藉獻芻蕘，冀邀青察也。」**⓫**

　　在得到柏龍白上述保證後，克蘭於1月16日前後先後拜訪了經濟部長沙赫特、外交部長牛賴特、外交部司長里特爾狄客霍夫、交通部長愛爾次呂拜納赫、財政部長施外林方格羅謝克、國防經濟廳廳長托馬思等，這些政界要人均表示支持克蘭一手促成的中德易貨貿易及以此為契機加強中德在各個領域內的合作，並原則同意為中國政府提供數額為一億馬克的信用借款。

　　打通各種關節後，1月24日，克蘭隨柏龍白、里賓特洛甫晉見德國總理希特勒。德國外交部職員艾得曼斯多夫在1936年1月24日所作的一份備忘錄中曾對這次晉見略有記載。茲錄如下：

---

❿　　二史館檔案：《蔣介石致柏龍白電》廿八⑵3654。

⓫　　二史館檔案：《柏龍白復蔣介石電》廿八⑵3654。

外交部長告訴我，他今天應召晉見元首兼總理，在座者有國防
部長布隆柏爾（柏龍白）和甫自中國歸來的克萊因先生。克萊
因以詩情畫意的語調描述他在華之計劃，外長中斷他滔滔不絕
的話題說，他首先感興趣的是克萊因如何獲得南京政府的同意
並實施到何種程度……，克萊因旋即顯示出他隨身攜帶蔣委
員長致元首兼總理之親函，信中蔣氏強調克萊因完全獲得他的
信任，並聲稱隨即有一中國代表團抵達柏林，以商討物物交換
之事宜……**⓬**　（下略）

　　按，辛達謨先生在《德國外交檔案中的中德關係》一文中對艾得
曼斯多夫備忘錄中所敘述之克蘭晉見希特勒及與德國外長商談中德易
貨貿易的具體時間捉摸不定，並推測說：「根據塞克特於1934年11月
致外交部顯示，此事大約發生在同年年底（即1934年年底）。」**⓭**顯然，
這個說法是不正確的，因為克蘭此次晉見希特勒時，提到了中國代表
團訪德一事，而中國代表團訪德，則是1935年下半年才決定的事。實
際上，艾得曼斯多夫備忘錄一開始就把克蘭、里賓特洛甫等晉見希特
勒的時間作了交代。「外交部部長告訴我，他今天應召晉見……」，這
個「今天」，即是艾得曼斯多夫擬具備忘錄的日期──1936年1月24
日**⓮**。

　　希特勒對克蘭中國之行及中德易貨貿易與加強中德經濟合作持何

⓬　辛達謨：《德國外交檔案中的中德關係》，載《傳記文學》第四十二卷第
　　二期，第128頁。

⓭　同上出處，第129頁。

⓮　另據《克蘭致翁文灝電》，1935年12月9日～1936年1月31日。

態度，艾得曼斯多夫備忘錄中並未提及，但根據同月27日克蘭致翁文灝電，克蘭似已取得希特勒的支持。該電稱：「克蘭與敝國領袖兼總理希特勒本月24日之晤談經過甚為圓滿，一切均以委座意旨為立論根據也。委座函件亦已面呈敝國領袖，即將肅請裁覆。參照克蘭建議，全部以經濟為基礎之中國建設方案甚邀敝國領袖讚許。敝國領袖必將襄助委座完成事業也，貴國代表團蒞止後之一切準備極為圓滿，屆時將親受敝國領袖之接待，一切供應由國防部主持負責，現正會同敝國國防部部長柏龍白將軍、經濟部部長沙赫特博士籌備一一，俾重大節目得以循序實施，國防部部長柏龍白將軍、經濟部部長沙赫特博士將與委座與孔部長互通音候，以資聯絡。」**⑮**

與此同時，克蘭還拜會了他的老朋友、德國國防軍的締造者塞克特。塞克特同意竭其所能促成中國代表團訪問成功，他在致翁文灝電中表示：「關於貴代表團來德一切，塞克特甚願介紹於敝國政府前，以便洽商一切。」**⑯**受德國防部委託，塞克特還多次致電蔣介石，敦促中國代表團早日起程，以便籌備經年佇候以待的以易貨貿易為契機的中德經濟合作盡快達成最後協議。

萬事俱備，只欠東風。經蔣介石同意，1936年1月21日**⑰**，中國赴德代表團正式組成。代表團以地理學家、資源委員會委員、開灤礦務局總經理顧振為主任，團員包括：資源委員會專員、軍事工業專家、著名學者王守競；中央信託局副經理凌憲揚；訓練總監部軍事教育處處長酆悌及行政院秘書兼翻譯齊焌。這個名單令在柏林佇望多時的克蘭稍感意外和沮喪，他所推薦的人選只有齊焌一人位列其中，而且只

---

⑮　二史館檔案：《克蘭致翁文灝電》廿八⑵3638。

⑯　二史館檔案：《柏龍白致翁文灝電》廿八⑵3654。

⑰　二史館檔案：《翁文灝致克蘭電》（1936年1月29日）廿八⑵3654。

是個隨員，並不是正式代表⓲。

　　2月初，代表團由上海乘輪西行，登上赴德的征程。經過近半個月的顛簸，23日上午，顧振一行抵達柏林，德方接洽專員、德國國防經濟廳廳長托馬思前往車站迎接，並一同前往代表團下榻的布列斯德飯店，商訂日程安排。25日，代表團在德國國防部與托馬思舉行晤談。托馬思表示：「德國政府希望盡快達成最後協議，並已組織一國營公司（筆者按，其實是將克蘭之合步樓公司收歸國營）， 專司中德合作事宜⋯⋯。凡我（中）國所需物品，囑即開單，俾德方早日籌備。」其後，代表團先後與德國國防部長柏龍白、經濟部長沙赫特及該二部其他官員舉行了會談，並於2月27日受到德國總理希特勒的接見。據在此期間代表團於柏林發回國內的密電顯示，會談進行得融洽而友好，柏、沙、希等德方政要均表示「竭誠與中國合作」， 對中國要求訂購之「各種新式武器及國防工業建設用品以及各種專門優秀人才均願盡量供給⋯⋯處處表示誠意與慷慨⓳，而且絕不提對於中國希望所辦之事」。顧振等認為，「綜觀德國政府對於我國中央合作，確具誠意，並希望甚切」， 並推測稱：「因德國不易向他國取得原料，又生產過剩，以巨量工業成品供給我國，亦即維持生產，藉此促進二國更親善關係，故對於數量限度不甚注意，我國所索物品愈多，以後可望得到我國原料亦愈多。」托馬思甚至表示，德國供給中國之工業品，「不限於一萬萬馬克之數」⓴。

　　很顯然，在顧振看來，代表團與德方的磋商進行得十分順利，雙

⓲　從中方的角度考慮，防止克蘭插手太多，居間操縱，也是不得不耳。見翁文灝：《中德易貨應行注意各點》廿八⑵3654。

⓳　二史館檔案：廿八⑵3654。

⓴　二史館檔案：《顧振等致翁文灝電》廿八⑵3654。

方坦誠而友好，簽訂最後協定已是順理成章的事了。

(二)「廣東風波」之後的貸款協定

然而，顧振的估計未免太樂觀了，他萬萬沒有料到，原本已經平息了的「廣東風波」又爆發了。

前已述及，1935年5月德國政府指示克蘭將其工作由廣州轉向南京後，克蘭不得不暫時中止與兩廣當局簽訂的各項工程。據德國駐華大使陶德曼同年9月28日致外交部密電透露，琶江口兵工廠工程確已停工。但是，同年底，陳濟棠再度與克蘭及合步樓公司接洽，聲稱廣東當局決不會在軍事上與南京「中央」政府為敵，要求德方繼續履行合同。陳還表示，德國重整軍備所需之礦產原料尤其是鎢礦實際上是壟斷在廣東省政府手中。出於擴大礦產原料進口的迫切需要，經不住誘惑的克蘭表現了商人秉性的本來面目，再度背著南京國民政府與廣東暗渡陳倉，於是，1935、1936年冬之交，琶江口附近的幾個軍事工業項目又偷偷地上馬了。

為了使琶江口各兵工廠如期完工，克蘭不僅蒙騙南京國民政府，也蒙騙德國政府。據1936年1月24日德國外交部秘書艾得曼斯多夫之備忘錄，克蘭於同日隨柏龍白、里賓特洛甫等晉見希特勒時曾向希表示，他此次回國攜有一封蔣介石致希特勒的簽名信，信中聲明他與粵方再續前緣已獲得蔣氏同意。的確，1935年年底克蘭由華返德時，蔣氏確曾委託克蘭捎帶一封他寫給希特勒的簽名信，但這封信中是否提到蔣介石已同意兩廣工程繼續上馬呢？且看該信：

　　希特勒總理先生勳鑒：前由克蘭君賜交玉照一幀，猥荷榮寵，

欣感無慨！向者接奉塞克特將軍來函，藉審大總理對於由克蘭親向中正敘述之塞克特將軍各種意見表示贊同，並擬藉兩國經濟互助，給予中國經濟建設以一切提攜，大總理果斷若此，則中正謀與貴國親切合作之素願一旦實現矣，謹向大總理表章欣感，並臻謝忱！德國民眾仰賴大總理堅毅有方領導之力，能於困苦艱難之中，發奮上進，獲取其繼承光榮歷史而應有之民族地位，良為中正之所欽仰者也。中正亦懷抱決心，致中國於自強之圖，克蘭所傳達之塞克特將軍意見，必依照實行。賴中德兩國親切友好提攜合作之力，足使敝國易達自強目的，若夫兩國經濟能力之聯絡溝通與藉貨物互換以救濟兩國之貧弱財力，實皆合作之目的也。兩國勢力相仿，目的相同，故此友好合作之基礎，亦可昭示久遠。謹致景仰之忱於希特勒總理閣下。

　　　　　　　　　　　　　　　蔣中正謹啟 ❷❶

　　信中提到的「克蘭所傳達……之意見必依照實行」是一句含混不清的話，但是，它被狡獪的克蘭任意發揮了。

　　南京政府獲悉克蘭與陳濟棠再度勾結之後，立即由翁文灝向克蘭提出詰問。1936年1月16日，翁氏致電克蘭，稱：「中央對於合作事宜，誠意合作，但近接報告，廣東方面於去年秋冬間收到由德國運去極重要之毒氣材料，甚為詫異！究竟德國政府與中央政府合作之後，對廣州取何方針？以後是否繼續供給軍用物品於廣州？必須切實詳細說明電告。」❷❷ 然而，克蘭卻矢口否認曾與陳濟棠再度勾結，他在同日回覆翁文灝的密電中申辯道：「粵省委託……，均由粵省同意，歸於停頓。

❷❶　二史館檔案：《蔣介石致希特勒函》（1935年11月23日）廿八⑵684。

❷❷　二史館檔案：《翁文灝致克蘭電》（1936年1月16日）廿八⑵3654。

……，原定供給粵省之毒氣製造機（或簡稱毒氣化合設備），迄今並未實行供給，鈞方所得消息，全與事實不符。」不過，他同時又表示，「今後關於粵省或其他各省之一切委託事項，敝政府首須問明中央，……，克蘭謹再懇求鈞方信任，克蘭決不致做損及中央與委座威信之舉動也」❷³。為了獲得蔣、翁等人的信任，同月29日，克蘭再度致電中方，重申：「關於中國任何一省委託敝國事項，首須經過中央同意始得實行一切，敝國政府絕對同意，克蘭已親將此點商諸敝國領袖之全權經濟代表威廉・開卜勒先生，彼亦完全同意，貴國代表團並將正式獲得敝方關於此點之同意答覆也。」❷⁴

儘管克蘭一再辯白，但蔣介石只當它是此地無銀，他確信自己的情報很準確，並對克蘭此種百般掩飾的態度極端不滿。2月初，蔣介石召見德國駐華大使陶德曼稱，儘管克蘭予以否認，但他仍懷疑德方在向廣東方面提供毒氣廠和用於製造軍械的機器設備。

蔣介石的態度透過陶德曼反饋到德國後，克蘭頓覺事態非常嚴重，然而，他們不願也不可能直接了當地向蔣介石道明事件真相。

2月13日，克蘭又致電翁文灝，但語調已顯得有些低沉。「克蘭今日由國防部聞訊，據德使陶德曼來電內稱委座質問克蘭在粵建設兵工廠及毒氣等事，並稱委座曾直接向克蘭提出質問。克蘭已明白答覆並無製造毒氣機器供給粵省，惟中國方面似不以克蘭為可信等語。此電用意何在？尊方對於克蘭何疑之深也？」並懇請翁文灝「面謁委座，面呈原委，並代為克蘭解釋『所謂製造毒氣之基本機器，迄今並未有供給一件運粵』，今後無委座許可，亦永無供給粵省之可能，粵省無此機器，亦絕無製造毒氣之可能」❷⁵。

---

❷³　二史館檔案：《克蘭致翁文灝電》（1936年1月16日）廿八⑵3654。

❷⁴　二史館檔案：《克蘭致翁文灝電》（1936年1月29日）廿八⑵3654。

與此同時，柏龍白、沙赫特、開卜勒等亦紛紛責怪克蘭辦事不力，致使即將到來的易貨談判平添波折。為了挽回影響，2月14日，柏龍白以國防部長的名義致電蔣介石，向蔣保證，在未得到中國中央政府的允許之前，德國政府絕不會向包括廣東在內的任何地方當局提供軍火或軍事工業設備。自然，柏龍白不會也不可能斷然承認克蘭曾背著蔣介石向兩廣當局提供過軍事設備。

3月初，南京國民政府又頻頻接獲有關合步樓公司仍在不斷向廣東運送軍火及軍事工業設備之情報。3月19日，蔣介石再度召見陶德曼，毫不客氣的對陶說：克蘭是塞克特介紹來的，所以一直很信任他，但是，他做事蒙騙，就不再信他。蔣還表示，根據當初與克蘭達成的協議，中國將於本月（1936年3月）向德國運送300噸鎢砂，如果克蘭立即停止向廣東運送軍火及軍械設備，這批鎢砂馬上就可以起運，反之，如果克蘭仍一意孤行，則不僅這批鎢砂無運德之可能，在柏林的中國代表團所進行的談判亦無成功希望。

同日，在蔣介石的授意下，翁文灝分別給在柏林的中國代表團和克蘭各發一電。在致代表團的密電中，翁對廣東風波死灰復燃而影響此次談判十分憂慮：「近據探報，德國仍供給廣州兵工要器及製造毒氣物品，委座甚詫異，……此事極重要，請兄（顧振）等向德政府說明，如不守信約，則所商勢須停止，如願合作，須各具誠意。」❷但在致克蘭的電報中，翁文灝的口氣卻十分生硬：「中國政府對於物物交換事已誠意進行，乃近又據探報，德國供給廣州軍工要件及製造毒氣等物，如果屬實，則我等所商各節勢須停止，究竟德國供給廣州者係何物品？於何時起運？此後是否續運，請兄（克蘭）從速詳電蔣委員

❷ 二史館檔案：《克蘭致翁文灝電》（1936年2月13日）廿八(2) 3654。

❷ 二史館檔案：《翁文灝致顧振電》（1936年3月19日）廿八(2) 3654。

長切實聲明。」**㉗** 同時，翁文灝還在明知合步樓公司已被德國政府收歸國營的情況下向蘭打聽：「向廣州運送軍器之Hapro（合步樓）係何人主持？德國政府何以不能管理？」

在柏龍白於2月14日致電蔣介石表明德方絕不會背著南京政府供給任何地方當局軍火以後，合步樓公司究竟有沒有繼續偷偷向廣東運送軍火及製造毒氣機器，由於案牘闕略，已無從查考。但不管怎樣，這件事已經使中國代表團在柏林進行的談判乃至整個中德雙邊關係陷入了危機。據在此期間顧振等於柏林發回南京的密電顯示，由於南京國民政府窮追不捨、喋喋不休地質問，德國方面在應付之餘，亦漸漸產生了失望、厭倦、打退堂鼓甚至決裂的念頭。

幸運的是，在這個節骨眼上再度發生了中德「廣東風波」之爭，很快便得到了抑制，而扮演居間彌逢角色的，正是中國赴德代表團。

遠在同年2月25日，當代表團到達柏林的第三天，顧振等即以德國仍在繼續向廣東提供軍火及毒氣製造機器一事向德方接洽專員、國防經濟廳廳長托馬思提出質問，托馬思斷然否認有此類事情發生，並承諾，為防止類似事件發生，「此後除由德方國營公司與我（中）國中央接洽供給軍用品者外，商人不得私售」，但是同時又聲稱：「關於商人已訂而尚未完全交貨之合同，政府未便干涉。」**㉘** 顧振等當即提出，托馬思的回答使人有德國政府仍支持合步樓公司繼續向廣東當局提供軍備工業設備之感，因為該公司在廣東的工程正是所謂「商人已訂尚未完全交貨之合同」，德國政府是否亦「未便干涉」？托馬思答稱，合步樓公司已被德國國防部收歸國營，它的所有業務包括廣東工程自然能夠為德國政府所控制，況且，早在數月以前，該公司已與蔣介石有

㉗　二史館檔案：《翁文灝致克蘭電》（1936年3月19日）廿八⑵3654。

㉘　二史館檔案：《顧振等致翁文灝電》（1936年3月22日）廿八⑵3654。

約在先，如無蔣介石允許，廣東的各項工程當然沒有復工的可能。顧振對這個解釋表示滿意，並要求托馬思對所謂「商人已訂而尚未完全交貨之合同」的實際狀況進行調查。

3月中旬，中方質問之電一日數至，雙方關係有迅速惡化的趨勢。為了避免談判破裂，憂心如焚的代表團成員迅速採取了兩項補救措施：其一，要求蔣介石等暫時保持沉默，避免過份刺激德方。3月22日，顧振等致電翁文灝，建議「關於廣州軍火、毒氣問題及其他與弟等在此間交涉有關事項，請委座及兄等對於駐德大使館、柏林德政府及克蘭等勿再有直接表示，如有意見，希能由弟等轉達，由弟等負責交涉」❷。翌日，顧等又急電翁文灝：「關於廣州軍火、毒氣事，請轉懇委座於未接弟等報告以前緩覆電柏龍倍（柏龍白），又，覆電由弟等轉交。」❸其二，要求中德雙方各自調查事實真相。顧振等一直懷疑所謂德方供給廣州軍火、毒氣一事純屬子虛烏有，且多次致電翁文灝明確表示：「弟等觀察此事，似頗有誤會。」「振等之意，德政府既已屢次由國防部長及國防部經濟廳長等鄭重聲明，決不致有私供廣州軍火及毒氣物品之事，德政府願與我中央政府合作，並有遠大之用意，……決無私與廣州接洽之事。」❸基於這種認識，顧振等要求蔣介石等徹底查明事實真相，以便交涉時理直氣壯。3月24日，顧振等致電翁文灝，「我國內如有向委座作關於廣東及其他各省軍火之情報者，應出具確實之證據，俾我國政府可以依據此項證據，向德政府正式交涉。如妄言聳聽，或蓄意破壞，貽誤國事，查明後，似應予相當處分」。與此同時，顧振等亦要求德國政府「偵查在華德人及德國商行之舉

❷ 二史館檔案：《顧振等致翁文灝電》（1936年3月22日）廿八⑵3654。
❸ 二史館檔案：《顧振等致翁文灝電》（1936年3月23日）廿八⑵3654。
❸ 二史館檔案：《顧振等致翁文灝電》（1936年3月24日）廿八⑵3654。

動」❷，以免受其蒙騙。

很明顯，顧振代表團不願看到中德雙方由於「廣東風波」而導致談判破裂，希望雙方都留有餘地。所謂「偵查事實真相者」，不過是居間彌逢的一種策略罷了。因為，對於任何一方來說，均可以心平氣和地從預先留好的臺階——「真相」上走下來，重新回到談判桌上來。

這一調停措施很快便收到了效果。

德方首先作出姿態。3月24日，德國國防部長柏龍白致電蔣介石，要求中德雙方消除誤會，這份電報對徹底解決「廣東風波」起了至關重要的作用，其意義可與1935年5月柯利拜爾致希特勒的密電相提並論。茲錄其主要部份如下：

> 據陶德曼大使電稱：「於晉謁鈞座辭行時，鈞座曾謂倘克蘭對於粵省供給尚無間斷，則對於顧振、齊焌等代表團之接洽毫無興趣」。查兵工原料之經由哈卜羅（合步樓）供應粵省者，須經鈞方同意始能實施一節，業經本年二月二十四日電呈原委，謹此再度引證。關於哈卜羅粵者建設者，係一小規模工兵工廠，月製輕炮十四門，輕迫擊炮九門，此外，炮彈三百發，輕迫擊炮彈二百發，此項合同係於民國二十二年（一九三三）簽訂，當於次年八月曾由克蘭報告鈞座，並於去年（廿四）十一月十三日在京交由翁秘書長轉呈鈞座報告中詳述始末矣。絕無軍器及製造設備供運粵省，哈卜羅名稱係敝國國營公司，其業務進行，統由敝部指導。敝方竊料陶德曼談話中必有誤會，謹懇迅予下列各點電示明白，即，由鄙人認可之克蘭計劃仍獲鈞方完全信任，顧君代表團仍負鈞座使命委託並簽訂合同也。❸

---

❷　二史館檔案：《顧振等致翁文灝等電》（1936年3月24日）廿八⑵3654。

這封電報的調子不卑不亢,但字裏行間中透著哀的美敦書的氣息,
很顯然,柏龍白是想表明,德方希望談判成功,但絕不懼怕決裂。

與此同時,在顧振等人的交涉下,德方又作了一些讓步,托馬思
於2月25日向代表團表述的「關於商人已訂購而尚未完全交貨之合同政
府未便干涉」之聲稱被修改為:「國防部訓令各德商,對於中國任何
方面所需軍火,須報告國防部,經國防部許可後,方能供給,而國防
部則在未得我(中)國委座許可以前,不許德商供給中國方面任何軍
火。」❸3月26日,托馬思向顧振等通報中國各省在德已簽合約尚未交
貨軍火訂單,計有:「㈠宋哲元訂購步槍及手槍子彈共一千萬粒,三
公分七防坦克炮五十至一百門及子彈;㈡滿洲需要手槍彈50萬粒;㈢
廣東訂購機槍;㈣廣西訂購步槍二萬五千枝;㈤華南部需少數步槍及
子彈;㈥上海方面要炸彈、千里鏡、高遠測量器、剪形千里鏡、測量
盤等;㈦柏林華大使館訂購浮橋材料。」並鄭重聲明,德國防部已訓
令各軍火商,只有在得到中國方面的同意後,才能交貨❺。

德方作出姿態後,代表團立即於柏林急電南京,聲稱「德政府合
作之誠意,不能有較此更切實之表示」,「此次與德經濟合作為非常之
機會,幸勿失之交臂」。顯然,顧振等認為,德方的讓步已經到頭,
可以見好即收,順著臺階走下來了。3月26日,翁文灝電令顧振以代
表團的名義轉告柏龍白,中方希望談判繼續進行。28日,剛剛由溪口
返回南京的蔣介石致電柏龍白,「所有交換事仍請即與顧代表等切實
治商進行,凡經中國中央政府所承諾者,自極願誠意實行」❻。自然,

❸ 二史館檔案:《柏龍白致蔣介石電》(1936年3月24日)廿八⑵3653。

❸ 二史館檔案:《顧振等致翁文灝電》(1936年3月24日)廿八⑵3654。

❸ 同上出處。

蔣介石亦不希望談判真的破裂，否則，他夢寐以求的德式槍炮就要泡湯了。4月3日，蔣介石再度致電柏龍白，乾脆把前此爭執得不可開交的死灰復燃的克蘭廣東風波輕飄飄地說成是「誤報」，「克蘭先生提議之經濟合作計劃余甚為信任，以前有人誤報供給廣州之說，既經兄於3月24日來電說明並無此事，並據顧振等詳細報告，足見德政府對於中國誠意合作，余甚欣慰」**❸**。顯然，這份電報是一個官樣文章，目的是為了向德方表明有關廣東風波的沒完沒了的爭執就此打住。

「廣東風波」平息後，中德雙方掃除了簽訂中德易貨貿易最後協議的障礙。1936年4月8日，中國代表團團長顧振和德國經濟部部長沙赫特簽訂了「德華信用借款合同」，並將這個合同視作是1934年8月23日克蘭與孔祥熙在牯嶺簽訂的「中德易貨合同」的補充。

這個「合同」的底稿為德文，中文文本係自德文本中譯出。負責「合同」翻譯工作的是克蘭的「密友」、行政院秘書、代表團成員齊焌。「德華信用借款合同」係齊氏的譯法，此外，在南京國民政府的公文中，亦有將該合同譯為「中德信用借款合同」或「合步樓借款合同」者。

在代表團與德方談判初期，沙赫特曾經堅持「『合同』以德文文本為主」，但顧振等未予允諾。經長達半個多月的據理力爭，沙赫特才作出讓步，同意中德文本並重。「中德雙方聲明，中德文本具有同等效力。」

「德華信用借款合同」共十二條，剔除文中的商業文書「套話」，其主要內容為：

一、中國政府同意，將該政府與漢斯克蘭君於1934年8月23日規

㊱　二史館檔案：《蔣介石致柏龍白電》（1936年3月28日）廿八⑵3641。

㊲　二史館檔案：《蔣介石致柏龍白電》（1936年4月3日）廿八⑵3641。

定之貨物互換合同由德國政府接受。

　　二、德國政府給予中國政府以貨物信用借款一萬萬馬克。

　　三、此項借款，中國政府可依據貨物互換合同以提取德國工業品。

　　四、中國在德國應付之政府用款，及德國在中國應付之政府用款，中國政府及德國政府，如願意時，可依據貨物互換辦法辦理之。

　　五、此項信用借款，應按貨物互換合同規定，由中國以農礦原料，隨時抵償，並得全額繼續。

　　六、借款及其他（中國在德國）存款歸由中國或其全權代表處理。

　　七、德國政府將此項一萬萬馬克之借款交德意志國家匯兌銀行在柏林收存，以供提用，並委託該銀行辦理此項借款，及貨物互換所發生之付款手續。

　　八、中國政府委託中國中央銀行辦理由於貨物互換所發生之付款手續。

　　九、此項借款，照全額撥付，毫無折扣。

　　十、已提用之借款之利息，及原料收帳之利息，兩方皆以年利五釐計算。

　　十一、此項借款附帶合同，為貨物互換合同之一部分，故須受原合同之一切規定限制 ❸。

　　有關這個「合同」，筆者有必要對以下兩點略作說明：

　　第一，「合同」的簽訂，標誌著中德兩國政府間易貨貿易通道正式開通，德國政府已由幕後走向前臺。

　　悉心考察「合同」條文，不難發現，上述各條中，第一條和第十一條是「合同」的核心，它表明，中德之間已經就易貨貿易問題達到最後協議。在此之前，「中德易貨合同」只是中國政府和德國私營商

------

❸　二史館檔案：三〇九4054。

業公司之間簽訂的物物交換計劃，至少從表面上看，「德國政府沒有參加這一計劃」❸，出頭露面的是冒險家的投機商人克蘭，一旦這個計劃失敗，德國政府完全可以以局外人的姿態作壁上觀，既無外交風險，亦無經濟風險。在此之後，德國政府已從臺後走到臺前，「中國易貨合同」已「升級」為政府間的協議。

就中國方面而言，自然希望德國政府早點揭開帷幕，直接與中方打交道。如前所述，早在1934年，蔣介石即已向德方表示不願將此重任託付德國私人公司的願望。正因為期望如此之殷，所以「合同」簽訂後不久，蔣介石立即致電柏龍白、沙赫特等，稱「對德經濟合作，承先生熱心贊助，商洽告成，合同現已簽字，至為欣謝，余對此事甚為滿意，因知其必能使兩國邦交益敦親睦也」❹。雖為惺惺作態的官樣文章，但欣喜之情，仍然溢於字裏行間。再從德方來看，擺脫私人商行對華貿易的控制，建立政府直接下的對華貿易渠道，並藉物物交換式的易貨貿易擴大中國戰略原料進口，是重整軍備大氣候下的必然趨勢，走到前臺亦是時勢使然。簽訂「德華信用合同」，達成易貨貿易最後協議自亦求之不得。惟其如此，柏龍白、沙赫特等在收到蔣氏的來電後，亦立即覆電稱是，「該條約之締結足以表兩國友誼的經濟密切合作」，「切盼兩國邦交從此樹立於新的基礎上」。可見，易貨貿易對於德方亦具有非凡的意義，絕難視其為可有可無之舉。

第二，所謂德華信用借款者，實為向中方提供的易貨貿易周轉資金，在這一點上，這個合同將前此在牯嶺簽訂的「易貨合同」的精髓完全繼承下來了。

---

❸　楊格：《1927年至1937年中國財政經濟情況》（中國社會科學出版社），第415頁。

❹　二史館檔案：《蔣介石致沙赫特電》（1936年4月14日）廿八⑵3653。

　　除第一條以外，「德華信用借款合同」的其他條款俱是闡述一億馬克貸款的規定。悉心體會條文，不難發現，這個被指定了用途——專門「用來購德國工業品」的借款實際上是德方為了保證易貨貿易順利開展而為中國提供的周轉資金，以備平抑中國運德農礦原料價值小於德國運華工業品價值所產生的差距——實際上，這種情況是極有可能產生的，因為中德根本不是同一經濟檔次的國家。而且，這種周轉資金可以隨著中國農礦原料的不斷運德而隨時補充。例如，德方提供的信用借款為1億馬克，當年中國在德國已訂購6,000萬馬克的德貨，而同時又向德國提供了3,000萬馬克的農礦原料，則次年中國在德國金匯銀行帳上仍有7,000萬馬克可用於提取德國工業品。

　　據德方外交檔案記載，德國政府依據「德華信用借款合同」為中國政府提供的一億馬克信用貸款是從德國國防部基金中劃撥出來的。為了避免牽動國際視聽，引起外交爭端——尤其是日本，中德雙方對貸款均守口如瓶，即使是深受中德雙方信任的總顧問法肯豪森亦未通知。

　　從純粹的經濟角度來考察，這批信用貸款的年利僅為 5 釐，亦未要求中國政府提供財政擔保或其他抵押品，信貸未動用部分和已計息部分均不計算利息。實事求是的講，是非常優惠的——與前幾年的中美棉麥借款相比，實有天壤之別。

　　德國向中國提供信用貸款，是在1935年間中德雙方領導人達成的共識，顧振代表團此番赴德，只是將這批信用貸款的數目、利率、運用方式作最後之敲定而已。正因為如此，顧振一行的任務也就不單單是簽訂「德華信用借款合同」了，他們的口袋裏尚裝滿了種種的訂單——中國政府早已將這一億馬克周轉資金派上了用場。

　　事實上，在滯留柏林的近三個月時間，顧振等用於磋商「德華信

用借款」的時間只有短短十天，其餘大部份時間均忙於採購。

據談判期間代表團發回南京的密電顯示，顧振等要求訂購的「德國工業品」共有三類：

1.軍火，分為三部分。(1)防空部分，如二公分高射炮等；(2)江防部分，如十五公分帶盾長射程要塞炮、十五公分猛列開花彈等；(3)步、炮、空物品，如三七坦克炮、七九鋼心彈、步槍、機槍、鋼盔帽、戰車等。

2.國防重工工業機械設備。主要為中國資源委員會即將創辦以下各廠所需之設備：(1)鋼鐵廠；(2)廢銅煉廠；(3)鉛鋅礦廠；(4)酒精廠；(5)氮氣廠；(6)電線廠；(7)電燈泡及真空管廠；(8)電池廠；(9)電信廠；(10)錫礦電煉廠；(11)鎢鐵廠；(12)機器廠等。

3.開發農礦產品所需機械設備。包括開採鎢錳、銅、煤、錫、石油等所需之各種設備。

洽商結果，代表團與德國國防部之受託人——合步樓公司簽訂了一大筆訂購合約，並由柏龍白以國防部長的名義對產品質量、計價標準等作出兩點保證：(1)德國為中國提供之軍火，均為德國現役部隊備用武器，「其型式效能，隨時均與德國兵工發展程度以並進」；(2)輸華軍火及工業設備之價格，以德國國內價格（即德國政府向廠家購買時所出之價）為標準，廠家利潤不得超過百分之五，並由德國國防部出具審核證明，中國政府亦可以派遣審計人員赴德復審❹。

為了敦促中國政府早日批准「德華信用借款合同」（該合同經國民政府核准備案後方能生效），盡快組織華貨運德，1936年6月，克蘭再

❹ 有關顧振代表團在德國與德方簽訂訂單的詳細情況，可參見《民國檔案》1993年第二期刊載之《顧振代表團赴德簽署信用貸款期間與翁文灝等來往文電選》。

度來華。與前幾次中國之行不同，這一次克蘭已真正成為德國國防部
的代表。為了加強克蘭在對華易貨貿易交涉中的地位，柏龍白致函蔣
介石，對克蘭推崇倍至，「已簽訂之貨物互換合同，實賴克蘭先生為
之奠定根基，而顧代表團之一切經過，克蘭先生贊襄協作之力尤非淺
鮮」，並要求蔣氏對他「不吝推愛，仍畀予信任，⋯⋯不惜提攜維護，
以促其工作之完成也」❷。7月初，萊謝勞訪問中國，克蘭參加了萊
氏與蔣介石、孔祥熙等人的會談，並建議加強德國對華軍火輸出。7
月25日，「德華信用借款合同」由行政院呈准國民政府備案。7～9月，
克蘭在德國政府派來的兩名顧問的協助下，與翁文灝等就實施中德易
貨貿易的最後細節舉行談判。總的說來，這次談判還是比較順利的，
至9月底，雙方達成兩點協議：⑴供貨種類：德國輸華貨物以軍火及
軍事工業設備為主，中國輸德貨物以農礦原料尤其是礦產原料為主；
⑵價格問題，德方重申柏龍白同年5月16日致蔣介石函中所作的聲明，
保證輸華德貨以德國國內價格計算，中方則同意輸德華貨以國際市場
價格計算。

　　在長達兩年，圍繞易貨貿易而進行的談判中，德方無時無地不表
示出對鎢的渴求。在中德兩國領導層的來往函件中，鎢是唯一被提及
的原料，而中方亦始終視鎢為手中的重要籌碼。1935年9月3日，孫振
曾向翁文灝建議：「德人需此原料既如此之殷，將來國家訂立正式交
換辦法時，我可堅持。」❸

　　事實上，在近兩年的談判過程中，中國方面也多次拿鎢砂作誘餌，
吊德國人的胃口。這其中最明顯的例子便是，1935年11月間，正當翁、
克磋商緊張進行之際，翁文灝為了博取德國人的好感，並顯示自己的

---

❷　二史館檔案：《柏龍白致蔣介石電》（1936年5月13日），廿八⑵3652。

❸　二史館檔案：《孫拯（恭度）致翁文灝函》（1935年9月3日）廿八⑵692。

權威，答應向德國運送兩千噸鎢砂。

按：這是中德關係史上非常重要的史實，對它的記載，坊間流行的史學著作，互有出入。有的稱：「南京當局……在1935年10月一次便組織2,000噸鎢砂運往德國。」❹有的則稱：「翁氏在二十四年（1935年）運交給德國兩千噸錳。」❺其實，這兩種說法都是錯誤的，這兩種說法都來源於美國學者 Kirby 所著 *Germany and Republican China* (Stanford, CA, 1984)，都是引用不慎誤譯所致。前者將「答應將向德方運送2,000噸鎢砂」誤成「一次組織了2,000噸鎢砂運往德國」，後者則更將鎢譯成錳。

中國第二歷史檔案館所藏之資源委員會檔案保存了中德雙方辦理這件事的部分文件，茲據此略作梳理。

1935年10月12日，翁文灝向克蘭表示，鑑於中德易貨貿易開展在即，中方打算於近期內向德國提供2,000噸鎢砂。按，2,000噸鎢砂，幾乎相當於1934年全中國運德鎢砂的總和（2,510噸），對德方的誘惑力可想而知。精明的克蘭自然知道是他向德國國防部表功的好機會，遂一面趁熱打鐵，催詢鎢砂起運日期，一面電柏龍白奏捷。11月初，孔祥熙委託宋子良辦理交貨手續，並通知克蘭，「大約全部可分11月、12月、1月三期起運」❻。

11月16日，柏龍白致電蔣介石，稱：「貴方與克蘭接洽已獲有良好結果，鄙人深為欣感。並中德經濟合作，以兩國互有裨益之經濟建設為原則，由是實際開始矣，更為欣感承准，予迅速供給鎢砂，謹此感謝其名，敝方亦必積極幫助及供給貴方之需要。」❼這封電報將此批

❹　《近代史研究》1992年第六期，第186頁。

❺　《逢甲學報》第二十一期（抽印本），第30頁。

❻　二史館檔案：《克蘭致翁文灝電》（1935年）廿八⑵619。

待運鎢砂看作是中德合作的起點，顯然，翁文灝打出的「鎢砂牌」已收到效果。

轉瞬已到1936年1月底，已屆鎢砂交貨截止日期，中國方面允諾的2,000噸鎢砂一粒也未起運，德國方面十分不滿。1月30日，柏龍白致電孔祥熙，稱：「德國國防部因需要甚急，謹向部座（孔）請詢，部座允給鎢砂之第一批，大約何時可以起運？」

中國方面並非有意爽約，手中無貨是交貨被迫延期的根源。1月30日，翁文灝致電先期返國接洽代表團談判事宜的克蘭，決定將交貨時間推後：「對於鎢砂，中央已決定先設機關管理，不久可以成立，成立後當即購砂，三月間定可起運。」❹對於一心想拿鎢砂作給柏龍白、沙赫特等人的見面禮的克蘭來說，這無疑是一個很大的打擊。1月31日，克蘭覆電翁文灝，埋怨道：「關於中央供給鎢砂一節……自去年10月12日後，敝國國防部已連接鎢砂不久起運之正式電告……接讀1月30日尊電所示，則第一批須至3月始有著落，經過一再延期，實令克蘭陷於無顏以對敝國國防部之苦況，一切有關於鎢砂何時起運之疑問，克蘭均惶賄不知所答，如此苦衷，非所堪言，克蘭有此原委，暫時不能對國防部道及。」❹

不過，克蘭並沒有灰心。1936年2月間，他又連電翁文灝、孔祥熙、俞大維、蔣介石等，要求中國政府認清此批鎢砂對於即將開展的中德談判的不可低估的影響。同時，這件事亦使克蘭進一步認清了中國式的輕於承諾、辦事拖拉的官僚作風與習氣。為了使這批獻給「元首的禮物」不致落空，他採用了「窮追猛打」的追擊方式。3月初，

---

❹　二史館檔案：《柏龍白致蔣介石電》（1935年11月16日）廿八⑵692。

❹　二史館檔案：《翁文灝致克蘭電》（1936年1月30日）廿八⑵3654。

❹　二史館檔案：《克蘭致翁文灝電》（1936年1月31日）廿八⑵3635。

他從國防軍部發往中國、催問鎢砂起運日期的電報往往一日數份，連篇累牘，他非常擔心中國當局答應的「3月底起運」再度成為空花幻影。

2月底，顧振一行抵德，中德談判正式開始。談判期間，柏龍白、沙赫特及克蘭等亦屢屢向代表團打聽鎢砂起運日期。轉眼3月已過，所謂「3月底起運」的信誓旦旦的承諾又成昨日黃花。德國國防部對此十分不滿，柏龍白與顧振交談時已顯得缺乏「禮貌」， 在德代表團亦因此處境十分被動。4月7日，顧振等致電翁文灝，稱：「鎢砂究何日能在九江或上海交貨？德方因我屢次表示交貨日期，迄未照辦，頗生懷疑，乞即示知確切交貨日期，以便轉達。」❺⓪

至1936年4月下旬，中國運德的第一批鎢砂始由上海交付德方承運公司美最時洋行，第一批鎢砂共700噸，分兩次交運，第一次200噸，係資委會向江西省政府商調，第二次500噸，由資委會自國內收購。

1936年5月，資委會鎢業管理處成立，中國政府始有可資控制的鎢砂來源。同年9月，第二批鎢砂300噸亦由上海起運。由於案牘闕略，此後中國起運鎢砂的具體日期不太清楚，但據1938年初中央信託局編製之「代德購運農礦原料總表」顯示，翁氏諾言的最終兌現是在1937年初❺①。

從1934年漢斯·克蘭初上牯嶺，到1936年「德華信用借款合同」最終簽訂以及萊謝勞將軍訪華，圍繞「中國易貨合同」而進行的談判進行了將近兩年，中德雙方之所以能夠在歷盡波折之後達成最後協議，

❺⓪　二史館檔案：《顧振等致翁文灝電》（1936年4月7日）廿八⑵3654。

❺①　據「代德購運農礦原料總表」記載，至1937年12月31日止，由中國政府經辦之運輸鎢砂已達3,357噸。「代德購運農礦原料總表」見二史館檔案廿八⑵2103。

說明這個合同對於雙方都關乎切膚之痛癢，符合兩國當政者的共同需要。

1.共同的國防需要

早在魏瑪共和國時期,德國已悄然走上了重整軍備試圖東山再起、捲土重來的道路。重整軍備，就必須大力發展軍事工業，而發展軍事工業又以屯聚戰略原料為先決條件。德國基本戰略原料的儲藏量是令人沮喪的。在「凡爾賽和約」重新劃定的領土內，煤炭是德國能夠自給的唯一戰略原料，85%的石油，80%的鐵礦，70%的銅，90%的錫，95%的鎳，98～99%的鎢和銻，以及20%的糧食來自國外。德國國防軍之父塞克特曾說:「原料問題是我們政策的焦點。」 ❺ 為了獲取戰略原料，魏瑪時代的國防軍與地大物博、礦產豐富的蘇聯合作，採用易貨貿易的形式，以出讓技術、機器為代價，換取蘇聯的鋼鐵與糧食，維持德國國內之軍工生產。

希特勒上臺後，重整軍備已從秘密轉變為公開，在「要大炮不要黃油」的口號下，德國軍火工業迅猛發展，對戰略原料的需求大大增加。與擴充軍備密切相關的德國國防部曾打算仍將蘇聯視作德國戰略原料的供應地和軍工產品的傾銷地。1933年5月，托馬思訪問蘇聯，與蘇聯有關當局就擴大魏瑪時代的合作展開磋商。托馬思回國後，立即向希特勒建議擴大德蘇經濟合作。但是，希特勒毫不猶豫地拒絕了這項建議，並立即決定中止國防軍與蘇聯的聯繫，因為在他內心深處，蘇聯這個令他深惡痛絕的社會主義國家早已被列入待征服的對象，他既害怕德國過份依賴蘇聯的原料，更害怕蘇聯利用德國的武器、技術增加抵抗力。

中國亦是地大物博、礦產豐富的大國，其領土僅次於蘇聯。由於

---

❺ 柯偉林書，第129頁。

工業落後，在西方工業大國礦產原料開發待竭之際，中國豐富的礦藏仍深埋地下，天賦獨稟。在希特勒「拋棄」蘇聯後，中國自然最有資格充當替代國。

　　早在希特勒上臺以前，中國已成為德國武器和軍火的主要傾銷國，據中國海關統計，1929～1931年，德國對華武器出口總額已分別達1,203,500、4,008,800、3,402,704海關兩❸。與此同時，德國軍工界亦通過民間自由貿易的方式從中國搜購了很多戰略原料。

　　就中國方面而言，南京國民政府成立以還，內有軍閥橫行，外有日本窺伺，出於鞏固自身統治的需要，尋求與西方工業大國在經濟、軍事諸方面的合作，增強自身國防建設，一直是蔣介石等人的宿願。德國是世界公認一流軍事強國，精良的德式軍備在中國軍界有口皆碑，國民政府領導層中的崇德派亦不乏其人。更重要的是，德國是一戰戰敗國，1921年「中德新約」簽訂後，至少從表面上看，德國已成為唯一一個與中國平等相處的西方列強。凡此種種，皆足以使南京政府有充分的理由選擇德國為合作的對象。

　　德國需要中國的戰略原料，中國需要德國的槍炮，雙方都要加強國防建設，互利利用是彼此合作的前提，一旦契機出現，雙方自然要走到一起。克蘭來到，正好為雙方提供了合作的契機。

　　對於德國來講，重整軍備所必需的戰略原料，如錫、銻、銅、錳、鉛、鋅、鎢等，都可以從中國找到，但最重要且吸引力量大的還是鎢和銻，尤其是鎢。

　　鎢、銻都是稀有金屬，銻合金是製造彈頭、彈片不可或缺的材料，鎢合金在軍工生產中的作用更是無所不在。中國是世界上最重要的鎢、

---

❸　輯自《中華民國海關華洋貿易總冊》各該年分冊，轉引自王正華《抗戰時期外國對華軍事援助》，第51頁。

銻出產國，中國鎢的儲量占世界60%，而銻的儲量更高居70%以上。自第一次世界大戰期間鎢鋼首次出現及二〇年代初德國著名軍火企業克虜伯公司研製出碳化鎢以後，西方列強即展開了對鎢的全球性的搜購。早在魏瑪時代，德國已通過民間貿易的方式從中國進口了數量相當可觀的鎢。據中國軍工界前驅洪中在《中國鎢礦統制方案》中的調查，1925年以來德國始終是中國鎢最大的買主。希特勒上臺以後，隨著重整軍備步伐的加快，對鎢的追求更加如饑似渴，傳統的民間商行通過自由貿易的方式已不能適應要求，建立由德國政府直接控制下的貿易渠道廣泛地搜購大量的包括鎢在內的戰略原料已勢在必行。克蘭的合步樓公司及中德易貨合同正是這一形勢下的產物。

2.相似的財政背景

為了加強國防建設，中國渴望得到德國的槍炮、德國的軍事工業設備，但是，中國卻缺乏大量的外匯直接向德國軍火商購買。同樣，為了重整軍備，德國需要中國農產品及礦產原料，但德國也不具備以外匯從中國直接購進的銀行儲備。相似的財政背景、互補的需求，是中德雙方開通易貨貿易通道的又一重要原因。

國民黨政權在南京登臺以來，窘困的財政收入與龐大的軍費支出之間的矛盾，已是中國現代史上的老生常談，長期以來，孔祥熙、宋子文、蔣介石等都在致力尋找一種既不花國庫錢、又能買到外國武器、加強國防建設的途徑，易貨貿易正是這種途徑之一。

與此同時，就外匯匱乏、財政困難一點而言，德國當時的處境與南京國民政府非常相似。由於一戰戰敗而被迫支出龐大數額的賠款，加上戰後德國國內經濟生產一直不景氣，特別是1929年以後又受到席捲全球的世界經濟危急的衝擊，到1933年底，德國外匯儲備，已基本消耗殆盡。1934年6月，著名經濟學家沙赫特出任德國經濟部長及國

家銀行總裁。為了解決重整軍備與外匯匱乏之間的矛盾，一方面，沙赫特採取了包括補償貿易、「ASKI馬克」、改進進口許可證制度等在內的數項措施，擴大出口，大力搜求外匯；另方面，又通過易貨貿易，大力搜購國外農礦原料，盡量減少德國外匯的消耗量。中德易貨貿易正是這一背景下的產物。當時，除了與中國實施以軍品換鎢砂外，德國還與巴西（巴西咖啡換德國火車機車）、 土耳其（土耳其煙草換德國汽車）、 墨西哥（墨西哥汽油換德國輸油管道）等國家開展了性質完全相同的易貨貿易，中國不過是其中之一罷了。

從德國方面來看，中德易貨貿易的實施，不僅能夠為德國在不花外匯的情況下帶回她所需要的中國戰略原料，具有非凡的政治意義及軍事價值，同時，它還為德國工業界，尤其是德國軍事工業界打開了中國市場，同樣亦具有經濟意義。在第二次世界大戰正式爆發以前，急劇膨脹的德國軍火工業生產除滿足自用外，必須借助於海外市場維持，不斷開拓的運轉與擴大。

相比較而言，透過中德易貨貿易給南京國民政府帶來的也許只有政治上和軍事上的收益，如果從純經濟的角度考察，「中德易貨合同」完全是一椿虧本買賣。不過，這絲毫不影響中德易貨貿易在中國現代史上的地位，它為中國帶回的槍炮在抗戰初期發揮了巨大作用。

㈢德國顧問與中國抗日戰備

塞克特不顧年老體弱，風塵僕僕第二次來華，替代佛采爾出任第三任德國軍事總顧問。

鑑於他前任的經驗得失，塞克特充分汲取了佛采爾的教訓，除本職工作外，他對其他一切人事關係問題採取不多事的淡泊態度。他將

顧問團的日常工作委給參謀長代管，自己致力於發展中國國防工業。

面對中日間的緊張局勢，蔣介石要求塞克特為其制定一整套長短期的「應變」防備措施，塞克特同意先為中國設計在長江中下游地區的防禦計劃。在建軍方面，塞克特認為：目前江西「剿共」雖已接近尾聲，但中國內部並不穩定，更何況有日本的強大威脅，中方決不可貿然裁軍。眼下之計是要集中有限的財力物力，趕快組建一支小型核心武力——「模範軍」，他認為蔣介石提出的花費5,000萬元重新裝備60～80個師的目標過大，難以完成，不如首先新編6～8個師的軍隊，作為和平時期的基礎兵力，然後再發展成18個師（30萬人）。

以蔣介石寵將陳誠為首的中方軍官反對塞克特的建議，他們主張訓練軍隊以整理舊軍為主，相對提出了整編舊軍30個師的方案，塞克特堅決反對，並以辭職回國相威脅，蔣介石只得批准了塞克特的方案。最後結果是：江西戰事結束後新編6個師，現有各部隊按比例壓縮，在新編師練成之前，其全部軍官要到廬山受訓，同時給一部份「舊軍」更換裝備❸。

此後，德國顧問組訓的「模範師」得以按計劃擴充，並參加了1934年春季討伐「福建人民政府」的行動，「取得了預想的成績」❺。到抗戰爆發，初步編成了一支規模不大的德式中央軍 (Germantrained Chinese Central Army)在「八一三」淞滬抗日戰役中發揮了一定作用。

在中德軍火貿易問題上，塞克特要蔣制定一個「精確的後勤供應計劃表」，以備德方有計劃地供應中方。蔣介石命令國防設計委員會及軍需署在這方面配合塞克特工作。6月初，塞克特又與何應欽、朱

---

❸　柯偉林書，第151頁。

❺　王洽南《德國顧問在南京時期工作的回憶》，見《傳記文學》第二十卷第四期，第55頁。

培德、張治中等中方大員進行了多次會談，討論了軍事改革各項實施方案❺。

蔣介石委託塞克特一手辦理長江與沿海地區之布防，塞克特認為這項任務艱巨，非一人可完成，他推薦了防空顧問史太邱中將(Streccius)及海防顧問賴文上尉(Rave)，後來在法肯豪森任期內，他二人對草創我國的防空及江海防體系作出了重要貢獻。在德國顧問幫助下，1934年中，首都南京舉行了第一次防空演習。演習結束後，蔣介石召集全體顧問及中方軍官訓話，塞克特也對此次演習成果給予了高度評價❺。

為了加強華南地區國防，塞克特曾建議國民政府在江南修建鐵路網，這樣一方面可解決戰時軍運問題，另一方面可以為從「剿共」戰爭中退出的幾十萬「淘汰」兵員解決一部分就業問題。塞克特為此特別介紹德國奧托・俄普夫公司以資本與技術來華投資。

奧托公司是德國一家大企業，曾在二〇年代德俄軍事合作中充當主角，希特勒上臺後，逐漸疏遠俄國，奧托公司便把注意力轉向遠東，塞克特介紹他們來華發展，正合其意圖。奧托公司隨即在上海開設了辦事處，投資於浙贛鐵路建設，開始了對華的有效合作❺。

塞克特一貫認為，有效的國防實力要以相應的工作基礎為後盾，否則現代化的國防軍建設將無從談起。他多次告誡蔣介石，整個國家經濟與力量均需配合軍事的需要，並以德國之技術與物質援助作為「工作起點」，這樣便把中國國防的現代化與德國在遠東的經濟利益緊密

---

❺　柯偉林書，第153頁及第356頁。

❺　傅寶真：《色克特將軍第二次使華》，見《傳記文學》第三十卷第二期，第99頁。

❺　同上出處，第98頁。

地聯繫在一起了。塞克特曾應蔣介石所請，為中方制定了軍火工業的
發展計劃，他與國防設計委員會翁文灝秘書長及兵工署長俞大維商定
後，詳細開列了6至18個整訓師每月所需軍火數量及擬建設兵工廠、
鋼鐵廠、汽車廠的進度計劃，得到了蔣介石的批准，並報告德國國防
部備案❸。此後在德國顧問及有關企業幫助下，這一時期中國國防軍
事工業有了較大的發展，在太原、濟南、昆明、重慶、南寧及廣東都
新建了兵工廠，漢陽、鞏縣等地的舊式軍工企業也得以改造，並能生
產馬克沁機關槍及德式迫擊炮，鞏縣甚至在德國顧問指導下成立了防
毒面具工廠❻。抗戰開始後的1938年5月，由德國援建的湖南株州炮
廠開始投入生產，可生產從20毫米至100毫米口徑的各種大炮及炮彈。
同年秋，該廠遷往重慶。在南京，德國顧問及專家也參加了創建軍用
光學設備製造廠以及理化研究所、彈道研究所、精密材料研究所的工
作，主管這類生產科研工作的中方機構兵工署則幾乎全由從德國畢業
的留學生主持各類工作，署內執行的是德國工業規範，各種技術圖表
一律使用中德兩種文字❺。由此可見，德國對中國兵工業發展影響至
深。國防工業的發展為支持中國後來的抗戰奠定了必不可少的基礎。

　　塞克特第二次來華期間另一項主要任務是負責顧問團全盤工作指
導。由於他並不負責團內具體工作，而是形成了一種新的顧問體系，
即：蔣介石—塞克特—法肯豪森的參謀班子—各軍事顧問—各軍事
機構與部隊，塞克特居於指導顧問團工作的地位而不負其具體責任，
故而他上任伊始，第一件事便是改組顧問團組織。他在南京城東富貴
山顧問俱樂部召集了全體會議，表示他受蔣介石之聘，來華接任總顧

❸　吳景平書，第138頁。

❻　柯偉林書，第260頁。

❺　同上出處，第261頁。

問工作，已被授予領導全權，並擁有延聘、開除、替換顧問之權力。他還說德國政府及國防部對來華顧問團的工作已表示了全力支持之意，他希望全體顧問汲取過去佛采爾時期工作教訓及經驗，服從「總顧問參謀長」的具體領導，努力工作，與中方工作人員搞好關係。

此時德國顧問團已擴充為61人，加上中方人員共120人❷。塞克特將顧問團組織由三個組擴大為五個組，分別派往四個方面：原有部隊、新編部隊、軍事教育及武器兵工系統進行工作。各組分工如下：

第一組：部隊組，負責新編部隊之編組、工事之籌建、情報之搜集等等，並協助計劃未來之作戰方案；

第二組：補給、裝備組，負責武器彈藥之採購補給；

第三組：軍事教育組，負責軍校工作及部隊訓練安排；

第四組：組織人事組，專管人員調配工作；

第五組：編譯組，負責教材講稿編譯工作。

與其前期相比，顧問團此期發生的一個重大變化就是所有的文職人員全部退了出去，顧問團的軍事性質更加凸顯，因為有了德國國防部的公開支持，顧問團再也不用披著偽裝的外衣了。

蔣介石對塞克特統領下的德國顧問團的工作，給予了特別的支持，從中央軍校畢業生中抽調350人專任德國顧問的翻譯與服務。另外又專門設立了以李㴔為首的「聯絡官辦公室」，專事協調中方與德國顧問的關係，處理一切雙邊糾紛❸。塞克特曾在全體顧問會議上說過：「蔣介石元帥給我的權力之大，簡直出乎我的意料之外。……我能以他的名義發布各種命令，作各種必要的安排。至於那些大元帥自己不知該如何處置的情況，我必須獨自承擔下來，用這樣或那樣的辦法解

❷　柯偉林書，第152頁。

❸　吳景平書，第138頁。

決這些問題。」⑥

　　塞克特在南京期間，每週必與蔣見面一、二次。某日，已時隔兩週蔣未召見，塞克特便十分不安，他急派秘書齊煥去見蔣，在得知是蔣因換裝假牙不便見客的原因之後，塞氏才放下心來，由此足見兩人關係之密切⑥。

　　塞克特的工作受到蔣介石的高度贊賞，但兩者的關係也並非完美無隙，而是時常發生觀點分歧。例如：在對日國防戰略布署方針上，二人便有很大分歧。1934年4月至5月初，他們就此問題會商數次。蔣介石主張對日國防重點區域應在長江流域而不在華北，他對塞克特說一旦中日開戰，他準備在必要時放棄華北而集中全部力量保衛長江流域。抗日之發動必須在江西剿共之後。他決定只有16%的軍事預算可以用於華北，因而在那裏只能選擇戰略要點構築國防工事。塞克特認為如此則會造成日軍很輕易地繞過要塞長驅直入，於整個抗戰大局不利。蔣介石說：「那麼無論如何日本人是不能夠占領這些戰略要地。」⑥他又表示：從政治上來看，長江以南遠比江北的地區重要，況且在華北的地方實力派軍隊「沒有任何軍事價值」。塞克特說：「那麼，是否在華北一旦危險時可以抽調在江西剿共的部隊北上？」蔣介石給予否決，他說：「當務之急是剿共，在江西剿匪戰事未完成之前，不可能抽調主力部隊去對付日本人。」⑥塞克特沒有辦法，最後只好表示，對

---

⑥　柯偉林書，第152頁。

⑥　關德懋《關於「在華德國顧問史傳」》，見《傳記文學》第二十七卷第四期，第58頁。

⑥　德國聯邦軍事檔案館藏《塞克特與蔣介石會談記錄》（1934年5月4日）No. W02–44/5，第209頁。

⑥　同上出處，第207頁。

蔣介石的華北防禦方案不承擔任何責任❻。不過他仍然答應了蔣介石的請求，為其設計了從上海到南京間的江南國防工事圖❻，這條被稱為「中國的興登堡防線」後來成為中國抗日國防的重要工程之一。

　　除了這次爭論之外，塞克特在華期間還有兩件事處理得「不如蔣意」，一是為克蘭代表德國政府與廣東陳濟棠開展軍事、經濟合作之事，德方認為陳濟棠與蔣介石都是中國人，在籌備抗日目標上應該是一致的，又因為廣東方面「辦事效率高」，對德貿易從不欠帳，深得德方好感，極願與之發展關係，而南京方面對此則堅決反對，並要塞克特出面運用其在德之影響阻止德方與廣東發展「友誼」。塞克特從德國利益出發，不願干涉，又抱定不多管閒事的態度，對此迴避，從不在蔣介石面前談及克蘭與廣東問題。1934年底，蔣介石直接要塞克特對此發表意見，塞氏苦思再三，寫了一份意見書，「避重就輕，盡可能推卸責任，未能提供任何具體建議」，蔣介石閱後，「甚感不悅」❼。第二是關於德國對華出口重榴彈炮之事，塞克特並未能像蔣介石所期望的那樣「發揮（促成）作用」，使蔣不快。為了準備抗日，中方急需籌建重炮部隊。1934 年 4 月，中國向德國萊茵金屬公司訂購了廿四門十五公分口徑野戰重榴彈炮，併二萬四千發炮彈，總計價值 900 萬馬克。因中方無現金支付，須由德國政府出面擔保，才能以延期付款方式成交。但德國外交部（包括駐華大使陶德曼）都不願擔保，原因是認為軍火交易不同於其他貿易，必須錢貨兩清，否則會給日後

❻　德國聯邦軍事檔案館藏《塞克特與蔣介石會談記錄》（1934年5月4日）No. W02–44/5，第235～237頁。

❻　柯偉林書，第151頁。

❼　傅寶真：《色克特將軍第二次使華》，見《傳記文學》第三十卷第二期，第94頁。

留下糾紛，不易處理。而德國國防部為了促成軍火外銷，極力主張政府提供擔保，雙方爭執不下，最後上報希特勒裁決，萊謝勞將軍代表軍方向希特勒闡述了遵守中德協議的重要性，希特勒卻不以為然，他認為現在對華供應重炮將引起國際上日、英等國的反對，給德國帶來麻煩，故而「表明其堅定立場，不允許此項交易進行」**❼**，並就此引申說：「在政治上必須會見風使舵，協定可隨時締結，亦可隨時破壞。」最後經沙赫特居中說情，又決定 1935 年內不對華供貨，拖到第二年（1936年）再說。據中方文獻記載，這批重炮後來在1936年中旬運到了中國，它是用德方急需的鎢砂換來的。這批裝備武裝了中國第一個摩托化重榴彈炮團，後來在「八一三」淞滬抗日戰役中發揮了重要作用**❼**。但塞克特及顧問團在這場糾紛中沒有幫助中國，原因是塞氏認為德國軍火商以高額傭金收買中方官員，提高重炮售價約30%的行為，令人不能容忍，他甚至建議中方向第三國購炮，而中方有關官員卻不同意（德國軍官正直的一面及國民政府官員之腐敗由此可見），　蔣介石認為塞克特在這一問題上未能助華，說明其對德國政府的影響力有限，也造成了他對塞氏的誤解。

　　但塞克特這種「不問閒事」的作風也有其有益的一面，日本政府曾通過德國駐日大使狄克遜要求塞克特在蔣介石面前運用其影響力，說服蔣介石在華北與日本妥協並承認偽滿，塞克特認為這是中國的內政，他不能干涉，更不受任何外力之影響，故嚴加拒絕，受到了中方的好評。

---

❼　前引郭恆鈺、羅梅君主編：《德國外交檔案1928～1938年之中德關係》，第164～165頁。

❼　傅寶真：《色克特將軍第二次使華》，見《傳記文學》第三十卷第二期，第97～98頁。

塞克特第二次來華時僅十個月，他在促進中國軍工業發展及增強中國國防力方面起了重要作用，蔣介石給予他優厚的生活條件，中國政府支付他的月薪高達2,000美元，等於佛采爾月薪的3倍。他還擁有專車、專機、侍衛、廚師甚至儀仗隊，蔣介石外出時，他甚至可以坐在蔣的辦公桌前召見中國軍官，足見蔣介石對他的推崇及期望之高。但這一崇高而艱巨的任務對於一個年近古稀的老人來說已是不堪重負。當時有傳聞說，塞克特某一天在盧山蔣介石官邸作客時，曾被火爐絆倒跌了一跤，從此就生病了❼。1934年底，醫生根據體檢結果，要求塞克特停止工作，休養一段時間，塞氏即向蔣提交辭呈準備回國，蔣介石再三挽留，並擬安排他去杭州療養，但塞不同意，蔣亦認為「塞將軍這次來精神大不如去年相見的時候了」，遂同意了塞克特的要求❼。

1935年3月6日，塞克特離華回國，蔣介石此時正忙於在西南追剿紅軍，不能送行，特派朱家驊向塞克特轉交了一封親筆信，全文如下：「朱主任益之兄轉薩克特將軍勳鑒：將軍啟程在即，中正不克送行為歉！將軍所擬中國工作計劃書已詳閱過，中正甚贊成。貴將軍回國時請照所擬計劃代籌一切，至中國方面應辦之事，已切令各機關改良照辦，勿念。途中辛勞，務望珍重，並祝健康。中正。微午。機渝。」❼另送白杭綢一匹等禮物，被塞克特謝絕，並表示等身體好轉將再度來華。

---

❼　周亞衛：《蔣介石對德國顧問的幻想》，見全國政協編《文史資料選輯》第19輯，第191頁。

❼　同上出處，周亞衛文，第191頁。

❼　傅寶真：《色克特將軍第二次使華》，見《傳記文學》第三十卷第二期，第99頁。

此時在德國國內，興登堡總統剛剛去世不久，希特勒正急於爭取軍方支持，鞏固其政權，並奪取最高權力，他對塞克特回國表示熱烈歡迎，派人前往德瑞（士）邊境迎接，並立即在總理府接見，塞克特向希特勒詳細彙報了中國之行情況，並主張德國對華應有一長期、固定的友好政策，希特勒連連點頭稱是，並爽快同意將駐華使節由公使升為大使級。實際上希特勒是為了爭取塞克特的好感與支持，幫他穩定納粹政權，他的對華友好實為一時敷衍行為。不久之後，德國便與日本締結了「反共產國際協定」，進一步勾結日本反華。1936年底，塞克特終於病逝於家鄉。1937年初，國民政府為塞克特舉行了追悼大會，蔣介石因「西安事變」「蒙難」之後急需休息，由何應欽代他致悼詞，稱贊塞克特之人格「已為中國軍官團樹立了良好的榜樣」，給予了崇高的評價。

德國顧問團「塞克特時期」的歷史就此結束，從而轉入了最後一個階段「法肯豪森時期」。

塞克特離華之前，曾以「最誠懇之心情」向蔣介石推薦他的得力助手法肯豪森將軍正式接替他的職務，得到了蔣介石的批准。從此之後，法肯豪森便成為德國軍事顧問團在華期間最後一任負責人，直到抗戰爆發後顧問團被勒令回國。

法肯豪森在華工作前後共四年多時間，經歷了民國歷史上最複雜最艱巨的一段歷程，他對中國反對日本侵略所做出的貢獻，超過了他的幾位前任。他與中國的關係一直延續到戰後，延續到他生命結束之時。

亞歷山大・馮・法肯豪森(Alexander von Falkenhausen)1878年出生在德國北部的一個貴族家庭，家中享有世襲的貴族稱號。他早年畢業於德國陸軍參謀大學，入伍後曾於1900年隨八國聯軍來華鎮壓義

和團，從此他對東方的社會文化歷史發生了濃厚的興趣。回國後，他曾專門在柏林大學東方學院進行過有關研究。1912年法氏出任德國駐日大使館武官，運用他的特長，對日本的軍隊及其軍事戰略做過深入的研究，這段經歷使法肯豪森在後來赴華服務期間對中國的抗戰戰略貢獻頗大。

第一次世界大戰爆發後，法氏被派往土耳其服務，由此結識塞克特，並成為至交，追隨其左右。戰後，法肯豪森歷任德國軍界各職，由軍事教育與訓練監督到步兵團長，後又轉任步兵學校校長。當時的步兵學校是納粹黨人在軍界活動的大本營，法肯豪森歷來主張軍隊遠離政治，對納粹分子在校內的活動嚴加制止，為此曾幾易校址，試圖擺脫納粹的政治影響。當時納粹黨人在政界已有一定影響力，並受到軍中某些元老的支持。法肯豪森的行為引起軍界一些人物的反感，終於在1930年以52歲之壯年忽告退休，且「原因不明」。

法肯豪森退休後，納粹黨想要轉而爭取他，邀請他「入黨」，並允諾給他擔任「黨衛軍」(SS)中的高級官職，被法氏堅決回絕，他的這段抵抗納粹的歷史成為他後來博得蔣介石信任得以參予抗戰軍機的資本。在退休賦閒的情況下，法肯豪森於1934年4月4日尾隨塞克特來華，接替佛采爾的職位，成為塞克特的參謀長、德國軍事顧問團負責人。

法肯豪森來華後，受到了中方的禮遇，他並沒有與中方簽訂服務合同，而是以「君子協定」的方式來處理雙邊關係。他曾說過：「我和中國政府並沒有簽訂書面的合同，我對蔣委員長表示，當他需要我時，我願意留在中國，但我希望保留一種如果我認為必須離開時，隨時可以離開的自由。」❼❻

---

❼❻　辛達謨：《法爾根豪森將軍回憶中的蔣委員長與中國》，見《傳記文學》第十九卷第五期，第48～49頁。

　　法肯豪森出掌顧問團時期，正式團員人數約40餘人，每人分別與中國政府簽訂了服務合同，當時他們的工作，除協助蔣介石在廬山舉辦軍官訓練團而外，並參予了對紅軍的第五次「圍剿」。法肯豪森曾在回憶錄中描述了當時中國國內的情形。他寫到：「我在中國時，內政尚未穩定，南京中央政府的部署，主要是靠蔣委員長有效的措施而得以穩固，但在南部江西省仍有強大的共黨勢力正和政府軍隊作戰，兩廣的司令企圖盡可能保持自己的實力和獨立的形勢，雲南、浙江、山西、山東以及內蒙古各省的司令們，仗靠著自己的軍隊，都非常穩固，但他們的軍力，在蔣委員長指揮下，漸漸加入北伐軍總隊或逐步解散，曾經掌握東北軍權的張學良領導著一支1932年在華北從日本魔掌中救出的強大軍隊進入陝西。擾亂和平的日軍卻在河北、熱河一帶不斷地興風作浪，布置其侵略的活動。二十年來歷盡滄桑的中國，無日獲得安寧與喘息。」他比喻當時的中國像一艘搖擺在暴風雨中的船隻，要穩定中國的政局尚有無數的工作急需去做，而其首要者為必須建立一支強有力的武裝力量。

　　法肯豪森認為，整頓中國軍隊的工作必須「從遠處著眼，近處著手」，目前他的工作重心有三個方面：「㈠迅速組織可資作戰之機動部隊；㈡盡可能保全長江以南之地區，因此長江布防與東南沿海防衛應列為急務；㈢發展自給自足之軍火工業。」❼為此，他曾在南京方面隨員的陪同下赴鎮海、乍浦、江陰、連雲港等海防要地視察，為籌劃未來的海防作準備。

　　法肯豪森與塞克特之間保持著和諧的合作關係，在中國的日子裏，他們也常「在分析時事與戰略上持有分歧的見解並引起爭執，但經過

----

❼　傅寶真：《法爾克豪森與中德軍事合作高潮》，見《傳記文學》第三十三
　　卷第六期，第100頁。

商討辯論之後，常能很愉快地照著決議去做」。 法氏「一直很敬佩他（指塞）是一位精明能幹受過高等教育而修養卓越的軍人」❼，只可惜他們兩人在華合作的時間並不太長，塞克特不久辭職回國，把顧問團重任移交給了法肯豪森。

1935年7月，法肯豪森應蔣介石之召前往四川峨嵋山，31日，他與蔣介石、宋美齡以及他們的澳籍顧問端納(Dr. Donald)、德籍侍從顧問史太邱 (Streccius) 一起進行了會談，法氏雖未在其回憶錄中記載這次會談的內容，但據他後來撰文所載，他在會談中向蔣詳細提出了應付日本進一步侵略的對策，得到了蔣氏的稱贊，並要其將有關建議彙文呈送❼。

會談結束後下山途中,法肯豪森還與四川省主席劉湘等歡宴一場。

當時中國的形勢是：國民政府在迫使紅軍長征北上後，自以為「剿共」戰事已近完成，加上日本不斷在華北挑釁，中日關係緊張，抗日國防迫在眉睫。以法肯豪森為首的德國軍事顧問團工作重心自然也就轉移到中國對日國防方面來。

1935年8月20日，法肯豪森向蔣介石提交了一份《關於應付時局對策之建議》， 全面闡述了他對於中國國防及抗日戰略的構想。在這份文件中，他運用自己早年旅日期間對於日本軍隊研究心得，聯繫中國目前實際，提出了一系列切實可行的見解。

法肯豪森首先指出:「目前威脅中國最嚴重而最迫切者,當屬日本。日本對中國之情，知之極悉。其利害適與中國相反，故必用盡方法破

---

❼ 辛達謨：《法爾根豪森將軍回憶中的蔣委員長與中國》， 見《傳記文學》第十九卷第六期，第85頁。

❼ 《總顧問法肯豪森關於應付時局對策之建議》， 見《民國檔案》1991年第二期，第24頁。

壞中國內部之團結與圖強，至少設法遲延其實現。華方宜求時間餘裕，作整軍經武之用，故日方益求急進。」❽他批評了國民政府對日本在華北製造事端的「一味退讓」，指出「日方苟遇真實抵抗，則局勢迥異」，我政府應有「堅忍意志」，「斷無不抵抗而即承認敵方要求，沉默接受。鄙意民氣即是造成抵抗意志，故不容輕視。苟領袖無此種意志，則人民亦不肯出而抵抗」❽。這種勸告正中蔣介石對日妥協政策之要害，正可謂一針見血。

按照法肯豪森的預計，一旦日本對華發動軍事攻擊，華北地區首當其衝，同時長江流域各海口也將受到侵犯。因此，中國軍隊必須在戰略上確立一個「集結兵力區域」，以此為基地來布署對日國防，這個區域範圍大概在徐州－鄭州－武漢－南昌－南京一線，我軍應在此區域向北推進，以「滄縣－保定為絕對防禦線」，「最後戰線為黃河」。長江陸防須推進至上海附近，南京作為首都「宜固守」，華中則以南昌、武昌作為戰略支撐點，全國以四川為「最後防地。」法肯豪森最後寫道「綜結言之，就民族、政治、經濟、心理、軍事上各種情況，俱有前方應戰之必要，萬不可不戰而放棄寸土」，「仿二十一、二年淞滬及古北口等處成例，方能引起與長江流域有利害關係之列強取積極態度。中國苟不於起首時表示為生存而用全力奮鬥之決心，列強斷不起而干涉」❽。

總結全文，我們發現法肯豪森在這份報告書內提出了以下幾個具有重大戰略意義的建議：第一，他主張以長江一線為未來抗日戰爭的

---

❽　《總顧問法肯豪森關於應付時局對策之建議》，見《民國檔案》1991年第二期，第24頁。

❽　同上出處，第25頁。

❽　同上出處，第27頁。

主戰場，「因南北二大幹路更要者為長江」，故而他贊同蔣介石的見解，提出自長江下游寧滬，中游南昌武漢到上游之四川，建立層層防禦體系，以之為未來抗日戰爭的主戰場。第二，在長江一線防禦方面，法氏主張「東部有兩事極關重要，一為封鎖長江，一為警衛首都，二者有密切之連帶關係，屢聞長江不能守之議，竊未敢贊同」。「長江封鎖於中部防禦最關重要，亦即為國防之最要點，防禦務須向前推進。江防須封鎖江陰，陸防須利用許多地險及天然便於防禦之地形，推進至上海附近」。「南京為全國首都，必應固守，故極宜增築東正面及東南正面之工事。次之為南昌、武昌，可作主支撐點，宜用全力固守，以維持通廣州之連絡」。「終至四川為最後防地，富庶而因地理關係特形安全之省份（旁批：最後根據地），　宜設法籌備使作最後預備隊，自有重大意義」❽。第三，法肯豪森明確提出了黃河「宜作有計劃之人工氾濫，增厚其防禦力」的具體建議，後來抗戰爆發後，國民政府在花園口掘開黃河大堤，以水代兵，阻止了日軍在北線的西進攻勢。這不能不說是法肯豪森的一項有價值的見解。當然，對這一行動所造成的「禍民」之後果當另作評價。第四，法氏在報告中還提出建立四川戰略根據地的構想，他認為四川是個「富庶而因地理關係特形安全之省份」，「實為造兵工業最良地方。由重慶經貴陽建築通昆明之鐵路，使能經滇越路得向外國連絡，有重要意義」❾。「川省若未設法工業化，能自造必要用品，處此種情況，必無戰勝希望，而不啻陷中國於滅亡」❺。法肯豪森在這裏不僅指出了四川工業化為抗戰提供軍需品之前景，而且指出了開闢西南外運交通線以獲得抗日外援的必要性及重

---

❽　《民國檔案》1991年第二期，第27頁。

❾　同上出處。

❺　同上出處，第25頁。

要意義。

法肯豪森的上述戰略建議後來逐項被國民政府採納，並在以後的抗戰實踐中加以運用，最終為以持久戰，「以空間換時間」，奪取抗戰的最後勝利奠定了必要的基礎。在這個意義上來看，這不僅是法肯豪森而且是整個德國軍事顧問團對於中國抗戰事業的重要貢獻。

法肯豪森以這份建議書為藍圖，開展布署，把它確定為顧問團的工作指導。他根據德國重建國防軍的經驗，按照塞克特的設計，著手訓練與裝備了 8 萬中國軍隊，更之以全副德式裝備，另成立了若干炮兵團與裝甲旅，準備在戰事一旦發生之後，迅速馳援前線。其中第八十七、八十八師重點駐紮在寧滬國防要地，在後來的「八一三」淞滬抗日之役中發揮了重要作用，給予野心勃勃的日本侵略軍迎頭痛擊。

到抗戰爆發時為止，在法肯豪森主持下，中國軍隊整編30萬人的計劃已完成了80%，這一計劃未能全部完成的原因，一是由於時間的不足，二是由於在「剿共」完成後投入「整編」的部隊比蔣介石與塞克特達成的協議數目為多，而「新編師」與舊式部隊之間也存在一些矛盾，使蔣介石不得不放寬選擇「整編」的標準，以求內部公平與穩定❻。

蔣介石十分珍惜他的經過德國顧問整訓的軍隊，並改變了他過去的做法，不用之於內戰而專待抗日。1936年10月間，軍政部長何應欽曾通過國民黨中政會代秘書長朱家驊去勸告蔣介石，欲將新編部隊調往陝西「剿共」，替換不願打內戰的東北軍，但被蔣介石拒絕了❼。蔣介石對於這些新編軍寄予未來抗日之厚望，德國顧問團的工作無疑在增加蔣介石的抗日決心方面起到了一定作用。

---

❻　柯偉林書，第263頁。

❼　《何應欽致朱家驊函》（1936年10月16日），轉引自柯偉林書，第385頁。

法肯豪森曾向蔣介石拍胸脯說：儘管中國缺乏重炮和其他特種武器，但只要按照他的建議去做，在德國顧問指導下，中國軍隊「足以把日本人趕出長城」， 他的樂觀態度使蔣介石倍受鼓舞，堅定了他的抗日決心。

法肯豪森旅華期間主要的工作是協助中國籌劃對日國防，但他同時也參予了國民政府的「剿共」戰事。1935年5月29日，他曾在致德國外交部的報告中彙報了跟隨蔣介石參加「剿共」的情況，他寫道：「蔣委員長目前正在成都親自指揮殲滅四川西北部最後的共軍主力，我們也運送不少新編增援部隊到那裏，望能將共軍完全殲滅，我想今秋即可大功告成。」❸❸因為當時紅軍長征北上，「剿共」戰事已近尾聲，作為蔣介石的軍事參謀，法肯豪森並沒對中國的內戰加以過分關注。

在中德工業、軍工合作方面，法肯豪森在其任期內對德國企業的來華投資合作給予了有力的支持，他曾在奧托・俄普夫公司投資浙贛鐵路工程時為俄普夫這個「肥胖而眼光銳利和狡猾的巨富」提供了多次諮詢，並為這項工程器材輸華稅款問題特別去請求德國駐華大使陶德曼的擔保，甚至不惜為此與陶德曼爭吵起來，最終取得了大使的同意❸❹。

在中德軍品貿易方面，法肯豪森雖然忠於德國利益，但他卻更忠於自己的職責，與那些唯利是圖的德國商人保持著一定的距離。法肯豪森曾在回憶中記述到：「我常出面以強調，宜斟酌中國特殊情況而提供意見為原則，職是之故，我常竭力介紹於中國最有利益而適合中國實際情況的物品及列定公平的價格，而不顧慮到原產地的情形和商

---

❸❸　《關係》，見《傳記文學》第四十二卷第五期，第132頁。

❸❹　辛達謨：《法爾根豪森將軍回憶中的蔣委員長與中國》，見《傳記文學》第十九卷第六期，第87頁。

號。上述這種立場我一直堅持到底。當時 Hapro（合步樓）公司試圖向中國銷售一批軍火和武器。這種武器固然適合於歐洲戰場，但依中國人之需要卻沒有考慮的餘地，因此我曾代表中國提出異議。」「有一批德國年輕黨員（納粹黨），其主要任務專作黨政演說，明目張膽地以為只要有人給中國銷售若干貨品，不論品質優劣，中國人也就求之不得，盡夠滿意了。他們並要求我站在德國利益方面堅持此種立場。我卻不以為然，並屢次給他們作辯論的解釋，認為他們的此種立場不僅會損傷德國的信譽，也將減削商業方面的利益，因為我在中國服務，惟有介紹適合中國需要的物品，才算稱職。

另一商號代理人，當我向西門子公司補購一批大型探照燈時，要求我將這批生意讓給他，但我向他說明，因為我已向中國政府擔保將來在燈光儀器受到損毀時，能補送具有同等功效的貨品，或必要時可予退換，而且要照每一零件的完全同樣模型重新訂製。這公司代理人便以嫉憤的態度威脅我，宣稱他在德國已同西門子訂立合同，依此合同雙方享有利益均霑的訂貨權，但我堅持強調訂購貨品的種類和廠商由買主自行決定，買主可自由同德國的公司直接達成協議。

經由國際貿易公司的介紹，中國擬訂購大型德製軍用貨車，當時有四家德國廠商提供貨樣及單價，其中三家開出的單價每輛都在22,000至23,000馬克左右，而另外一家卻只索價12,000馬克。起初我們認為其中必有錯誤，但經電詢證實並無錯誤，因此這家廠商獲得此項訂貨合同。其他三家廠商代理人則向我提出激烈的抗議，謂Ondirekt廠商有違反規定，不應提供國際市場價格而該提供國內價格，當國外市場標價低落時，方可減價，現在他們也願意以同樣的價格交貨，但差額必須由德國關稅擔保彌補，但於此情況下已不成為真正的交易了。我並非蓄意譴責德國的工商界的不義之行，而只是說明他們處於一種

進退維艱的局面之中。」 **❾⓪**

　　以上這些例證充分說明，法肯豪森是一個保持了正直作風的德國軍官。因為他對中國工作的認真負責態度，曾招來了德國軍方及企業界中許多人的不滿。

　　1936年5月至10月，德國軍方為進一步加強中德軍事合作及對華影響，派遣國防部長助理、同時又是希特勒親信的馮‧萊謝勞將軍(von Reichenau) 應邀訪華，與蔣介石會談。在這期間，因上述原因，作為德國軍事顧問團團長的法肯豪森卻被冷落在一邊，未能參予會談。「德方人士中許多人意圖拒我於德國代表團之外，因為他們深恐在雙方成交時我將為了中國的利益而可能對他們為難。萊希曼（萊謝勞）很清楚其中內幕，所以總是和我保持距離」 **❾①**。

　　在另一方面，法肯豪森對於納粹黨勢力及其政治主張也持有異議，「當時在南京，也有一個國社黨國外組織的地方集團，由於德國顧問多半是反德國社會黨者，所以他們的勢力並不大，而且，凡有違背我們在中國職守的任何政治活動我均一律予以嚴厲禁止」 **❾②**。法肯豪森這樣做的結果使他在政治立場上與希特勒拉開了距離，然不幸的是，在第二次世界大戰爆發後，他仍被納粹黨人拖下了水，此點容當後論。

　　隨著中日間戰爭局勢的逐步嚴峻及明朗化，國民政府積極開始對日備戰，按照德國軍事顧問團的具體建議並參照當時國內實際加以綜合研究，國民政府確定「以四川為作戰總根據地，大江以南以南京、南昌、武昌為作戰根據地，大江以北以太原、鄭州、洛陽、西安、漢

---

❾⓪　辛達謨：《法爾根豪森將軍回憶中的蔣委員長與中國》，見《傳記文學》第二十一卷第一期，第66～67頁。

❾①　同上出處，第66頁。

❾②　同上出處。

口為作戰根據地」，　以此構成了國民政府抗戰戰略路線的主體。有關的具體工作內容包括：

　　⑴建立四川總根據地。根據當時中國地理情況，為有效地抵抗由東部及北部入侵的敵人，建立大西南基地便是抗戰的必由之路。自1927年南京國民政府建立後，蔣介石一直在進行著分化、消滅盤踞西南地方軍閥勢力的努力。經過多方籌劃，最後終於獲得了成功。這一成功在客觀上為在抗戰爆發後建立以四川為中心的後方根據地創造了必要的條件。

　　⑵作為長江南北共同的作戰基地，南京政府認為華中重鎮武漢是「國防作戰中心」。從1935年4月起，當局便在武漢行營內特設「武漢城防整理委員會」，　先後由蔣介石的親信錢大鈞、陳誠主持工作，在武漢周圍周長100公里範圍內建立了環形防禦線，並對深入長江內的日本海軍艦隻及漢口租界內日方潛伏勢力作出了「殲滅性處理」的計劃。按照蔣介石「選擇要點構築必要之工事」的指示，到1936年8月止，已在武漢周圍田家鎮、半壁山、陽邏、白滸山、城陵磯等江防要點設立了野炮掩體36處、觀測所12個、兵員掩蔽部3個、重機關槍陣地11處及坑道、交通壕等；在葛店至新橋、豹子海、三里界、紙坊、龜山、信陽等陸防要地設立20處重機槍陣地及多處野炮陣地、觀測所等作戰設施。此外還完成了對日租界的作戰設施。至此，用於武漢國防工事修築總費用已達913,228元❸。

　　⑶對於國民黨統治中心寧滬地區，由於地處沿海，且必為日軍入侵要道，對其國防設施的建設，當局給予了相當的重視。1931年起，國民政府就開始在這一地區建設國防戰備設施，前後花費了一百幾十萬元的資財，修成了三道國防線：上海至杭州、吳江至福山（蘇福線）、

❸　二史館檔案：《陳誠私人回憶資料》，載《民國檔案》1987年第一期。

無錫至澄江（錫澄線）。 到1937年，全部工程已基本完成。這也就是
被塞克特稱之為「興登堡防線」的國防工事。關於具體作戰部署，當
局在制訂1935年國防計劃時，就已經規定「在江浙方面：駐江南部隊
應集結於京滬線及首都附近，一面防止長江內敵艦之侵擾，以維護首
都」❹。1936年國民政府還採納了張治中等人的建議，成立了「京滬
警備區」， 由張治中出任警備司令，開始了以寧滬為核心的抗戰準備
工作，具體擬定了在緊急情況下採取先發制人的軍事進攻手段，消滅
駐滬日軍後封鎖海岸，阻敵入侵的作戰方案，並派遣已經德式整訓換
裝完畢的第八十七、八十八師主力駐紮於此。同時寧滬鐵路沿線各站
也布置了軍運準備。中方還以增加保安團的名義向上海市區增派了武
裝部隊❺，為以後中國方面發起「八一三」淞滬抗日之役作了必要的
準備。南京政府幾年來在長江中下游地區的戰備努力及其在1936年國
防計劃中的設計都向我們展示了一個事實，即當局試圖以長江一線作
為未來抗日戰爭的主戰場,這項戰略意圖已為以後的戰爭實際所驗證,
也正符合了德國顧問團的設計方案。

　　1936年11月13日，國民政府軍事當局鑑於日本軍隊在我國華北的
頻繁挑釁，針鋒相對地舉行了大規模的軍事演習，法肯豪森率領德國
顧問參加了這次實戰演習，中方共計出動了約五個師的兵力，演習獲
得了圓滿成功。法肯豪森對中國軍隊的良好表現給予了高度評價，其
後，他與蔣介石一起檢閱了參戰部隊。

　　不久之後，法肯豪森又應蔣介石之邀與九位美國空軍顧問一起視
察了杭州筧橋航空學校，他對由意大利及美軍顧問援建的這所航空訓

---

❹　二史館檔案：《1935年國防作戰計劃》七八七1356。

❺　見《張治中回憶錄》及余湛邦：《抗日戰爭中的張治中將軍》，載《團結
　　報》1984年8月。

練基地位置海口表示了異議，認為這太容易遭受敵方攻擊，「容易發生危險，如果深入內地，毗鄰南京，則情勢較為優越」 ❾⑥。

1937年6月，中日戰爭迫在眉睫，法肯豪森又應蔣介石心腹要員陳誠之約，與意大利籍海岸防禦專家諾達爾多洛(Notartolo di Villarosa)一起對南京以下所有長江堤防各要塞炮兵陣地進行了戰前最後一次的巡視。在江陰要塞，法氏登上炮臺察看了從德國進口的十五公分口徑大炮，並觀看了要塞守軍阻擊快艇過江的演習❾⑦。

據法氏記載，當時來自德國的先進軍品正快速裝備中方各重要部隊，如桂永清的「首都教導總隊」裝配了全套德式武器，並擁有克虜伯(Krupp)公司生產的野戰重榴彈炮。此外，德國生產的特別適於中國士兵使用的Stockes-Brand式輕手榴彈、西門子公司生產的大型探照燈也分發到基層部隊手中，首都「南京城防也配備了德製88毫米高射炮及德式防空警報系統，在南京街道上，可以看到75毫米克虜伯大炮和亨舍爾及M.A.N型坦克，梅塞施米特(Messerschmitt)和斯圖加(Stuka)型戰鬥機即將被進口，補充在國內裝配的容克斯飛機。中國海軍已向德國訂購了12艘潛水艇和幾艘戰艦」❾⑧。上述已運抵中國的武器裝備，有效地增強了中國軍隊的作戰能力，在抗戰爆發後發揮了重要作用。正如當時在華考察的德國《民族觀察》(Voelkische Beobachter)雜誌記者報導的那樣：「整師整師的（中國軍隊），從步槍坦克到鋼盔，都是由我們德國國防軍使用過的德式軍品裝備起來的。」❾⑨

---

❾⑥　辛達謨：《法爾根豪森將軍回憶中的蔣委員長與中國》，見《傳記文學》第二十一卷第一期，第67頁。

❾⑦　同上出處，第68頁。

❾⑧　柯偉林書，第263頁。

❾⑨　同上出處，第261頁。

　　除法肯豪森之外，顧問團內其他顧問們也在各自崗位上為中國的國防事業盡職工作，其中值得一提者如受中央政府委託的史太邱中將(Lt. Gen. Streccius)前往對日前哨的山東省、史達開少將(Gen. Starke)前往山西省，協助當地地方實地派人物籌劃國防事務。

　　史太邱是防空專家，原先一直在蔣身邊及航空委員會工作，他受蔣介石之命前往山東，協助省主席韓復榘籌劃國防，而史達開少將則去山西協助閻錫山晉軍準備抗日 ⑩。關於他們在晉魯兩省的活動，因其一貫的嚴格保密制度，在史料中並無任何記載，因此無從描述。這種嚴格的保密雖然有效，但有時卻起到了較大的負面影響，列強各國及中國國內輿論，皆知德國顧問在華活動，參予軍機，卻又不知他們在幹什麼，於是有關德國顧問為日本充當間諜刺探中國軍情的傳聞便漸漸傳播開來，以致對德國顧問團的工作造成了較大干擾，中國政府當局不得不出面調查、闢謠，並重申對德國顧問的信任。是為後話。

　　到抗戰爆發為止，法肯豪森率領德國軍事顧問團為中國的抗日準備做了許多有價值的工作，從戰略決策到作戰計劃，從引進武器到訓練布署，國民政府抗戰準備的每一環節都有德國顧問參予其中。在這當中，法肯豪森的貢獻是顯著的，可以說，抗戰爆發前三年是中德軍事合作的高潮時期，如果沒有德國顧問的參予指導，我方的抗戰準備也很難達到戰前的水準。而法肯豪森則進一步樂觀地認為照這種速度發展下去，如果抗戰遲一、二年爆發，日本人將不可能侵入中國內地 ⑪。

---

⑩　傅寶真：《抗戰初期法爾克豪森與德國顧問團之撤退》，見《傳記文學》第四十六卷第六期，第111頁。

⑪　傅寶真：《法爾克豪森與中德軍事合作高潮》，見《傳記文學》第三十三卷第六期，第105頁。

　　為了表彰法肯豪森的工作，1937年5月17日，蔣介石親自下令：
「派法肯豪森為軍事德國總顧問」❿，將中國國防軍事大權全盤委託
給法氏，再次表明了他對法氏的高度信任。而在這一時期，德國總顧
問的權限也達到前所未有之高度，就連主管對華易貨貿易的德國合步
樓公司派來中國的技術人員也應法氏所請，統由他一手管轄❿。

　　德國軍事顧問團在中國的頻繁活動，引起了日本方面的極大不安，
他們深恐中國國防實力因此而加強，因此，日本政府通過外交途徑向
欲與他們結盟的德國納粹政權頻頻施加壓力，要德國人不要插手中日
戰爭準備。希特勒及其黨羽，雖然同情日方，但由於在華顧問團屬德
國軍方控制，此刻尚未被納粹黨掌握，希特勒對日本的要求愛莫能助，
而法肯豪森及其部下的行為則與德國政府的意願有所背離。在這種情
況下，惱羞成怒的日本軍閥，終於按捺不住侵華野心而迫不及待地發
動了對中國的全面侵略。

㈣超價值的軍火貿易

　　塞克特在華出任國民政府軍事總顧問期間，中德軍事合作開始由
單方面及民間合作關係向全面的官方合作轉變。但「萬變不離其宗」，
這個「宗」就是中方向德方購買成品軍火，以供中國國防之需。

　　由於日本侵華日亟，中國國內階級矛盾被日益尖銳化的中日民族
矛盾所替代，南京國民政府的國防軍事目標也漸漸由內而外，從「剿
共內戰」轉向準備抗日，在這樣的條件下，德國軍火之輸華被賦予了

❿　二史館檔案：《國民政府軍事委員會辦公廳函》七六七75。
❿　二史館檔案：《法肯豪森關於來華德籍顧問任用及管理問題致王文宣函》
　　（1937年6月30日）七七三643。

增強中國抗日力量的嶄新意義，而且在當時的特定國際環境下，這種對中國來說恰如「雪中送炭」的軍火貿易，也具備了超出它自身價值的作用，這種「超價值」的軍火貿易一直持續到抗戰爆發後中德正式斷交為止，但其對於中國抗戰之歷史作用則是巨大而影響深遠的。

塞克特來華後，隨著「合步樓」公司的組建，克蘭成為塞氏援華建軍計劃的執行人，「合步樓」對華供應軍火從此成為一項「官督商辦」的貿易❿。

1934年4月，蔣介石按照塞克特的建議準備籌建中國重炮部隊，中方按照德國軍火商的要求，通過瑞士索羅托公司(Solothrn)為代理人向德國萊茵金屬公司訂購了24門十五公分口徑野戰重榴彈炮並24,000發炮彈，總計價值900萬馬克，這批軍火最後是在1936年運到了中國，裝備了一個摩托化重榴彈炮團，並在「八一三」抗日之役中發揮了重要作用，而其最後代價則是以德方急需要的鎢礦換來的❿。

1935年3月，塞克特因健康原因辭職回國，他的助手法肯豪森(Falkenhausen)將軍接替其職務，成為最後一任駐華軍事顧問團長，負責繼續完成為中國供應軍火及整軍建軍的使命。

1934年10月24日，法肯豪森在致其駐德聯絡人畢克曼(Brinck-mann)的一封公文中曾說明，到1935年春，中國可整編完成下列各支部隊：

1)示範旅；2)山地炮兵9個分隊；3)野戰炮兵7個分隊；4)重型野戰榴彈炮2個分隊（15公分口徑）加2個鋼製機動車榴彈分隊（配德萊

---

❿ 辛達謨：《德國外交檔案中的中德關係》㈣，見《傳記文學》第四十二卷第二期，第127～128頁。

❿ 傅寶真：《色克特將軍第二次使華》，見《傳記文學》第三十卷第二期，第97～98頁。

茵鋼機動車）；5)工兵團3大隊；6)一個戰車大隊（含4.7口徑德製Vicker
型大炮坦克車16部）。

　　同時向德方訂購及即將交貨之軍火物資有：

　　1)15公分萊茵鋼防空大炮24門；2)3.7公分萊茵鋼地面野戰炮20
門；3)7.5公分萊茵鋼反地雷長程炮20門；4)毛瑟24型步槍數千枝；
5)西門子公司通訊器材（價值數十萬墨西哥銀元）；6)蔡斯望遠鏡（價
值數十萬元）；7)15公分炮之機動戰車100部；8)德製坦克車36輛；9)120
公尺長全套架橋軍用設備（包括舷外發動機浮袋等設備）；10)其它設
備如探照燈、竊聽器、無線電對講機、80～100公里西門子電纜（價
值數十萬元）。

　　以上訂購物資加上每門大炮所配一千發炮彈，總價值超過1,500萬
銀元。以上這批軍火訂貨統由俞大維所掌的兵工署全權訂購負責事
宜 ⓾。

　　法肯豪森認為，在當時最迫切的組建基本國防軍力量的各項工作
中，為了迅速籌建東南沿海及長江內河之江海防防線，以備不測之需，
他建議蔣介石「根據同時呈鈞座之五年計劃，設計兵器與彈藥之補
充」 ⓾，「購辦國內不能自造而必不可少之兵器，最要者為江陰附近封
鎖長江之水雷（100具）及十二與十五公分各種要塞炮之必要彈藥（每
炮50發）」 ⓾法肯豪森並具體擬劃了各類槍彈每月擬增加供應數量，

⓾　辛達謨：《德國外交檔案中的中德關係》㈤，見《傳記文學》第四十二
　　卷第三期，第82頁。

⓾　《總顧問法肯豪森關於應付時局對策之建議》（1935年8月20日），見馬
　　振犢主編：《中德外交密檔1927～1947》（廣西師範大學出版社，1994年
　　10月版），第171～179頁。

⓾　《中德外交密檔》，第177頁。

其中需自外國購買者為步兵槍彈3千萬發，「絕對應購者最初為1千萬發鋼心尖彈」 **⑩**。從法氏報告分析，當時中國武器彈藥之貯存，僅可供部隊作戰三個月之用，國內兵工生產之嚴重不足，導致國防軍火依賴外購情形日益嚴重。

中國政府為加速對日國防建設，按照法肯豪森等人建議，除一方面加緊國防軍整訓外，另一方面亦積極開展對德軍火採購工作。

1934年4月，中國財政部長孔祥熙向蔣介石報告了對外軍火購貨情況，其中自德軍火購貨包括以下內容：

卜福斯高射炮16門；大炮牽引車32輛；高炮配件14件（7月初在瑞士交貨）；15公分大炮12門；10.5公分大炮36門；輕機關槍5,000枝（8月底前在漢堡交貨）；坦克車：中型6噸12輛、小型2噸12輛、4.7公分坦克炮彈3,200發（9月底前交貨）；4.7公分坦克炮彈6,000發（11月前交貨）；二十響駁殼手槍5,000枝配彈500萬發（6月底前交貨）；二十四年式七九步槍1萬枝併子彈1億發（1935年2月前在漢堡交貨）；飛機炸彈樣本5種（共215枚）（6月前到滬）；坦克車：中型4輛、小型4輛、4.7公分坦克炮彈2,860發（1935年5月1日前交貨） **⑩**。

據國民政府資源委員會統計處處長孫拯 1935 年 9 月 29 日編定之「中德易貨貿易數量統計表」顯示，從1929年至1934年，德國軍火輸華數值變化如下（原表限「軍用軍械軍火」類物資，不包括各種儀器及通訊器材）：

---

⑩ 《中德外交密檔》，第178頁。

⑩ 二史館檔案：《孔祥熙為德訂購武器事致蔣介石函》（1934年4月26日），㈢22586。

1929～1934年德國軍火輸華數值統計表

數值 ＼ 年份	1929年	1930年	1931年	1932年	1933年	1934年
價值（國幣千元）	1,666	6,279	5,302	2,964	6,756	3,507
占全年進口 總值百分比(%)	1.83	6.79	4.33	2.73	6.26	3.76

若以1929年為基數100計算，德國軍火之輸入價值指數1930年為361.88；1931年為318.25；1932年為117.91；1933年為405.52；1934年為210.50[111]；這些數據因出於當時主管長官之手，可認為具有較高的價值。

又據兵工署軍械司司長徐培根於1935年12月間報稱：中方對德軍火訂貨價值已超過一億馬克，是年內已由德運華之械彈有：1)2公分高射炮12門；2)3.7公分高射機關炮6門；3)79步槍鋼心彈2,300萬粒；4)3.7公分戰車炮60門；5)79重機槍子彈500萬粒；6)3.7平射炮炮彈14萬2千顆；7)2公分高射炮彈36,000顆；8)探照燈9架；9)聽音機（竊聽機）6架；10)鋼盔9萬5千頂[112]。

1936年2月中國組成了以顧振為團長的代表團赴德訪問，在前任赴華軍事總顧問塞克特的幫助下，代表團會見了希特勒等德國軍政經濟首腦，磋商推進中德易貨事宜，獲得了很大成功，雙方確認了易貨貿易的具體原則，德方並向中方貸款1億馬克用以易貨，雙方簽訂了

---

[111] 《中德外交密檔》，第211～216頁。

[112] 《何應欽致翁文灝函》(1935年12月23日)，載《中德外交密檔》，第234頁。

貸款協定。中方每年可用 2 千萬馬克向德方進口軍火及工業設備，而以 1 千萬馬克農礦產品償付德方，為期十年，這意味著中方每年可獲得德方 1 千萬馬克之信用貸款用於購買德國軍火及工業設備，其利在於「我國既不須付現，得巨量軍火，現時購辦軍火之款似可劃作建設國防工業及開發供給德國農礦各物所需現款之用」⓫。這筆交易對中國發展國防事業無異是「雪中送炭」之舉。

顧振代表團在德國期間還以「似甚迫切」的需求向德方訂購了一批軍火，同時並商定軍火付款三原則：

訂貨時付款30%；裝船時付款40%；在上海交貨後付款30%⓬。德方國防部對此給予了有力的支持，「由其軍備儲量中抽撥一切，迅速供運，以應鈞座之緩急」。「當盡現有存量，立予以供運」⓭。據資料顯示，當時代表團對德方提交的軍火訂單如下：

1936年5月中國代表團訪德期間訂購軍火訂單 ⓮

訂單號	貨物名稱	訂貨數量	1938年10月止交貨情況	備註
A.陸軍訂貨：				
1001	鋼盔	220,000	已到	
	花樣（鋼盔）	241,000	已到	

⓫　《顧振致翁文灝電》（1936年2月26日），載《中德外交密檔》，第360頁。

⓬　《何應欽致翁文灝函》（1935年12月23日），載《中德外交密檔》，第360頁。

⓭　《克蘭致翁文灝電》（1936年1月31日及2月22日），載《中德外交密檔》，第356、358頁。

⓮　二史館檔案：廿八⑵2101。

1002	3.7cm練習炮彈	3,000	已到	
1003	SMK子彈 (79鋼心彈)	30,000,000	已到	
1004	SS子彈	100,000,000	已到	
1004a	子彈盒	6,000,000	已到	
1005	燃料車	1	已到	
1006	3.7cm防戰車炮	124	已到	
1006a	上項中：20門為 摩托機化	(20)	已到	
1006b	餘104門為馬牽	(104)	已到	
1006c	3.7cm防戰車炮瞄準鏡	124	已到	
1007	3.7cm防戰車炮附車	20	已到	
1008	3.7cm防戰車炮炮架 牽引架	104	已到	I比14/1
1009	3.7cm防戰車炮炮彈	124,000	已到	
10020	6噸戰車	15	已到	6個連
10030	偵察鋼甲車	1（連）	已到	
10040	10.5cm炮連同 每砲1,000發炮彈	60	4已到，36 途中20須 再訂	I. F. H.18炮
10040	上項10.5cm炮彈	60,000	已到8016發	
B.海軍訂貨：				
11001	15cm炮	4（1連）	已到	SKL
11001	15cm炮	4（1連）	運華途中	SKL
11003	輕汽油快艇	3	已到 ⑰	

---

⑰　此三艘快艇來華後分配江陰雷電學校使用，編為「岳飛中隊」，在抗戰中損失一艘，戰後仍存二艘。

11003	上項快艇用魚雷	24	已到	
11004	快艇隨護艦	1	製造中	
11006	江道封鎖線、指揮器		製造中	
11010c	8.8cmSKL45炮	20（5連）	已到	
11010c	8.8cm炮連探照燈	8	製造中	
11020	快艇（地Diesel摩托）	5	製造中	
11020	上項快艇用魚雷	40	製造中	
11021	水雷布艇	1	製造中	
C.空軍訂貨：				
12001	2cm高射炮	120（10連）	已到	
12002	2cm高射炮炮彈	3,000	已到	
12011	3.7cm高射炮	60（10連）	已到	Flakls 摩托化
12012	上項高射炮炮彈	180,000	已到	
12021	炮兵探照燈連 全部裝備	1（連）	已到	摩托化

注：根據資源委員會主任委員翁文灝1936年3月19日致顧振團長電，上表所列訂貨計劃已作下列調整，並注明「此單與前開各單稍有出入，惟盼以此單為主」。

12002　2cm高射炮炮彈增至36萬發；要求二個月內起運。

10020　增訂：載重車12輛；2公分戰車炮彈1萬5千顆；3.7公分戰車炮彈1萬5千顆；汽油車6輛。

另加：江防要塞用15公分帶盾長射程要塞炮7門併彈藥3千5百發爆炸彈；射擊指揮器材全份。海軍用15cm猛烈開花彈450顆；前撞碰炸引信150顆；前撞計時引信送藥600發；鋼殼10.5cm猛

　　烈開花彈900發；前撞碰炸引信300顆；前撞計時引信2.7cm練
習彈藥34發。　**⑩**

　　從上表中我們可以看出，這批軍火在後來抗戰爆發前後絕大部份
已運抵中國，有效地支持了中國的抗日作戰。

　　為確定顧振代表團訪德成果，進一步推進中德關係，1936年7月，
德國國防部要員萊謝勞將軍(Reichenau)應邀訪華，把中德合作推向一
個新高潮。萊謝勞在與蔣介石會談中，曾根據他個人意見，提出了由
德方直接為中方裝備六十個國防師的建議，並提議由德方負責派遣全
部軍事顧問負責整訓工作**⑲**，這一設計在當時國際背景下未能得到德
國最高統治者的批准。

　　直接軍事合作雖然告吹，但中德間軍火買賣卻在緊鑼密鼓地進行
著。1936年3月15日，中國負責農產品對德易貨的中央信託局與德方
禮和洋行簽訂了購買高射炮指揮儀的訂貨合同，8月8日負責礦產品易
貨的中方資源委員會又與德國西門子公司簽訂了「軍用電話特種工具
購貨合同」，4月間，克蘭又把合步樓公司股份所有權讓予德國國防部，
並增資300萬馬克擴大經營，成為一家國營公司，使中德易貨貿易更
具實力基礎。

　　雖然中德易貨是基於雙方友好的基礎之上，但在具體履行過程中
仍不免存在若干麻煩。例如關於軍火價格之爭便是一例。

　　1935年11月24日，中國軍政部長何應欽致函資源委員會主任翁文
灝，就德方「交來之各項軍械迄今不知其價格」一事提出質詢，認為

---

⑩　《中德外交密檔》，第364頁。

⑲　傅寶真：《法爾克豪森與中德軍事合作高潮》，見《傳記文學》第三十三
　　卷第六期，第102頁。

「此項物品間有與中國國情不甚相合之處」，　要求「本部將派員……
前赴德國，實地考察各項軍械之制式是否合用及價格是否公允」❿。
由此引發了對於德國輸華軍火價格之疑問。為了平息中國軍方對德軍
火性能價格之疑慮，1936年5月13日，德國國防部長柏龍白(Blomberg)
按照顧振等人的建議致函蔣介石，表示「對於實行供給中國國民政府
軍器與工業設備及此項工業品之估價，敝部謹作左列之保證：㈠一切
由國防部為中國軍事機關所建議之器械子彈，均係德國陸軍所備用，
其型式效能，隨時均與德國兵工發展程度以並進。㈡軍器及工業設備
之估價，係以德政府對於各項同等物品自行採辦之價格為根據。……
㈢德國供給品在德國國內之驗收，係由國防部指定機關專任之」⓬。
對於德國人的保證，蔣介石仍不放心，他覆函柏龍白寫到：「據顧(振)
首席代表返國報告……凡中國所購物品其價格概與德政府為自用計所
出之價格相同，以上種種瞭解，鄙人均深為滿意，惟有一點須述及者，
照敝國法律規定，……以後對於貴國為中國政府所購物品之帳目單
據，擬由中國政府每年派員至貴國查閱，諒必能得貴國同意也。」⓬
這場有關德國售華軍火價格之爭一直沒有平息，由於德商（包括克蘭
在內）試圖在中德軍火貿易中賺得最大利潤，即使德國軍方開價不高，
但最後貨物交抵中國人手中之時，其售價早已超過國際市場之價格。
難怪蔣介石在1936年12月7日致何應欽、翁文灝密電中痛斥「此等商
人惟利是圖得寸進尺」⓭。

　　在德國方面，為了爭奪商業利益，幾家軍火企業也在對華貿易爭

❿　《中德外交密檔》，第233～234頁。
⓬　同上出處，第244頁。
⓬　同上出處，第245頁。
⓭　同上出處，第249頁。

奪戰中進行了激烈交鋒。萊茵金屬公司與克虜伯公司曾為對華出售野戰榴彈炮一事展開爭鬥。陶德曼公使認為「德國在華商業將會因此面臨傷害」。 在他建議下，德國外交部轉告國防部方面盡快促成兩大公司達成妥協，「如果德國政府認為萊茵金屬公司應獲得這個訂單，克虜伯公司則將在其他軍火交易中得到優先權」 ⑫。德國外交部還通知駐華軍事顧問團團長法肯豪森，請其「勿干涉武器交易」， 不要介入萊茵公司、克虜伯以及波弗公司等的商業角逐 ⑫。

1934年12月間，德國駐上海總領事克里拜爾(Kriebel)向柏林報告說：中國政府曾試圖將對德軍火貿易集中到萊茵公司一家進行，中國財政部已委託中央銀行新成立的機構對德方接洽此事。德方認為：此舉「將首開先例，並對原有在華公司造成嚴重損失，此外這也意味（會）洩露生產機密」，因此堅加拒絕 ⑫。其實中方這一建議在很大程度上是為了擔心「若干不受南京控制的省政府會得到（德方）供應（軍火）」，因為南京堅決要求「對外軍火交易將來必須在德國製造商與中國中央政府之間直接進行」 ⑫。

無論如何，自從「中德易貨協定」成立後，兩國間軍火貿易有了飛躍發展。一項統計表明，1935、1936、1937年三年間，德國軍火輸華價值在其全年軍火出口總值中的比率已由 8.1% 上升為 28.8% 和37% ⑫，到1937年，中國政府所列國家預算中的「購械費」三千萬元

⑫ 《中德外交密檔》，第164頁。

⑫ 同上出處，第171頁。

⑫ 同上出處，第173頁。

⑫ 同上出處，第174頁。

⑫ 此統計數出自（美）William Kirby:*Developmental Aid or Neo-Imperi-alism? German Industry in China (1928～1937)*，轉引自王正華：《抗戰

已全部納入中德易貨項目預算範圍之內❹。有關1936至1937年中德軍火貿易統計數表如下：

附表一： 1936年度中國政府對德易貨輸華軍火訂單 ❿

區分	品種	已訂購物	尚須訂數	用途	備註
步兵武器	79.馬克沁機槍		1,131枝	補充三十個調整師之高射機槍	每機槍連配一排(2枝)
	2公分高射炮	120門		補充二十個調整師之高射炮用	每步兵團配一排(2枝)
	3.7戰車炮	124門	100門	補充十個調整師用	每步兵團配屬一連（六門）
炮兵武器	10.5公分榴彈炮	60門	60門		
高射武器	3.7高射炮	60門			編成10個連
要塞武器	新15公分要塞炮	8門			
	新7.5公分要塞炮	14門			

時期外國對華軍事援助》，第57頁。

❷　《何（應欽）上將抗戰期間軍事報告》（上冊），第115頁，二史館館藏。

❿　資料來源：國防部史政局檔案《整軍建軍方案》570・3/5810。

裝甲武器	6噸中型戰車及全部車輛	一全連			
	4噸半裝甲汽車及全部車輛	一全連			

附表二： 1936年9月至1937年2月間德國輸華軍火統計表 ⓫

到貨時間	兵器品名	數量	接收編組機關	發予部隊
9月末	2公分高射炮（機械化）	12門（3連×4）	防空學校	防空學校及新十五（師）防空之用
	3.7公分戰車炮（機械化）	20門（2連×63排×2）	交通兵學校	一連編入戰車營，二連暫歸交通兵學校，二門發給該校作教學用。
	3.7公分高射炮（機械化）	6門（1連）	防空學校	
	探照燈（機械化）	1全連	防空學校	
	8.8公分迫擊炮（兼高射用）（固定式）	4門（1連）	江陰要塞	江陰要塞
10月末	8.8公分迫擊炮（兼高射用）（固定式）	4門（1連）	江陰要塞	南通要塞
	6噸級戰車	14輛（1連）	戰車教導營	戰車教導營

⓫　資料來源：國防部史政局檔案《整軍建軍方案》570・3/5810。

時期	裝備	數量	學校	部隊
11月末	2公分高射炮（馬牽引）	24門（4連）		
	3.7公分戰車炮	24門（4連）		
	3.7公分高射炮	12門（3連）	防空學校	高射炮第四營
	8.8公分高射兼迫擊炮	4門（1連）	南京要塞	南京要塞
12月末	2公分高射炮（馬牽引）	24門（4連）		
	3.7公分戰車炮（馬牽引有前車）	24門（4連）		
	3.7公分高射炮	12門（3連）	防空學校	高射炮第五營
	8.8公分高射兼迫擊炮	4門（1連）	南京要塞	南京要塞
	裝甲汽車	1連	戰車教導營	戰車教導營
1月末	2公分高射炮（馬牽引）	36門（6連）		
	3.7公分戰車炮（馬牽行有前車）	24門（4連）		
	3.7公分高射炮	18門（5連）	防空學校	高射炮第六、七營
2月末	2公分高射炮	24門（4連）		
	3.7公分戰車炮	32門（5連）		
	3.7公分高射炮	12門（3連）	防空學校	高射炮第六、七營

附表三： 1937年春季中國政府對德軍火訂單 [182]

訂單號	貨物名稱	訂貨數量	交貨情況	備註
A.陸軍訂貨：				
10041	Maxim機關槍	900	先撤銷	再新訂
10042	Mauser 毛則手槍	30,000	先撤銷	再審核
10042M	上項手槍子彈	12,000,000	先撤銷	再審核
10043	戰車連用vickers 汽車		已到	
B.海軍訂貨：				
11030	15cmSRL55 炮	4（1連接）	製造中	
11031	縮小之海防瞄準圈	6	製造中	
C.空軍訂貨：				
12041	2cm高射炮炮彈	120	可撤銷	
12041M	上項2cm高射炮彈	360,000	可撤銷	
12042	3.7cm高射炮	60	可撤銷	
12042M	3.7cm高射炮炮彈	180,000	可撤銷	
12043	3.7cm高射炮	20	可撤銷	護路用
12044	2cm高射炮	24	可撤銷	鐵道部訂

[182]　資料來源：中國第二歷史檔案館檔案廿八(2)2101。

附表四：1937年夏秋中國政府及海軍部對德軍火訂單 [133]

訂單號	貨物名稱	訂貨數量	交貨情況	備註
A.陸軍訂貨：				
10051	3.7cm防戰車炮之補充用件	124	先撤銷再訂	(1)
10051	3.7cm防戰車炮之補充用件	124	先撤銷再訂	(2)
10053	3.7cm防戰車炮炮彈	50,000		補件已到
(10009) 10054	載重車	144	先撤銷再訂	
10055	3.7cm防戰車炮補充零件	124	先撤銷再訂	(中國駐德)商專處訂
B.海軍訂貨：				
11051	250噸魚雷潛水艇	2	製造中	
11052	250噸水雷潛水艇	2	製造中	
11053	500噸魚雷潛水艇	1	製造中	
11054	預備魚雷	240	製造中	
11055	預備水雷	500	製造中	
11056	潛艇隨護艦	1	製造中	
C.空軍訂貨：				
12051	2cm高射炮補件	120	可先撤銷再訂	新訂
12052	3.7cm高射炮補件	60	可先撤銷再訂	新訂
12053	高炮隊隊部補件	15	可先撤銷再訂	新訂

[133]　資料來源：中國第二歷史檔案館檔案廿八⑵2101。

| 12054 | 2cm及3.7cm
高炮隊補訂 | 各項車輛 | 可先撤銷再訂 | 新訂 |
| 12055 | 2cm及3.7cm鐵道
防空用 | 各項車輛 | 可先撤銷再訂 | 新訂 |

　　據美國學者柯偉林統計，1936年中國對德訂購軍火總值為64,581,000馬克，德方交貨值為6,405,000馬克，占是年德國軍火總出口額23,748,000馬克之37.07%⓭。而據英國學者福克斯統計：1936年中國訂購軍火價值64,581,000百萬馬克，德方實際交貨為23,748,000百萬馬克；1937年中國訂購60,983,000百萬馬克，德方實際運交82,788,600萬馬克⓭。福克斯的這一高達數億億馬克之估計顯然是不正確的。

　　德國對華出售軍火決不是為了援華抗日，而是為了換取其在國防工業發展中不可缺少的鎢砂等礦產原料，據資料顯示，當時世界上鎢產量的80%集中在亞洲，而我國又是亞洲產鎢大國，1932至1938年7年間，中國鎢產量占世界總產量之37.6%，德國每年需輸入世界鎢產量之半數，其中60～70%從中國進口，1935年更達90.6%。因此，德國人願意以軍火同中國易砂來節省大筆的外匯。到1938年時，中國鎢輸出量的79%輸往德國，而從德國進口之軍火則占其軍火進口總額之80%⓭。

⓭　William C. Kirby: *Germany and Republican China*, p.220.

⓭　John P. Fox: *Germany and the Far Eastern Crisis* 1931～1938 (London School of Economics and Political Science, 1982), p.241.

⓭　傅寶真：《色克特將軍第二次使華（續）——在華德國軍事顧問史傳⑴》，第90頁。這一數據當然僅指當時南京政府進出口數額而言，當時德國除

中德間這種急速發展的經貿關係完全是基於互相利用的需要，缺少政治基礎的保障。相反地德國與中國的敵人日本卻在反蘇反共政治目標上達成了完全的一致。德國納粹政府的這種「二元化」遠東政策之結果，勢必導致其對華政策嚴重的不穩定，對華軍火供應因此面臨著不斷的麻煩。

㈤希特勒密見中國特使

時近1936年末，中國政壇上發生了震驚中外的「西安事變」，這場以團結抗日為最終目標的「兵諫」，在中國共產黨的引導下，最終得以圓滿結束。

「西安事變」和平解決之後，中國政局出現了一個前所未有的穩定階段。隨著日本侵華日亟，中國國內各政治力量趨於團結抗日，一致對外。第二次國共合作逐步形成，國民政府當局停止了內戰，集中精力準備抗日，各項內外政策都進行了調整以準備實行抗戰之需要。在對西方外交關係方面，依舊貫徹「以夷制夷」方針，試圖運用一切可能的手段爭取歐美各國的同情，遲滯或阻止日本侵華並繼續對中國提供實質性的援助，中國方面爭取歐援的重點對象之一便是與中日雙方都有特殊關係的德國。

了向中國中央政府提供軍火外，也向廣東、廣西、冀察，甚至偽滿政權出口軍火，據1936年3月26日顧振自德電告國內，華北宋哲元對德私訂進口步手槍子彈共一千萬粒，3.7防坦克炮50～100門併榴彈，偽滿訂購手槍彈50萬粒，廣西購步槍25,000枝，廣東亦訂購機關槍若干。（見《中德外交密檔》，第368頁）因篇幅所限，這裏對德國向中國地方當局提供之軍火數目不擬討論。

在這種大背景之下，中國政府派出特使率領代表團，對歐美各國進行了巡迴訪問，在全面抗戰爆發前夕，進行了一場重要的「外交戰役」。

1937年6月，應德國政府之邀請，國民政府行政院副院長兼財政部長、蔣介石的私人特使孔祥熙，在赴英訪問之餘，率領中國政府代表團抵達德國首都柏林，進行正式友好訪問。

德方主動邀請中國特使來訪，有著自己的目的，當時中德關係由於德日締結「反共產國際協定」及德方與偽滿政府勾結，已受重大影響。中國政府認為，在日本侵華步步緊逼之際，德方與日本締結「政治同盟」協定並與日本扶植的「偽滿」傀儡開展「貿易」，實際上就是站到日本一邊去了，因此不能不視之為是對中國的極端不友好行為，兩國間關係因此蒙上一層陰影。德國當然竭力想沖淡這層陰影，因此，當2月間他們得知中國將派特使赴英，出席英王喬治六世加冕典禮的消息後，即由駐華大使陶德曼出面，邀請孔祥熙順道訪問柏林，「與希特勒總理詳細討論中德關係」。接著在3~4月間，德國經濟部長沙赫特、國防部長柏龍白以及納粹黨第二號人物空軍部長戈林都接連發來邀請函，表明德方「隆重歡迎」之意❸。

面對德方的盛邀，中國政府也有自己的考慮。當時中國正面臨日本帝國主義侵略的巨大威脅，中日戰爭似已不可避免。雖然經過西安事變的推動，國內第二次國共合作已初步達成，但大敵當前，彼強我弱，國民政府當局按照「以夷制夷」的老套路，希望通過國際力量的干涉，阻止或遲緩日本之進攻。德國因其與日本的友好關係，自然是中國首先希望求助的國家。於是，孔祥熙接受了德方的邀請，帶著蔣介石交給他的特殊使命，開始了他的歐美之行。

---

❸ 前引吳景平書，第168頁。

　　5月間，孔祥熙一行乘船抵達歐洲。2日下午，他從捷克首都布拉格(Prague)轉乘火車途經柏林去英國，在柏林做了短暫停留。儘管此次尚不屬正式訪問，德方外交部、國防部還是派了代表前往車站迎接。

　　孔祥熙在中國駐德使館與程天放大使進行了密談，他表明此次歐美之行的任務，除參加英王加冕典禮外，特別布置繞道歐陸各國以瞭解情況，「以做中央外交方針的參考」[138]。他特別說明，此行應邀訪德的目的是要通過德政府內傾向中國的官員，勸告希特勒繼續提供我們急需的國防軍備，以助中國準備抗戰，同時探尋德方調解中日矛盾的可能性[139]。

　　當時在德政府內部，已很顯然地分成「親華」與「親日」兩派力量。以沙赫特、柏龍白以及外交部長牛賴特(von Neurath)等非納粹黨人組成的「親華派」，在對待中國態度上與戈林、里賓特洛甫等納粹黨官員的分歧越來越大。而居於最高領袖地位的希特勒，則持居中態度。一方面，他為了稱霸世界的戰略目的必須與日本結盟，另一方面，他也認為，為了繼續獲得中國的戰略資源為發動戰爭做準備，目前還不能完全為討好日本而背棄中國。希特勒還在猶豫。雖然他在本質上持著與戈林等人相同的觀點，但他從一國元首的角度考慮，為了德國的全盤利益，他不得不採取折中主義的作法。

　　在這種複雜的背景下，孔祥熙的來訪，隱隱中已成為德國內部「親華派」與「親日派」的一次爭鬥。

　　6月9日上午8時，孔祥熙率領代表團在訪英之後，由比利時首都

[138]　程天放：《使德回憶——日內瓦商談》，見《傳記文學》第五卷第三期，第35頁。

[139]　關德懋：《抗戰前夕孔特使團訪德之前因後果》，見《傳記文學》第四十七卷第一期，第69頁。

布魯塞爾乘火車抵達柏林，開始對德國進行正式友好訪問。代表團團員有：行政院秘書長兼資源委員會主任翁文灝，他是中方主管對德貿易的負責人；另外還有海軍部長陳紹寬、中央軍校教導總長桂永清等軍方要員，以及軍事委員會秘書、德語翻譯齊焌等共十四人❶。

柏林火車站張燈結綵，到處懸掛著「青天白日滿地紅」以及納粹「卐」字旗幟，雙方持續多年而又隱密的友好關係，在此得到了充分體現。這確實是中德外交史上不可多見的一幕。

火車緩緩駛進車站，當孔祥熙出現在車箱門口時，禮樂大作，歡聲一片。德國財政部長兼國家銀行行長沙赫特率領外交部禮賓司司長須望德、柏龍白元帥的代表等人走上前去，迎接孔祥熙一行。中國駐德大使程天放也帶領使館人員及僑胞、留學生代表共 200 多人前來迎接。

在車站候車室，舉行了簡短的歡迎儀式。而後，孔祥熙一行前往布列斯多賓館(Hotel Bristol)下榻。

孔祥熙到達柏林後的第一件事，就是利用訪問間隙前往醫院探視正在此地治療眼疾的他的長女孔令儀。孔令儀當時正因個人婚姻原因避居柏林。隨後，在程天放的陪同下，他又前往財政部拜會了沙赫特。雙方討論了中德雙邊關係。

孔祥熙首先提出了中方對於德日簽訂「反共產國際協定」的疑慮。沙赫特解釋說：「這僅僅是一項針對共產國際的協定，並不涉及其他，這一點可由德方以駐英大使里賓特洛甫而不是外長牛賴特簽署該協定得以證明。」 沙氏進一步告訴孔祥熙說，德國與日本簽約是要向國際上仇德的國家表明自己並不孤立，也有強大的朋友，當然，德國對中

---

❶　程天放：《使德回憶——孔庸之應邀訪德》，見《傳記文學》第六卷第三期，第21頁。

國的信賴要超過對日本的關係，他舉例說：德國在對中日展開貿易方面貸款 1 億元給中國，但對日本卻限定只用現金交易，這足以說明德方是親華的。沙赫特並希望中方提高對德易貨之工作效率。孔祥熙則要求德方增加對華供貨價格透明度，保證貨產品質量。雙方對會談結果均表滿意❹。

　　當天晚上，在德國國家銀行總部大廳，沙赫特舉行正式晚宴，歡迎中國代表團訪德。裝飾豪華的宴會大廳，四壁都鑲嵌了大理石護板，雙方來賓50餘人圍桌而坐。7時整，宴會開始，沙赫特首先起立致詞，他代表德國元首及政府，對中國代表團的到來表示熱烈歡迎。孔祥熙繼而致答，他說：「中德兩國歷史悠久，經濟文化關係十分密切，中國是農業大國，德國是工業大國，彼此可以互補相成，今後合作大有前途。」在杯觚交錯聲中，晚宴達到高潮，十時頃，雙方盡歡而散。

　　6月10日中午，孔祥熙在程天放的陪同下前往德國外交部拜訪，適逢牛賴特外長出國訪問，由副外長麥根森 (von Mackenson) 出面迎接。他首先向中國客人轉達牛外長口信，歡迎孔祥熙一行來訪問，並對不能親自接待中國客人表示歉意。接著麥根森又說：中德兩國關係密切，外面傳聞德日協定威脅中國實為謠言。孔祥熙聽罷十分嚴肅地表示：「日本人是不可靠的。第一次世界大戰時日本就曾利用德國戰敗之機奪取了德國在亞太地區的殖民地，對這些事實貴方總不應該忘記。在反共問題上，日本標榜反共是為了奪取蘇聯在西伯利亞的領土，而中國國民政府才是真正反共的。中國對德寄予很大信任，一切軍事機密都對德國在華顧問公開，經濟上也與德方密切合作毫無保留。」麥根森最後表示：牛外長與他本人十分重視對華關係，只要他們在任一天，中德友好就不會改變。孔祥熙得到德國外交部的這番保證，不禁

表示滿意。會見之後，德國外交部設宴招待孔祥熙一行⓵。

按照原定訪問計劃，下一個需要拜訪的對象是一個令孔祥熙及中方頭疼的人物，他就是納粹黨第二號頭目、希特勒主要幫手之一的德國空軍部長戈林。

戈林是德國納粹黨及政府中的親日派代表，他對中國並無好感。按照納粹黨的觀念，中國這個遠東弱者是不值得同情的，戈林與其他納粹黨棍一致認為，日本才是他們的遠東夥伴，因為日本軍閥與他們有著相同的價值觀和「征服世界」的「遠大抱負」，可在共同戰略利益基礎上互相利用。而中國，戈林只不過把他視為一個德國在目前尚不可缺少的戰略原料供應地，在沒有找到替代者之前，中國還有點用途，可為德國擴軍備戰提供原料保證，因此，他同意邀請孔祥熙訪德，為的是繼續獲得中國原料。至於中日矛盾等等，戈林並不願多管，甚至還抱有同情日本的觀念，認為既然中國落後，被日本侵略則是自然的。在這種背景下，孔祥熙前來拜訪戈林，雖然懷有「化敵為友」的動機，計劃盡最大可能多爭取德方大員的支持，但客觀上成功的希望則是微乎其微的。

孔祥熙與程天放在客廳中等候了許久，不見有人招呼，中國特使遭此冷遇，不禁心中有幾分不快。正要起身告辭，大門一開，戈林手持枴杖蹣跚而出。他因幾天前騎馬時被踢傷，尚未痊癒，孔祥熙上前招呼，戈林用手隨便一指，表示讓座，隨後，他便用十分傲慢的口氣說：「今天我們坦白地談話，不用講泛泛的套語。」接著，戈林又一次強調德日協定專為反共，並不針對中國，但他同時又表示如果中國共產主義活動太猖獗，則德國以後「非談到中國」不可。言下之意仍將

⓵　程天放：《使德回憶──孔庸之應邀訪德》，見《傳記文學》第六卷第三期，第22頁。

中國作為一個隱藏的對手來看待。對此，孔祥熙解釋說：「中國發生西安事變之後，中共軍隊已被政府收編，中國共產黨問題可望通過政治途徑加以解決。」戈林聞之表示了不信任之意。孔祥熙有些氣惱，他列舉日本搶占德國遠東殖民地之史實再次說明：「日本是不可靠的。」戈林回道：「日本是東方的意大利（指意大利曾在第一次世界大戰中背棄盟約對德作戰），我們並不相信他。」「但是」，戈林口氣一轉又說：「日本現在有強大的海空實力，中國有嗎?」言語中充滿了傲慢與蔑視。孔祥熙聞言深感不快，也顧不得什麼體面，大聲回答說：「德國在遠東採取什麼政策和哪一國訂約，我們不想干涉，但是我們必須知道德國究竟是願意與中國作朋友呢? 還是和日本作朋友?」戈林見孔發怒，這才緩和態度勉強說：「中國有成為強國的條件，德國自然願意繼續與中國作朋友，也希望看到中國今後成為強國。」孔祥熙要求德方給中國更多的幫助，供給更多的軍火，戈林則要求中方為中德易貨制定出長期的供貨計劃，確保向德方供給原料與農產品，否則德方將要求中國付給現款才能供華軍火。他並建議說：「中國必須發展其交通線，特別是鐵路網，以利於一支強大的部隊行動。德國將以提供產品的方式參加這一發展。」他還進一步強調說：進行易貨貿易的德方代表不能再限於「國防部與克蘭」，而應置於兩國間政府協議的基礎上❹戈林最後表示：「對於中德間易貨貿易的談判，希望能有一個使雙方都能感到滿意的結果。」

　　談話至此，已無繼續進行的必要。孔祥熙餘怒未消，起身告辭。當天晚上，原本定由戈林招待孔祥熙在國家歌劇院觀賞歌劇表演，不料戈林以上午會談的不愉快，竟托故不來，由其副手出面陪同，孔祥熙看了兩幕即提前退場，回旅館休息去了。

❹　引自吳景平書，第170頁。

6月12日，按照德方的安排，中國代表團乘專車離開柏林南下，前往沙爾茲堡會見德國元首兼總理阿道夫・希特勒。

13日下午，孔祥熙一行專車隊在希特勒派來的衛隊護送下前往沙爾茲堡山上希特勒駐地「鷹巢別墅」(Eagle's Nest)。

汽車沿盤山公路曲折而上，沿途風光迤邐鳥語花香。孔祥熙心中盤算著如何與德國元首會談，爭取他對中德關係的維護，並無暇顧及欣賞山中風景。

數百名身著民族服裝的鄉民聚集在道路兩旁，鼓掌歡迎，孔氏專車駛進戒備森嚴的大門停在一幢兩層樓的別墅前。侍者引導來賓進入大客廳等候。

這是一間略顯長方形的大廳，前半間右置一張大圓桌及圈椅，左面是一座巨大的地球儀。中國客人圍桌落坐，透過客廳落地窗窗口可盡情欣賞群山秀色並遠眺奧地利國境風光。此一獨具匠心之設計充分體現了生長於奧國的希特勒對故土的眷念之情。少頃，希特勒自客廳裏間走出來，德國外交官趕忙上前，將中國來客一一介紹給他，一陣相機快門響過，孔祥熙與希特勒握手照片從此載入史冊，這是納粹德國元首會見的最高級中國官員。

雙方代表圍桌落坐，開始正式會談。

孔祥熙首先代表蔣介石委員長並以他本人的名義向希特勒表示久仰欣慕之情。希特勒回答說，他對蔣委員長亦很敬仰並問候蔣的健康。他稱頌蔣介石是中國賦有天負使命的偉人。孔氏接著說到：「四年前我曾到過貴國，此次重來，見一切都大有進步，我很佩服德國政府在閣下領導下重建國家收效之迅速。」希特勒說：「四年來雖有進步，但仍不夠理想，政治家的眼光，要看到幾十年甚至幾百年以後，不能以目前小小的成績就感滿足。」所以他正在為德國作遠大的計劃。談到

遠東問題與中德關係，孔祥熙強調了中德關係的重要性，他向希特勒介紹了日本侵華給中國東部、北部造成的危害，針對「德日反共產國際協定」，孔氏指出：中國現在政局穩定，不存在共產主義的危險，「中國絕大多數農民擁有小塊土地，缺少構成共產主義基礎的工業無產者」⑭。希特勒說：「我希望中日間彼此友好合作，不要發生事故，應該共同合作，對付共產主義及蘇聯的威脅。」對於中日間現在的激烈矛盾與衝突，如果需要他做中介調解人以促使雙方和談友好，那麼他很願意從中盡力。孔祥熙介紹了中國政府對共產黨的態度，以及對共產主義實行的「防範」方針，並強調在反共立場上，中德雙方是一致的。孔祥熙表示中國可以永遠做德國的朋友，而日本則是不可靠的。如果時機成熟，中國歡迎德國出面調停中日之爭。希特勒故作誠懇地說：「我非常希望中國強盛，希望中德關係更加密切。」他還說：德國駐上海總領事克里拜爾對中國的情形很熟悉，經常有信向他報告中國情況。孔祥熙問：「元首閣下對中國方面有什麼建議或意見？」希特勒說：他同意克里拜爾的意見，認為中國現在最需要的是將軍政大權集歸中央，造成一個強有力的中央政府，而後一切問題都不難解決⑮。對於目前的中德關係，希特勒說：德國是一個工業國，中國則富有礦物和農產品，兩國間自然要進行易貨往來，德國在遠東沒有任何政治或領土的要求，只想發展貿易⑯。談話至此，孔祥熙算是得到了德方元首對於發展中德關係的親口承諾，這才放心鬆了一口氣。會談氣氛更趨緩和。孔祥熙試探著詢及德國在歐洲的政策，希特勒說：「目前的歐洲，平安無事。有些無聊的報紙大談德國如何備戰，準備發動侵

⑭　引自吳景平書，第170～171頁。

⑮　前引程天放文，見《傳記文學》第六卷第三期，第24頁。

⑯　引自吳景平書，第171頁。

略，這全是無恥謊言。德國決不隨意攻擊別人，但也不怕別人來進攻。」希特勒越講越激動，他大罵布爾什維克主義的俄國是世界秩序的威脅，然其危險性並不在蘇聯的軍隊，他拍著桌子說：「如果蘇聯敢來侵犯德國，那麼，德國用一個師的兵力就能擊敗蘇聯兩個軍團！」但問題是在於歐洲的布爾什維克化。德國將會「因此而失去其主要市場」。例如「西班牙的內戰就是由於共產主義的傳播而引起的」，因此，德國對於共產主義的威脅不能不以全力加以防範。「德國在遠東政治行動的目的也正在於此」。

會談歷時一小時而結束。希特勒請在座各位都去小客廳，觀賞來賓所贈禮物。孔祥熙此次帶來贈送希特勒的禮物有：一對朱漆雕花瓶、一冊珂瓏版精印宋畫、兩盒名茶及一幅湘繡雄鷹圖，希特勒對鷹圖及雕花瓶喜愛非常，連連稱贊，並召來攝影師拍照留念。他隨即將一疊印有親筆簽名之照片一一贈給來賓留念。

會見結束，希特勒親自將中國客人送出別墅大門，全體在庭院中合影留念。五時頃，孔祥熙一行告別希特勒登上汽車，當汽車啟動時，孔祥熙回首窗外張望，意外發現希特勒已出現在別墅二層陽臺之上，他正高舉右臂向客人致以納粹軍禮，莊嚴之中又透露出幾分滑稽。

6月14日上午，孔祥熙回到柏林，他與德國國防部長柏龍白元帥見面。柏龍白是德方親華派人物，對中國一直抱著友好態度，在辦理中德易貨貿易過程中，他與孔祥熙多次函電往返彼此已很熟悉。兩人見面，十分高興，如同老朋友一樣親切。柏龍白以其軍人特有的直率對孔氏說：「中國對德國有什麼希望及需辦之事，請坦白相告，本人一定盡力滿足。」孔祥熙要求德方繼續執行易貨協定，對華供給軍火及盡可能多的國防裝備。柏龍白想了想說：「德國現在也在整頓國防，自身所需武器亦多，但對中國仍願盡力相助。希望貴方一定要擬出計

劃，早日通知我方，以便有充分準備，隨時可以交貨，千萬不要隨便
增減改變計劃使我們無法應付。」由於德國國防部的充分友好合作，
中德關於繼續供華軍火的問題得以順利解決。數日後，雙方經過會商，
制定了下列易貨原則：

　　㈠所有德方供給中國之軍器，統由中國軍政部或其他指定機關
　　　接洽辦理。
　　㈡代表德方實施一切貨運供給之機關仍為國營合步樓公司。
　　㈢德國政府再度說明願將軍事及技術方面認為必要之專門人
　　　員，隨時調遣來華服務之誠意。
　　㈣國防部長柏龍白已準備按照蔣介石委員長的意見，調遣軍官
　　　赴華服務，為首人物當係年事稍長之軍官率領國防組織連同空
　　　軍方面及軍事技術方面所應有之軍事專家。
　　㈤中國政府再度聲明，同意所有德國軍火及其他各貨之由德國
　　　政府供給中國者，均由中國以國內農礦產品抵償。❼

　　此外，德國還重申了接納中國軍官及見習士官來德國國防軍中深
造以及德方為中國海軍訂造潛水艇之承諾。這一協議，使得德國軍火
繼續輸華得到了保證。雙方還初步同意設立中德銀行，並草簽了德國
援建中國鋼鐵廠合同。
　　14日當天，孔祥熙還應邀參觀了德國陸軍學院，觀看了軍事演習，
並探望了前任駐華軍事顧問團團長塞克特將軍的遺孀。
　　晚上，德國國防部舉行晚宴，歡送中國代表團，沙赫特柏龍白以

<hr>

❼　秦孝儀主編：《中華民國重要史料初編──對日抗戰時期》第三編（戰
　　時外交）㈡，第705～706頁。

及德國陸軍總司令凱特耳將軍及海空軍首腦皆出席，宴會在一片熱烈氣氛中進行。孔祥熙在席間又一次與沙赫特及柏龍白二人討論了「易貨貿易」協定具體執行問題，取得了滿意的結果。十時半，晚宴結束。十一時許，孔祥熙率領中國代表團部份成員乘火車離開柏林，德國外交、國防、經濟各部首腦及中國大使館、留學生代表齊往送行❹。孔氏徑往德國療養勝地邦得紐海姆 (Bad Nauheim) 小憩，而陳紹寬、桂永清等人則留在柏林與德方進行具體合作内容的談判。

孔氏在柏林期間，還接受了柏林工業大學授予的名譽工程學博士學位，並出席了德國遠東學會、中國實業研究會、漢堡東方協會等組織和團體為他舉辦的歡迎活動❹。

7月23日，孔祥熙前往倫敦與德國駐英大使、具有納粹黨「影子外長」之稱的里賓特洛甫進行會談。里氏提出了一個建議，說他從中方利益考慮，希望中國加入「反共產國際協定」，欲「拉中國下水」與德日站在一起。孔祥熙對此斷加拒絕。他說：「這決不可能，因為中國一旦加入，則日本肯定會藉口『反共』，對中國增兵，擴大侵略以達成自己的目的。」❺雙方話不投機，不歡而散。

孔祥熙此次柏林之行在客觀上獲得了預期的效果，得到了德國最高領導維持兩國友好關係的承諾，同時亦獲得了德方經濟、外交、國防三部首腦的實際支持，使中德易貨協定得以繼續執行。對中方來說，這就意味著能夠獲得更多的德國軍火裝備，用以補充脆弱的國防，增加對日抵抗的力量。在德國方面，由於親日的納粹分子尚未把持全部

❹ 程天放：《使德回憶──孔庸之應邀訪德》，見《傳記文學》第六卷第三期，第21～24頁。

❹ 前引吳景平書第168頁。

❺ 《德國外交政策文件》C輯第六冊，第964頁。同前注。

的國家機器特別是經、軍等要害部門，而主持這些部門工作的又都是「親華派」人物，最根本的還在於以希特勒為首的納粹德國對於中國戰略原料的需要，這就在客觀上為維護中德繼續合作創造了基本條件。加上當時世界大局仍處於戰爭前夕的和平背景之下，希特勒對遠東中日衝突不感興趣，甚至希望調解中日矛盾使其一致對蘇，以配合德國的全球戰略。希特勒對中國尚寄予一定希望。

在這種情況下，孔祥熙訪德之行儘管遇到一點不愉快的插曲，但總的來說仍不失為一次成功的外交，也是中德關係史上的最後一個里程碑。

六、尷尬的第三者

(一)德國人左右為難

1937年7月7日，日本華北駐屯軍在北平發動「七七盧溝橋事變」，開始全面侵華的軍事行動。中國國民政府在萬般忍讓之後，被逼向死路，終於下定決心，實行全面抵抗，中日戰爭正式爆發。

7月17日，蔣介石在盧山發表重要談話，號召全國人民投入抗日戰爭。緊接著，國民政府在短期內公開採納了中國共產黨倡導的團結抗日主張，實現了抗日民族大聯合，中國人民反侵略神聖戰爭從此開始了。

國際社會對中日戰爭的爆發表現出了各不相同的態度。美英法列強明知日本是侵略者，卻不肯仗義直言，更談不上援華抗日，美國國務院甚至還發表聲明說中日戰爭之爆發，「雙方都有責任」，美國對此嚴守「中立」❶。蘇聯為了自己的安全公開聲援中國抗日，並給予了實質性的幫助。戰爭爆發後不久，蘇聯便與中國締結了「互不侵犯條約」，成為在抗戰初期唯一給予中國公開聲援的國家。

對於中日戰爭的爆發，最為尷尬的恐怕就要數德國人了。一方面，當時中德關係正趨高潮，中國政府特使、行政院副院長兼財政部長孔

---

❶ 劉庭華：《中國抗日戰爭與第二次世界大戰繫年要錄・統計薈萃》（海軍出版社，1988年版），第171頁。

祥熙剛剛結束在德訪問，得到了德國元首希特勒關於維護德中合作與友誼的親口承諾。兩國經貿合作轟轟烈烈，德國軍事顧問正在馬不停蹄地幫助中國訓練國防軍；另一方面，德國與日本簽訂了「反共產國際協定」，政治上的聯盟關係已奠定基礎，德日外交往來亦熱鬧非凡。在這種時刻，同為德國之友的中日兩國刀兵相見，作為第三方的德國極感尷尬，無所適從。

如果單從對待中日戰爭的態度出發實際分析，德國人在內心深處還是同情中國而不滿日本的作為的。

數月以前，當里賓特洛甫代表德國與日本簽訂「反共產國際協定」之時，除了「反共」的本意之外，按照德國人的算盤，他們之所以要冒損壞中德關係之風險與日本締約，是指望日本作為一個新崛起的軍事強國，能夠在德國未來世界戰略中助其一臂之力，拖住蘇聯與美國，因為「要想使歐洲日耳曼化這個宏大計劃變成現實，必須搬走這兩個巨大的障礙」❷。現在日本對華開戰，與德國的希望南轅北轍，一旦日軍陷入中國戰場，日本也就失去了作為德國戰略盟友的意義。另一方面，日本現在侵略的是一個正在供給德國戰略資源的國家，中國如戰敗，不僅德國要失去一重要市場及其在華經濟利益，而且也將失去一希望之中的「反蘇朋友」。因此，德方在內心中是對日本侵華很不滿意的，只不過為了「盟友」面子，只能宣稱「中立」罷了，但其暗中依然同情中國，採取了一些不利於日本的實際援華措施。

「七七事變」爆發後，德國社會輿論因迫於納粹黨宣傳部的壓力，不敢公開抨擊日本，一些民營報刊，如《柏林日報》、《哥龍新聞》等，在報導事件消息時都只能在字裏行間隱約表示戰爭的責任在日方。

❷　愛德米・米德・厄爾利著《現代戰略之設計家》(Edward Mead Earle: *Makers of the Moder Strategys*)，第508頁。

　　7月12日，日本駐德大使館發表了一紙聲明，推卸戰爭責任給中方，駐德大使武者小路還約見德國外長，以「惡人先告狀」手段誣陷中國挑起戰爭。中國駐德大使程天放，被迫發表嚴正聲明，向德國人民說明事件真相。他並拜會牛賴特外長，詳告日軍在中國挑釁行為，表明中方抗戰決心。由於納粹宣傳部長戈培爾的「袒日」傾向，德國報章大都不敢登載中國聲明，只有《柏林日報》轉載了其中一節。

　　牛賴特外長在與程大使會見時表示，他已對日本大使表態，德國不希望日華開戰，如果衝突擴大，對雙方都不利，「只有徒然給蘇聯及共產黨製造機會」。程天放同意外長這一觀點，並指出這一切責任應由日本負擔。程大使坦率詢問德國政府對中日戰爭的態度，牛外長說：兩天前他見到希特勒，討論了這件事，「德國政府對華北中日軍隊衝突，認為是極不幸的舉動，希望雙方能和平解決」。程天放又問：萬一事變擴大，德政府將採取何種對策？牛答：德政府對中日雙方都很友好，必然採取不偏不倚的中立政策。他又進一步說：現在有許多德國軍事顧問在華服務，由此事可以看出，德國決不至於幫助日本來壓制中國，中方大可放心。德方再次重申：德日反共協定與目前日本侵華之舉沒有任何關係❸。

　　在柏林交涉的同時，7月27日，在南京中央軍校委員長官邸內，中國最高統帥蔣介石也約見了德國駐華大使陶德曼，就中日軍事衝突事件對中德關係之影響及德方對此事件的態度，進行了會談，蔣陶兩人圍繞以下幾個問題有所問答。蔣介石首先詢問德國政府對「七七事變」的態度。

　　陶德曼回答：「余最近接得敝國政府電報，敝國外交部長曾晤見程

---

❸　程天放：《使德回憶——抗戰初期之中德關係》，見《傳記文學》第七卷第一期，第17頁。

大使，談及此次事件，極為關懷！敝國在貴國雖無其他政治關係，但為維持兩國商業利益計，極希望貴國與日本能和平解決。昨日與王部長晤談時，余曾表示敝國政府甚願以第三國對日本為友誼之勸告，或出而調解，但日本已申明不願意第三國干涉，故敝國雖欲調解，恐亦不能收效。」❹

蔣介石又問：「日本政府最近對貴國曾否提起日德防共協定？」

陶答：「關於此項協定，日本尚未提起隻字……自從此項協定簽訂以來，敝國與日本從未根據此約有所作為……兩國外交僅限於普通關係，一如往時。」

蔣介石仍不放心，追問說：如果中日戰爭引發世界大戰，英俄被捲入戰爭，在這種情況下，德國會不會為支持日本而作戰？

陶德曼仍堅定回答：「如貴院長所說的情況，與德日協定並無關係，蓋此項協定之目的在防止共產黨之活動，其中並無軍事條款。」

緊接著，陶大使又代表德方提問：「如貴國與日本因此次事件而發生戰爭，蘇俄最後是否參加？」蔣介石答曰：「余可明告貴大使，截至目前為止，敝國與蘇俄尚無何項關係。惟此事如引起遠東戰爭，蘇俄態度如何，頗值注意，而戰爭之責任則全在日本！」

蔣介石表示，雖然日本不要第三國干涉，但現在與日本具有特殊關係者唯有德國，希望「貴國政府即應趁此機會對日本進友誼之忠告」。陶大使表示：「敝國政府始終不願日本在華北有何冒險行動！但日本方面則以此事為局部問題，敝國雖欲調解恐亦無效。……但無論如何，貴院長之意見謹當報告敝國政府。」

最後，陶德曼又談到了在華德國軍事顧問團的問題。他說：「余日

❹　《與德大使陶德曼談話》（1931年7月27日），載《總統蔣公思想言論總集》，中國國民黨中央黨史會編第三十八談話，第79～82頁。

前曾晤見法肯豪斯（森），余今願奉告貴院長，如果中日戰爭發生，希望勿派敝國顧問前往前線工作，自從貴國滿洲事變起至淞滬戰爭止，敝國始終抱定此一貫之態度，因彼等派往前方工作，恐妨礙敝國之中立也。此意余並未對法肯豪斯等言，惟請貴院長注意而已。」

蔣介石允之曰：「對貴國之外交困難余甚知道。」❺

這場談話，基本明確了德國政府對中日衝突的立場，說明德方此時尚處於中立地境，既不想得罪日本，又不想得罪中國，他希望中日停戰，但在中日戰爭面前，德國正處於一個第三者的尷尬地境。

日本方面在為侵華行為辯護，對德方解釋說他們對中國發動戰爭是為了執行「德日反共協定」，把「中國從共產主義的陰影下解放出來」。陶德曼大使一針見血地指出：「這是日本人慣用的伎倆，沒有人會相信他們的鬼話。」❻德國外交部於1937年7月28日訓令其駐日大使狄克遜，指出：「日本欲以中國為基地對抗共產主義以履行防共協定，此舉令人無法理解。須知，在第三國領土上以中國為基地對抗共產主義並非防共協定之目標。我們認為，日本的作法已違反防共協定，因為日本阻遏中國之團結統一，導致了共產主義在中國之成長與蔓延，而其最後結果將驅使中國投入蘇聯懷抱，日本因此不能期望獲得德國的支持。」❼這表明了德國對待中日戰爭的基本觀點。

當時在德國內部，「親日派」與「親華派」仍在對華外交態度上分歧很大，沙赫特、柏龍白、牛賴特等當然反對日本侵華，並且根本反對納粹黨人聯日聯意反對英美法蘇的外交政策，他們主張繼續對華友

---

❺　《與德大使陶德曼談話》（1931年7月27日），載《總統蔣公思想言論總集》，中國國民黨中央黨史會編第三十八談話，第79～82頁。

❻　《德國外交政策文件》D輯第一冊No. 476，第742頁。

❼　同上出處，第748頁。

好，保留顧問團在中國，提供軍備，執行「中德易貨協定」， 他們甚至還進一步認為：如果日本占領了中國，那麼對德國來說，則將完全失去了這一大市場與原料供應地，這真是一大不幸。

以戈林、戈培爾、里賓特洛甫為代表的納粹黨「親日派」分子，雖然主張「聯日」， 但他們也不贊成日本將力量消耗在中國戰場上，從而不利於納粹黨的全球戰略。於是，他們也不明確支持日本。由戈培爾控制的德國宣傳機構雖然在報導中日戰爭時偏重於選擇來自日本的報導，但也不進行正面評論，保持了一種含蓄的有保留的態度，這種態度起碼是與當時德日兩國「聯盟」關係不相適應的。

日本政府對德國的這種態度很不滿意，他通知德國方面，表明日方堅決反對德國介入中日衝突。7月28日，日本駐德大使東鄉茂德拜訪德國外交部，對德方不承認日本侵華是反共行動表示強烈不滿。並謂德國此種表態已使德日聯盟蒙羞，太不夠朋友。而德國外交部則冷淡地表示：德方對中日衝突無能為力，中日之爭只能有利於共產黨。

日本政府告誡德國駐日武官，認為德國軍事顧問在華參予抗日，嚴重危害到日本軍方對德之情感。日本外相廣田弘毅照會德國外交部，指出共產國際在華活動激烈，為此日本出兵中國，日方堅決反對德方供華軍火物資，支持中國抵抗。德國外交部對此反駁說，日本的行動才損壞了「德日反共協定」的價值，德方堅持自己的觀點❸。

8月10日，中國行政院副院長孔祥熙受本國政府之命從美國起程再次赴歐活動，爭取抗戰外援，於該日上午抵達柏林。中午，孔氏拜訪了沙赫特。

在位於柏林市郊的沙氏林道(Lindow)別墅，柏龍白、魏茨澤克與沙赫特一起招待了孔祥熙。孔首先介紹了日本侵華現況並詢問德方政

---

❸ 前引張水木文，第531頁。

府態度。沙、柏、魏三人面面相覷，一言不發，一時間場面極為難堪。最後還是沙赫特出面解圍，他請魏茨澤克說明德國政府之立場。

魏茨澤克說：「中日都是德國的友邦，德國願雙方言歸於好，和平不致破裂，德國駐日大使曾奉命告誡日方，可惜未發生效果。德國在遠東只有經濟利益而無政治力量，中國如須第三者出面干涉，以邀請英美為宜。」

孔祥熙說：「日本侵華的目的是要最後稱霸世界，萬一中國被占，日本挾其人力資源將成為世界災禍。現在僅有德國還被日本稱為朋友，故德方說話也許對日有用。」

沙特赫問孔祥熙：「萬一中日衝突擴大，中國對德抱有什麼希望？」

孔答：「中國當然不指望德國加入中方對日作戰，但希望德方給我們精神與物質上的援助。」他還向德方提議，召開包括德、英、法、美等國參加的國際會議，「以迫使日本恢復理智」，但德方對此不加表態，表現了冷淡態度。

關於中德貿易，沙赫特表示：「中日衝突如不演變為正式戰爭，中德簽訂的易貨協定自然繼續有效，萬一兩國正式開戰，德是中立國，情況就不同。如果蘇聯加入，形勢就會更加複雜（即德方就有加入日方的可能）。」

柏龍白也表示：「如果戰事延長下去，蘇聯捲入漩渦的可能性極大。他提議為了避免日本的反對，中德雙方易貨是否可能通過第三方來轉手進行？」

孔祥熙向德方解釋說：「中俄改善關係，完全是出於中方政治及戰略上的需要，但蔣介石更希望來自西方的幫助。」他代表中國政府向德方保證盡一切努力繼續滿足德方對礦產原料的需求。對此，柏龍白等深感滿意。因此柏氏也向孔承諾：儘管目前德國在遠東處境困難，

但他仍將堅持中立政策，國防部將盡力爭取希特勒的支持，維護中德友好關係，繼續對華供應軍火並不召回軍事顧問。甚至戈林現在也贊成在秘密方式下對華提供軍火。德方尤其不贊成日方以執行「德日反共協定」為名對華作戰。孔祥熙對柏龍白的這番表態基本滿意❾。

這次會見雖然是由德方「親華派」經濟、國防、外交三部的負責人出面，但由於中日戰爭，德方態度就冷淡得多，除此次招待外，別無應酬。8月13日，孔祥熙邀請柏龍白午餐，柏氏餐後匆匆離去，不再細談。下午，孔氏又拜訪德國外交部，麥根森副外長出面接待。孔祥熙對其做了一小時的說服工作，希望德國用支持中國抗日的行動來洗刷因德日協定給世人造成的不良印象。麥根森對此不置可否，只表示可向牛賴特外長轉達意見而已。孔祥熙見在德活動無望，便於當晚離開柏林，結束了他的第二次無效訪德之旅❿。

無可否認的是，在日本的壓力下，德方暗中同情中國的立場正在悄悄後退與改變。

在這種背景之下，1937年8月16日，德國元首希特勒對其部下就中日問題表明了他的態度：第一，他「原則上堅持同日本合作的觀點」。這一觀點在8月21日中蘇訂立「互不侵犯條約」後就顯得更加堅定。因為遠東問題並非首要，德國也沒有必要冒險支持中國，開罪日本。第二，但目前德國在中日之間應該保持中立，對中國仍然維持關係。他命令只要中國用外匯支付或用原料抵償，過去按中德間易貨協定已同意供華的武器和物資就要盡快運往中國，並「相應地運回原料，此

---

❾　福克斯：《德國與1933～1938年的遠東危機》（牛津大學出版社，1982年版），第240頁。

❿　程天放：《使德回憶——抗戰初期中德關係》，見《傳記文學》第七卷第一期，第17～18頁。

事必須盡最大的可能瞞住日本人」，但應拒絕進一步對華提供信用貸款，或新的軍火訂定❶。希特勒的這種決定充分反映了納粹黨人對中日戰爭的態度，將要起質的改變。另一方面，他的這一指示對於目前維持中德關係還是有利的，因此受到國防、外交等部門的支持。

9月3日，孔祥熙直接致函希特勒，為中蘇訂立「互不侵犯條約」進行解釋。他說此舉只是中國抗日戰略的需要。在這封信中，孔祥熙還吹捧希特勒是一個「有遠見的偉大政治家」，是「為正義、民族自由和榮譽而鬥爭的偉大戰士」，是「我們的楷模」。他駁斥了日本侵華是為了反共的觀點，說中國是一個「以儒家思想為統治的國家」，有一個「唯一的民族主義政黨，一個強有力的領袖」，中國決不會倒向共產主義。相反地，日本倒是一個「有著日益腐朽的社會制度，國內無產階級力量日益增長，隨時都可能爆發赤色革命」的國家。孔氏最後表示：中國希望德國積極加入中國的經濟振興，中國將優先滿足德國對重要礦物及原料的需要，即便因戰爭而影響原料出口，中方也將用外匯來支付德國軍火價款，中國「能最大限度地滿足德國對原料的需求」❷。然而可憐的是孔祥熙的討好與說服並未能對希特勒起任何作用。

10月，南京政府又特派曾留學德國的著名軍事家蔣百里率領代表團訪問德國，希望其利用在德舊關係影響德國當局，保證對中日衝突嚴守中立。德方對蔣百里態度冷淡，使其閒居柏林郊外而無從開展工

---

❶　《德國外交政策文件》D輯第一冊No. 478，第750頁。《里賓特洛甫備忘錄》(1937年8月17日)。

❷　《孔祥熙致希特勒函》藏華盛頓國家檔案館，編號T-20, Ser195, roll164, 137456～463。

作。戈林最後見了蔣百里一面，不過仍重複了一些「中立」老調而已❸。

隨著蘇聯在遠東影響的擴大，加上德英談判毫無結果，希特勒更感有必要拉緊日意來為自己壯聲勢，對抗英法之間可能出現的反德聯合。他甚至公開表示，必要時，不惜犧牲其在華利益。

儘管中方委屈求全，但由於希特勒已經為德國的親日政策定了基調，德國在對日政治利益與對華經濟利益兩者不能顧全之時，必然一步步傾向日本。政治目標所在，決非金錢利益所能改變。在這種大前提下，此一時期德國之「對華友好」，便越來越成為德國外交、經濟、國防部門中「親華派」的自主行動。德方三部門利用希特勒指示有利中國的一面，堅持維護中德關係大局，慘淡堅持最後的防線。

9月間，日本駐德大使東鄉會見牛賴特，要求德方召回其駐華大使陶德曼，牛外長立即嚴詞拒絕，他說：「按慣例我們絕不召回大使，即使日本轟炸機把炸彈投在大使所在城市亦然。」❹而陶德曼此時在中國亦發表了一系列同情中國之演講。一時間，德國內部「親華派」儼然占上風。德國外交部在致其駐日大使館訓令中，就德日間矛盾明確指示說：「在日方提出抗議前，德國外交部長業已通知日本駐德大使，表示目前及稍早德國並未供應中國任何軍火武器，日本指責德國將少量軍火賣給中國毫無根據。中德交易純以經濟為基礎……供應中國軍火不應成為德日談判的目標。為保持中立態度，德國將不再供應中國軍火物資。」

「在目前情況下如自中國撤出德國軍事顧問，即意謂與南京政府

❸　程天放：《使德回憶——抗戰初期中德關係》，見《傳記文學》第七卷第一期，第18頁。

❹　前引張水木文，第532頁。

為敵，德國將不考慮採取此項行動。德國軍事顧問如撤出中國，將使
蘇俄乘虛而入，日本亦不願見此事之發生。日本大使館武官已向德國
國防部表示，盼在華的德國軍事顧問勿參加實際戰鬥任務，在華德國
軍事顧問對此均獲有明確的指示。」❺

這份文件具體表明了德國外交部對日本要求的態度。

為了表彰牛賴特主持外交期間對中德友誼所作出的貢獻，10月1
日，程天放大使受國民政府委託，將一枚一等彩玉勳章頒授給他，藉
以拉攏關係，同時也算是對前次為德方大員授勳的一個補充❻。

9月10日，國際聯盟召開第99屆常委會，中國代表顧維鈞奉本國
政府之命，正式向國聯提出申訴，控告日本侵華。15日，18屆國聯大
會決定接受中國要求，受理中國控日申訴。9月28日，國聯大會通過
決議，譴責日本侵略中國，日方惱羞成怒，宣布退出國聯，並慫恿德、
意兩國支持他的行動。於是德國政府通知國聯會議召集國比利時政府：
德國對此次布魯塞爾會議決定不參加。同時，日本又進一步加緊了侵
華軍事行動。由於日本退出國聯，使一向仇視國聯的德國納粹政權與
之更趨接近。恰逢本月在中國新疆有一架德國飛機的失事，導致了中
德關係的一次新危機。

德國漢莎航空(Lufthansa)公司飛行員加不倫茲(Gblenz)駕機由中
東飛往上海，途經新疆上空時失蹤，德方為此事要求中方同意他們派
機赴新搜索，被中方拒絕了，中方主張由自己自行處理，這下大大地
得罪了主管德國航空業的空軍部長戈林，他向國防部的托馬思說：中

❺ 段培龍譯：《抗戰初期德國居中調停之經過》，見《傳記文學》第四十三
卷第四期，第48頁。

❻ 程天放：《使德回憶——抗戰初期之中德關係》，見《傳記文學》第七卷
第一期，第21頁。

國這樣不顧全中德友誼，雖斷絕邦交，亦在所不惜[17]。中國外交部決定由歐亞航空公司總經理李景樅親自駕機赴新尋找，並訓令新疆省當局提供協助。中國大使程天放拜會德國外交部副部長魏茨澤克，轉告中方的決定。程天放表示：因新疆省當局採取親蘇政策，與國民政府關係並不融洽，萬一南京同意德機前往而新省不同意，勢必造成更大麻煩。魏氏表示：對此外交部方面可以理解，但戈林不理解，而他又是主管外貿的人，中國如果得罪戈林，恐怕德國的武器就不會再運往中國。所幸的是，加不倫茲原來是因飛機機械故障而迫降迪化，被新省當局扣留三週後放往阿富汗，他於9月27日由喀布爾電告漢沙公司事件經過，此事才算結束[18]。而戈林所下達的停止供華軍火令也被國防部長柏龍白否決。10月20日柏龍白通知戈林，他已命令部屬以更隱蔽的方式來進行對華貿易，將供華軍火偽裝起來，由丹麥輪船運至新加坡的一所英國公司，再轉運中國，並責成各方負責人及辦事員嚴格保密。[19]

此事雖未釀成大不幸，但中德關係的裂紋已經凸現，蒙上了一層陰影。

10月間，隨著德日關係之增進，日本政府又向德方提出了新要求，要德方立即停止支持中國，否則就以中止德日「反共協定」相恐嚇[20]。

---

[17] 《中華民國重要史料初編——對日抗戰時期》第三編《戰時外交》㈣(臺北，中央黨史會編1981年9月)，《中德關係》，第678頁。

[18] 程天放：《使德回憶——抗戰初期中德關係》，見《傳記文學》第七卷第一期，第22頁。

[19] 《德國外交政策文件》D輯第一冊No. 52，第722頁，《海德——林希備忘錄》(1938年10月22日)，轉引自柯偉林書，第280頁。

[20] Frank William Iklé：《德日關係1936～1940》(紐約，1968年版)，第60

希特勒在日本要挾之下左思右想，最後決定出面調停中日戰爭以解除德國之困境，如調停失敗則改變方式公開支持日本❷。於是這便有了中日戰爭史上著名的「陶德曼調停」之舉。

(二)「陶德曼調停」的前因後果

中日戰爭開始後，日軍在中國北戰場連連得手。國民政府為了揚己之長、改變日軍侵華路線而發動了「八一三」淞滬抗日戰役，在上海投入了中國陸軍主力，與日軍開展南戰場的空前大戰，戰爭呈現持續膠著狀態。

在南京國民政府方面，從戰前抗日戰略設計開始，便抱定了「以打求和」的指導方針，蔣介石一刻也沒有忘記他的「以夷制夷」的老一套手段，在決心與日本一戰的同時，仍在其作戰計劃中明確規定：「中樞除積極準備發動全面抗戰外，仍秉不求戰而應戰之一貫主張，準備徹底犧牲。若寇方能停止侵略，恢復7月8日前之狀態，則猶可(原文如此)最後一線希望。」❷這就是說，只要日方能同意恢復「七七事變」前狀態，中方的抗戰也可停止。蔣介石之所以要在上海開戰，除了軍事戰略上的原因而外，還有一國際戰略的大目的，這就是要把中日戰火引向集中了英美各國在華利益的上海地區，從而使各列強再不能隔岸觀火，最終如「一二八」戰役時那樣組織國際調停機關或由第三國出面干預，從而達成「以夷制夷」阻止日本侵略以結束戰爭的目的。為此，戰爭開始後，中方上自蔣介石本人，下至駐列強各國使團

頁。

❷　前引張水木文，第534頁。

❷　《抗戰史料叢稿》第十種《戰紀》，《上海之戰》第三冊，二史館館藏。

都在積極尋找路子，請求第三國出面調停。

但正如前述，對於中方的請求，英美法各國俱抱冷淡態度，而當時蘇聯政府也因為當時蘇日關係不佳，不願單獨出面調停而表示只能聯絡第四方共同出面，從旁協助。在這種情況下，蔣介石能寄予最大希望者，其過於同為日本與中國好友的德國。

在日本方面，雖然日本政府內閣在開戰之初仍想「以打求和」，通過戰場與外交並舉，從談判桌上輕易得到在戰場上要費勁攻取才能得到的東西，但日本軍方少壯派軍人卻好戰心切，一心想要以武力進攻，「賴此一舉解決多年懸案」，把戰爭「徹底地擴大下去」❷，在他們的擅自策劃下，日本內閣不得不同意並隨之將侵華戰爭逐步升級擴大，演變成中日間大戰。

戰爭開始階段，日軍進攻一路順利，根本不想與中方談和。「八一三」淞滬戰役打響後，日本陸海空主力南調投入淞滬戰場，受到了中央軍的猛烈抵抗，部分已經德式訓練並以德式裝備武裝起來的中國主力部隊發揮了頑強的戰鬥力，日本的攻勢被遏止在上海，無法向前推進。在這種情況下，加上日本侵華在國際上受到一致譴責（雖然並不是干預和制裁），處境孤立，其政府內部「主談派」意見又開始抬頭。日本政府與軍部想通過談判來鞏固已有的侵略「成果」，迫使中方再次讓步，就如同戰前多次「中日協定」那樣，達到「不戰而勝」的目的。但是，軍部方面堅持不讓英美出面調停，認為英美將祖護中國，思慮再三，還是請德國人出面比較好，這一意見得到了日本政府的同意。於是，在嚴屬對付國聯譴責的同時，日本秘密請求德國出面，調停中日之爭。在他的軟硬兼施下，德國政府答應做一次試探努力。

---

❷　轉引自馬振犢：《血染輝煌——抗戰正面戰場寫實》（廣西師範大學出版社，1993年9月第一版，1994年9月重印本），第62頁。

最早以「調停者」身份出現的是德國駐日本武官歐仁‧奧特(Owen Ott)。他在日軍參謀本部的要求下於10月22日秘密抵達上海。

奧特在滬與陶德曼大使會見，並向他轉交了一份日軍參謀本部的「停戰條件備忘錄」，奧特並介紹同行的日參謀本部代表馬奈木敬信與陶大使見面。馬奈木表示希望陶通過德國駐華軍事總顧問法肯豪森把這份對中方的要價「備忘錄」轉達給蔣介石，並指責德國顧問在華幫助抗日，且德方又不肯向日本提供新式飛機。陶大使回答說：在華德國顧問不會起有害作用，對日本來說，與其讓蘇聯顧問來華還不如讓德國顧問留在中國。馬奈木又要求德方向日本提供有關蘇聯援華軍事情報，被當場拒絕。陶德曼與奧特還反責日本侵華已嚴重損害了德國在華，特別是在上海地區的商業利益。10月28日，奧特把「調停」任務轉交陶德曼，自己返日復任去了❷。

陶德曼並未立即向中方轉交日本的停戰條件，因為他還需等待德國政府的正式指示。

10月21日，日本外務大臣廣田弘毅會見德國駐日大使赫伯特‧馮‧狄克遜，表示「日本隨時都準備與中國直接談判，假如有一個與中國友善的國家，如像德國和意大利，勸說南京政府覓取解決，日本也是歡迎的」❷。狄克遜立即將此消息電告柏林。次日，德國外交部回電陶德曼：「就目前來說，（中日）直接談判比較有希望，如果有機會的話，我們並且願意作聯繫的途徑。」於是一場「調停」鬧劇正式開場了。

---

❷　《德國和1933～1938年的遠東危機》，第261～262頁，轉引自吳景平書，第179頁。

❷　施子愉譯：《抗戰初期德日法西斯誘降的陰謀（1937年10月～1938年1月）》，載《近代史資料》1957年第三期。

10月30日，德國駐華大使陶德曼奉德國政府之命在南京會見了國民政府外交部次長陳介，正式轉達了德國政府願意為中日直接談判進行斡旋的意向。陶德曼要陳介轉報蔣介石，不要對九國公約會議抱有什麼希望，也不要指望這個會議的一紙決議就能使日本從中國退兵，希望中國立即改變其聯合蘇聯抵抗日本的外交戰略，以與日本開始直接談判的方式來結束中日間的衝突。

10月31日，德國駐華參贊斐爾詩在南京漢口路廿號他的寓所，有意約請汪精衛、何應欽等南京政府「主和派」人士與陶德曼共進晚餐。晚餐時，陶德曼與汪精衛另坐一隅，「款款深談……所談自與目前中日關係有關」。臨別時，陶氏約汪「禮拜三晚宴會」，汪氏又約陶「禮拜六晚宴會」，其「用意尤為顯明」❷⑥。

既然中國最高當局有此停戰意圖，日德方面便開始了積極的行動。

11月2日，廣田外相再次會見狄克遜，提交了日本政府的7項議和條件，其中包括建立華北與上海兩個非軍事區、內蒙古獨立、建立華北新行政機構、停止抗日、共同反共以及降低日貨關稅等等❷⑦。廣田並要德國轉告中國方面，如果中方不接受這些條件，日方將繼續作戰，直至中國完全戰敗為止，那時，日本提出的條件比現在更加苛刻，企圖威脅中國屈服。

3日，德國駐日大使向德國政府報告了日本政府提出的議和條件，他建議德國政府「對南京施加壓力，使他接受這些條件」，並令德國軍事顧問「在向蔣介石報告戰局時鼓吹和平談判」。同日，德國外交部長牛賴特電令陶德曼將日本的條件通知蔣介石，稱「我們覺得那些條件可以接受作為開始談判的基礎」。

---

❷⑥ 用五：《汪精衛脫離重慶始末記——抗戰日記摘錄》。

❷⑦ 同上出處。

　　11月5日，陶德曼在南京會見了蔣介石。會談中蔣介石首先感謝德國政府所作的努力，他要求陶德曼談談意見。德國外交部曾要求陶德曼和狄克遜嚴守中介人的界限，不要「超出一個遞信員的地位」，特別要求陶德曼「避免陳述官方或私人意見，並應勿使中國政府對德國擔任此項任務可能成為日本玩弄花樣的工具產生反感」。但陶德曼急於使中方接受日本的條件，他向蔣介石表示：德國從第一次世界大戰的經驗中已經看出，一個國家不應該等待到精疲力盡的時候再覓取和談之路。不過，陶德曼稱他不能對軍事形勢作出判斷。

　　蔣介石則表示：假如日本不願意恢復「七七事變」前的狀態，他不能接受日本的任何要求。日本提出的某些條件，當然可以討論並且覓取友好的諒解，但是必須在恢復戰前狀態之後。假如他同意日本的要求，中國政府會被輿論的浪潮沖倒，中國會發生革命；日本正在執行錯誤的政策，他們現在不對中國作友好的姿態以奠立日後友善的基礎，卻提出要求；假如日本繼續作戰，中國當然不會有在最後獲得軍事勝利的機會，但是中國也不會放下武器；假如因日本採取的政策而導致中國政府垮臺，那麼唯一的結果就是共產黨將會在中國占優勢，但這就意味著日本不可能與中國議和，因為共產黨是從來不投降的。

　　在這次談話結束之際，蔣介石還告訴陶德曼，由於「列強是有意要在華盛頓條約的基礎上覓致和平的」，中國目前是布魯塞爾會議關心對象，因此中國目前尚不能承認日本的這些要求。除此而外，蔣介石還特別關照陶德曼對這次調停活動要「嚴守秘密」，而且蔣要德方自始至終為中日的調解人，陶氏連聲答應❷。

　　也就在這一天，日本軍隊從杭州灣登陸成功，上海戰局開始發生

---

❷　前引文施子愉譯：《抗戰初期德日法西斯誘降的陰謀》（1937年10月～1938年1月）。

不利於中方的變化。不久之後，上海失守，中國軍隊潰退南京。抗日戰局十分危急。

此後十幾天內，陶德曼與德國軍事總顧問亞歷山大‧馮‧法肯豪森等人，秉承德國政府旨意，在南京政府軍政界要員中開展了頻繁活動，散布「和談」空氣，鼓吹中方應適時結束抗戰，以免造成最後崩潰，「使共產主義在中國發生」❷。11月下旬，「九國公約」會議在通過譴責日本侵略一紙空文後便宣布休會了，國民政府指望國際力量阻止日本侵華的企望落空，加之日軍近逼南京，戰況激烈，德國人又不失時機地開始繼續「調停」的工作。

11月26日，陶德曼主動向孔祥熙表示，德國仍願意負責調停中日衝突。此後，陶德曼又先後訪晤孔祥熙和外交部長王寵惠，稱奉德國政府之命，向中國政府轉達日方的議和條件，希望再次面見蔣介石。陶德曼還向外交部次長徐謨談到：中國抵抗日本至今，已表示出抗戰精神，如今已到結束時候了。第一次世界大戰時，德國本來有幾次好機會可以講和，但始終自信自己力量，不肯講和，最後搞到戰敗簽訂「凡爾賽和約」，任人提出條件，德國不能不接受。他還稱日本的條件並不苛刻，希特勒也希望中國考慮同日本議和。

在柏林，德國外交部長牛賴特也向中國大使程天放提出：希望中國政府「不要不加以考慮便拒絕日本的和平建議，還是盡速議和為好。中國方面就是盡最大的努力，也不能把日本的軍事勝利扭轉過來」。他並且說：「中國政府遲延議和的時間越久，中國國家解體的危險也越大。」「德國雖然誠意調停，但感覺前途困難很多」，因為日方內部也不是意見一致，少壯派軍人因軍事順利，氣燄極高，無法約束他們。

---

❷　前引文施子愉譯：《抗戰初期德日法西斯誘降的陰謀》（1937年10月～1938年1月）。

恐下面會提出更無理要求，屆時就晚了❸⓿。

　　12月2日，蔣介石召集在南京的軍事將領會議，討論對陶德曼調停的態度。徐謨報告說，陶德曼轉達的日本議和條件並沒有變化，也無附加條件。白崇禧認為不可接受「共同防共」的條款，並擔心與日本議和後，中國「從此在國際間陷於孤立，使日對俄得有力布置後，仍來迫我，將如何」。顧祝同也贊同白崇禧的意見。徐永昌則主張，可先接受德方的調停，再「徐議條件」；他並且談到；既能在不亡國的條件下，有第三國調停（非直接交涉矣），在能忍受範圍內，當毅然接受之；且我今日與人和解，乃求生之和解，非有野心之和解，各國對我安得再得苛求也。蔣介石的最後表態是：「㈠德國之調停不應拒絕，並謂如此尚不算是亡國條件。㈡華北的中國政權要保存。」❸⓵

　　當日，蔣介石再次會見了德國大使陶德曼。陶德曼重申了日方的7項議和條件，並說，如果中國現在不答應，戰事再進行下去，將來之條件恐非如此。蔣介石則表示了以下幾點：1.中國接受日本的要求，作為和平談判的基礎；2.華北的主權完整和行政獨立不得侵犯；3.在和平談判中，自始即由德國人任中介人；4.在和平談判中，不得涉及中國與第三國之間的協約。

　　陶德曼對這幾點談了他的看法。

　　對於第一點，陶德曼認為中國必須宣布願意以協商的精神和達成諒解的意念來討論日本的要求。蔣表示同意，但希望日本也這樣做。

　　關於第二點，陶德曼要蔣注意日本的條件，即華北的最高首長應

<hr>

❸⓿　程天放：《使德回憶——日軍暴行、德國調停與巴黎商談》，見《傳記文學》第七卷第三期，第17頁。

❸⓵　《徐永昌日記》（手稿本）（中央研究院近代史研究所1991年影印本）第四冊，第194頁。

該是對日本友善的。蔣介石答說，假如要選派一個人去擔任那個職務，那個人自然不會是反日的。

關於第三點，陶德曼聲明德國無意直接參加和平談判或主持談判，而寧願力所能及地在幕後盡量幫助中國。蔣則希望德國能夠斡旋到底。

關於第四點，陶德曼提醒蔣介石注意到日本的反共要求，但他又認為這個要求與中蘇「互不侵犯條約」並不衝突。蔣介石對陶德曼的這一意見未表示異議。

陶德曼還提到中日停止敵對行動的步驟，即在蔣介石的聲明交給日本、而且日本的同意答覆收到之後，由希特勒向雙方政府建議停止敵對行動。蔣介石表示同意。

蔣介石最後要求日本政府對於初步的談判、特別是條件，保守秘密。陶德曼建議德國政府應盡量支持蔣的這個要求，否則蔣介石的地位將會大大動搖以至於下臺，而使親蘇的人掌握中國政府：他還提出，日本應對蔣介石願意和談的態度給以種種便利，俾使蔣能夠完成談判。最後他還提醒說：中國要放棄「同俄國友好接近的一切嘗試」，否則德國將「不得不重新考慮其對華關係」。

12月5日，徐謨把蔣介石對陶德曼的談話以書面照會的形式交與德方，並且重申中方的立場：「中國在華北的主權和行政權不得改變，它們的完整必須維持」；日本必須「停止敵對行動，以為恢復和平的初步」；日方所提出的條件可以作為談判的基礎，但這些條件「在任何情形之下都不該被認為是以最後通牒的形式提出來的不可改變的要求」。

正當南京保衛戰激烈進行之時，12月6日，國民黨國防最高會議副主席汪精衛在漢口主持召開了第54次國防最高會議常務委員會議。會上介紹了有關德國大使在中日間聯絡媾和的經過，討論並通過了接

受日本停戰條件的決議，在國民黨最高決策階層達成了對日媾和的共識。會上決定派孔祥熙向蔣介石彙報會議決定，由蔣介石作出最後裁決。

12月7日，德國駐日本大使狄克遜把陶德曼調停的詳細經過的備忘錄交給日方，探詢是否可以按照原來的條件進行談判。但這時，隨著日軍在南北戰場的不斷推進，日方已不滿足於過去所提的議和條件，而又進一步提出了新的要價。

12月13日，日軍占領了南京，氣燄更加囂張。翌日，日本政府發表聲明，稱「國民政府毫無反省之意，日本決心提攜親日政權，徹底懲罰抗日政權，從而根本解決日華間的問題」。在日軍扶植下，北平偽臨時政府粉墨出場。12月21日，日本內閣會議通過了《為日華和平談判事項給德國駐日大使的復文》，狂妄提出：如果中國政府承認日本提出的下列條件，向日本政府「表示乞和態度，則帝國準備答應開始進行日華直接談判」。日本要德國向中方轉達的新的四項基本條件是：

1. 中國應放棄容共和反抗日滿的政策，對日滿兩國的防共政策予以協助；
2. 在必要地區設置非武裝地帶，並在該地區內的各個地方，設置特殊機構；
3. 在日滿華三國間，簽訂密切的經濟協定；
4. 中國應付日本賠款。❷

---

❷　復旦大學歷史系日本史組編譯：《日本帝國主義對外侵略史料選編(1931～1945)》(上海人民出版社，1975年版)，第247～248頁。

　　12月23日，廣田外相將上述復文交給狄克遜，並且向德方提出：中國必須以反共的行動來表示接受日方基本條件的誠意；蔣介石須在規定的時期內派遣和平談判的代表至日本所指定的地點，日本希望在本年底左右獲得答覆；希望德國不要勸告日本雙方停戰，而是勸告兩國直接談判；在和談期間，日本必須繼續軍事行動，不到和約締結時，敵對行動的停止是不可能的❸。他還進一步威脅說：如中方再不接受日本的條件，那日方「就將被迫以完全不同於前此所持的觀點來對待目前的局勢」❹。無疑這已是對中方的最後通牒。

　　狄克遜對日方的苛刻條件感到驚訝，他向廣田指出，這些新的條件遠遠超出了11月初日本所提出的內容，要中國政府接受這些條件是極端不可能的。但廣田回答說，由於軍事局勢的改變和輿論的壓力，不可能有任何其他的方案。

　　德國方面雖然極感棘手，但還是準備作最後的努力，促使中日雙方開始直接談判。

　　12月26日，根據德國外交部的指示，陶德曼在漢口向孔祥熙和宋美齡轉達了日本的新條件。陶德曼並要求中國政府不要向蘇聯作任何進一步的親善，否則德國將重新考慮同中國的關係。12月30日，法肯豪森也向中方軍事首腦表示，軍事形勢對中國不利，「不能樂觀看待抗戰力量」。

　　蔣介石接到陶德曼關於日方新提各項條件的通報後「表示極其驚訝」。他於29日在漢口約集于右任、居正等國民黨元老，商討應付之策。

---

❸　《日本帝國主義對外侵略史料選編(1931～1945)》，第248頁。

❹　施子愉譯：《抗戰初期德日法西斯誘降的陰謀》（1937年10月～1938年1月），同前注。

　　當時國民黨內，雖有汪精衛等少數「親日派」、「抗戰亡國論」者鼓吹和談，但愛國的「主戰派」人士堅持抗日救國的主張仍占絕對主流，再加上國內外輿論已經注意到「中日秘密媾和」的動向，並有所披露，這一切給蔣介石造成了很大壓力。在這種情況下，他聽從了黨內元老一番有識之見：「目前言和者，無非以為和則國民政府之生命可以延長。實則目前言和，必須變更政府一切立場，自行撕碎『九國公約』與中蘇『互不侵犯協約』。 和議成後，政府內受國人之攻擊，外受日方之繼續壓迫，不出一、二月，政府必不能維持。」**㉟**因此，蔣介石最後慨然表示：「與其屈服而亡，不如戰敗而亡，日本所提條件，等於滅亡與征服，我國自無考慮餘地。」**㊱**對於日方的條件，則決定暫時不予正式答覆，另向英、美、法、蘇各國秘密透露，探詢各國的態度。1938年1月4日，蔣介石離開漢口去河南前線繼續指揮抗日作戰。

　　國民黨當局向德國方面表示了對日本所提條件的不滿。孔祥熙向陶德曼抱怨說：日方的條件實際上是要求在中國為所欲為，日本將使中國絕望並倒向布爾什維克主義。陶德曼認為中國方面的解釋過於悲觀，但也感到可以理解，他把中國的反應報告給德國外交部。

　　德國方面對中、日雙方遲遲未能達到妥協而感到焦慮。在德國政府，特別是其駐華外交官看來，中國政府眼下接受日本的條件，符合中國的最大利益。另外，德國政府又認為日本也應當適可而止，並由狄克遜轉告日本方面：德、日在反對共產國際方面的共同利益，需要中國盡快地恢復正常秩序，即使這意味著不能全部滿足日本的條

㉟　《王世杰日記》（手稿本）（中央研究院近代史研究所1990年影印本）第一冊，第158頁。

㊱　董顯光：《蔣總統傳》（中國文化學院出版社，1980年再版），第285頁。

件❸。

於是，經過德、日之間的磋商，陶德曼於1938年1月1日又向中方轉達了「狄克遜的個人印象」，即對日本提出的條件的解釋，仍有鬆動之處。次日，孔祥熙在與陶德曼的談話中，要求德國促使日本修改其立場，孔並稱，日本認為中國軍隊已經被擊敗，這是個錯誤的想法。直到1月10日，陶德曼詢問行政院副院長張群，有無對日方的正式答覆。張群仍然答稱：「目前對日本的要求還正在研究之中。」顯然中方是在採取拖延的策略。

日本政府通過德方催逼中方作出最後答覆。1月10日晚，根據廣田外相的要求，狄克遜電告陶德曼，「要求中國政府立即答覆」。12日下午，日本外務省次官再次要求德國「盡全力向中國政府要求迅速答覆」。

1月13日，陶德曼向中方轉達了日本政府的要求：中國方面須於1月15日前作出答覆，否則，日本保留自由行動的權利。當天，中國外交部長王寵惠向陶德曼遞交了根據12日行政院會議決議而給日本政府的正式答覆：「經過適當的考慮後，我們覺得，改變了的條件，範圍是太廣泛了。因此中國政府希望知道這些新提出的條件的性質和內容，以便加以仔細的研究，作出確切的決定。」陶德曼向王寵惠提出，中方是否想到日本會認為這樣的答覆是搪塞，陶德曼本人也認為中方這樣的答覆沒有表示希望和解的意念。王寵惠則答稱：除非知道了日本的要求的詳細內容，中國政府不能作決定，也不能表示意見。

1月15日，孔祥熙在會晤陶德曼時再次說明了中國政府的立場。他指出：中國政府絕不是想採取搪塞的態度，政府中曾經多次討論，因為關於這個問題的決定對於國家和國際都有很重大的關係；中國已

---

❸　轉引自吳景平書，第188頁。

經受到了很大的損失，願意同日本實現真正的諒解，以保證持久的和平；因此，中國誠懇地希望尋覓每一條可能的和平途徑，同時他要求更多的主權，孔祥熙並要求陶德曼向日方轉達國民政府的如下聲明：

> 中國和日本竟會從事目前的武裝衝突，使兩國都蒙受災害的後果，這是極為不幸的。中國仍然抱著與日本達成真正諒解的願望，俾東亞的持久和平得以保持。
>
> 我們已經表示了誠懇的願望，希望知道日本所提出「基本條件」的性質和內容，因為我們願意盡每一份努力來尋求恢復兩國之間和平的跡象。有了補充的說明，我們就更好表示我們對於日本所提出的條件的意見。❸

陶德曼認為，孔祥熙的這個聲明要比1月13日王寵惠的答覆顯得適當些，中日和談的前景還有一線希望。

但是，日本人卻再也等不及了，他們要立即看到中國政府俯首貼耳地伏地投降。

日本方面對國民政府的「毫無誠意」十分惱火。1938年1月11日，日本內閣御前會議通過了《處理中國事變的根本方針》，決定對華繼續用兵，文件規定：「如中國現中央政府不來求和，則今後帝國不以此政府為解決事變的對手，將扶助建立新的中國政權，……對於中國現中央政府，帝國採取的政策是設法使其崩潰，或使它歸併於新的中央政權。」❸13日，日方限定中方在72小時內作最後表態。16日，日本首相近衛文麿發表了《不以國民政府為對手的政府聲明》，宣布：

---

❸　轉引自吳景平書，第188頁。

❸　《日本帝國主義對外侵略史料選編(1931～1945)》，第258頁。

「國民政府不瞭解帝國的真意，竟然策動抗戰，……因此，帝國政府今後不以國民政府為對手，而期望真能與帝國合作的中國新政權的建立與發展，並將與此新政權調整兩國邦交，協助建設復興的新中國。」以後又在其《補充聲明》中坦言：「所謂『今後不以國民政府為對手』，較之否認該政府更為強硬。」

也就在16日當天，日本外相廣田向德國大使狄克遜宣布：日本政府決定放棄通過德國政府幫助而進行的中日之間的談判。狄克遜對日本關閉和談之門甚為不滿。他向廣田抱怨說：「日本的答覆斷絕了此後的一切商談，日本不能忍耐中國的延宕和不能令人滿意的態度，雖然是可以理解的，但在全世界人的心目中，日本卻要負斷絕商談的責任。」❹

對於日方的挑釁，國民政府立即作出反應，1月18日發表《維護領土主權與行政完整之聲明》，宣布「中國政府於任何情形之下，必竭全力以維護中國領土主權與行政之完整，任何恢復和平辦法，如不以此原則為基礎，決非中國所能忍受」❹。同時中日兩國互相召回駐對方大使。至此，中日「和談」之醜劇暫時收場，「陶德曼調停」也自此宣布完全失敗。

德國人出面調停中日戰爭之舉，當然主要是出於自身利益的需要，因為「德國考慮到，日本的行動會促使中國共產主義化，把中國趕到蘇聯一邊，便通過駐華大使陶德曼進行調停工作。然而，日本方面的條件是，全面壓迫中國讓步，使和談沒有調解的餘地」❷。這次「調

---

❹　《中國近代對外關係史資料選輯》下卷第2分冊，第52頁。

❹　袁旭等編著：《第二次中日戰爭紀事》（檔案出版社，1988年第1版），第140頁。

❷　池田斌：《抗日戰爭與中國民眾》（求實出版社，1989年），第202頁。

停」雖然沒有成功，沒有使中國的抗戰「夭折」，但其對於中國抗日大局的影響卻是十分有害的。

其一，它有利於日本侵略者。開始階段它作為日本抵擋國際聯盟壓力的一種手段，勾引中國政府墮入其直接談判之圈套，起到了掩蓋日本野心的作用；後來又成為日軍欲利用談判來達到軍事侵略目的的另一種手段，要誘使中國不戰而降。

其二，它暴露了國民政府內部「主戰派」和「主和派」的分歧，加大了雙方的矛盾與分裂，對最後導致汪精衛叛國集團的投日起到了「催化劑」的作用，難怪汪氏投敵後要以公布以前和談內幕文件來「拉蔣介石一塊下水」。當然，從另一角度來分析，這未嘗不是件好事，因為經過這一回合的鬥爭，使中國抗戰陣營更加純潔而堅固。

其三，它對於中國正面戰場上的抗日作戰，起到了十分惡劣的破壞作用。因為顧及「調停」，使蔣介石一直心存一線「和平生機」，他在上海、南京諸戰役中作出了一系列脫離戰爭實際的錯誤決策，如嚴令上海前線已開始撤退之部隊重返前線，直接造成前方陷入混亂與失控狀態；在南京保衛戰中又作出不切實際的「堅守」決定等等，把最後希望寄託於一旦「調停」成功，使抗戰指揮不斷受到非軍事因素的干擾，最後一潰千里，不可收拾，直接造成了淞滬戰役的大潰退與南京戰役的決策錯誤，這是十分令人痛惜的。

無論如何，德國人「調停」中日戰爭之舉在客觀上欲達到的目的是為了恢復遠東的「和平」，但聰明的德國人這次想錯了，他們對日本的侵華野心與中國人民抵抗侵略的意志都犯了估計不足的錯誤。

中日戰爭嚴酷的現實擺在了希特勒及德國政府的面前，他們必須作出一個重大的選擇：是要日本，還是要中國?! 除此之外，別無選擇。

㈢德國顧問在抗日前線

「七七事變」爆發後，蔣介石於7月17日在廬山發表談話，宣布開展全民族反對日本侵略的戰爭，正面戰場上我國軍隊的抗日作戰由此開始。

盧溝橋事變發生之時，德國軍事總顧問法肯豪森正在南京，擬率隨員赴廬山休養。

也許是出於職業軍官對於戰爭即將到來的敏感，法肯豪森鑑於北方軍情緊張，曾於7月5日以《總顧問辦公廳公函》（第7500號）向中方發出了《關於整理軍平時駐地暨彈藥補給之建議》一份文件，他認為「目前時機已屆，亟宜指定各整理師固定及永久之平時駐地」，他主張將已整訓完畢之國防軍立即開赴各國防要點，搶占戰略要點陣地，以備不測之需。同時「先以屯儲兩排彈藥（等於八日所需）」分別補充部隊及戰線附近彈藥庫。法肯豪森認為：目前華北形勢最危險，日本不久將會在華北開戰，故主張「以甲種師（二十個師）戰鬥力為最強，且特宜於北正面作戰」。「乙種師（十師）大概用於華中」。「北正面最重要之地區為黃河以北之冀省，而東正面最重要地區則為上海正面」。接著他在文件中詳細擬定了南北兩大戰場我方兵力布置及具體軍師駐地、彈藥補給、兵員補充的方案，希望中方立即照此辦理❹❸。

7月7日，軍政部參事王觀洲奉命上報對法總顧問建議書的審查意見。他認為：「總顧問主張，平時即駐重兵於前線，藉以迅速占領國防要點，掩護集中，甚有見地，似可採納。」但他同時又結合我方實

---

❹❸ 二史館檔案：《總顧問辦公廳公函》（壹字第7500號）（1937年7月5日）七七三746，《中德外交密檔》，第187頁。

際，指出了我軍受各種內外因素制約，「保定滄縣以上平時即駐重兵，又非事實之可能」。對法氏的布兵計劃進行了適當修正❹。然十分可惜的是，就在中方往復討論之同時，日本已在華北發動了「盧溝橋事變」，並大舉向中國增兵，實行全面侵略，而中方「紙上談兵」的計劃尚未來得及實施。不過從這份文件中我們仍然可以看出德國總顧問的戰略眼光及其對中國抗戰的有效幫助。

7月10日，法肯豪森率領克魯馬赫(Krummacher)上尉等人登輪，離開南京，於次日抵達牯嶺。蔣介石立即召見了法總顧問。法肯豪森向蔣介石表示，他將隨時準備返回南京指揮作戰，蔣介石卻要他在山上休息幾天，靜觀戰事之發展再作決定。

法肯豪森隨即拜訪了蔣介石的澳籍顧問端納，同他討論了北方戰爭，兩人一致認為「日本的措施和要求苛刻之至，即使（中國）政府竭盡各種善意的心計和努力，亦無法阻止或挽救此一意外事變」，目前「情勢嚴重」❺。第二天上午，蔣介石再次召見法肯豪森，同意他立即下山返回南京，法肯豪森向蔣強調了時間的重要性，並「申稱我們必須準備應付此一嚴重的長期戰爭，這場戰爭必定是全國性的，而且必須全力以赴，蔣委員長亦頷首為然」❻。

7月14日，法氏返回南京，此時北方戰爭已展開，但掌握華北政權的冀察地方當局還想與日方談判解決事變，從而保住地盤，地方部隊臨戰準備不足，而南京中央軍因受「何梅協定」的限制又不能開往

❹　二史館檔案：《軍政部參事王觀洲簽呈》（1937年7月7日）七七三746，《中德外交密檔》，第193頁。

❺　辛達謨：《法爾根豪森將軍回憶中的蔣委員長與中國》，見《傳記文學》第二十一卷第一期，第68頁。

❻　同上出處，第69頁。

河北，日軍利用這一時機，向華北大舉增兵，準備放手擴大戰事。幾天之後，蔣介石回到南京，他立即委派法肯豪森動身前往中央軍在華北的指揮中心保定市參予軍機，法肯豪森抵保後駐進了他38年前隨八國聯軍來華時住過的舊「總理衙門」──集會堂，在此與華北前線中方指揮官會商抗日作戰方案。

由於華北地方當局的猶豫態度，冀察實權人物宋哲元對日方還抱有「萬一」的一絲和平幻想，連蔣介石及中央政府的備戰令也不肯執行，法肯豪森作為一個客卿顧問，自然也不能在推動華北抗日方面發揮什麼特殊作用。7月26日，華北日軍完成了增援布署計劃，向我軍發動了全面攻勢，儘管我守軍進行了激烈的抵抗。但終因準備不足，30日，北平、天津先後失守，華北戰事告一段落。

法肯豪森此時已回到南京，他向蔣介石報告了華北情況。在此前後，他曾收到柏林方面某外交官員打來的電報，要他嚴守「中立」並運用其對蔣介石的影響力，說服蔣放棄武力抗日的計劃，與日本做符合德國利益的妥協。法肯豪森沒有照辦，他說：「如在當全中國人民對日充滿憤恨之際，余所提之談和建議，將被彼視為背叛友人之不忠行為。」❹

鑑於日本海軍已在上海一線準備發動新的進攻，8月13日，國民政府軍事當局下令採取「先發制人」的手段，以原駐紮在寧滬一線的八十七、八十八師精銳部隊圍殲上海日本駐軍，「八一三淞滬戰役」就此打響。

擔任主攻任務的兩師部隊是在德國軍事顧問一手訓練下整編出的我軍精銳之師，擁有德式裝備的強大火力，上陣之後，開始階段一路衝殺進展順利。

---

❹　《史傳》，見《傳記文學》第二十四卷第一期，第97頁。

　　法肯豪森認為八十七、八十八師的投入戰場，實為考察檢驗德國顧問團整軍工作的大好時機，因此他不顧德政府的禁令，立即趕往上海前線協助指揮戰事。

　　8月29日，他在《介紹在前線軍隊的戰術與軍隊組織》一書序言中寫明了他對正在進行的淞滬戰役的認識：「為了進行一場持久戰，一定要永遠守住上海。」10月間，他又在寫給德國的彙報中認為：中國軍隊的出擊如此勇敢，日軍占領上海、攻擊長江江陰要塞的計劃不會得逞❹。

　　「八一三」淞滬戰役持續了三個月之久，經德式訓練之我軍在日軍強大援軍攻擊壓力之下，成功地抗擊了敵軍無數次瘋狂進攻，顯示了較強的戰鬥力。因為「八一三戰役」中中方參戰部隊從裝備到戰術，從訓練到指揮都與德國密切相關，據我方統計，參加「八一三戰役」的德國軍事顧問就達71人之多❹，故當時有些日本及西方人士稱此戰役為「德國戰爭」(The German War)。當時日本陸軍的水準堪稱世界一流，但在中國軍隊頑強抵抗之下，猛攻三個月而未得推進其攻勢，這一事實充分證明了經過德式訓練裝備的我國軍隊的作戰能力比以往有了較大提高。當然，在這當中官兵們保家衛國的精神所激發的勇氣和力量也是不能低估的因素。

　　11月5日，日軍新援兵力從淞滬南邊杭州灣登陸，對我上海守軍形成包抄之勢。因我方最高指揮機關的這一關鍵性疏忽，使我主力在淞滬陷入被圍之勢，直接導致了上海防禦戰的崩潰。8日，我統帥部

---

❹　蘇頓：《在南京十年：德國的建議與軍閥主義殘餘對於國民黨軍事訓練及戰略方面的影響》，見《軍事歷史研究》1989年第二期。

❹　張水木：《德國對中國抗日戰爭之調停》，載《抗戰建國史討論會論文集(1937～1945)》（臺北1985年12月版），第271頁。

決定上海守軍全線向吳福線國防工事轉移,但因戰局變化太快,「部隊已陷於極度紊亂狀態,各級司令部已很難掌握其部隊了」,結果演成了我軍無秩序的大潰退。在這種混亂情況下,部隊抵達既成國防工事後無人接應,「既無守備部隊又無指示文件,各部很難找到工事構築,即使找到後又無法打開工事大門。因此各路電話紛紛打到大本營彙報情況索取鑰匙,侍從室派人到處找工兵指揮,蔣介石聞訊也氣得跳腳大罵」。但戰事混亂至此,一時也無法扭轉。部隊越過吳福線,繼續後撤錫澄線。25日,日軍占領無錫,中國軍隊在潰退之中又再次棄守錫澄線。就這樣,經過幾任德國總顧問設計監造,耗費了一百餘萬元資財修建的「東方興登堡」國防線,在中國軍隊潰退之中沒起任何抗敵作用而被捨棄了,聞之怎能不令人扼腕嘆息!

　　上海戰役的另一直接後果是我方已整訓完畢的「中央軍」精銳部隊幾乎喪失殆盡,德國顧問團的工作成果迅速消失❺。重整與補充一時絕不能辦到。在這種情況下,又因蔣介石忽視了法肯豪森關於防守南京的戰術建議,1938年12月間,在南京開展的「南京保衛戰」自然沒守幾天便告結束了,而德國顧問團的大多數團員都隨國民政府後撤,遷往華中抗戰中心武漢。

　　雖然中國丟失了平津、上海、南京等大城市,但從整個中日戰局著眼,中方卻依靠自己的抵抗與謀略,一步步地達成了吸引日軍主力從華北南下,以長江一線為中日主戰場,以及「以空間換時間」的戰略目的,這也正是符合了法肯豪森總顧問的戰略思想——即以機動的戰術在廣闊的國土上,打擊首尾不能兼顧的侵略者,如同第一次世界

---

❺　據資料統計,從1937年8月13日到12月15日間,經德國顧問整編的30萬中央軍至少損失了1/3,有人估計為60%之多。基層軍官死傷萬餘人。見柯偉林書,第265頁。

大戰中德軍在東非殖民地與強大的英軍作戰方式相類似[51]。

　　德國顧問團撤往武漢之後，曾一度陷入無事可幹的境地，後經宋美齡等出面協調才擔負了新的工作[52]。受客觀形勢的影響與限制，其主要任務僅在於協助作戰計劃及巡察長江沿岸各要塞之防禦，並督促武器生產。其具體的工作內容如練兵、教學、維護新式兵器等等暫時皆告結束。總顧問法肯豪森及一部分高級顧問在此期間參予了德國政府交付的以駐華大使為主要負責人的「陶德曼調停」工作，企圖說服同為「德國之友」的中日雙方，停戰講和。法肯豪森曾對孔祥熙、白崇禧等人「指出戰局之嚴重」，要他們注意「如果戰爭拖延下去，中國的經濟崩潰，共產主義就會在中國發生」[53]。其後12月30日及次年1月10日，他又與中國軍界高級將領及蔣介石直接會談，表示「不能樂觀看待抗戰力量」。鑑於新組成之「模範軍」部隊已損失殆盡，他希望中方在能夠接受的條件下與日方談判停戰。但在此同時，法氏仍繼續在協助國民政府最高當局指揮正面戰場抗戰，盡他的一份力量。

　　日本占領南京後，急於溝通南北兩大戰場，使其占領區連成一片，於是發動了旨在打通津浦線南北兩端的作戰。1938年4月，在魯南重鎮臺兒莊，我第五戰區司令長官李宗仁將軍指揮所部，擊潰日本精銳部隊的進攻並成功地圍殲了孤軍深入我內線的日軍一萬餘人，造成了轟動一時的「臺兒莊大捷」，這是抗戰以來我軍在正面戰場上取得的最大一次勝利。法肯豪森在前線指揮部協助了我軍作戰指揮工作，他

[51]　傅寶真：《抗戰初期法爾克豪森與德國顧問團之撤退》，見《傳記文學》第四十六卷第六期，第111頁。

[52]　前引蘇頓文，同前注。

[53]　施子愉譯：《抗戰初期德日法西斯誘降的陰謀》（1937年10月～1938年1月），見《近代史資料》1957年第三期。

主張採取誘敵深入方法加以聚殲，他將此戰役與1914年德軍在塔恩堡戰役中圍殲俄軍的經歷相提並論，宣稱：「這是我們給敵軍致命一擊的最後戰機。」❺此役給予日軍以迎頭痛擊，鼓舞了全國人民的抗戰意志，並向全世界表明了中國軍民的抗日衛國決心，受到了國內外正義輿論的熱烈歡呼。

「臺兒莊戰役結束後，各國駐華武官紛紛前往戰地參觀，當時史迪威為美國駐華武官，他會見了法肯豪森，與他討論了戰果」。 美國女作家巴巴拉・塔奇曼(Barbara W. Tuchman)在她的《史迪威與美國在華經驗》一書❺中這樣記載：「德國首席軍事顧問法爾肯豪森將軍因中國軍隊沒按他的計劃行動，氣得狠命揪自己的頭髮。他說：『我告訴委員長要向前推進，要發動進攻，要乘勝前進，可是，他們什麼行動也沒有採取，日軍很快就會把8到10個師的部隊調到徐州前線，到那時就來不及了。』 白崇禧同史迪威和德國顧問們一道分析了這場戰鬥，白崇禧對進攻的經驗不感興趣，仍念念不忘靠拖垮日軍取勝的理論。」❺「這位瞭解日軍個性頗深的德國顧問對史迪威預料，日軍將會捲土重來進攻徐州，果然不出所料，徐州不久即陷於敵手，日軍轉而進攻河南。」❺法肯豪森在臺兒莊「很可能施展了他們對中國人戰略的

---

❺ 前引蘇頓文，同前出處。

❺ Barbara W. Tuchman, *Stiwell and American Experience in China 1911～1945* (New York, MacMillan 1971)。巴巴拉・塔奇曼：《史迪威與美國在華經驗1911–1945》(上)(下)。中文版為商務印書館於1985年1月第一次出版印刷。

❺ 前引巴巴拉・塔奇曼書（中文版）(上)，第259～261頁。

❺ 傅寶真：《抗戰初期法爾克豪森與德國顧問團之撤退》，見《傳記文學》第四十六卷第六期，第111頁。

最大影響」❺❽。

巴巴拉・塔奇曼的這段記載是否完全如實尚有待研究，但她至少反映了這樣一個事實，即法肯豪森本人及其同事們在抗戰初期的確是與中國人民共同地在反抗日本的侵略，幫助中國的反侵略事業。儘管法氏出於一個德國軍人的習慣及觀點，對於臺兒莊大捷後我軍乘勝擴大戰果抱有不合實際的過高期望，但其對中國抗戰勝利之熱切期望已躍然紙上，令每一個中國人不能不為之感動。

國民政府由南京遷往武漢後，當時隨同一起後撤的德國顧問們便成為不久之後在納粹政權威逼之下被迫離華返德的顧問團主要成員，其統計名單如下❺❾：

姓名	來華及合同到期日期
von Falkenhausen（法肯豪森上將）	1934～？
Streccius（施太乃斯中將）	1934～1940
Starke（史達開少將）	1933～1939
Nolte（諾爾特上校）	1931～1939
Wilck（魏爾克上校）	1932～1940
Voigt Ruschenweyh（沃特・魯希維中校）	1933～1939
Newiger（納魏格中校）	1935～1939
Aderholdt（阿德霍爾德中校）	1936～1940
Baumbach（包姆巴赫少校）	1933～？
Brundel（布倫德爾少校）	1933～1938
Heinrichs（海因利希斯少校）	1934～1939

---

❺❽　傅寶真：《抗戰初期法爾克豪森與德國顧問團之撤退》，見《傳記文學》第四十六卷第六期，第111頁。

❺❾　同上出處，第117～118頁。

Lindemann（林德曼少校）	1929～1939
Krummacher（克魯馬赫上尉）	1929～1939
Mayer（馬約上尉）	1929～1939
Baron von Stein（斯坦因上尉）	1931～1941
Stennes（斯特納斯上尉）	1933～1939
von Boddien（薄弟恩騎兵上尉）	？～？
Arnade（阿拿德上尉）	1936～1939
Bauer（包爾中尉）	1930～1939
Boegel（畢格爾中尉）	1932～1938
Hummel（胡默爾中尉）	1928～1939
Schmeiling Diringhofen（希麥林・狄林斯豪芬少尉）	1934～1939
Borchardt（波洽德少尉）	1935～1939
Stoelzner（史脫次納中尉）	1928～1939

此外，還有一批非現役軍人的顧問團員，名單如下：

姓名	來華及合同到期日期
Bautz（包茲，裝甲車修護師）	？～1939
Bernhardt（班哈特，騎兵保養官）	？～1939
Heinrich（韓利希，工兵士官）	？～1939
Kubik（庫必克，工頭領班）	？～？
Lohmann（勞曼，後備少尉，工程師）	？～1939
Martin（馬丁，裝甲車維護師）	？～？
Pohle（波革，士官）	？～？
Senczek（森克柴克，政府監督官）	？～1939
Schultze（舒爾茨，士官）	？～1939
Lebsanft（萊布桑浮特，哈布羅公司代表）	1937～？

抗戰開始後，由於德國政府採取親日的遠東政策，使中國國內及國際上反對日本侵略的人士，對德國顧問在華參予抗戰軍事行動的可靠性產生了懷疑，加上德國顧問們行動神秘，更加加深了國內外輿論的疑惑。

1937年8月12日，國民政府軍事委員會辦公廳根據武漢警備部所獲情報發出致軍政部密函一件，轉達了外電關於德日雙方就德國顧問供給日方有關中國軍事情報達成協議的消息，引起了中方的極大憂慮，該函全文如下：

> 案准外交部情報司本年八月七日密函開：「頃據上海密報：據哈瓦斯社方面消息，日德之間已有密約，由德籍顧問供給日方關於我國之軍事秘密，日方允於事後與德以青島及山東之權益」等語。查所報告各節關係重大，相應密達查照。等由，准此。案關國防，相應密達，即希嚴切注意為荷！此致軍政部中華民國廿六年八月十二日國民政府軍事委員會辦公廳印。❻⓿

經過中方軍事委員會的縝密調查，確認這一消息尚無事實根據，8月21日，軍委會又向軍政部等各有關機關發出公函，命令各部門「對於德顧問等應照常信任服務」，「各機關須徹底令知各級遵照」。25日，軍委會又一次密令各部屬機關將8月12日關於防範德國顧問的密函「即行一併銷毀」，唯恐讓德國顧問探知而影響雙方的友好關係❻①。這場風波至此告一段落。不僅如此，因為這一緣故，連軍需署呈報在該署服務的德國顧問申萊克聘約到期，又「於教材及教授法微乏統系，

---

❻⓿　二史館檔案七七三463，見《中德外交密檔》，第131頁。

❻①　同上出處。

有失學子信仰，不擬繼續聘請」一案，也由軍務司下令「暫勿庸議」，大有愧對德人聊以補償之心態，中國官方對德顧問之優遇，由此可見一斑❷。

儘管中國官方採取了實事求是的態度處理與德顧問團之間的糾紛，但在中國軍隊基層部隊中，下級士兵與軍官同他們的德國顧問的關係仍然並不那麼融洽。

1937年8月25日，德方合步樓公司曾致函中方軍政部長何應欽，對駐江陰要塞的中方炮兵部隊官兵不信任其德國顧問陳門蓀上尉之事提出交涉。該函認為，陳門蓀發現中方官兵不得其指導就擅自裝填德炮炮彈，造成炮管損傷，並委過於德炮質量不佳。另外「當地中國軍官對於敝公司供給之炮頗有反對之論」，「此項不合理而含有惡意之批評頗予敝公司人員難堪」。該函在強調德炮質量「最優」的同時，特別指出「在江陰目前情況之下，敝公司人員為謀中國福利，不顧其個人生命危險而與中國士兵患難與共，其對於是項論調可發生使人不快而難堪之影響」，「最使其難堪者，某日軍中全體竟無隻字通知開往他處而遺棄（顧問）一人於原處，又當士兵尋覓危險較少之處時，亦不通知其離開危險處所，更不為其謀膳食及安全處所在，如此情形之下，敝公司不得不決定將其召返南京。惟為中國政府利害關係計，擬請鈞長在此艱難之時期中，飭令對於敝公司人員施以與中國官兵同等之保護及待遇」❸。

與雙方基層人員時有矛盾形成明顯對比的是，此期中方與顧問團

---

❷　二史館檔案：《軍政部軍務致軍需署函》（1937年9月6日）七七三643，見《中德外交密檔》，第131頁。

❸　二史館檔案：《合步樓公司致何應欽函》（1937年8月25日）七六二1379，《中德外交密檔》，第133～134頁。

上層人士間的合作還算完美，除了前述法肯豪森等人的致力援華抗戰及中方領導人的對德友好信任態度外，其餘高級顧問也在積極地為中方抗日作戰出謀劃策。

1938年9月，正值武漢會戰緊張之時，德顧問史太邱曾向中方軍委會辦公廳上函一件，提議中方效仿德國組織「衝鋒隊」，抽調精兵強將將配給精銳武器，在戰場上發揮「排頭兵」與「模範軍」的作用，並在航空兵、海軍、坦克兵中加以推廣，「使用於戰爭之重點，擔任有限定範圍之任務」，如能照辦「則不特構成國軍之骨幹及攻擊勝利之必要前提，且亦為萬一國內發生事變時，政府可恃之力量也，一至復員之時，彼等乃為平時建軍之核心」❻。軍政部奉軍委會之令，採納了他的這一建議，「擬就此種武器較為完備且經訓練有素之步兵學校、教導總隊抽編一營先行試辦」❻。

以上這些便是德國顧問團在我國抗戰初期對於正面戰場抗日戰事之貢獻。由於此期中德關係正在日本干涉之下漸趨低潮，而德國內部納粹黨人逐步奪取軍隊大權，採取「親日疏華」的遠東政策，因此中方對於德國顧問的在華活動，尤其對其參予抗日戰事之行為嚴格保密，以免洩露從而引發中德日外交糾紛。所以，關於這段時間內德國顧問團的在華活動，極少有資料留存可供參考。我們對於德國顧問參予中國抗日戰爭的種種活動，只能根據其在戰爭爆發前後的言行及史料中殘存的若干零碎文件，艱難地加以考證彙集，保留這一點珍貴的歷史，以供後人瞭解研究。

---

❻　二史館檔案：施太乃斯擬《衝鋒隊之組織》七七三711，《中德外交密檔》，第195～196頁。

❻　二史館檔案：《軍政部政軍委會辦公廳函》（1938年9月10日）七七三711，同上注引書出處，第194頁。

㈣永遠的拉貝

正如民國時期中德關係其它眾多事件一樣，抗戰時期德國僑民的在華活動作為一項歷史之謎，直到半個世紀後才得以慢慢揭開謎底。

就在本書付梓前夕，在古城南京──這座曾作為民國時期中國首都，也是民國史上中德關係許多重要事件發生地的城市，正在傳揚著一位德國人的名字和他在半個多世紀前在南京非凡的人道主義努力。在日本侵略者攻陷南京之後長達 6 個星期的震驚中外的「南京大屠殺」暴行之中，約翰‧拉貝(John Rabe)，這位德國商人，聯合一批在寧外國人士，擔負了「南京國際安全區委員會」的工作，勇敢地保護了近20萬南京難民，使之免遭日軍的屠殺，他們運用自己的特殊身份，部份地阻擋了日軍對手無寸鐵的中國人瘋狂野蠻的殘害，在腥風血雨之中揚起了一面人道主義的旗幟。正因如此，拉貝便成為中國人民永遠懷念的德國友人，被譽為「南京的辛德勒」，拉貝的這段事跡亦成為中德兩國人民深厚友誼的寫照。

因為拉貝當時的特殊身份、他與希特勒、納粹黨的關係，和他離華回國後的遭遇，在在體現了當時中德、德日關係的實質，因此，不論是從作為一個南京人對拉貝先生的懷念與敬佩角度，還是從研究中德關係歷史所必須的角度出發，本書作者認為必須補上這一節有關民國史上中德關係的重要內容。

約翰‧拉貝生於1882年。1908年來華，先後在北平及天津從事商業貿易活動，1937年中國抗戰爆發時，他的身份是德國西門子公司駐南京代表。拉貝在中國前後生活了近30年，他的子女及外孫女都出生在中國。他對中國人民充滿感情。「南京大屠殺」發生後，拉貝曾在

致希特勒報告日軍暴行的書信開頭這樣寫道：「在這裡（指中國），我生活安寧並在生意上取得了成功，我一向（哪怕在大戰期間）都得到了中國人的厚待！」❻

1934年，拉貝為了在他供職的南京創辦一所德僑學校，需要得到德國政府及國社黨的批准，按規定，只有納粹黨員才有資格申請教師及辦學經費，為此，他加入了德國納粹黨❼。當時，希特勒及納粹黨對外侵略擴張、對內獨裁專制的本質尚未充分暴露，拉貝一直生活在中國，對國內情況不是很了解。他對該黨的認識還停留在希特勒上臺前，許諾為工人、為窮人謀福利的黨綱上。他曾在日記中表示，自己心目中的納粹黨是這樣的：「我們是勞動者的士兵，我們是工人們的政府，我們是工人們的朋友，我們決不會拋棄困境中的工人（窮人）！」❽南京城陷前，拉貝又代理了一位休假朋友的納粹黨南京支部負責人的職務。但這一職務卻使拉貝能夠直接與納粹黨要員直至希特勒發生了聯繫，並在他阻止日軍暴行時獲得了意外的效果。

1937年11月末，鑒於淞滬失守，戰爭很快將波及南京，金陵大學部份中外人士欲按照上海國際安全區模式，在南京發起組織國際安全區委員會。當時留在南京的外國人有27名，其中15名參加了國際委員會。22日下午，「國際委員會開會討論成立一個南京平民中立區」，拉貝被推選為主席❾。會上草擬了建立安全區的建議。他們的建議得到

---

❻　侵華日軍南京大屠殺遇難同胞紀念館編印《「拉貝日記」發現始末》1997年6月南京（內部版），第81頁。以下所引《拉貝致希特勒報告書》概引自該書。

❼　《拉貝日記》（中文版）（江蘇人民出版社、江蘇教育出版社聯合出版，1997年8月版），第13頁、第717頁。

❽　同上出處，第13頁。

了英國和美國駐華大使的同意，並通過美國大使館轉交日本方面❼。

12月2日，間接傳來了日本當局的答覆，日本政府對「國際安全區」予以否決，但是，卻又表態說「只要與日方必要的軍事措施不相衝突，日本政府將努力尊重此區域」❼。

與日方相反，中國市政當局對拉貝的「國際安全區」計劃給予了肯定與大力支持，拉貝從中國軍政負責人手中得到了劃定「國際安全區」內的行政管轄權及警力指揮權，並得到了充分的人力、糧食與資金補給。中方還按拉貝等人的要求派人拆除了「安全區」內的軍事與空防設施。

在此前後，拉貝又給德國元首希特勒發去電報，企圖通過他迫使日本政府同意承認安全區。他曾對此舉抱有很大希望，但最終結果卻出乎他的意料。

12月8日，國際安全委員會貼出《告南京市民書》，動員滯留城內的市民到安全區內避難。

拉貝不是安全區的發起人，但他被推為主席，概出於以下幾種原因：

㈠拉貝是德國人，又是德國納粹黨南京小組長。他出任主席，「有望更好地與日本當局進行談判」❼。鑑於1936年11月德國與日本締結了「反對共產國際條約」，兩國建立了政治、軍事同盟，這使得德國人與日本人之間有了「盟友」關係，由德國人出任「國際安全區」委員會主席，也可以說是一種對付日本人的策略，期望對日交涉能夠順

❻　《拉貝日記》（中文版），第97頁。

❼　同上出處，第103頁。

❼　同上出處，第124～125頁。

❼　《拉貝致希特勒報告書》。

利些。

㈡拉貝的能力、學識足以擔當此重任。拉貝當時50多歲，可以說是一個中國通。上海八一三抗戰後，他就參加了馬吉牧師在南京創設的國際紅十字會南京委員會，為救濟傷兵及上海方面湧來的大批難民做了大量的工作❼❸，有一定的工作經驗和工作能力。

㈢拉貝對中國人民懷有深厚的感情。當國際安全委員會成員推選拉貝為安全區主席時，他「毫不猶豫就接受了這一職務」❼❹。他當然清楚此時留在南京意味著要冒生命的危險，但他謝絕了朋友的勸告，表示「但願我能夠勝任這個也許會變得十分重要的職務」❼❺。

在以後一個多月時間內，拉貝與10幾萬中國難民一起度過了日軍大屠殺最為殘酷、將南京變成一座人間地獄的一段血腥歲月，他以巨大的努力證明自己不負眾望，盡到了他的責任。

拉貝和他領導下的國際安全區，在南京大屠殺中為保護中國難民和財產所起的作用是巨大的，拉貝功在首位。其功績主要在以下三方面：

㈠救助了20多萬中國難民，使他們免遭屠殺、踐躪。

㈡安全區內保護了一大批房屋財產，其中一些是無法用金錢估價的近代優秀建築，使之免遭日軍焚毀。

㈢拉貝留下多達2,400多頁的戰時日記及其他史料，以及安全區內其他外籍人士拍攝的電影、照片、紀錄的文字，是日軍南京大屠殺的鐵證。在這一點上，值得一提的德國人還有當時滯留在南京城內的德國外交官羅森(Rosen)，1937年12月至1938年3月，他在致德國外交部

❼❸　「南京市政府參議會檔案」，南京市檔案館藏。

❼❹　《拉貝致希特勒報告書》。

❼❺　《拉貝日記》（中文版），第97頁。

的報告中多次如實地報告了日軍在南京的暴行，成為在德國官方文件中唯一的記載「南京大屠殺」的歷史資料。羅森的這份報告1988年在德國波茨坦檔案館被發現，它與拉貝日記一樣，成為當時德國人記載日本軍隊暴行的重要文件❼。在六十年後的今天，這些日記與報告依然發揮著巨大的史證作用，成為回擊日本右派否認「南京大屠殺」最有力的根據。

在這場奮鬥中，拉貝全身心地投入了對日本占領軍的交涉抗議與鬥爭，不分晝夜地工作在「國際安全區」，阻止日軍闖入與施暴，維護安全區內難民的生命，保護婦孺免遭日軍摧殘，還要四處尋求食品，供應難民們食宿。在他租住的廣州路小粉橋1號的宅院裡，也收留了600多個附近的居民，由他負責供給衣食。日本兵曾多次偷偷爬牆而入作惡，拉貝則一次次地利用納粹黨「卐」字標記來對付這些強盜，往往有意想不到的效力。那些強姦中國婦女的日本兵一見到這個高鼻子藍眼睛的德國人，就連呼：「德意志！德意志！」被迫停止作惡悻悻而去。

例如1938年1月30日，拉貝在日記中記載了這樣一件事：「下午4時，在去平倉巷的路上，我的汽車在漢口路被約50名中國人攔住，他們請求我去解救一名婦女，她剛被一名日本兵帶走，後者欲強姦這名婦女。我被領至薛家巷4號，該日本兵就是把這名婦女帶進了這所房子。這所房子已被搶劫一空，地上到處是各種各樣的碎片……我在隔壁一間堆著稻草和雜物的房間的地上發現該日本士兵正欲強姦那名婦女，我硬把他從房間裡拖到走廊上，當他看見這群中國人以及我的汽

❼　關於羅森這些報告，請參閱安悟行(W・Adolphi)：《1937～1938年德國駐華大使館搜集的有關中國抗戰檔案史料》，載《民國檔案》1988年第一期，第98～101頁。

車在外邊時，便奪路而逃，消失在鄰居住宅的廢墟裡……。」❼

　　又一天下午，6個日本兵又攀越拉貝的住宅院圍牆。拉貝用手電筒照射一名日本兵，該兵舉起手槍，欲加射擊，但他大概意識到傷害一個德國人後果不會太妙，於是悻悻地收起槍，日本兵不願意再爬牆，要拉貝打開大門讓他們出去。「我嚴厲呵斥了他，並把卐字袖章舉到他的眼前……」❼❽質問日本兵明不明白這袖章的含義。這枚黑白圖案的袖章使日本兵望而生畏。他們只好乖乖地爬牆出去❼❾。

　　就這樣，幾只德國納粹黨「卐」字標記的袖章便使拉貝和另外兩名德國人，成為日本兵最奈何不得的人物。而其他在安全區工作的英美人士則遭到了日本兵的武力對待，以至於美國人金陵大學教授貝德士說他恨不得也能擁有一個納粹標記來對付日本兵❽⓿。

　　屠殺、強姦、搶劫、縱火，日軍暴行仍在步步升級，「暴行報告，紛至沓來」，日本占領軍當局對此並不採取任何有效措施。

　　拉貝義憤填膺，多次召集國際委員會成員緊急會議，20多名外國人聯名在抗議書上簽字。拉貝帶著14名代表將抗議信送到金陵大學對面的日本大使館。函中措詞尖銳地說：「貴國軍隊在難民區續施騷擾，雞犬不寧，20萬難民痛苦呻吟，敝委員會不得不請求貴使館，轉呈貴國軍事當局，迅速採取有效行動，阻止不幸事態。」❽❶田中參贊答應轉告軍隊，但情況並未好轉，暴行報告仍不斷地送到安全區總部。

　　拉貝和他的委員們只能疲於奔命，每天奔走在各出事地點，一處

❼　《拉貝日記》（中文版），第535頁。

❼❽　同上出處，第213頁。

❼❾　《侵華日軍南京大屠殺史料》（江蘇古籍出版社，1985年版），第214頁。

❽⓿　《南京大屠殺》（中華書局，1995年版），第144頁。

❽❶　《侵華日軍南京大屠殺史料》，第234頁。

一處地驅趕日本兵，盡可能地阻止暴行。拉貝他們每天提交日軍暴行的詳確報告，同時分送美、英、德等國使館，向日本使館抗議再抗議。經拉貝「國際安全委員會的竭力交涉，敵兵明目張膽的獸行，略見減少，但其滅絕人性的殘暴程度，並未降低」❷。

拉貝作為安全區的負責人，他面對著的是無法克服的重重困難。除了要防止日軍的恣意侵擾和屠殺外，難民區的衣食藥品供應也是個大難題。總面積只有3.85平方公里的難民區內，擁擠著20多萬難民，每幢房子裡都擠滿了人，人們只能一個挨一個勉強躺下。所有的空地上都搭滿了蘆席棚子。天寒地凍，這麼多人要吃、要穿，糧食、煤炭、飲水、藥品，少了哪一樣，幾十萬人都將難以生存下去。

拉貝致函日本大使館，要求與日本軍事當局洽商，「能否赴難民區外裝取存米」。這些存米，「除了（原南京）市政府撥交國際委員會的3萬擔，還有中國軍事當局在南京附近尚存的米10萬擔。隨著南京的陷落，都落入日軍之手」。他要求日軍准許安全委員會「裝取其餘2萬擔」❸。

日方先一度允諾出賣一些米麵，後又自食其言，不予供應，讓拉貝去找偽「自治委員會」，而「自治委員會」漢奸們奉令只准許向「國際安全區」每3天出賣1,000袋米❹。拉貝得知此情後不禁大怒，說30萬人，1,000袋米怎麼夠吃？問問日軍，他們每天吃多少？

1月14日，拉貝致函日本大使館福田參贊，斥責日軍當局的不人道行為。同時提出「目前必須設法使平民每天購米1,000袋，並迅速增加到1,600袋」。此外，需解決大批麵粉、燃料，以減少冬季難民的痛

---

❷　《侵華日軍南京大屠殺檔案》（江蘇古籍出版社，1987年版），第642頁。

❸　《侵華日軍南京大屠殺史料》，第242頁。

❹　同上出處，第247頁。

苦❽。拉貝又派員前與日本軍方交涉，進一步提出，難民還應補助食品，否則「如僅僅吃白米飯，數星期後，恐將疾病叢生」❽。要求日軍出讓花生、豆油、菜蔬之類，供給難民。遭日軍拒絕後，拉貝設法與上海聯繫，募集捐款，購買副食品600噸。而日方有意刁難，不許國際安全委員會從上海裝運食品❽。

拉貝為此反覆向日方交涉，他又敦請英、美、德使館出面，給日軍施加壓力❽。國際紅十字會主席馬吉，也四處奔走，通過各種關係和國際輿論壓力，終於迫使日軍同意難民區每天可購米1,000袋。拉貝又親自拜訪英、美使館負責官員，希望國際人士能向中國難民伸出援助之手❽。經過他的努力，終於從美國紅十字會、英國市長基金會、中國銀行家協會、上海救援南京委員會等處募得21.5萬元捐款，並購買到了一些急需的糧食和藥品。日本當局聞訊竟厚顏無恥地提出，要「沒收各方捐助的款項物料」給日偽機關支配❽。拉貝則堅決地予以拒絕，並通報美國大使館，指責日軍如採取這種行動，「將招致全世界輿論的責難」❽。

在拉貝的努力下，難民區一度停炊的粥廠又升起了炊煙，瀕於飢餓死亡的大批難民又得到了一份維持活命的食物。

總之，在南京最初淪陷期間最危急的兩個多月內，受拉貝和國際

---

❽　《侵華日軍南京大屠殺史料》，第247頁。

❽　同上出處，第248頁。

❽　同上出處。

❽　同上出處，第249頁。

❽　同上出處，第251頁。

❽　同上出處，第258頁。

❽　同上出處。

安全委員會救濟保護的難民達20多萬人，受保護免遭屠殺的難民達10萬多人，婦女受庇護免遭日寇蹂躪的有數萬人❷。

此外，由於日軍四處搶掠縱火，「南京城中房屋總數的89%都由於縱火、搶劫、掠奪各種原因被破壞了」。然而，唯一得以幸免火災的地區，是面積占全城總面積八分之一的國際安全區。「安全區內沒有發生火災」，「而且與外面的破壞和暴力比較起來，安全區裡的待遇要優厚得多」❸。這是拉貝及其領導的安全區經過與日軍的多次鬥爭抗議而取得的成功。南京城內金陵女子文理學院（今南京師範大學）、金陵大學（今南京大學）、鼓樓醫院等一批近代優秀建築得以幸存，寧海路、頤和路一帶幾百幢私人小洋樓得以保留，作為歷史文化遺產，其價值是無法用金錢估量的。

抗日戰爭結束後，拉貝和在南京的27名西方人，都得到了中國政府頒發的彩玉勛章，以表彰其在南京保護中國民眾與財產的功績。

在共同的患難日子裡，拉貝與南京人民結下了深厚的友情。

1938年1月13日，當西門子公司上海總部要拉貝離開南京時，拉貝一再要求延期，面對20多萬時刻處於日軍屠刀下的難民，拉貝深感自己責任重大。他在1月14日給上海理事會主任邁爾去信，陳述了南京難民區的危難情況，「為此，我特請求允許我在難民委員會解散前留在這裡，因為實際上許多人命運取決於少數歐洲人的去留」❹。

南京25所難民收容所的所長和各區區長聞訊後都聯名給西門子公司上海總部去信，要求讓拉貝再留一段時間。

---

❷　南京市檔案館藏戰後南京市政府秘書處檔案及《侵華日軍南京大屠殺檔案》，第706頁。據日偽方面統計南京人口在事變後只有17萬人。

❸　《侵華日軍南京大屠殺史料》，第273頁。

❹　前引《南京大屠殺》，第144頁。

　　直至2月22日，拉貝不得不在最後時刻被迫離去，他乘英艦前往上海，於4月底回德國，結束了他在南京的一段難忘的生涯。

　　拉貝在南京的經歷，不僅對他個人有深刻之影響，而且涉及到此期的中德關係與中德日三邊關係。

　　日軍攻陷南京後，拉貝每天都撰寫戰時日記，記錄他所目睹的日軍暴行。他在日記中對此一再表示出震驚與憤怒。他真實地記錄了500多個慘案。日軍屠殺、姦淫、放火、搶劫等罪行，使拉貝陷入痛苦反思之中，他開始思考日軍侵略戰爭的本質了。南京人民的鮮血也使拉貝經歷了對希特勒及其納粹黨由信賴到懷疑，進而放棄幻想的過程。

　　在籌備國際安全區時，拉貝一直幻想通過希特勒來迫使日本同意設立安全區。1937年11月25日，拉貝通過上海德國領事館領事克里拜爾和上海國社黨中國分部負責人拉曼給希特勒發電報，請求「元首閣下勸說日本政府同意為平民建立一個中立區，否則即將爆發的南京爭奪戰將危及20多萬人的生命」❾❺。

　　第二天，日本的一家報紙刊登了一篇否認安全區的文章，拉貝十分擔心這反映了日本政府對安全區的態度。他為此憂心忡忡，「如果計劃（指設立安全區）不能實現，我們該怎麼辦呢？困難確實很大！我寄希望於希特勒」❾❻。

　　這時的拉貝，顯然把希特勒看成一個能力挽大局和同情中國的英雄：「我仍然希望希特勒幫助我們。一個和你我一樣普通而樸實的人想必不僅對自己民族的災難，而且對中國的災難也有著最深的同情。我們當中（德國人或外國人）沒有一個人不堅信，希特勒的一句話（也只有他的話）會對日本當局產生最大的影響，有利於我們建立中立區，

---

❾❺　《拉貝日記》（中文版），第106頁。

❾❻　同上出處，第109頁。

而且這句話他一定會說的!!」

　　從兩個感嘆號上,我們可以看出當時拉貝對希特勒的崇拜和迷信。希特勒的話確實能影響日本當局,然而拉貝不知道,此時的希特勒已不是當初給工人、窮人許多許諾的希特勒。德國已和日本、意大利在政治上結成軸心國,在軍事上積極擴軍備戰,有了侵略擴張的長遠的規劃。最後三國結成劃分世界勢力範圍的法西斯同盟。拉貝處於德國的中下層,對德國納粹政府侵略擴張的長遠規劃自然一無所知,也不知道希特勒決不會為了中國而和盟國日本交惡影響其稱霸世界的「大業」。

　　12月1日,德國大使館秘書羅森從美國人那裡得到消息,電報已發出去了,估計柏林已收到。拉貝因而十分高興,他對希特勒充滿了幻想:「謝天謝地,現在我敢肯定,我們有救了。元首不會丟下我不管的!」❾

　　然而,無情的現實讓拉貝一次次地失望,柏林方面沒有任何動靜。12月2日,拉貝又從羅森處得知駐華大使陶德曼對拉貝的行為持非議,認為他沒有必要給希特勒發電報,拉貝從此明白已不能再指望希特勒了。但至此拉貝仍然沒有完全失去對希特勒對日本影響的期望。

　　回到德國以後,拉貝於5月2日至25日在德國外交部等處作了五場演講❾,他向人們展示自己日記的內容和日軍暴行照片,揭露日軍在南京的暴行。他還於6月8日特別給希特勒本人寄去了一份揭露日軍在南京暴行的報告。

　　拉貝回國後的一系列行為,動機十分明顯。他是基於一位正義之士對侵略戰爭的憎惡,對日軍暴行的痛恨和對中國人民的同情。拉貝

---

❾　《拉貝日記》(中文版),第123頁。

❾　同上出處,第703頁。

在離開南京之前，就已得知滯留南京後先行回國的兩名德國人，因為揭露日軍暴行而遭蓋世太保逮捕。但他回國後仍然義無反顧地揭露日軍，毫不考慮此舉會給自己帶來的後果。

此時，拉貝對希特勒仍抱有一絲幻想，「我並無意和德國的政策以及德國當局唱反調」**❾**。他多次演講，向德國有關人士揭露日軍南京大屠殺的真相，以期引起國際輿論對日軍罪惡行徑的譴責。在遭到蓋世太保多次警告「不要再作此類的報告及出示與此有關的照片」**❿**後，他仍寄希望於希特勒的態度有別於納粹下層分子，於是他「為了履行我對身在中國的朋友們許下的諾言」**⓫**，向希特勒「通報南京的中國平民遭受的苦難」， 希望希特勒出面干預日軍在南京仍在繼續著的屠殺暴行。與此同時，拉貝希望對希特勒加以規勸，要德國警惕日本這樣凶殘的友邦；警惕日本在遠東的行為是否會構成對歐洲的威脅；警惕日本作為德國的軸心盟友，其所做所為會給德國帶來的影響。「雖然我十分同情遭受不幸的中國，但我首先是親德的……這並不阻止我堅持原則……報告在南京發生的真實情況」**⓬**。

後來的情形是：拉貝在寄出致希特勒報告後沒幾天，便遭到秘密警察的逮捕，他的 6 本日記和有關日軍暴行的照片也被搜走了。拉貝被強令保持沉默，不得再舉辦報告會、出版書籍，特別是不允許展示日軍暴行照片。三天後，拉貝在西門子公司保釋下被釋放。1938年10月，拉貝拿回了他的日記，而部分照片卻被沒收了，「帝國經濟部通知我，說我的報告已被最高層閱過，但我們的外交政策不會改變」**⓭**。

---

❾ 《拉貝致希特勒報告書》，載《拉貝日記》（中文版），第704頁。

❿ 同上出處。

⓫ 同上出處。

⓬ 同上出處。

　　此時，拉貝對希特勒的幻想徹底破滅了。拉貝已看清了納粹的本質，勇敢地提出了退出納粹黨的要求❿，這在當時是需要巨大勇氣的，但當局拒絕了他的退黨申請。

　　1942年，拉貝開始整理他在南京的戰時日記和資料。這一舉動與當時時代背景有直接的關係。

　　1939年9月1日，法西斯德國進攻波蘭，點燃了第二次世界大戰歐洲戰火。與此同時，希特勒開始大批屠殺共產黨人、進步人士，特別是推行滅絕猶太民族的政策更達到了瘋狂的程度。1940年成立的奧斯威辛集中營是納粹對猶太人進行大屠殺的集中場所，在德軍占領區各地，納粹屠殺了幾百萬猶太人和進步人士。這一切，和拉貝在南京親眼目睹的日軍南京大屠殺又何等相似！

　　拉貝沒有在剛拿回日記的1938年，也沒有在1945年希特勒倒臺後整理日記，而是在1942年希特勒「全盛期」中，花了一年多時間和精力來整理戰時日記，是其深思熟慮的結果。他意識到了，日記是一份歷史文獻！是記載侵略戰爭罪行揭露法西斯罪惡的歷史見證！此舉表明他不僅徹底看清了納粹黨的本質，而且對法西斯已十分厭惡、痛恨。他一再勸說家族中的幾名年輕人退出納粹黨之舉則從另一個方面證實了他的政治立場的這一轉變❶。

　　在納粹的淫威下，西門子公司也未再給他安排與他能力相當的職務。拉貝的生活從此每況愈下。

　　1943年11月，拉貝的住宅在柏林大轟炸中被炸毀。到1945年戰爭結束時，拉貝已是63歲的老人，全家六口，失去基本生活來源，靠吃

❿　《拉貝日記》（中文版），第704頁。

❶　拉貝外孫女萊茵哈特夫人訪談錄。

❶　同上出處。

蕁麻和橡子粥維持生活。

1946年6月，在清算納粹罪行時，拉貝因為他在中國的人道主義行為，被脫掉了納粹分子的帽子[106]。

拉貝對南京人民做出了貢獻，崇尚報恩的南京人民更沒有忘記他。1948年初，拉貝生活窘困的消息傳到南京，引起市民強烈反響。當年受拉貝庇護免遭日軍凌辱的婦女，躲過滅頂之災的男子，得到衣食相助的老人，無不盡己所能，解囊相助。南京市參議會還成立了救助拉貝勸募委員會，不幾日便募得1億元，經特別批准，按市價購買美金2,000元，輾轉匯至德國援助拉貝。

由於當時在德國有錢也買不到食品，南京市長聞訊後，即命人在瑞士購買奶粉、香腸、茶葉、咖啡、牛肉、奶油、果醬等，分成4大包寄交拉貝。後來，南京各界又決定，從1948年6月起，按月寄贈實物一包。

3個月後，南京人接到拉貝充滿感激的覆函，告知包裹已到法蘭克福，待領到包裹許可證號就可領取。他說「我們只有收集野菜野果，為孩子們加湯，而我們大人都靠乾麵包與湯糊度日，最近連麵包亦難以得到，至於馬鈴薯與我們早已絕緣了。處於此種艱難處境，我作為一家之長，接到這些食品，對我具有多麼重要的意義啊！」

數日後，拉貝又覆一函，說包裹已收到，全家「均感無限快慰」。南京人民的友誼支援，使他重新建立起了生活的信心。

此外，南京市政府還提議給拉貝發放退休金，請他攜帶家眷到中國來安度晚年。但他因故終未能再回到中國。

1950年，約翰‧拉貝患中風在柏林去世。去世前，他將已精心整

---

[106] 《盟國肅清納粹法庭覆議庭認定拉貝為非納粹分子的判決》，載《拉貝日記》（中文版），第717～718頁。

理好的 8 本日記託付給家人，並註明只供近親好友閱讀。從此拉貝日記在拉貝兒子家的地窖裡沈睡了幾十年。

時光飛逝，一轉眼過去了40餘載。

1996年12月，拉貝日記最終由他的外孫女萊茵哈特夫人在美國公諸於世，激起了中國、德國乃至全世界人民的反響，德國國家檔案館收藏了拉貝日記原本，而其複本亦被拉貝後人轉贈給南京市「侵華日軍南京大屠殺遇難同胞紀念館」收藏。經過中德雙方協作，《拉貝日記》中德文本已分別於1997年8月及10月在南京及德國出版，並被譯為英、日、意大利等多種文字在世界各地出版。這份珍貴的史料終於發揮了它應有的作用。

為完成拉貝先生的宿願，萊茵哈特夫人代表其家族向南京市捐贈了拉貝先生的墓碑，並於1997年9月親自前往南京出席了墓碑安放及拉貝事跡展覽開幕式。

現在，拉貝先生的墓碑已由德國飛越萬里運抵中國，安放在南京「侵華日軍南京大屠殺遇難同胞紀念館」內，與曾經與他共患難的南京人民長久相伴。拉貝先生的事跡將為南京人民世代傳頌。

拉貝對南京、對中國人民的貢獻，是民國時期中德兩國人民友好關係史上的一個突出例證。人們將記住在中德友好關係史上這位「永遠的拉貝」。

在本節最後，我們不能不補充另一件有關德國與中日戰爭的重要情節，這就是本節前已提及之在南京城淪陷後，留守的德國外交官對於侵華日軍南京大屠殺暴行的記錄與披露。

1937年11月22日，陶德曼大使離開危城南京撤往漢口，南京城內留下了德國外交官羅森(Rosen)代理德國大使工作。12月8日，在日軍的猛烈攻擊之下，羅森與美英等國使館留守人員撤往長江中的輪船上

以躲避炮火，18日，當他們稍稍心定之後，試圖登岸返回大使館，但已占領南京的日本軍隊不允許他們上岸，原因是「日本人不願讓我們看到恐怖的日本軍隊對南京市民們的失去理智的報復行為」[107]。

　　到新年過後的1月15日，羅森又在南京報告說：「在最近幾週恐怖的日子裏，日本人完全毀壞了市區商業中心，雖然攻占南京已逾一月時間，但直到今天，日軍仍在市內縱火。」[108]5天後，羅森又報告了在南京的德國與美國外交官對日軍在南京大屠殺暴行的目擊證詞。2月10日，羅森又做了一件具有重大歷史意義的事，他把一份由美國傳教士馬吉(J. Magee)拍攝的日軍暴行電影膠片之複本拷貝送往柏林，儘管當時羅森此舉的動機不是為了揭露日本法西斯的殘暴，而只是盡他向國內反映情況的職責，但此舉的客觀效果對於保存日軍大屠殺的歷史證據的意義是不言而喻的。直到3月4日，羅森一直在連續不斷地報告日本軍在南京城內各種燒殺姦淫的殘暴罪行[109]。他的這些珍貴的歷史記錄，保存在「德國駐華大使館檔案」中，成為我們今天揭露侵華日軍南京大屠殺罪行的有力佐證。

　　據說，納粹外長里賓特洛甫及其手下看了羅森的報告及轉來的影片，他們「幾乎不相信這些已在1938年1月6日由陶德曼大使證實了的羅森來自南京的毫無誇張的報導」[110]。

　　羅森在這些報告中還涉及到蔣介石的行蹤、南京「國際難民區委

[107]　Wolfram Adolphi（安悟行）：《1937～1938年德國駐華大使館收集的有關中國抗戰檔案史料》，馬振犢譯，載《民國檔案》1988年第一期，第99頁。

[108]　同上出處。

[109]　同上出處。

[110]　同上出處。

員會」的工作、南京守城衛戍司令唐生智棄城而逃以及日本在南京組織的偽「維新政府」漢奸頭目介紹等多方面情況，具有較高的史料價值，他甚至於在報告中還涉及了「臺兒莊戰役」的有關情況。

　　與此相類似的，當時德國駐華各地領事館領事與外交官們也紛紛向柏林報告了有關中國抗戰的情況、日軍在中國各地的侵略及暴行活動，有的還介紹了中國共產黨及其武裝在華北等地抗日的行動。如1938年3月底，德國駐北平使館辦公室主任比德爾(Bidder)在給國內的報告中就介紹了中國共產黨及其領導的八路軍在華北的活動，並對八路軍的抗戰成績給予了高度評價。他寫到：「一支獨立的中國軍隊，完全得到了人民充分地支持。」「他們的這些以人民群眾為強大後盾的鬥爭，使得所謂的北平『臨時政府』甚至連河北省也不能控制，何況在全國範圍內，中國民族抵抗力量確實在增長。北方的這些獨立區域將越來越多地被游擊隊的活動所控制。正因如此，位於北平與太原府一線中部的這一大區域中心——五台山區，至今仍能視之為北方無可非議的中國防衛司令部」⓫。比德爾稱讚中共八路軍是一支「正在增長的政治力量」，他有「集中統一的領導和有計劃地召募士兵裝備軍隊」，以及「意志堅定的、遍及每一座茅屋的關於抗日目標的政治教育」，「這支軍隊及其領導者的名字傳遍各地」。比德爾認為必須對此給予足夠的關注。他同時認定，「中國人民以絕不投降和不妥協來堅持他們的這種信念：這場戰爭的最後勝利是必定無疑的」⓬。

　　德國外交官的這些記載以及對於日本侵華軍事戰略的悲觀分析並不是出於他們的正義感，他們對於日軍在華暴行的譴責是出自他們自己的利益考慮，正如羅森在1937年12月24日報告中所寫的那樣，因為

⓫　同前安悟行文，見《民國檔案》1988年第一期，第100頁。

⓬　同上出處。

他認為：「伴隨著日軍的殘忍行為，日本人製造出了一種有利於共產主義的危險氣候。」⑱他甚至公然聲稱，他不反對日本對中國的占領，而只是要求這是一種「比較文雅」的占領⑭。駐天津德國總領事斯托那爾 (Stoller) 甚至露骨地說「目前仍然期望日本軍國主義取得對蔣介石作戰的勝利」，但他下面的一句話卻又不得不說明了這樣的一個事實，「日軍僅僅占有一條由鐵路網構成的鋼鐵動脈，伴隨著他們軍事上的勝利，遍及廣大土地上的反抗鬥爭也開始了」⑮。

㈤由明變暗的軍火貿易

「七七盧溝橋事變」爆發後，中國國家體制轉入戰時軌道，正如戰前所估計的那樣，全面抗戰的開始使中方對於外購軍火軍備的需求愈加迫切。開戰前夕，中國政府派出了以行政院副院長、財政部長孔祥熙為首的中國代表團出訪歐美各國，尋求外交及軍事支援，德國自然是其爭取的重要目標之一。

孔祥熙訪德期間，向德方訂購了大批軍火，其中包括各類輕重武器，這批軍火不久即裝船運華，及時趕上了在上海發生的抗日戰役。當時中國對德軍火訂貨之情形如下表所示：

---

⑱　同前安悟行文，見《民國檔案》1988年第一期，第99頁。

⑭　同上出處。

⑮　同上出處，第101頁。

一、根據蔣介石手諭指示對德訂購軍火表 ⓰

品　名	訂貨數量	至1937年底供貨及改訂情況
一、陸軍方面：		
輕型戰車全套	120輛	已全部撤銷
2.5噸Diesel重油摩托機	400臺	已全部撤銷
腳踏摩托車（兩輪）	120輛	已全部撤銷
腳踏摩托車帶附車（三輪）	70輛	已全部撤銷
1.5噸摩托機修理工作車全套	20輛	已全部撤銷
2.5噸摩托機修理工作車全套	11輛	已全部撤銷
二、空軍方面：		
2公分高射炮	240門	已撤銷
3.7公分高射炮	120門	已撤銷

二、孔祥熙訪德期間訂貨表 ⓱

品　名	訂貨數量	至1937年底供貨及改訂情況
一、陸軍方面：		
防毒面具	50萬具	撤銷40萬訂貨，10萬在運華途中

⓰　根據二史館檔案廿八(2)2101幾表綜合而成。

⓱　同上出處。

聽音機（竊聽機）	27架	
SSPatronen子彈	1千萬發	已到貨（貨號10072）
子彈: 　其中: SS式 　　　　SMK式	5億發 4.5億發 5千萬發	1.6億發已到貨，餘3.4億發撤銷以後再訂。（貨號10073）現在途中。
二、空軍方面:		
HS123型飛機	100架	減為12架（在運途中）餘撤銷
飛機子彈	12萬發	
燃燒彈	10萬枚	在運途中
10公斤飛機炸彈	5萬枚	在運途中
50公斤飛機炸彈	1.1萬枚	3千枚普通性及8千枚緩性炸彈均在運途中
150公分探照燈及附帶件	50套	減為29套（27套在途中，2套再議）其餘撤銷
60公分探照燈	36套	在運途中
8.8公分摩托化高射炮	24門 （6個連）	先撤銷以後再訂

　　隨同孔氏訪德的中國海軍部長陳紹寬，曾在柏林與德方海軍司令達成合作協定，由中方派遣80名海軍軍官前往德國受訓，隨同艦艇、潛艇出航，並向德方訂購潛艇數艘，德方甚至同意將海軍正在服役之一艦艇撥歸中方等等，這些計劃後因中日戰爭的爆發而停止執行。

　　中日戰爭爆發後，德國居中十分為難，他與日本有反共同盟關係，與中國有軍經合作關係，不便左右袒護，只能表示中立，「萬一戰爭

擴大，德政府必抱定平允態度」，「甚盼能和平解決」⓲。22日，日本駐德大使正式向德方提出停止對華出口武器的要求，被德方婉拒。德國外長強調：「德國武器輸往中國，保持適當的限量，中德經濟之發展是基於純粹商業基礎並非經由德日談判所能解決。」⓲8月初，孔祥熙復訪德國，得到了國防部繼續供華軍火之保證。他通知德方準備取消在德訂購之潛艇並增訂價值1千萬馬克之槍彈。17日，德國元首希特勒宣布了他的遠東政策：原則上堅持同日本合作的觀點，但目前必須在中日間保持中立。關於對華軍售，「只要中國用外匯支付或用原料抵償，過去按中德協議已同意運華的武器和物資就要盡快運往中國，並相應地運回原料，此事必須盡最大的可能瞞住日本人」。但對下一步對華提供貸款或新的軍火訂貨應予拒絕⓴。

中國方面對此卻未能迅速覺察，相反地對德國支援中國抗戰還抱有極大期望。孔祥熙結束二次訪德之時還致函希特勒，保證中方將繼續供德鎢砂以換取軍火⓵。抗戰開始後，美英法等西方列強唯恐開罪日本惹禍上身，因此採取隔岸觀火的態度，由袖手旁觀，或講幾句不痛不癢的官話，完全抹殺了正義與良知，更無論支持中國抗戰，只有蘇聯表態支持中國，但有關軍援正在洽商中，遠水不救近火，在這種情形下，中國對德國軍火之依賴越發加重。

⓲ 中華民國外交問題研究會編：《盧溝橋事變前後的中日外交關係——中日外交史料叢編㈣》（臺北，1966年版），第503頁。

⓲ 同上出處，第504頁。

⓴ 《里賓特洛甫備忘錄》（1937年8月17日），載《德外交政策文件》D輯第一卷No.478，第750頁。

⓵ 《孔祥熙致希特勒函》（1937年9月3日），載前引郭恆鈺等《德國外交檔案》，第60頁。

到1937年11月1日止，中方又向德方追加訂單催運軍火以供抗戰前線之需，其補充訂單包括：

10.5公分榴彈炮36門併炮彈3.6萬發；3.7公分高射炮30門併炮彈19萬8千發；15公分海防重炮4門併炮彈900發、炮彈引信2,000個、引信火藥2,000單位；8.8公分海防炮射擊吊引機器4架、炮彈320發、炮彈引信火藥1,350單位；6ME瞄準測量儀器2架；Henschel汽車100輛❿。

另外還要求德方緊急提供下列武器：

步槍10萬枝；機關槍1萬～1.2萬挺；10.5公分榴彈炮80門併炮彈2千發，以及2公分和3.7公分口徑高射炮併炮彈若干，總價值5億馬克的軍火武器❿。

抗戰爆發後，中方對德訂購武器訂單作了較大修整，撤銷了一批遠期及重型裝備訂貨，增加了陸軍急需的槍炮彈訂貨，例如對德潛艇訂貨，即「由500噸一艘、250噸四艘另潛艇母艦一艘配魚雷240具、水雷500具」縮減為「250噸二艘各配魚雷十具，另配魚雷一百具」，將節餘資金「移購陸軍武器」❿。

當時中方對德尚未取消的訂貨有：

載重車72輛；腳踏摩托車130輛；汽車補充零件若干；鋼甲偵察車4輛；鋼甲車用2公分炮彈4,800發；2公分高射炮連用之通信工具9套；快艇用散霧酸液若干單位；8.8及15公分炮用電話及指揮儀若干部；18公分輕迫擊炮炮彈4.556萬發另加德方補償前欠軍火數；防戰車炮炮管

---

❿　見二史館檔案廿八(2)2101。

❿　見二史館檔案廿八(2)2101。原訂單為德文稿，不完全。

❿　《陳紹寬致蔣介石電》（1942年1月4日）二史館館藏檔案，載《陳紹寬文集》（海潮出版社，1994年版），第292頁。

10架；防戰車炮炮彈5萬發及各類機器若干，以上軍火總價值約為200萬馬克。連同孔氏在德訂貨以及戰後追加新訂貨，共計抗戰爆發初期中國對德軍火訂貨總價值達5,300萬馬克之巨**⑫**。

由於德方按照希特勒指示要求中方以外匯支付武器價款，否則便中止交易，「我不付款，德不撥貨」，中方不得不在戰時外匯異常吃緊的情況下，於1937年9月撥出專款1,030萬美元（折合2,500萬馬克）支付德方，以求維持軍火供應，從這一例證也可看出，德國以軍火援華之商業性質。9月間，因德國民航飛機事件，德國航空部長戈林對華態度一落千丈。在此前後，作為納粹黨要員之一的戈林已奉希特勒指示出任「四年經濟計劃執行人」，插手經濟領域，掌管德國外貿大權，並於10月間正式接管「合步樓公司」，由於他的親日疏華態度，曾一度下令停止供華軍火，使中德關係驟然降溫。10月20日，在國防部長柏龍白調解下，供華軍火才得以更隱蔽的方式恢復運輸。

據統計，1937年12月間德方起運兩批軍火輸華，其品種數量如下表：

(1)1937年12月初起運之軍火：

50公斤飛機炸彈2,500枚；10公斤飛機炸彈20,000枚；燃燒彈25,000枚；150公分探照燈2套；防毒氣罩10萬只；3.7公分高射炮彈72,000發；10.5公分大炮36門併炮彈36,000發；步槍子彈3千萬發；15公分海防重炮4門併炮彈400發、測量儀器2件；8.8公分炮彈320發；13公分高射炮汽車及零件13套；輕迫擊炮炮彈原鋼25,000發；HS123速墜轟炸機12架。

以上軍品價值1,900萬馬克。

---

⑫ 二史館檔案廿八(2)2101。

(2)1937年12月15日起運之軍火：

50公斤炸彈8,500枚；10公斤炸彈30,000枚；燃燒彈75,000枚；150公分探照燈27架；聽音機18架；60公分探照燈36架；3.7公分高射炮炮彈54,000發；3.7公分防戰車炮炮彈50,000發；步兵子彈2,000萬發；（以上價值1,500萬馬克），7.5公分高射炮24門（6連）併炮彈92,000發，另外還有Jü86戰鬥轟炸機（數不詳）。以上軍品價值2,500萬馬克。❿

　　這些軍火運華後，對支持中國軍隊在正面戰場上的抗日作戰發揮了重要作用。與此同時，用德國設備建立的中國兵工企業及由德式槍械武裝、德國顧問訓練的中國陸軍「示範部隊」，已全力投入抗日作戰，發揮了有力的效能。

　　1937年12月8日，德國國防部國防經濟署署長托馬思(Thomas)致電孔祥熙，表示對德訂購之HS123轟炸機及Jü86式戰鬥機已裝運，不能退貨。10日及23日，他又分別致電何應欽、孔祥熙及克蘭，催促中國對軍火訂貨付現，「此間外匯之奇缺實為無可諱言之事，……」並表示中德易貨前景堪憂，似不能長久繼續。次年1月24日、2月3日，托馬思又兩次致電中方，以加緊付款為條件答應對華繼續供給軍火❿。

　　12月11日，翁文灝報告孔祥熙：德方已交貨價值253萬5千多馬克，合國幣330萬元❿。資源委員會還通過克蘭轉告德方，希望仍以易貨方式取得軍火，中國努力每月供德原料300～500萬馬克，希望德方增

❿　《翁文灝致蔣介石電》及統計表，二史館檔案廿八⑵2101。

❿　《托馬思致克蘭等電》，二史館檔案廿八⑵2101。

❿　《翁文灝致孔祥熙電》(1938年12月11日)，二史館檔案廿八⑵2101。

加對華貸款以利易貨⓫。

進入1938年後，中德關係開始出現逆轉。在日本壓力下，納粹德國為了自己的全球戰略利益開始逐步疏遠中國。2月20日，德國宣布承認偽滿，中國政府為了繼續得到軍火，只能維持中德關係，對德方不友好行為保持了克制態度，僅僅抗議一下而罷。

蔣介石眼看中德關係大局終難挽回，準備盡量多買些軍火。12月底他致電資源委員會，命令「已在進行中之事需積極進行切勿中止」⓬。1月間，他指令孔祥熙通過其子、中央信託局秘書孔令侃在香港辦理對德訂貨，購辦一批最急需之作戰武器。他表示：「中國政府正在商洽借款之中，短期內當可結束。一俟結束後，中國政府即可對於德國12月間已運出並準備起運之軍火分期償付外匯，其詳細規定當亦可通知德國。因種種關係此項問題之解決較緩，本國無任抱歉也。」⓭

這批急訂武器計有：

步槍30萬枝併配子彈3億發；自來得手槍3萬枝併子彈1千萬發；重機關槍2萬挺併子彈2億發；迫擊炮500門併炮彈1百萬發；3.7公分戰車防禦炮500門併炮彈50萬發⓮。3月1日和2日蔣介石又電令駐德商務專員譚伯羽向德加訂一批武器，包括：迫擊炮300門併炮彈90萬發；20響駁殼手槍2萬枝併手槍子彈4千萬發；Hochkiss（哈乞開斯）1.32公分單管高射炮300門，每門配炮彈五千發⓯。

⓫　克蘭：《與中國政府商洽之結果》，二史館檔案廿八⑵2101。

⓬　《翁文灝致孔祥熙電》（1938年12月11日），二史館檔案廿八⑵2101。

⓭　《蔣介石批復》二史館館藏檔案廿八⑵2101。

⓮　《蔣介石致孔祥熙等電》（1938年1月14日），見《中華民國重要史料初編——對日抗戰時期》第二編（作戰經過）㈡，第290頁。

　　其中 3 月中，這一大批軍火由德輪運至香港，其作用及意義是不言而喻的**❿**。

　　據資料統計，1938年1月中國進口的3萬餘噸軍火中，絕大部份來自德國。2月間，德國又運華12架德製HS123型轟戰兩用機。3月間，一批價值三千多萬馬克（合一千餘萬美金）的軍火又自德運抵香港，計包括上述訂單中的迫擊炮300門（各配炮彈三千發），高射炮300門（各配彈五千發），駁殼槍2萬枝（各配子彈二千發）等等。雖然這些交易都是秘密進行的，甚至連德國外交部也不知道，但 3 月運華的軍火不幸已成為德方供華的最後一批軍械**❿**。

　　進入4月以後，日方就軍火問題對德壓力越來越強。4月底中方已探知消息：希特勒準備接受日方要求中止軍火輸華。4月27日，主管對華貿易的戈林親自下令，停止一切對華出口的軍火輸出。

　　5月3日，希特勒訪問羅馬，與墨索里尼商談建立軸心國「同盟」問題，中國駐德使館已估計到希特勒回國後將公布停運軍火決定，但沒想到他還在羅馬就已與意日達成了三方「合作」的協議，並電令國防部立即停止供華軍火。

　　在中國，5月9日，蔣介石約見了陶德曼，告訴他日本壓迫德方停止供華軍火，希望德方以執行中德合同為理由拒絕日方的無理要求，以免再傷害中國人民的感情。蔣介石一方面明確告訴陶德曼：如果在包括意大利在內的國家仍然對華供應武器的情況下，德方就冒然中止

---

❿　《中華民國重要史料初編——對日抗戰時期》第三輯（戰時外交）㈡，第708～709頁。

❿　程天放：《使德回憶》（單行本）（正中書局，1979年第三版），第264頁。

❿　程天放：《使德回憶——柏林最後五個月》，見《傳記文學》第七卷第六期，第29頁。

供華軍火，則「中德關係將受到嚴重影響」⑬。另一方面他也採取決然措施，密令孔祥熙致電中國駐德商務專員，盡一切可能最多地把已訂好的軍火運回國內。

儘管希特勒下達了禁令，但德國內部對輸華軍火問題的觀點仍不能統一。德國經濟部和軍事工業署從自身利益角度考慮，認為德國一旦停止向中國交付軍火，那麼今年中國的軍火訂貨單就會落到別國手中，這對德國的軍事工業以及運輸行業將是一個沉重的打擊。據德方統計，當時中德間軍品貿易需履行的合同額仍高達2.8億馬克⑬。德國軍方及企業界人士不願輕易失去中國。

「合步樓公司」負責人普萊轉告翁文灝說，德國政府雖作出了上述表示，但供華軍火仍在秘密裝船運往中國，易貨協定仍要執行。克蘭亦轉告孔祥熙等，表示將繼續對華秘密提供軍火⑬。陶德曼大使也強烈反對中止中德軍火貿易和其他經濟往來。他向德國外交部指出：德國目前的做法，不僅會使約4億馬克的德國在華投資受到損害，其在政治上的副作用也不能低估，甚至會影響到戰後，德國從此將被排除在中國經濟建設之外，名利皆失。德國經濟部和外交部經過磋商後，達成一項秘密諒解：軍火禁令不包括已同中方達成的協定，合步樓公司仍可起運中方以外匯支付的軍火訂貨。

合步樓、西門子、克虜伯等大公司還聯合上書德國政府，表示他們賠不起對華違約造成的賠償費，要求政府取消輸華軍火禁令⑬。

7月9日，中國兵工署又與香港禪臣洋行簽訂了1.5萬挺機槍的購料

---

⑬　《德國和1933～1938年的遠東危機》，第315～316頁。

⑬　吳景平書，第200頁。

⑬　二史館檔案：《普萊致翁文灝函》廿八⑵2101。

⑬　二史館檔案：《合步樓公司報告》廿八⑵2101。

合同。經過德方友好人士的暗中協助，原定7月起運的一批軍火乃假借芬蘭、盧森堡等國商人的名義秘密運出德國，輾轉運華。這批軍火計有：

克虜伯生產15公分榴彈炮炮彈6,000發，4.7公分炮彈18,000發；毛瑟槍5,000枝，合步樓公司槍彈3,700萬發，以及汽車備件、水雷等；其餘毛瑟步槍1.5萬枝、4.7公分坦克炮彈32,000發未及交貨運出❿。

行政院長孔祥熙急電中國駐德商務專員譚伯羽，令他用一切努力把已購好的軍火盡快啟運國內。譚伯羽接電後馬上四處活動，與德方上至托馬思將軍、克蘭，下至各軍火工廠老闆聯絡關係，得到了這些對希特勒禁令不滿人士的暗中幫助。他們決定改變運輸交貨方式，以更秘密的方法用貨船以第三方的名義直接從德提貨。德方軍事工業署署長托馬思還曾十分坦白地告訴中方，為了保密，中方不要把委託提貨的第三方的國名及有關商號名稱告訴他，以免他居中為難。結果，中國訂購軍火得以假借芬蘭、盧森堡等國商人名義運出德國。這在當時是十分不易的「義舉」，因為托馬思等人本來完全沒有必要為中方去冒失職的「背叛」的危險。

正是由於有了這種默契合作，中方才沒有就中止軍火供應再向德方提出任何抗議。德國軍火的進口渠道由此開始曲折不暢。中國政府為維持抗戰大局計，不得不轉向他方覓取支持以備不測。

其後的數月間，德國對華關係在希特勒干涉下急劇降溫，駐華軍事顧問團連同陶德曼大使一起被勒令回國，中德關係已到崩潰的邊緣。

8月間，德方一些主張繼續對華交往的人士繞過納粹首腦，嘗試

❿　《譚伯羽致蔣介石電》（1938年7月2日）、《譚伯羽致孔祥熙電》（1938年7月8日），載《中華民國重要史料初編——對日抗戰時期》第三編（戰時外交）㈡，第711～712頁。

恢復中德貿易。經濟部部長馮克（Walter Funk，他是前任經濟部長沙赫特的助手）派其親信、「國社黨對華經濟顧問」佛德(Hellmuth Woidt)以「合步樓公司專員」名義來華，探求雙方繼續經濟合作的可能性。10月4日，佛德與孔祥熙見面，他表示希望繼續對華易貨以求互利，中方對此當然持贊成態度。

經過雙方磋商，達成了一份協議，在繼續合作的共識下，佛德還與中方清理了過去易貨欠帳，並提出了處理意見。據合步樓公司統計，當時中德雙方易貨總帳如下：

中德雙方清理易貨貿易總帳合步樓公司報告 ⓵

（1938年8月）

1）自1934年8月中德貨物互換合同實施以來中方對德方訂貨總值為4億馬克以上。

2）經過部分撤銷訂貨後訂貨總值降為3.89億馬克。

3）1937年秋季前進口德貨以「互換合同」為依據辦理。

其長期訂單內容為：

A.已實施之長期訂單：

☆鋼鐵廠、軍工廠設備：　　　　　　7,200萬馬克

（包括琶江口兵工廠擴充部分）

☆海軍快艇及母艦：　　　　　　　　1,600萬馬克

☆潛水艇及其母艦、水雷、魚雷設備：　4,200萬馬克

☆水雷布放艇、內河水雷、15公分海防重炮等其他軍備　1,000萬馬克

以上共計　　　　　　　　　　　　1.4億馬克

B.至1937年10月止由德國運到之軍火：5,000萬馬克

⓵　二史館檔案廿八(2)2101。

C.1937年內中方追加軍械訂單：1.99億馬克

（其中蔣介石交下訂單為5,800萬馬克、孔祥熙交下訂單為9,200萬馬克）

以上德方總計輸華軍火價值（包括已交貨及未交貨者）總計為3.89億馬克。

至1937年10月止，中方輸德礦產原料價值2,150萬馬克，加上德方貸給中方之1億馬克信用借款，計1.215億馬克。德方供華軍火、工業品總計價值1.9億馬克，減去上述款額1.215億馬克，中方尚欠德方未抵償數為6,850萬馬克。（1.9億－1.215億＝0.685億）

抗戰爆發後中方對德短期軍械之緊急訂貨，1937年11月1日由德國防軍裝備中緊急抽運來華，該項軍火價值：

①孔祥熙以往訂單催辦者：　　　　　　1,400萬馬克
②孔祥熙臨時追加訂單：　　　　　　　3,700萬馬克
③其他舊訂單價值：　　　　　　　　　 200萬馬克
――――――――――――――　　――――――――
共計　　　　　　　　　　　　　　　　5,300萬馬克

中方已匯德方美金1,030萬美元（據德方要求以現匯付款）價值2,550萬馬克，尚欠2,760萬馬克（＝1,100萬美元）。($:M = 1:2.475)

1938年8月19日，合步樓公司代表普萊致函孔祥熙，報告中德易貨狀況：(1)截至8月19日止，中方付交德方美金1,257.5萬美元，德方已交貨及在運途中之貨計值724萬美元，結存美金533.5萬美元；(2)自1937年9月4日至1938年8月19日輸華軍火以美金結帳，其後仍恢復以貨易貨方式，希望中方交付鎢錫礦砂等原料，並以「即予起運為先決條件」；(3)「雙方貨值之清算應以國際市價為根據」[142]。同時中方駐德

―――――――――――――
⑫　二史館檔案：《普萊上校呈院長函譯文》（1938年8月19日）廿八⑵2101。

商務專員譚伯羽亦報告國內：「合步樓」所購1,300萬馬克軍火及Jü86飛機正交涉起運，仍以易貨方式償付❽。

佛德來華是由於「合步樓公司」（此時已由戈林手下轉歸經濟部管轄）及有關方面竭力運動放鬆對華貿易限制的結果，也是因為德方並未從中國淪陷區日偽當局手中撈到任何經濟利益所致。為實現獨霸中國的目的，日本違背了對德諾言，對德意在中國占領區的利益亦加以排斥，並不許其購買原料，這就使得希特勒、戈林等人不得不放鬆對中國政府的貿易禁令，以求得到德方必須的原料資源。德國政府很快批准了佛德的「口頭協議」。10月19日，佛德代表德政府與中方在重慶簽署了新的易貨協議，除上述內容外還規定雙方易貨額每月可達1千萬法幣，約合750萬馬克❹。希特勒與戈林的對華軍火禁運令自此失效，大批德國軍火又源源運往香港，轉至中國抗戰前線。在香港，合步樓公司代表路德維希·維爾納(Ludwing Werner)與中國軍方開設的一家偽裝公司合作，將軍火機械經廣州繞道越南海防運往中國西南後方❺。

5月間，中國交通部、兵工署分別又與德國西門子公司香港辦事處及奧托公司簽訂了軍用電話及卡車購貨合同。最後到1940年9月27日，德國為全球戰略之需與日本、意大利結成軍事同盟，法西斯軸心集團形成。德國政府為了「尊重日本在建立東亞新秩序中的領導地位」，不能不全面捨棄中國，停止易貨貿易，而此時（1940年5月止）合步樓公司仍有價值9,900萬馬克的訂貨需向中國交付❻。其中我方所付款

---

❽　二史館檔案：《蔣介石致孔祥熙等電》（1938年8月25日）廿八⑵2101。

❹　柯偉林：《蔣介石政府與納粹德國》，第294頁。

❺　同上出處，第294頁。

❻　同上出處，第298頁。

項一直留到戰後才得清算。

綜上所述，德國軍火輸華對於中國抗日國防具有重大的意義與作用。德國軍火之輸華，其主要作用是提供中國整軍及更新裝備，並且在抗戰爆發初期對我國軍隊的抗日作戰起到了重要的保障作用，有效地提高了中國軍隊的作戰能力。

根據上文分析，我們可以得出以下幾點結論：第一，德國軍火之輸華，其早期作用包含有用於中國內戰的目的。中德軍火貿易開始於1928年，在其開始階段，德國軍火被用於中原大戰、江西「剿共」以及平息十九路軍反抗、「兩廣事變」等內戰，從當時具體情形分析，在這些內戰過程中，德製軍火初步嶄露頭角，尤其是德製炮兵武器裝備的威力剛剛為南京政府及其軍隊所認識。在另一方面，在這些內戰中，南京方面的對手所擁有的武器裝備也並不先進，中央軍對於新式武器的需求也不是如抗戰後那樣迫切。總體來看南京政府軍隊在內戰時期還是以舊武器裝備為主。如果說在抗戰前德國軍火輸華也有為內戰服務的性質的話，那麼與後來其服務於抗戰的重要性相比較，則明顯地處於第二等的次要地位。從德國軍火輸華的品種、質量、數量來看，1935年前主要以陸軍槍彈野戰武器為主，重型武器不過為坦克大炮，這是與當時中央軍作戰需要及一般裝備水準相適應的，且從其輸華數量分析遠不如後來抗戰時期之水準，儘管都在進行大規模軍事行動，但德國軍火在當時中央軍作戰武器中的比例，顯然不高。與後來用於抗日的作用相對比，德國軍火用於中國內戰的意義是次要的。

第二，德國軍火輸華的主要作用是幫助中國建立了抗日國防軍並支持了中國的早期抗戰。1935年以後，隨著日本侵華步伐加緊，國內趨於團結抗日的大局漸漸形成，從1935年春蔣介石委派陳誠出掌「陸軍整理處」，負責全國整軍工作開始，中國軍隊由「內戰型」向「國

防型」轉變，這一整軍計劃與德國有著緊密的關係，全盤工作都有德國軍事顧問參予指導，按德式組織訓練方式進行，其結果當然也是以德式裝備全面改裝中國軍隊，使其接近於現代戰爭之要求，到抗戰爆發之時，便出現了以八十七、八十八、三十六師為代表的「示範軍」部隊，而這些部隊都是以全副德式武器裝備起來的。可以推論，如果抗戰遲幾年爆發，則中國軍隊的武器裝備及作戰能力將會有進一步的提高，這是無庸置疑的。正因如此，在1936年以後便出現了中方購買德國軍火之高潮，其中以顧振率中國代表團訪德及孔祥熙兩次訪德為重點，訂購了大批海陸空軍裝備及軍火，大到飛機潛艇，小到手槍子彈，細到電話線，無所不包，這一方面表明了中德外交、經貿關係之發展，另一方面也說明了中國軍隊在軍種、質量、能力上的進步，這些進步大大縮小了中國軍隊與當時號稱世界一流的日本軍隊之間的差距，其直接效果便是抗戰爆發初期中國軍隊在「八一三」、「台兒莊」以及武漢會戰中抗戰能力的提高，其中德國軍火之作用是顯而易見的。況且在當時國際環境下，西方列強對中日戰爭袖手旁觀，不肯資助中國，蘇俄軍火尚未到達，是德國軍火填補了這段真空，從這個意義上來看，對德國軍火在中國整軍備戰及初期抗戰中的歷史作用應有切實的肯定的評價，這一點也不過分。退一步言之，如果沒有這大批的德國軍火源源來華，中國抗戰正面戰場能否抵抗到如此成績則是很難設想的。

　　第三，正如評價德國軍事顧問對中國抗戰的作用一樣，在肯定其成績的同時，我們必須看到對於德國軍火輸華，應該有一個歷史的、客觀的分析。最基本的一點是：從德國方面來看，決沒有一點幫助中國人民反抗日本侵略的主動性與積極意義。納粹德國與日本都是侵略者，希特勒與戈林等納粹頭目完全是為了獲取中國資源的自身需要而

對中國網開一面，勉強默許軍火輸華。在這裏，我們當然應該看到德國政府內部「親華派」人物在這當中的積極促進作用，甚至也不否認陶德曼大使、法肯豪森、塞克特、奧托‧俄普夫、托馬思及其他對中國有感情的德方人士，以個人的資格同情甚至幫助中國抗戰之舉，但在希特勒的控制下，他們的影響是很有限的。總體看來，不論是德國國防部、經濟部還是其它企業公司，其之所以竭力保持對華貿易，根本是為了其自身的需要。正如中國中央信託局副總經理凌憲揚在1939年3月的一份報告中所分析的那樣：「德方屢藉口以政治關係不得不對我國表示冷淡，而暗中仍供給軍火助我，實則運來軍火……價格亦較市價為高，目的在賺我外匯，同時則向我國換取德方切需之農產品。德國於我國堅苦抗戰之時，不但在政治上拋棄數年來之中德友誼以袒護侵略，即國內輿論亦對我橫加侮蔑，而我國對於德國商人則仍顧念數年之友好精神，予以種種便利。」❿這表明，即便是在當時，中方對德政府之舉動亦有本質的認識。這種十分勉強脆弱的合作，隨著世界兩大陣營對立的形成，在納粹世界戰略的壓力下很快便歸於崩潰消亡了。

　　因此，我們最後只能得出結論說：儘管德國軍火之輸華在客觀上幫助了中國的抗日戰爭，但就其本質而言它不過是一種商業生意，其在政治上的影響與作用不過是其商業性質的副產品。

---

❿　凌憲揚：《辦理中德易貨案意見書》（1939年3月1日），見《中德外交密檔》，第344頁。

七、友好末途

㈠大勢將去

「陶德曼」調停失敗後，德國人還沒來及檢討其遠東政策之得失，自己陣營內部便發生了一次重大的變化。

以希特勒為首的納粹黨雖然取得了政權，但政府中幾大重要部門卻一直還被非納粹的領導人所掌握，他們不時地對希特勒的內外政策提出異議，使其耿耿於懷，早欲去之而後快。在過去「整軍建設、恢復元氣」階段，希特勒還欲借重於沙赫特、牛賴特這些專業人才為他重整旗鼓效力，他對柏龍白等德國軍方將領還欲攏絡而使用之。1937年後德國經濟突飛猛進，重整軍備工作大致完成，隨著上述目標的逐步實現，希特勒開始準備下一步的對外侵略擴張，這就需要高度的軍事獨裁與有力的統治手段相適應，為此，他必須「純潔政府」，清洗軍方及外部的反對者，實現「一切權力高度集於元首手中」❶的政治目標。

1938年初，希特勒利用國防部長柏龍白個人婚姻問題引發的陸軍內部矛盾❷，於2月4日下達「改組令」；將國防、外交兩部一併改組，

---

❶ 此為1938年2月5日納粹黨報《人民觀察家報》報導希特勒改組政府成功新聞的大幅標題。

❷ 按德國陸軍傳統，高級軍官不許與出身卑微的女子結婚，柏龍白前妻病

接受柏龍白「辭職」，並決定今後不再設國防部長一職，由希特勒自兼陸海空軍統帥；牛賴特免職，轉任外交諮詢機構「內閣參議會主任」，由納粹黨「影子外長」里賓特洛甫正式接替外交部長一職，戈林則擢升為元帥。同時在國防、外交兩部中下層幹部中大力清除非納粹分子。這些人事變動再加上1937年9月經濟部長沙赫特的辭職，使希特勒「政府大改組」的計劃得以順利完成。這件事在納粹德國歷史上具有深遠意義，它標誌著納粹黨對國家機器的完全控制，加深了德國成為戰爭策源地的危險性，引起了世界各國的關注與不安。

德國政府之改組對中德關係影響尤大。政府中最為傾向中國的官員紛紛「落馬」，取而代之的又是「親日派」納粹分子，中德關係前途由此變得暗淡無光了。駐德大使程天放於2月5日致電國內，預測德日必定更趨勾結，「請中央預籌良好對策」❸。

一個完全納粹化的德國政府在希特勒領導下對其遠東政策作出了新的決策。對於日本，希特勒認為他是德國的政治與戰略盟友，具有不可替代的重要地位；而對於中國，德方覺得最有價值者不過是農礦產資料，是出於經濟利益的考量。兩者相比，前者必定是最主要的，而後者則是可放棄的，何況希特勒已經在與蘇聯開始秘密的貿易談判，希望從蘇聯獲取重要的稀有金屬。這樣，希特勒拋棄中國的條件就一步步地具備了。

不久後，在一次德國企業家會議上，針對企業界人士要求保持對

死後，他與其女秘書暗戀並在1937年底秘密結婚，由於該女出身不甚「清白」，引起陸軍總司令佛里奇(von Fritsch)等人不滿，前往希特勒處「告狀」，希特勒乘機下手，將柏、兩人一起免職。

❸　程天放：《使德回憶——德政府局部改組與承認偽滿》，見《傳記文學》第七卷第四期，第25頁。

華關係的呼籲，戈林的一位親信幹部作了如下的「精彩」發言：「日本是東亞最強國家，只有日本有力量使東亞安定，目前中日戰爭中德國商務雖受相當損失，將來局面穩定後（也就是日本占領全中國後），商務必更可發展，於德國有益。所以德國商人應該忍受暫時的犧牲，以求長久的利益。」❹這一番話標誌著德國準備實行「棄華聯日」政策的開始。

據中國武漢警備部情報所悉，希特勒在準備疏遠中國之前，曾密令其駐華外交、軍事人員調查三件事：①中國第二期抗戰實力如何；②蘇聯援華抗日情況；③中國共產黨的活動及其軍事組織如何。這足以說明希特勒決不是貿然決擇盲動，而是有備而來❺。

德國「棄華」過程的第一個行動就是公開承認偽「滿洲國」。

1938年2月20日，希特勒在德國議會上發表了一次長達三小時的演講，首先為納粹黨執政擺功，而後談到外交問題，他宣稱德國不放棄對殖民地要求的政策，必要時將「以鐵的力量實行自衛」。最後談到遠東問題。他宣布：德國將正式承認「滿洲國」，使「過去法律與事實不符的情形作一結束」❻。

希特勒進一步解釋說：德國反對共產主義在任何地方發展勢力，日本如失敗，非歐美文化之福，僅為蘇俄之利；中國本身精神與物質力量尚不足以抵禦共產主義，德國與日本訂立反共協定，對華向來友好，為真正中立之旁觀者，希望東亞兩大民族恢復和平，現在最好使

❹　程天放：《使德回憶——德政府局部改組與承認偽滿》，見《傳記文學》，第七卷第四期，第26頁。

❺　張水木：《對日抗戰期間的中德關係》，見《近代中國》第三十五期，第538頁。

❻　吳景平書，第191頁。

中國明瞭自身處境之嚴重。希特勒在演講中公然支持日本在反共旗號
下的對外擴張，他說：「德國認為日本為安全之因素，日本雖得最大
勝利，無損於白種文化，如共產黨勝利，可毀滅數千年文化；德國在
東亞無領土興趣，只願經營商務，故無偏袒何方之必要，但須知共產
主義勝利，則一切均歸烏有。德意對日本的合作是東亞免於赤化的偉
大砥柱，希望這種合作，更加密切。」❼

　　希特勒的這篇充滿狂妄的演說引起了世界各國的普遍不滿，尤其
對中國傷害最大，它不僅承認了「偽滿」，而且認同了日侵華的「合
理性」，且明白表示希望日本勝利，引起了在德華僑及中國使館等的
一致強烈抗議。駐德大使程天放，立即電告國內有關情況並認為德國
已不再對華友好，以下撤退顧問、斷絕軍火供應在所難免。過去中國
為了大局，對德方一再委屈退讓求和，現在「我國對德再行退讓也無
法挽回，採取強硬態度德國也無奈我何，所以我建議政府召回大使，
並正式通知各國，以表示我對德承認偽滿的不滿意」。最後，程大使
「自覺工作不力，自願回國，不願再居德國」❽。

　　中國政府在此之前已獲悉德國即將正式承認偽滿。1938年2月19
日，外交部長王寵惠在召見陶德曼時，曾表示：希望有關德國承認偽
滿的說法只不過是無稽之談，並要求德國對中日戰爭繼續保持中立態
度。陶德曼則表示希望中方不要對希特勒的演說產生誤會，德國對「滿」
政策是其既定政策之一部份，而這一既定政策是為了反對國聯及共產
主義的，並非是為了反對中國，對中德友誼並無損害❾。

---

❼　吳景平書，第191頁。

❽　程天放：《使德回憶——德政府局部改組與承認偽滿》，見《傳記文學》
　　第七卷第四期，第26頁。

❾　吳景平書，第192頁。

　　德國承認偽滿之後，中方經過仔細商討，仍然覺得就目前實際情況而言，我方賴於德方事情不少，德國軍事顧問仍在參予抗戰，德國軍火仍是中國軍隊主要武器來源之一，不可中斷供應，因此，必須繼續維持同德國的關係。所以，對德方不友好之舉再一次表示了妥協態度，除表示抗議外，不採取其他外交舉動，並授意各報刊不要對德國作過多的譴責。至於程天放自己提議的召回駐德大使，也決定「應毋庸議」。

　　2月21日，德國外長里賓特洛甫召見程天放談話，他為德國承認偽滿作辯解，稱這只是「承認事實，非對中國有惡意」；如非日本，遠東恐早成共產黨勢力範圍；德日訂立「反共產國際協定」時，原希望中國加入，可惜未成事實，德國現在仍然希望中日早日恢復和平。程天放反駁說，所謂「滿洲國」，世人皆知係日本軍閥武力造成之傀儡，絕對不能認為由人民自由意旨組織之合法國家；近年來中德邦交甚形敦睦，德國政府以前曾一再聲稱對中日糾紛採取中立態度，今竟不顧對華友誼，承認偽國，實使中國政府和人民異常不滿，且對中德友誼也是一大打擊。

　　里氏狡辯說：世界上的殖民地都是由軍事占領而得來的，如英國之占領印度。程大使反問到：那1923至1924年法國占領萊因，設立一個「萊因共和國」，要其脫離德國獨立，德國為什麼不承認它？反向法國提出抗議呢？里氏對此無言以對，只好反詰說：中國既不承認「滿洲國」，為什麼失去了六年還未收回？程答道：「我承認中國目前沒有能力收回東北，但五年、十年以後，中國總有收回東北的一天。」里說：在德國人看來這件事是很難做到的。

　　程里二人唇槍舌劍爭論不休。最後里賓特洛甫表示：德國仍希望中日和平，對兩國戰事保持中立。程大使講：過去德國是中立，可自

從承認偽滿後德國就不是中立了，這件事顯然對中國不友好。里說：中蘇簽訂互不侵犯條約，德方很不滿，故而不友好。程大使問：是否德國對所有與蘇聯簽訂互不侵犯條約的國家都不滿？回答：「是的。」程大使又反問：那為什麼德國要同意大利如此接近？意蘇也是簽了約的。里氏又被問住了，無法回答，其不善外交會談之弱點暴露無遺。臨別時他只好講他個人對程大使表示的中國人要抗戰到底的精神很欽佩，但他仍懷疑中國是否有這種能力❿。此次吵架式的談話就這樣無結果而結束了。

24日，程天放又向德國外交部送交了一份國民政府致德國政府正式抗議照會。照會書中稱：「德國政府現已承認中華民國東北四省內之偽組織所謂『滿洲國』者，中國政府聞悉之餘，深感遺憾。該非法組織原係出自日本之侵略，其產生之者、統制之者、維持之者皆為日本之軍閥，事實昭然，無待指明。世界各國對於不承認偽組織之原則，幾全體堅持遵行。且該偽組織之成立，完全由於日本之軍力一層，即德國自身，亦嘗與其他各國正式確認。」「中、德邦交素稱敦睦，因是中國人民對於德國政府此次公布之行動，倍感失望，中國人民對於德國一年來之發展，輒懷關切與瞭解之意。方謂德國政府與人民對於中國發生之事態，亦必以同樣情緒予以觀察，乃德國政府對於東亞現有之痛心事態，似有誤認或誤解之處。對於所謂既成事實過分注重，而未經正確之透視。凡承認主觀方面以為真正之事實，而對於該項事實之如何發生，與最有關係方面之權利，未嘗詳加研究，則其推演結果，國際間進行其正當有秩序之國交，勢必受其影響而趨凌亂。

由於上述各國政府此時對在中華民國國土內非法成立之偽組織加

❿　程天放：《使德回憶——德政府局部改組與承認偽滿》，見《傳記文學》
　　第七卷第四期，第27～28頁。

以承認，中國政府不得不提出抗議。」**⓫**

　　這是中方在德「滿」勾結問題上第一次對德方提出的抗議，但是從這份照會語氣分析，中方依然保持了妥協、低下的姿態，「暫不作進一步之表示」**⓬**，仍處於遷就退讓的立場。

　　程天放在遞交這份照會之後，當場向德國外交部聲明：「中國人民對德方這次不友好的舉動非常憤慨，但蔣委員長則依然願維持友誼，所以勸導人民不要走極端。今後中德友誼能否維持，要看德方事實表現如何，不是空言所能夠挽回的。」

　　雖然中國在繼續退讓，但德方政策既定，更加步步緊逼。3月3日，德國藉口中蘇訂立貸款協定而進一步降低中德關係，德外交部通知中國大使館，為維持真正「中立」，德方決定在中日戰爭未結束前，各軍事院校不再接收中國學生，已在德學習的則要盡快結束。原定隨德海軍赴南美的中國海軍學員實習計劃也隨之取消。中方認為這是德方將召回軍事顧問團之前兆**⓭**。4月底與5月初，希特勒在訪問意大利期間應日方的強烈要求下令停止軍火輸華。

　　中國政府訓令程天放大使再度向德外交部提出抗議，程大使希望德方重新檢討其全盤遠東政策，他指出：在不到三週時間內，德方再次自食其言，又一次破壞中德關係。麥根森國務秘書（副外長）推說這是希特勒總理的親自決定，他實在無力挽回。程天放詢問軍火與顧問是否將受影響？回答是到目前為止，外交部尚無所聞。這樣，持續近十年的中德軍事教育交流合作遂告完結。

　　在中德關係急劇降溫同時，德日與德「滿」關係卻熱鬧起來。1938

⓫　《中華民國重要史料初編》第六編㈠，第158～159頁。

⓬　《中華民國重要史料初編》第三編㈡，第670頁。

⓭　吳景平書，第194頁。

年5月12日，德國外交部國務秘書（副外長）魏茨澤克同偽滿政府代表（駐德商務專員日本人加藤日吉），在柏林簽署了所謂「德『滿』修好條約」，宣稱為「樹立增進友好關係之永久基礎」起見，「立即開始兩國間之外交及領事關係」，並「從速開始關於締結一般通商航海條約之交涉」，「任何一方應盡量應諾他方之要求」。同年7月15日德「滿」雙方批准該條約後，希特勒、里賓特洛甫還同偽滿「皇帝」溥儀、「總理」鄭孝胥互相致電慶賀❶。德方此舉無疑使中國政府非常難堪。

隨著德日關係的不斷緊密，日本方面繼續以各種手段向德方施加壓力，逼其撤退在華軍事顧問與停供中國軍火，欲完全切斷中德關係，使德國徹底倒向日本。1938年2月初，日本外相廣田向德國駐日大使狄克遜提出，德國必須停止向中國供應軍火，如果這些軍火是供給日方的，則遠東局勢早就解決了。日方還威嚇說：德國顧問在華就是與俄國人合作，一起助華抗日，這是日本絕不能同意的。

希特勒按照他的既定國策，決定滿足日本的要求，用進一步損害中德關係的手段來討好日本。

1938年4月27日，德外交部國務秘書魏茨澤克 (Ernst von Weizsaecker) 召見程天放大使，通報了德國準備召回赴華軍事顧問團的意向。

魏茨澤克說：「德國對中日戰爭維持中立，故不願有軍事顧問留在中國。」

程天放反問道：「軍事顧問們在中國是他們自己私人的行為，與德國政府的中立政策並不相違背。」

魏：「雖然是私人行為，究竟和政府政策相違反。」

---

❶　吳景平書，第194頁。

程：「那麼德政府對西班牙內戰也標榜不干涉，然卻有德國志願兵在佛朗哥部下作戰，德政府又為什麼不召回他們呢？」

魏：「德政府在遠東是真正嚴守中立，在西班牙卻希望佛朗哥取勝。」

程：「德國在遠東似乎也在袒護日本……」

魏：「你有什麼證據？」

程：「貴國總理在議會演說，日本戰勝於歐洲文明無礙；日本失敗，則非歐洲文明之福，這還不是袒日嗎？」

魏茨澤克無言以對。程天放又說：「我今天來並不是和你辯論，而是要確實知道，德國是否要召回軍事顧問，以便報告給政府。」

魏答：「國防部已將德國政府不願意軍事顧問留在中國的意思，通知了他們，但還沒有正式下令。」

「既沒有正式下令，則請德方將此事擱置，不再追問。在華服務的外籍顧問，不僅有德國人，英美人都有，英美政府並不認為這就是不中立的表現，德國政府又何必一定要召回顧問？」[15]程天放表示：「最近德方承認偽滿，已給中德關係造成不良影響，若再召回顧問，必對兩國邦交更為不利。」[16]

魏茨澤克答應考慮考慮。

在中國，以法肯豪森為首的顧問團獲知德國政府的決定後，起初並不願意離華。1938年4月30日，法肯豪森曾就此問題向德國政府發去一份報告，指出德國顧問均以個人身份受聘於中國政府，絕大部分顧問的聘用合同要到1939年或1940年才到期；現在單方面中止合同，

---

[15]　程天放：《使德回憶——柏林最後五個月》，見《傳記文學》第七卷第六期，第29頁。

[16]　《中華民國重要史料初編》第三編(二)，第685頁。

會遇到法律上、經濟上的困難。就連德國大使陶德曼也認為不宜一下子馬上撤回顧問團，否則將使德中關係再趨緊張。然而，德國外交部長里賓特洛甫卻以希特勒的名義，下令陶德曼立即為此向國民政府進行交涉。

1938年5月23日，陶德曼大使向中國外交部長王寵惠正式提出了撤回德國軍事顧問團的要求。他說：德國領袖（指希特勒）現在決定對於中日戰事絕對守中立，希望中國政府允許德國顧問解除契約，准其一律回國。德國對蔣委員長及中國政府近年在建設事業和反共方面的成績表示敬佩，但各國報紙宣傳德國顧問幫助中國作戰，這對德國政府所定國策頗有妨礙，故不得不決定召回在華顧問；但此舉對中國毫無任何惡意，希望勿發生誤會。王寵惠回答說：德國承認偽滿政權，已經對中國不利，但中方仍希望兩國關係維持以往良好狀態；但德國政府現在突然決定撤回顧問，「吾人不獨失望，且中國國民必以為德國此舉如果實行，將間接袒日而反對中國，……且貴國顧問係以私人資格在華服務，他國國民亦有以私人資格在吾政府機關服務，該顧問與各該本國政府，實無何等關係，自不致涉及中立問題，望貴政府再加考慮」❶❼。

然而德方決心已下，不會再有猶豫。

5月25日，陶德曼對報界公開發表了德方的要求，而中方則以蔣介石軍務繁忙無暇處理此事為藉口加以拖延。27日，德國國防部國防經濟廳長托馬思(Thomas)暗告中國使館商務專員譚伯羽：召回軍事顧問不是國防部的主張，而是里賓特洛甫的決定。至於軍火，已訂貨的當然可交付，但不能直接運華，需經第三地轉運，但欲續訂恐不太可能了❶❽。

---

❶❼　《中華民國重要史料初編》第三編㈡，第686頁。

　　拖到6月中旬，蔣介石經不住德方多次催促，只好同意允許大部份德國顧問離華，但他要求必須留下5〜6人，特別是總顧問法肯豪森必須留華，可以委以德國駐華武官的名義，但德方對蔣的這點建議仍不能答應。

　　6月20日，里賓特洛甫又以希特勒的名義，電令陶德曼向中方作緊急交涉，並指令以中斷兩國關係威脅國民政府。與此同時，德方也向駐華顧問團發出了威脅。里賓特洛甫通過陶德曼電令法肯豪森：「本部長亟待留華全體德籍軍事顧問凡職務未停者一律立即停止，並盡速離華，必要時雖違反中國政府意旨，亦在所勿卹。由現居住地起程及離開華境日期，請電達柏林。顧問中倘有起程遇有障礙，著即向就近德國官署報告詳情。」電文還措辭嚴厲地聲稱：在華顧問若違反上述訓令，「即認為公然叛國，國內當即予以取銷國籍及沒收財產處分。該顧問等毋再猶豫為要」。

　　於是，1938年6月21日，陶德曼偕同法肯豪森一起向國民政府外交部次長徐謨聲明：

　　「如同於6月23日（星期四）以前，中國國民政府對於全體德國顧問之即時離華不予明白表示同意，並擔保該顧問等之離華（安全回國之意），則本大使奉令立即將所有職務移交於代辦，離華回國。

　　本大使又奉令表示下開意見：中德外交關係之是否繼續維持或由我方（德方）予以斷絕，須視關於顧問問題之以後發展而定。」⑲

　　這無異是給中方的最後通牒。中國行政院長孔祥熙即於6月22日表示，同意解除與德國顧問的聘用合同，並對德國顧問以往在中國從

<hr>

⑱　程天放：《使德回憶——柏林最後五個月》，見《傳記文學》第七卷第六期，第30頁。

⑲　《中華民國重要史料初編》第三編㈡，第688頁。

事的有價值的工作表示謝意。但孔沒有提到德國顧問離華的確切日期。

在柏林，里賓特洛甫認為中方故意拖宕撤出德國顧問，是對他個人權威的挑戰。於是，他又於6月24日斷然下令召回駐華大使。

蔣介石終於意識到：中德外交大勢已去，兩國關係之「蜜月」時代已經無可挽回地結束了。6月25日，他下達了最後決定：通知陶德曼，所有的德國顧問最遲在半個月內全部撤離中國。

6月26日，陶德曼這位納粹德國派駐中國的首任大使，也是最後一位大使，離開漢口回國。

7月5日，在國民政府軍政部長何應欽的陪同下，法肯豪森率最後幾位德國顧問離開漢口赴廣州，然後取道香港回德國。臨行前，德國顧問們紛紛向中方起誓：他們知曉的軍事秘密，決不會被用來反對中國，體現了他們對華友誼及良好的職業道德。

就這樣，作為中德關係兩大支柱之一的德赴華軍事顧問團被迫結束了他的歷史使命。

法肯豪森將軍回國後，仍然十分掛念中國，他在回憶錄中記載，曾不斷通過中國駐德使館將有關德方情報透露給中方，以供中國政府決策參考。蘇德戰爭爆發之後，1942年他擔任了德軍駐比利時及北法陸空軍總司令，駐在布魯塞爾。可他依然對納粹黨持著不滿態度，他是憑著一種「對祖國的忠誠」而與納粹「合作」的。因此，在執行納粹一些滅絕人性的政策時，他採取了暗中抵制的態度。他的司令部也因此成為德軍中「基督徒」及「保守派」軍官的「大本營」。1944年7月，他因掩護刺殺希特勒未果的軍官而被蓋世太保逮捕，並押回柏林投入監獄，先後在30處牢獄中倍嘗鐵窗之苦，直至戰爭結束。1951年，在他七十三歲高齡時，又因戰爭罪被比利時政府判處十二年勞役，不久後即以其人格清白及反納粹歷史被從寬處理，開釋回家。在他生

命的最後階段，他致力於寫作回憶錄，共完成了十二章書稿，其中第
十章內，他詳述了1934年～1938年間赴華出任軍事總顧問期間的工作
情形。在這段時間內他依然與退居臺灣的國民黨人保持了密切關係。
1966年，88歲高齡的法肯豪森病逝於納塞(Nassau)河畔的厄姆斯
(Ems)村莊 ❷ ，是為後話。

　　德國軍事顧問中也有數人，因有猶太血統或負有特殊使命而不敢
或不能回國，如施坦音(Stein)、史脫次納(Stoelzner)等等，其中如史
脫次納在離華經香港赴河內後，不久就去了中國淪陷區上海，以後又
轉往北平，利用他的無線電專業所長，為納粹在遠東的特務機構服務，
竊聽遠東美英盟軍電訊，曾取得不小的「成績」，整個戰爭期間，他
們都待在中國，直至戰後被盟軍逮捕判刑，此亦為一段插曲。

　　在命令軍事顧問團回國之同時，雙方的軍火貿易也成為德國準備
拆除的另一個「障礙」。希特勒為鞏固德日同盟，決心完全拋棄中國，
切斷所有的中德關係。

　　早在1938年初，雖然納粹黨人已不準備對華供應軍火，但由於德
方內部意見尚不統一，爭執不下之餘，中方尚能在獲取武器的同時，
繼續向德方增加新訂貨。

　　當時中方對德方最後兩招「殺手鐧」之擔心有幾方面，對於撤退
顧問，擔心一旦顧問驟然撤出，會影響中國軍隊業已形成的工作秩序，
並擔心顧問回國會洩露出中方軍事機密。這兩點倒也不是最重要的，
對於中國抗日戰局來說，最直接的致命影響將是軍火供應之中斷，因
為當時中國尚不能生產重武器，唯有依賴外援，而德國是中國主要的
武器進口國，這一點比顧問團問題更使蔣介石感到著急。然而德方「棄

---

❷　辛達謨：《法爾根豪森將軍回憶中的蔣委員長與中國(1934～1938)》，見
　　《傳記文學》第十九卷第五期，第46～47頁。

華聯日」決心已定，大局不可逆轉，德國輸華軍火只能越來越少。

中國駐德首任大使程天放鑑於中德外交關係已落入最低谷，認為自己未盡到責任，數次堅請辭職，都被慰留。德方撤退顧問停運軍火之後，程天放認為再留德國已無任何意義，他對希特勒的親日棄華政策已有了根本性的認識，便最後申請去職歸國。1938年5月30日，中國外交部覆電批准程天放辭職，改派外交部常務次長陳介來柏林接任駐德大使，充分體現了國民政府對中德關係陷入死局心猶不甘，尚抱一線希望的心態。

程天放臨離柏林之前拜謝了曾為對華友好作出貢獻的老友，沙赫特對他坦然地說：德國目前的對華政策與他的主張正相反，可惜他無力回天，盼中國政府能理解他的立場。他深信，中國民族有很深的信念，不管目前戰事如何，中國將來一定會復興**❹**。程天放在告別宴會上對德方人士慷慨陳詞：中國人民現在正在患難之中，「此時如有人對中國表示同情，我們將認為是患難之交，永遠不忘」， 但「我們自然以自力爭生存，並不倚賴外援。……我在臨別時特別提出這句話，貢獻德國朋友」**❷**。

以程天放大使離任為標誌，中德關係已經進入了病入膏肓的垂死階段，下一步來臨的將是變友為敵的斷交與宣戰階段。但是，歷史的發展又總是那麼地複雜又反覆，誰能料到在這一片蕭瑟之中的中德關係卻又出現了一絲迴光。

---

❹　程天放：《使德回憶──柏林最後五個月》，見《傳記文學》第七卷第六
　　　期，第34頁。

❷　同上出處。

(二)「最後的晚餐」

1938年8月5日，中國軍事委員會秘書齊焌（專任中德外交翻譯）上呈財政部一份「關於中德關係現狀之報告」，聲稱瀕於死亡的中德關係又透露了一絲希望。他寫道：「中德關係自顧問問題以來更是胭膜，我國上下對德不能不抱懷疑態度。除由職等電詢克蘭先生並請其協助澄清局面外，合步樓駐漢代表普萊上校亦曾屢電德方負責人員，促進德政府對於中德關係之努力。頃據合步樓接柏林來電，內稱德國經濟部（查經濟部部長為馮克，四年經濟計劃獨裁戈林將軍所舉薦次長為在布林克曼，沙赫特為經濟部部長之左右手）擬派合步樓專員名佛德者(Hellmuth Woidf)乘飛機來華，其使命為說明德政府對於中德經濟關係之立場，並希能消中國政府對德之懷疑，而求更進一步之合作（貨物互換合同等等促進辦法）。佛德君將於8月3日抵港，擬於5、6日來漢，亦可轉渝。

德政府並將電駐漢代辦，正式轉達我國政府以為介紹，合步樓代表普萊上校今日赴港，候接來漢，擬請賜予接見。」❷❸

佛德原為上海德國普通電料公司經理，現為德國經濟部親信要員，「國社黨黨部對華經濟顧問，並與外交部方面甚為融洽一致」❷❹，「奉經濟部命為合步樓公司全權專員，與中國政府暨中央信託局洽商貨物互換合同共同加緊進行之辦法，必能使兩國經濟關係更有重要進展，並可消釋中國方面對德之疑慮」❷❺。當然，我們可以想見，佛德來華

❷❸　《中德外交密檔(1927～1947)》，第30頁，二史館檔案卅(2)489(3)。

❷❹　《柏林合步樓來電》(1938年7月27日)，見《中德外交密檔》，第31頁。

❷❺　同上出處。

並不是德國最高領導的抉擇，更不是其想要恢復中德關係的行動，他只是德國經濟部的決定，目的是純從經濟角度出發，「擬將德國與西班牙之貿易辦法實行於中國」❷。

佛德抵達漢口後，會同普萊上校與中方政要會見，密商中德經濟合作事宜，中方出面洽談的是國民政府軍事委員會辦公廳主任張群、經濟部長翁文灝。不久，因漢口即將失陷，雙方易地重慶，繼續洽商。

佛德在會談中表示：他是受德國政府委派來華，向中方表示德國願與中國進行事實上合作的誠意；自從中日戰爭爆發以後，德國在華北的商務日益衰減，德商紛紛要求德國政府出面幫助，德國政府原來指示他前往華北地區調查，但他本人最大目的在於增進德國同國民政府的合作，不願因華北之行而引起中方的疑慮，所以直接與國民政府進行接洽。佛德並且指出，希望中國方面繼續向德國提供以礦產為主的大批原料，這樣不但中國可以早日獲得軍火，而且兩國在經濟、政治等方面的關係都將獲益匪淺❷。

重慶政府對佛德「代表德國政府」的這種主動行為真是喜出望外，認為這一下中德間恢復友好合作重歸「蜜月時代」擬已指日可待，這對於中國持久抗戰大局將產生極為有利的影響。為此雙方需要立即重建雙邊經濟交往，恢復易貨貿易。

10月初，佛德已和中方口頭達成如下各點協議❷：

1.明確規定「中德易貨協定」及信貸合同繼續有效，其有效期暫定為1年。

---

❷　二史館檔案：《克蘭致翁文灝函》（1938年8月10日）廿八⑵2101。

❷　吳景平書，第203頁。

❷　《齊燮致蔣介石報告》（1938年10月10日），載《中華民國重要史料初編——對日抗戰時期》第三編（戰時外交）㈡，第714～717頁。

2.在本合同範圍內，中國若付以現款時，德國則按國際市場價格及出口貨物價格計算，向中國提供軍械及彈藥除外的各軍事工廠所用的一切材料、半成品、汽車等。

3.中國不需提供其他擔保，即可在德國訂購 2,000 萬馬克的貨物；德國循環不停地向中國提供1億馬克貸款，年息僅為5釐。

4.中國方面每月向德方供給 800 萬元法幣的原料（依正式匯兌計算，若以普通匯價，合1,200萬元法幣），1年之內向德國提供約合7,000萬馬克的原料；中國供給原料中須有50%為礦產，即每月須向德方提供鎢、錫各500噸，銻300噸。

5.今後各項貨品採購，買主與賣主雙方可直接進行，合步樓公司和中央信託局僅作為會計、統計暨顧問機構。

6.中國政府組成中央採購統制委員會，由交通部、軍政部、經濟部、財政部、軍事委員會各派 1 名代表組成，負責審核中國對德各項貨品的訂購申請並監督其採購範圍及預算情況。德國方面應派技術專家來華協助該委員會工作。

此外，雙方還檢查了以往各項採購合同的執行情況，德方同意，在最近4個月裏，再向中方交付總計為720萬美元的軍火，作為孔祥熙訪德時所訂購軍火清單履約之一部份，另一部份則由合步樓公司保留計劃，由中方以付現方式購買，包括2.2億發子彈、數萬發15公分及2公分大炮炮彈；按目前行市計算，中方在同期內向德方交付鎢砂和錫各3,000至4,000噸、銻3,000噸，充抵720萬美元軍火價款；德方同意中方撤銷不急需的訂貨合同，數額合 2 億馬克；中國在德國訂購潛艇合同依然有效；中國海軍仍可派軍官學員赴德學習訓練㉙。

佛德之所以敢於對中方承諾以上合同，是因為他有德國經濟部作

㉙　《中華民國重要史料初編》第三編（戰時外交）㈡，第714～716頁。

後臺。當時接替沙赫特繼任經濟部長的馮克(Funk)，繼承了沙氏對華友好的傳統。在中德中止貿易之後，馮克曾同意容克飛機公司對中方退還已交付的飛機預付款，戈林出面阻止說：「償還意味著支持蔣介石！」但馮克不理睬他，私下保證通過德華銀行對中方退款❸。

此時，作為中德貿易主渠道的合步樓公司已從1937年起由國防部劃歸戈林的「四年計劃局」之後，又從戈林手下轉劃經濟部管轄，這是德國經濟部與國防部軍工署向希特勒力爭的結果，這樣便使合步樓的業務能夠少受納粹遠東政策之影響。

更主要的原因還在於希特勒外交政策之變化不定。進入 1938 年，德國與英法關係趨於緩和，由於英法當局實行「綏靖政策」，對希特勒連連讓步，9月又達成了「慕尼黑協定」，希特勒在慶幸自己的歐洲政策步步成功之餘，他對日本支持的依賴也減少了，更何況日本在中國占領區處理德國利益時並未給德方以照顧，使德方大失所望。因此，希特勒等納粹領袖對於經濟部恢復對華關係之舉採取了不再阻礙的模糊政策。

德國政府很快批准了「佛德口頭協議」。 1938年10月19日，佛德正式代表德方在重慶與國民政府簽訂了新的「易貨協議」。

以頑固親日著稱的德國外長里賓特洛甫曾在1939年4月間準備干涉中德新協議，他聲稱為了「德國利益」，要求經濟部停止對華交易。經濟部長馮克斷然拒絕之，並覆函說：正是為了德國的利益才需繼續進口中國原料，無論如何，每天進口30萬馬克原料是必需的，為此只好請里氏「諒解」了。為了照顧面子，馮克答應今後供華軍火將以散件形式運華，抵達後再組裝。至此，里賓特洛甫也就無話可說了❸。

---

❸ 華盛頓國家檔案館藏檔：T–120, Ser 7072, roll 3185, E526556《勞騰施拉格爾致德國外交部》(1938年11月22日)，見柯偉林書，第293、393頁。

雖然德方還在親日，但此時期德日關係之發展卻不如德國人想像的那麼順利。

平心而論，希特勒還是對得起日本的，為了德日同盟，他拋棄了中國，犧牲了不少經濟利益，而且，在1938年9月中國新任駐德大使陳介抵達柏林後，德方故意冷落中國大使，遲遲不接受其遞交國書。與之相對照的，德方卻忙於與偽滿互派「大使」，遞交國書，熱熱鬧鬧，使陳介在柏林如坐針氈，大丟其臉，中國政府甚至準備撤回陳介以免再出醜。

11月16日及24日蔣介石連電陳介，令其去英國暫住或回國，「不可再駐德，否則國家與政府威信與體面全失，此種恥辱將無法滷雪矣」❷。直至12月底，德方才勉強接受了陳介呈遞的國書。

在此階段，納粹黨頭目們亦接連發表袒日反華的言論，攻擊中國以討好日本。1938年7月，納粹宣傳部長戈培爾在紐倫堡召開的納粹黨年度大會上，把中國軍隊為阻擋日軍而採取的炸毀花園口黃河堤壩的行動，稱為比日本軍隊的轟炸更慘無人道。1939年1月，希特勒又在一次演講中宣稱：中國的勝利將意味著「布爾什維主義在東亞的勝利——這個勝利只是對世界猶太主義有利」❸。

在中國淪陷區，德方也直接開始與日本及其扶植的華北偽政權談判經濟合作與「易貨」貿易。

1938年初，克虜伯公司與禮和洋行(Garlowitz)與日本華北占領軍簽署過一項易貨合同，以德國工業品來交換天津產的羊毛，趕走原來

---

❸ 見柯偉林書，第295頁。

❷ 《總統府機要檔案》，見《中華民國重要史料初編》第三編，第689～690頁。

❸ 見柯偉林書，第293頁。

的生意主顧美國人，「分享」日本獨占下的中國資源。但日方本著獨占中國的原定宗旨，決不讓包括德國在內的歐洲列強分享侵略果實。8月間，日方以軍事需要為由，規定華北占領區原料農礦產品只能向日「滿」出口，其間廠家也只准向日本公司訂貨，開展貿易。德國人被毫不留情地排擠出去了，面對與日合作結出的「苦果」，德國人只能「打落了牙齒往肚裏嚥」，有苦難言，自認倒霉。經過德方多次交涉，到1938年底，德國對華北貿易有了進展。「駐青島德國商務專員與華北當局洽妥，訂立易貨協定，由華北供給花生仁及花生油，以易德方工業製造品，由橫濱正金銀行及德國國家銀行分別資轉」㉞。中國政府認為：「查上項物品係淪陷區域出產，德方並未向我方請求供給，今竟轉向日偽接洽，德我邦交陵替於此，可見一端。」孔祥熙為此批示：「似此情形，中德易貨自有重新考慮必要。」㉟但就德偽協議而言，「按規定匯價，德商處於吃虧地位，故須在總結時，由日商負責補償」㊱。然這項口頭協議尚未落實，德國在華北的實際利益卻已大受影響。

　　不僅在華北，在中國所有日戰區，德國人都沒有得到任何優遇。

　　在華北，德國產品的輸入量從1937年占總進口量的18%一直降到1938年至1939年的平均佔6%，德國人深感華北已成為第二個東北，成了日本獨占的殖民地。天津德國商會報告說：「有跡象表明華北的事情正如滿洲國發生的一樣。」㊲在南方的上海，德國商會哀嘆「經營

㉞　二史館檔案：《孔令侃關於德方與華北偽政權訂立易貨協定致孔祥熙電》（1938年12月2日）三一八⑵489⑶，見《中德外交密檔》，第58頁。

㉟　同上出處，第59頁。

㊱　《財政部為日德密訂商約事致貿易委員會電》（1939年2月28日），同上出處，第59頁。

了二十年的心血」全被日本「毀於一旦」； 上海德僑團體領袖、保倫醫院 (Paulun Hospital) 院長愛德華・伯特 (Edward Birt) 竟在大街上被狂暴的日本兵痛毆；中德歐亞航空公司的飛機不斷被日機騷擾迫降。德方領事向日方抗議卻不了了之。日本控制下的南北偽政權則一直在日方唆使下吵吵鬧鬧，公開宣稱與德國「沒有外交關係」， 拒絕給予其任何特權，欲逼迫德國與重慶政府斷交。至於日本原來許諾的一旦占領江西可源源不斷對德提供原料等等美麗的諾言，也因日軍陷入對華持久戰泥坑而不能兌現。日軍無力西進，北上攻擊蘇聯更成為泡影，日本政府明確對德表示出兵西伯利亞已不可能了。正如一位日本軍官在酒後向他的德商朋友透露的那樣：「儘管德日是好朋友，但德國人總有一天會被踢開。」 ❸

希特勒萬沒想到他的親日遠東政策，結果會落到一個如此的結果。現在，他對日本還圖個什麼呢？什麼也沒有了。這個一貫「講實際」的納粹元首發怒了。1939年8月22日，他在一次軍官會議上對部下嚷道：「我發現，自從1938年8月以來，日本就沒有和我們無條件合作過。……我和日本人的結盟總是不受歡迎。我們在遠東必須不停頓地推進我們的事業。……我已決定同斯大林合作……。」 ❸

希特勒「與斯大林合作」是為了減輕來自東線的壓力，以便他集中力量對付西線的英法。為此，1939年8月，德蘇簽訂了「互不侵犯

❸ 羅辛格：《遠東與歐洲新秩序》，第358頁，轉引自柯偉林書，第287頁。
❸ 貝弗莉・考西：《1918～1941年德國對華政策》， 第360頁，轉引自柯偉林書，第288頁。
❸ 恩斯特・普雷塞森(Ernst L. Presseisen)：《德國與日本：1933至1941年的極權主義外交研究》(紐約，1969年版)，第218頁，轉引自柯偉林書，第292頁。

條約」。德國這一舉措立即引起了日本的不滿，日本通知德方將7月28日簽訂的德日「華北地區易貨合同」，無限期推遲實施，這更加深了德國對日本的不滿。

里賓特洛甫對於日本的「不夠朋友」無可奈何，德國外交部斷定日本軍方正「力求使東亞經濟處於日本統治之下，按照日本的利益獨自運用這種經濟，並要排斥與消除所有外國的勢力」。德國「最多不過受到同其他外國利益」同等之待遇❹。德國人把自己的不滿和在華利益今昔比較之損失羅列清單開給了日本人，里賓特洛甫對日本駐德大使外五說：「瞧瞧，德國在中國已為日本作出了多大的犧牲。」外五大使故作驚訝地說：「看了這份清單我們才知道，過去你們給中國提供了數量這麼龐大的軍火物資呀！」❹把德國人氣得差點頭暈。

中國方面當然也注意到了日德關係的這些新變化。

1939年7月17日，蔣介石在重慶接受了德國海通社駐遠東總經理美最時先生的採訪，就目前中德關係、中日戰爭及國際形勢之發展等問題，回答了他的提問。蔣介石表示：他很關心德國政府及人民對遠東戰局之態度，並慨然表示「德國政府之對華態度，並非出於情感之隔膜，乃歐洲方面之環境使然」，並稱「中德一般關係可稱滿意，中國為德國之老友，其意義自較一般新友為重要，並請美最時君將此意轉達德國人民」。對於德日發展關係，蔣介石認為：「德日攜手，實無真正可靠之基礎，且勸告德國與日本發生關係，務必慎重將事，否則

---

❹　華盛頓國家檔案館：T–120, Ser, 7072, roll 3185, E526477《勞騰施拉格爾致德外交部》(1938年7月10日)，轉引自柯偉林書，第288、391頁。

❹　《德國外交政策文件》D輯第一冊No. 588，第867～868頁。《里賓特洛甫與日本大使外五會談備忘錄》(1938年5月20日)，見柯偉林書，第289、391頁。

恐有不利也。」「日本外務省對於德國，心中並無十分親善之情緒，日本軍閥所以與德國保持目下之關係者，僅出於事實之需要耳。」「日本為一缺少政治觀念之國家，故與之相交，宜存戒心。」

至於中日戰爭，蔣介石表示：「日本軍隊一日不自中國領土撤退，即無和平希望可言。今全中國之目的欲驅除敵寇，在未達到此目的以前，中國政府不能考慮任何方式之和平談判。至於第三國出面作調停建議，倘其中並不包括日軍撤退問題，亦絕無接受可能。」「目前戰事仍繼續進行。戰場雖消息似覺沉悶，然戰事則絕未停止。」「今中國全體人民一致團結，如堅硬之磚石，日本侵略益亟，則此磚石因鍛鍊而益為堅固。」

關於戰爭準備及物資供應，蔣介石稱：「中國實際上已無須仰給國外之輸入，即可在經濟及軍事方面繼續作長時期之抗戰。目前中國在經濟方面已能自給自足，上海及香港入口之斷絕反而增進國內之情形，使國人度其簡單樸素之生活，並省去大批奢侈品之輸入。」　此外，蔣介石還回答了有關國共關係問題及南北漢奸政府性質等提問❷。

蔣介石的答記者問表明，中國依然重視中德關係，對德方滿懷友好之望，試圖恢復兩國間的友好合作。

8月28日，中國駐柏林大使陳介奉命拜訪了德國外交部，向國務秘書魏茨澤克，表達了中方願意改善雙邊關係的願望。而德方也相應作出了一些擴大雙邊關係的行動。德國在昆明開設了一間領事館，集中處理運經此地的中德易貨物資事宜；陳介大使在柏林也不再受冷落，一些中國老友，如法肯豪森、克里拜爾以及托馬思將軍等常來訪談，對中德關係之密切連英國駐德使館都感到十分驚奇❸。

　　日本人對中德重趨接近恨之入骨。1939年初夏的一天，日本飛機在轟炸中國戰時首都重慶時，向德國駐華大使館及合步樓駐渝辦事處投下了大批炸彈，大使館被夷為平地。覆蓋在屋頂上的納粹旗幟正好成了日本人醒目的標靶❹。

　　與中德關係之改善相配合的是德國調停中日戰爭之議的再起。

　　早在1938年7月佛德來華之前，就曾有克蘭來電，說沙赫特承日本內部一些「和平人士」之託，準備來華調解中日戰爭並順便洽商中德恢復經濟往來事宜。中方對沙赫特訪華談經濟表示歡迎，但對他調解中日戰爭之意不感興趣。蔣介石對日方「談和」真意表示「嚴重懷疑」❺。此事便這樣擱置下來。幾個月之後，1939年3月，中德兩國的經濟部長翁文灝與馮克就此再次進行了聯絡。

　　1939年9月1日，德國進攻波蘭，挑起了歐洲大戰，世界兩大陣營之劃分開始漸顯端倪。

　　德國方面頗擔心中國就歐戰局勢發表的聲明，會公開反對德國、支持英法，因此急於向中方討好。德國外交部國務秘書魏茨澤克向中國大使陳介表示，德國迫切希望增進同中國的關係；歐洲戰事不會長久，戰後兩國在經濟合作方面將大有可為。德國駐華代辦畢德(Bidder)也向中方表示了相同的願望。另一方面，德國在對華交付軍火物資方面，也比以往公開化了。只是德國為中國製造的潛艇等大型裝備被德方徵用，未能交貨❻。而重慶政府則在避免公開譴責德國侵略行為之同時，秘密對德方表示仍願保持雙方友好關係。10月，中國使館照會

---

❹　《1918～1941年德國對華政策》，第367頁，轉引自柯偉林書，第296、394頁。

❺　二史館檔案：《克蘭致蔣介石、翁文灝函》廿八⑵2101。

❻　《陳紹寬致蔣介石電》(1942年1月4日)，見《陳紹寬文集》，第292頁。

德國外交部：中國政府「仍是非常親德的」，並重提「德國的調停將給德國在中國未來的經濟帶來優越的地位」❼。11月間，中國行政院長孔祥熙向德國代辦畢德提議，簽訂一項擴大中德易貨規模之正式協定，他並表示只要德方同意，中國「保證今後 5 年內均可向德國提供鎢砂」，必要時可轉移已供蘇聯之鎢砂先給德方。但這兩項提議最後都被里賓特洛甫否決了，雖然他也開始厭惡日本，但為了德國全球戰略，外交部只同意把中德關係維持在一個低水準之上，既限於一項對德國產品的易貨貿易，且不包括武器交易在內❽。

合步樓公司並不買里賓特洛甫的賬，仍在一意發展對華貿易，公司常駐中國代表路德維希・韋爾納 (L. Werner) 一直在重慶居留活動，並在孔祥熙處領取津貼，直至1941年中德斷交之後，蔣介石還曾為韋爾納的生計及安全特別下令翁文灝給予庇護❾。韋爾納以及居住昆明的合步樓前駐華經理易嘉偉(W. Eckeyt)等人一起，已成為中德關係繼續維持的一種象徵。此外又如1937年底專程來華訪問的德國著名工業家奧托・俄普夫(Otto Wolff)，不僅一直堅持對華友好合作，反對納粹，而且以實際行動批准中方緩付所欠該公司借款本息 700 萬馬克，以支援中國抗戰，甚至在德國停止援華後，仍設法幫助中國進口汽車及工業設備，體現了德國人民對華友好的感情。1940 年在他病逝後，中國政府曾隆重悼念，稱之為對華「最好，幫助最大的友人」❿。

---

❼　《德國外交政策文件》D輯第八冊No. 201《克諾爾(Knoll)備忘錄》(1939年10月5日)，見柯偉林書，第296、394頁。

❽　同上出處，第481頁，No. 368，《里特爾備忘錄》(1939年11月17日)。

❾　二史館檔案：《蔣介石為保護德方駐渝代表韋爾納致翁文灝代電》(1942年1月12日) 廿八⑵3637，見《中德外交密檔》，第91頁。

❿　吳景平書，第200～201頁。

直至1940年5月，合步樓公司仍有高達9,900萬馬克的訂貨須向中方支付❺。

　　隨著德軍在歐洲橫掃丹麥、挪威、荷蘭、比利時及法國等地，德國氣餡十分囂張。重慶政府認為：希特勒在解決了歐洲問題後，將會轉而重視遠東地區，因此欲主動向德方拉關係。

　　6月1日，蔣介石會見了德國駐華代辦畢德(Bidder)，他以老朋友的身份就歐戰問題對德方提出三點忠告：「⑴避免聯日作戰，以免戰區擴大，拖累德國自己。⑵德國若聯日作戰危及太平洋時，美國勢必聯合英法參戰而對德國殊為不利。⑶德國應及時把握和平機會，結束歐戰，如戰爭擴大則德國前途殊難預料。」❺1940年7月1日至8日，國民黨五屆七中全會在重慶舉行，會議在討論對德外交時「空氣更濃」，與會者提議派出對德外交得力大員如朱家驊等，趕快赴德聯絡，以期爭取恢復關係。中德文化協會也積極展開活動，呼籲德方「不為日本所惑」、「權衡輕重」，「有重新考慮對遠東外交政策之必要」❺。國民政府軍事委員會秘書長張群曾於7月初密電陳介大使，令他「相機進行」對德交涉，並要陳介擬出具體步驟及辦法。陳介向重慶建議：在歐洲戰事未最終結束之前，先與德方暗中接洽，商談經濟合作原則，使德方認為有利可圖，從而改善雙邊關係；然後由德國政府派代表來華協商整個合作計劃；中方再派要員赴德簽署修好條約，最後德國重派大使來華。陳介也確實在柏林進行了「暗中接洽」，根據1940年7月11日陳介致張群的密電，德國政府中，戈林和國防部軍工署、經濟部

❺　吳景平書，第208頁。

❺　《中華民國重要史料初編──對日抗戰時期》第三編㈡，第693頁。

❺　朱家驊：《復丁文淵電說明對德外交之立場》(1940年7月3日)，見中央研究院藏《中德文化協會檔案》㈢。

的官員都有「親華」表示，只有外交部長里賓特洛甫沒有表態；軍工
署的托馬思將軍為「親華」的「主動中心人物」，他與經濟部長馮克
等人甚至設想在歐戰結束後，德國向中國提供軍火抗日，然後幫助中
國建設國防工業，中國則向德國提供原料❺。陳介甚至提出以承認偽
「滿」及日本在華北的經濟特權為條件請德方調解，換取日本從中國
的全面撤軍❺。但陳介同時也如實報告了6月28日他與德副外長會見
時，德方拒絕了中方要求他們阻止日本侵占安南（越南）的請求，表
現了不友好的態度❺。

　　1940年7月7日，國民黨中央組織部長朱家驊致函德國元帥、武裝
部隊總司令威廉·凱特爾(Welheim Keitel)。朱家驊對德國軍隊在歐洲
戰場的「勝利」大加吹捧，不但表示了「興奮」和「賀意」，還把這
一「勝利」說成是「對我國人民奮發自振之良好教育」，當然，朱家
驊的真意還是在於促使德方改變親日疏華的遠東政策，重圓中德合作
的舊夢：「……國民黨戰後之各項建設，必多借助於貴國之處，而中國
之復興，在任何方面可有助於貴國者亦匪不可想像。……余深信貴國
人士高瞻遠矚，將來必能促成此偉大計劃之實現，以解決此次戰後之
需要，其有裨益於貴我兩國及世界和平者，實非淺鮮也。」❺7月11日，
朱家驊又在一份致蔣介石關於加強對德外交意見書中表明了他的觀
點：「且德聯蘇以來，德日軸心早趨疏淡，德國為其自身將來計亦必
知助日之舉有害無利。德與我關係原極親密，……其民間與國防軍方

---

❺　《中華民國重要史料初編——對日抗戰時期》第三編（戰時外交）㈡，
　　第696頁。

❺　馬丁：《第二次世界大戰期間的和平倡議與強權政治》，第413頁。

❺　《中華民國重要史料初編》第三編㈡，第694頁。

❺　《朱家驊先生言論集》（臺北，1977年5月版），第657～659頁。

面，對我仍多抱好感。」「我國今後外交，除對美更宜全力加強活動，對蘇維持友好而外，似亟宜以德國為中心，加緊歐洲之工作，力謀分化日本與德意軸心之關係，更使德國為我聲援。」為此，朱家驊提議我國對德外交應「於不動聲色之下，遷就事實以為之」。「蓋外交重在大體，拘泥細節則轉失靈活」。他主張中方應調整外交陣營，適應「德在歐洲已成盟主之局面」，滿足德、意在已侵占領土上變更原來對華外交形式的要求，以達到維繫中德、中意關係的目的，遵循一條實用主義的外交路線❸。不久之後，德國國防部一名記者兼軍事情報員沃爾夫・申克(Wolf Schenke)從重慶報告說，蔣介石打算派遣一個高級代表團赴柏林談判。德國方面認為，蔣介石很可能要求德方出面調停中日關係。

德軍在歐洲大陸的節節勝利，不僅使希特勒沖昏了頭腦，甚至在萬里之外的中國，國民黨內也有一幫人為之刺激興奮，認為德國一定會成為歐洲霸主、世界強人，因此急欲與之交好，為此不惜提出了許多荒唐建議，發表了一些荒謬言論。如上海國民黨市黨部就有人在報紙上公開發表文章，歌頌希特勒，鼓吹「中德友誼」，並竭力詆毀謾罵英美等國，最後被重慶國民黨中央黨部嚴屬制止並查辦❸。而在重慶召開的國民黨中央全會上也曾有人在欲「聯德」情急之下，公開建議中國「進兵緬甸，喚起（當地）被壓迫民族（反英）自主運動，俾對英報復，促德善我」❻。這些主張都被國民黨內頭腦清醒者斥之為

---

❸　朱家驊：《簽呈總裁條陳加強對德外交意見》(1940年7月21日)，見中央研究院藏《中德文化協會檔案》㈢。

❸　《朱家驊復吳紹澍電解釋對德外交意見》(1940年11月22日)，見中央研究院藏《中德文化協會檔案》㈢。

❻　《朱家驊復丁文淵電說明對德外交之立場》(1940年7月3日)，同上出處。

「作單相思無用」❻。雖然它並不可能改變中國的基本外交立場，但其代表的一種傾向，依然值得引起人們的重視。

在另一方面，德國人的勝利也在很大程度上刺激了日本軍閥的侵略胃口，為了給自己壯膽並增加自身的力量，日本迫不及待地欲加入德意軍事同盟。德國為迫使美國放棄英國，也急需拉日本入夥，想讓美國東西不能兼顧。於是，一個德意日三國軸心同盟便在急切磋商中決定成立了。在這個世界三大法西斯國家「軸心同盟條約」簽字前，德國外長里賓特洛甫忽發奇想，要讓中國蔣介石政府也加入這個條約，藉此來化解中日戰爭，拉中國下水，讓中日合力為德國的全球戰略服務❻。這一建議立即遭到日本的堅決反對，同時在中國國內，以中國共產黨為代表的力量也堅決揭露了這一陰謀的實質是「要發動一場新的反共運動，並以之作為對日投降之理由」。

「德日意軍事同盟條約」於1940年9月27日正式簽訂了。按照日本的意願，該條約聲稱「德意志和意大利承認並尊重日本在大東亞建立新秩序的領導權」；「三國並承允，如果三締約國中之一，受到目前不在歐洲戰爭或中、日衝突中的一國攻擊時，應以一切政治、經濟和軍事手段相援助」。中國政府對這份同盟條約的內容極為震驚，認為它標誌著德國公然支持日本的侵華戰爭，直接摧毀了中德關係的最後基礎，因此被迫作出了強烈反應。9月29日，國民政府即分致德、意政府抗議書，指責德、意兩國蔑視國際法律與國際平等原則，助長日本對華侵略，並指出：「將來德、意實行上述協定之規定而中國蒙受危險或損害時，中國政府保留其適當行動之權。」❻

---

❻　《朱家驊復丁文淵電說明對德外交之立場》(1940年7月3日)，同上出處。

❻　馬丁：《第二次世界大戰期間的和平倡議與強權政治》，第419頁。

❻　《中華民國重要史料初編》第三編㈡，第697頁。

　　中德之間貌似好轉的雙邊關係經此一沉重打擊之後，再也無回緩之餘地了。1940年秋，中國派出與德有舊關係的桂永清出任駐德武官，企圖向德方說明同日本結盟對德國利益之危害，但德方已聽不進去。同年11月間，里賓特洛甫出面「調停中日關係」，但這次德方的立場完全是與日本站在一邊了，這次「調停」再也不是中立的，而是飽含了幫助日本壓迫中國屈服的意圖，因而當然遭到中方拒絕。11月21日，蔣介石在給德方的答覆中提出調停須以日本撤出全部侵華軍隊為議和前提，並稱：「德方當知日本控制中國後，對德終屬無利而且有害；反之，中國之獨立與主權仍能維持，則將來德國對華之經濟發展，自屬無可限量」，希望德國政府在關鍵時刻「審慎考慮」其遠東政策❹。德國方面認為蔣介石的答覆拒絕了同日本議和，因而表示不再出面調停中日關係。

　　從此以後，在重慶政府內部，要求徹底對德絕交的呼聲也越來越高。過去曾主張「靈活對德」的朱家驊，也於10月5日上書蔣介石，提議：「即行召回駐德大使，對德外交不妨停止進行，以表示我國正當之態度與自重之精神。此事關係立國之本。」他認為「我對德每次改變，均抱忍讓態度，可謂仁至義盡，此次若則仍守成規，不特反遭德國鄙視，對英美乃至蘇俄博取同情援助亦有影響」。「德人性情崇拜英雄，吾人對其無表示，或遭鄙視，若嚴申自重之立場，則精神所寄，德人反致欽敬」❺。

　　中國在國際上與美英蘇反法西斯同盟越來越近，與德方關係越來越遠，實際上已處在兩個敵對陣營之中，大勢所趨，雙方已不可能再

❹　《中華民國重要史料初編》第三編㈡，第700～701頁。

❺　朱家驊：《德意日簽訂公約後簽請總裁召回駐德大使》（1940年10月5日），見中央研究院藏《中德文化協會檔案》㈢。

有改善關係的任何機會與可能了。

(三)「政治是不講信譽和良心的」

中德關係雖然已無起死回生之希望，但仍維持著不死不活的表面關係，而最後導致中德斷交的則是德國對中國主權的最直接的根本性破壞——德國承認日本扶植的傀儡、南京汪精衛偽政府。

1938年底，在日本人的精心拉攏策劃之下，國民黨副總裁汪精衛從重慶出逃，叛國投敵，投入了日本懷抱。由於汪精衛在中國國民黨中的歷史及其政治領袖地位，日本人認為他足以與蔣介石抗衡，於是決定扶持他上臺，組建偽「中央政府」，公開宣稱繼承國民黨黨統、政統，動搖重慶政府的地位，實行「以華制華」的「政治戰」。

1939年8月，汪精衛在上海搜羅國民黨內親日分子以及南北傀儡政權大小漢奸，召開了汪派「國民黨六大」，決定公開進行籌建偽中央政府的工作。

蔣介石重慶政府面對這一形勢，意識到汪偽政權一旦成立，很可能在國際上造成不良影響，一向與日本關係密切的德國、意大利等國家更可能加以公開承認，因此，不能不作未雨綢繆之計。

10月10日，國民政府發表宣言，指出：「……中華民國惟國民政府依法總攬治權，對內公布法令，對外締結條約，主權完整，不容破壞，倘有漢奸集團傀儡組織僭竊名義，擅發文告，或竟與任何國家訂立文件，任在何時，概不承認。」10月13日，國民政府將這份宣言以書面照會形式，遞交包括德國在內的各國駐重慶使館，並且強調指出：「……偽組織為虎作倀，實為中國全國人民所共棄，如有任何國家，予以承認，中國政府及人民，即不得不視為非友好行為。」❻❻

　　1940年1月8日，意大利政府宣布，將承認行將出籠的汪偽「南京政府」，重慶政府擔心德國政府也步意大利之後塵，急電駐德大使向德方外交部質詢。德方回覆說：對此尚未作出決定，何況汪政府尚未正式成立，甚至最近也不一定能成立起來❻。這一回覆雖不明確，但總算讓重慶能夠暫時鬆了一口氣。

　　1940年3月30日，汪偽政府在南京上演了「還都」醜劇，中國土地上由此出現了一個由日本一手扶植操縱的最大的漢奸政權。汪偽政府成立當天，重慶國民政府便發布外交照會給駐渝各國使節，稱汪偽「純為日本軍閥所製造與控制的傀儡」，要求各國不要對之作法律或事實上之承認，「無論任何行為涉及任何方式之承認，既屬違背國際公法與條約，自應視為對中國民族最不友誼之行為，而承認者應負因是所發生結果之全責」❻。

　　在以後相當的一段時間內，由於汪偽之出臺被全中國人民所鄙視、唾棄，並未能對重慶政權造成衝擊瓦解作用，令其日本主子十分失望，甚至連表面的「外交承認」手續也沒有履行。因此，德國政府對汪偽的態度也很冷淡，德國報刊很少報導汪偽的消息，更談不上什麼外交承認。就連駐華德國外交官也要求其政府不要理睬汪政權。1940年9月初，德國駐上海領事館人員在給國內的報告中曾提出下列意見：㈠日本人的「東亞新秩序建設」毫無成就；㈡中國軍民仍然服從並忠於重慶政府；㈢重慶政府對德不計舊惡，仍欲恢復易貨關係；㈣汪政府為日本傀儡，毫無人格力量，且受日本控制甚嚴，德國政府千萬不要

❻　《中華民國重要史料初編》第六編㈡，第415頁。

❻　《德國外交政策文件》D輯第八冊（英國政府文書局，倫敦1954年版），第689頁。

❻　《中華民國重要史料初編》第六編㈡，第416頁。

上當，承認它；㈤日本在國際上牽制英美的力量甚微小；㈥蔣政府決不會與蘇聯結盟❸。11月4日，中國駐德大使陳介向國內報告說，德方對承認汪偽事十分慎重，不會立即行動。桂永清則電告重慶說：「日前據戈林將軍親信密告，戈林……大罵里賓特洛甫不已，批評中國對德為『三年睡眠外交』，並表示不強迫中國言和，維持中德好感。建議職如有未盡意見，可用書面向戈林陳述，以保連繫。」❼當然這是戈林與里賓特洛甫的內部權力爭鬥產生的意見分歧，並不說明戈林的「對華友好」。

　　但日本卻對德方不斷加壓，想利用德國承認汪偽這張牌，再次壓迫中國政府與日本談和洽降。

　　11月11日，德國外長里賓特洛甫按照日方的意旨召見了中國大使陳介，他表示：「德意日三國協約，目的在縮短戰事，早樹和平。……因此推想歐洲以外之大陸，而注念及遠東問題，擬以個人意見探詢閣下，或請轉達貴政府，但須預先鄭重聲明：一、未受中日政府任何方面請託；二、決非德國政府自願調停，唯以中日戰事已逾三年，德國立場可以質定。在四年前英已蓄志亡德，德聯強國對抗，以此與日本交誼增密。然本人及政府對中國，尤其經濟上關係始終保持友誼，決未與中國立敵對地位，並甚欽佩蔣委員長之英勇與歷來對德好意。無如大勢所趨，惟強是重，不得不側重親日。此在中國或引為不滿，在德國實勢逼使然。近聞日自新內閣成立後，亟圖解決中日問題，已擬於近日內承認南京政府。日如實現，意德因於同盟關係，亦必隨之，他國或尚有繼起者。此於中國抗戰，恐益加困難。於中德關係，亦慮

<hr>

❸　《中華民國重要史料初編》第六編㈡，第418頁。

❼　二史館檔案：《桂永清致蔣介石電》（1940年10月12日）七六二1662，見《中德外交密檔》，第64頁。

啟影響。誠恐委員長無論如何主張抗戰到底，或仍以英有援助能力，故將國際趨勢盡情為閣下一言。倘閣下認為有和解可能，則請轉達蔣委員長及貴政府加以考慮，以免誤此最後時機。余已聲明，並非自願調停，亦非做何建議。即領袖本人，亦無此意。倘雙方以此為請，自不敢告勞。」對此，陳介回答說：「貴部長盛意良感，當即據以電呈。在未奉訓令以前，恕難遽有表示。就個人所知，我國為生存與主權而抗戰，非達此目的，恐難言和平。前陶大使奉令調停時，我委員長即以日軍完全退出為先決條件，今日當仍如前說。倘日軍未能放棄占領內地敵軍地帶及沿江沿海口岸，則終久未能和平。」❼

11月21日，蔣介石在得悉有關報告後，指令陳介回覆德方：「汪逆早為國人共棄，絕無任何效能，其偽組織如果被他國承認，更使中日戰爭永無解決之期而已。」❼孔祥熙同時電令陳介在柏林展開活動，阻止德方承認汪偽。

此時中方的對德外交方針是：「今德既與我之敵人結合，無從再與親善，否則反被輕視。惟在外交關係未絕以前，一切行動言論自當出以謹慎，不必惡意攻擊，即稍予周旋，使彼仍能為工作之掩護並使英美稍有戒心，促其進而援我，亦無不可。總之，吾人處處須嚴正我國立場。」❼

1941 年 6 月 22 日，德國發動了策劃已久的「巴巴羅沙」(Fall Barbarossa)行動，向蘇聯開始大舉進攻。為此，德國政府急需日本在

❼ 二史館檔案：《陳介致蔣介石電》(1940年11月11日) 七六二1662，見《中德外交密檔》，第65～66頁。

❼ 《中華民國重要史料初編》第三編㈡，第701頁。

❼ 《朱家驊復吳紹澍電解釋對德外交意見》(1940年11月22日)，中央研究院藏《中德文化協會檔案》㈢。

遠東予以戰略配合，而日本則乘機提出以德方承認汪偽為條件，並與重慶政府徹底斷絕關係。「德國為斷絕英美援俄計，將於七月初承認汪逆，滿足日本的要求，逼迫日本扯碎『日俄中立條約』」❼。6月28日，陳介大使約見德外交部魏茨澤克，責問其承認汪偽政權一事。魏茨澤克吞吞吐吐，「未肯明認」，但他又賴稱一次世界大戰時中國曾主動對德宣戰，陳大使立即說明當時「性質與現實迥然不同，且國民政府在南方曾極力反對此事」。陳大使進一步說我方「數年來對德已萬分容忍，無非為百年大計，萬望勿親承認此叛逆之傀儡，強我走絕交一途」。魏氏答應上報，同時他又表示，既使承認汪偽，德「外長業已決定並擬將在渝機關不動，而令上海總領事兼駐偽政府代辦」❼。德方要求中方「體諒」德國「不得不暫行利用日本的苦衷，並希望中國不與絕交，縱使絕交亦願暗中互通聲氣」❼。29日，陳大使電告國內「承認汪偽事確聞已定7月1日發表」❼，「頃聞其發表形式，將由外長電汪，承認汪在南京領導之國民政府，在短期間內與生外交關係，不提重慶一字，並囑新聞界弗攻擊我方」。「對我德不無歉意，意國將同時發表。此外同盟內各國亦將繼起」❼。日本駐德大使館為汪偽駐德外交機構之開張包攬了全部準備工作，「日大使館已為汪逆印刷傳

❼ 二史館檔案：《桂永清致蔣介石電》(1941年6月27日) 七六二1662，《中德外交密檔》，第68頁。

❼ 《陳介致蔣介石電》(1941年6月28日)，同上出處，第69頁。

❼ 二史館檔案：《桂永清致蔣介石電》(1941年6月27日) 七六二1662，《中德外交密檔》，第68頁。

❼ 《陳介致蔣介石電》(1941年6月29日)，同上出處，第68頁。

❼ 二史館檔案：《陳介致蔣介石電》(1941年6月30日)，七六二1662，《中德外交密檔》，第70頁。

單，切實準備接收使館及逼我留學生僑民於 7 月底換偽護照，並曾派員送信約陳大使密談」，「勸告陳大使繼續留德為汪逆工作，以侮辱我國」，「大使一笑置之不理」❼❾。

　　就這樣，蔣介石國民政府與德國保持了多年的親密友好關係，經過多次反覆曲折，終於到了山窮水盡的最後關頭，儘管中方為挽救雙邊關係竭盡忍讓妥協之能事，但由於納粹德國的全球戰略需要，他們最終選擇了日本而拋棄了中國，希特勒曾在托馬思對其背棄中國表示異議時，頗為自鳴得意地說：「在政治中是不講信譽和良心的，……必要時可以撕毀一切。」❽❶中德兩國已到了分道揚鑣、進入各自陣營，變友為敵的最後時刻。

---

❼❾　二史館檔案：《桂永清致蔣介石》(1941年7月2日、7月7日) 七六二.1662，《中德外交密檔》，第70～71頁。

❽❶　吳景平書，第213頁。

八、希特勒的後悔

㈠中德斷交與中國對德宣戰

1941年7月1日，德國承認汪偽傀儡政權，翌日，國民政府於重慶發表中德斷交宣言：

> 德意兩國政府竟已承認南京偽組織，是其侵略政策已推及遠東，且又充分證明納粹德國與法西斯義大利已與中國之敵人同惡共濟，該兩國政府明知南京偽組織為日本軍閥一手造成，乃竟加以承認，實為加於中國之重大侮辱，且不惜自棄其所享中國政府與人民一切友誼。
>
> 兩軸心國家此舉愈足證實世界侵略之惡勢力已結成集團，彼專事摧殘人類文明，……中國在此反侵略集團中……對於維持國際信義一貫之努力，均甚無愧。今後尤必與各友邦盡量合作，繼續奮鬥，以期終達吾人共同之使命。中國政府對於任何國家承認偽組織之舉，早經一再聲明態度，茲特正式宣告，中國與德意二國斷絕外交關係。❶

---

❶ 《中華民國重要史料初編——對日抗戰時期》第三編（戰時外交）㈣，第703～704頁。

　　孤立地去看這個斷交宣言，似乎，德國承認汪偽傀儡政權，是中德斷交的主要原因。其實，中德斷交是中德兩國迴乎不同的既定國策發生矛盾且步步升級的必然結果，承認汪偽問題不過是斷交的導火線而已。

　　就德國方面而言，重整軍備，稱霸全球，重返世界大國地位，一直是納粹政權的既定國策。植根於這種既定國策之下，德國在遠東必須與中國和日本同時保持良好的雙邊關係：一方面，德國需要重整軍備所必需的中國戰略原料，必須加強中德合作；另一方面，為實現稱霸全球的戰略目標，德國須要與中國的宿敵日本結盟，以便利用日本在遠東牽制美英和蘇聯。但是，中日戰爭正式爆發後，德國已不可能同時與中日兩國保持良好的雙邊關係，「魚」和「熊掌」之間，遲早終須做出選擇。兩害相權取其輕，隨著世界大戰的日益臨近，日本已成為軸心國戰車上不可分割的一部分，在勢利自私的納粹外交政策中，軍事力量薄弱的中國自然遲早都會成為不惜拋棄的「魚」——畢竟，與日本在德國全球戰略中所起的作用相比，中國市場與戰略原料實在太微不足道了。

　　就中國方面而言，抗日戰爭爆發後，孤立日本和爭取外援已成為外交政策的主題。毫無疑問，戰前與中國關係相當密切的德國是中國爭取的對象之一。然而，德國透過「反對共產國際協定」與中國的敵人日本結盟的現實，不能不使中國在爭取德國援助的同時又對德國抱有戒備之心，中國已不可能將德國視作最可信賴的國際合作夥伴。事實上，溯自抗戰開始，國民黨政府的外交重點已是在美不在德。1938年6月9日，蔣介石在回顧抗戰初期的外交方針時曾經指出：「對英、美應有積極信賴之方案提出，應運用美英之力，以解決中日問題；對俄應與之聯絡，對德應不即不離。」❷但是，與國民政府的期望相反，

美英當局對中國人民的反侵略戰爭採取了置身事外的冷漠的觀望態度，倒是已與中國的敵人日本結盟的德國仍在按照戰前達成的有關協議，繼續向中國提供軍火及軍事設備，給中國抗戰以很大的幫助。1938年以後，迫於日本的壓力，德國做出了諸如召回在華顧問、拒收中國軍事留學生、禁止軍火輸華、承認偽滿及與日本結成軍事同盟等一系列不友好的舉動，中德雙邊關係逐漸惡化，但中德兩國在經濟、軍事方面的合作仍在秘密進行，對於中國抗戰來說，德國尚有「餘熱」可資利用。抱定以爭取外援為唯一外交目的的國民黨政府，對德國上述種種不友好舉動遂採取了能忍則忍的克制態度，即使是承認偽滿這類嚴重的有損雙邊關係的惡性事件，亦僅止於書面抗議。

　　1941年前後，世界格局已日益明顯地演化為相互對峙的兩大軍事集團，英美當局逐漸加強了對中國抗戰的援助。中美桐油借款、華錫借款、鎢砂借款、金屬借款及兩次平準基金借款、中英平準匯總基金借款、中英新平準基金借款及兩次信用借款的相繼簽訂，標誌著中國孤軍抗日的局面有所緩和，也為中國政府放棄對德外交提供了可能——中國已沒有必要再對德國忍氣吞聲了。1941年6月，蘇德戰爭爆發，一方面，中國已經沒有可能再從在戰爭泥淖中越陷越深的德國手裏得到援助，至7月1日兩國斷交之時，雙方易貨貿易徹底中止，德國軍火不再輸華，據戈林自己估計，德方為此將損失 1 億馬克的軍火交易額，而實際損失則高達2.82億馬克❸。德國為了他的「全球政治戰略」也付了巨大的經濟代價。對中國抗戰而言，德國可資利用價值已經基本消失。另一方面，為了在遠東牽制蘇聯，德國急轉親日，已是

---

❷　張其鈞：《黨史概要》第三冊（臺北，中央文物社），第973～974頁。

❸　J. P. 福克斯(John P. Fox)：《德國與遠東危機》(1931～1938)(*Gernany and Far Eastern Crisis*)，第316頁。

無可挽回了。在這種情況下，一旦德國再做出中國忍無可忍的不友好
舉動，雙邊關係勢必要完全破裂。

德國承認汪偽傀儡政權，正是中方忍無可忍，並最終導致中德斷
交的導火線。在此必須強調，蔣介石政府對待偽滿國和汪偽傀儡政權
的態度是不同的。首先，偽滿洲國的「統治者」溥儀只知復辟，毫無
聲譽和號召力可言，日本扶植前清廢帝粉墨登場，可謂司馬昭之心，
路人皆知。但汪精衛卻不同，汪氏與蔣介石明爭暗鬥，歷有年所，他
一向自詡為「政治領袖」、 孫中山的繼承者，在國民黨內有一大批擁
護者。汪氏打著解救淪陷區受苦受難同胞、拯救中華民族的幌子在南
京登臺，能夠迷惑一些人，對蔣介石政權也始終是個威脅。其次，所
謂「滿洲帝國」，僅僅局限於東北一隅，完全是一個地方性的偽政權。
況且，東北原來一直是奉系軍閥的地盤，即使1929年12月29日張學良
宣布「易幟」以後，東北仍然是自成一體，蔣介石政府事實上並沒有
真正統治過東北。在蔣介石的心目中，丟掉東北，並不能動搖他對全
國的統治。但是，汪精衛傀儡政權卻不同。它將「首都」設在蔣介石
的老巢南京，又自稱為中國唯一合法的中央政府。而作為一個主權國
家，只能有一個中央政府存在，很明顯，承認汪精衛傀儡政權，即是
對重慶國民黨政府的拋棄，一旦德偽建立正式的「邦交」關係，蔣介
石政府只能毫不猶豫地與德國斷絕外交關係。

就德國方面來說，不知是他們覺得太對不起中國還是為了別的什
麼原因，對於中方宣布對德斷交，他們表示了「十分真誠的惋惜」態
度❹。次日，一位神秘的德國使者卜郎克博士 (Dr. Erwin Plank) 拜訪
了中國駐德大使館，向陳介大使轉達了來自德國最高領導層的一個要

---

❹ 關德懋:《納粹德國的人與事》，見《傳記文學》第二十卷第六期，第59
頁。

求：希望中方留下一位館員在柏林，「不要完全斷絕中德聯繫」。對於這一位留守人，「一切的安全與生活條件，由德方完全保證」。如果柏林遭到敵機轟炸，德國政府將負責把他送到瑞士安全區。以上諸點據稱已經得到納粹第二號人物「戈林元帥的完全保證」❺。由此看來，戈林似乎也在為自己策劃留一條後路了。

對於德方的這種表示，中國政府這次不再積極響應了。重慶方面已下決心投入英美反法西斯陣線，外交部電令我國駐德大使館全體成員克期回國，不准遺留一人在德國❻。

1941年12月7日，日軍偷襲珍珠港，美國捲入太平洋戰場。9日，經與美國政府緊急磋商後，中國政府同時對日、德、意三國宣戰。對德意宣戰布告是以國民政府主席林森的名義發布的。布告云：

> 自去年9月德、意與日本訂立三國同盟以來，三國顯然成一侵略集團。德意兩國始則承認偽滿，繼復承認南京偽組織，中國政府業經正式宣布與該兩國斷絕外交關係。最近，德與日本竟擴大其侵略行動，破壞全太平洋之和平，此實為國際正義之蟊賊，人類文明之公敵，中國政府與人民對此礙難再予容忍，茲正式宣布，自中華民國30年12月9日12時起，中國對德意志、意大利兩國立於戰爭地位，所有一切條約、協定、合同有涉及中德或中意之關係者，一律廢止。特此布告。❼

❺ 關德懋：《納粹德國的人與事》，見《傳記文學》第二十八卷第六期，第59頁。

❻ 同上出處，第60頁。

❼ 二史館檔案：《行政院訓令》三⑵2047，見《中德外交密檔》，第72～73頁。

　　這是1917年以後，中國第二次對德宣戰。

　　在此必須強調的是，1917年中國加入協約國對德宣戰，純粹是段祺瑞政府的政治策略，「參戰」云云，有濫竽充數的嫌疑，第二帝國並沒因為中國參戰而感到壓力增大❽。但是，1941年中國對德宣戰卻不同。蓋彼時中國已是世界反法西斯戰場上的一支重要力量，中國雖沒與德國在戰場面對面地展開撕殺，但是，中國牽制著德國的盟國日本的大部兵力，中國軍隊的浴血奮戰對整個世界戰局影響甚大。

　　中德斷交、宣戰後，中國方面停止了對德戰略原料供應，德國戰略原料儲備尤其是鎢的儲量急劇下降。1943年11月，德國經濟部長阿爾貝特・施佩爾(Albert Speer)向希特勒報告說，由於中國停止向德國出口鎢砂，德國國內存鎢將最多只能維持10個月左右。我們已多次強調，鎢為軍工生產的重要原料。在這種無法替代的重要原料行將告盡之時，德國軍方的反應不難推想。其後，在納粹德國垂死掙扎的最後歲月，有人又想到世界產鎢第一大國——中國，並希冀重新恢復與中國的易貨貿易；通過在華德國商行，向中國購買鎢砂，用黃金支付。然而，時勢已非，昔日的在華德國公司早已成為德國強權政策犧牲品，且中國亦早已將納粹政權視作「人類文明之公敵」，所謂恢復與中國的易貨貿易云云，不過是癡人說夢而已。希特勒一生斷送了中德邦交，此時此刻，他是否在內心深處感到幾分後悔，這種黃金難贖的後悔，正是他自己親手種下的惡果。

　　「兩國交兵，不斬來使」為中國千秋古訓，中德斷交後，中國政府在協助德使撤退與保護德僑方面所作的努力，充分表現了中華民族

❽　張水木：《德國官方檔案與中德關係研究》，第13頁，中華民國史專題第二屆討論會論文（1993年9月）。

對國際公法的尊重。對比美日開戰後美國政府將在美日僑押為人質之舉，中國人的善良與人道在此得以充分體現。

中德斷交時，德國駐華機構主要有兩處，一為駐渝大使館，一為駐滇辦事處。1941年7月中，國民政府外交部擬定「德意駐渝大使館人員撤退辦法大綱」，規定，德國大使館工作人員一律由鎮南關出境，撤退路線為：「(甲)重慶至桂林(航空)，桂林至柳州(鐵路)，柳州至鎮南關(電船)；(乙)重慶至河池(公路)，河池至柳州(鐵路)，柳州至南寧(公路)，南寧至鎮南關(電船)。」其中，「使館人員依甲項路線撤退，行李依乙項撤退。」❾至於德國使館駐滇辦事處，則按昆明—貴陽—河池(公路)—柳州—南寧—鎮南關之路線撤離。

中德斷交時，在華德僑總人數，當在3,800人❿以內，他們大部分均生活在淪陷區，而滯留大後方的德僑則主要為：歐亞航空公司、合步樓公司職員及部分商人與傳教士。8月12日，外交部通電後方各省，要求各地軍政機關保護德僑的合法權益。「所有在華德意僑民，希即妥為保護，勿令任何人民對於各該國僑民及財產有任何不當行為」⓫。「嗣後德意僑民如來申請內地遊歷，應每次電部核察後再行辦理，惟原駐內地者，如舊照簽訂時效已滿，請予續簽，而不往他處時，可准

---

❾　二史館檔案：《德意駐渝大使館人員撤退辦法大綱》十八1475，《中德外交密檔》，第73頁。

❿　據日本外務省通商局調查，1940年時，在華德人總數為3,811人(含香港，不包括東北)(參見二史館館藏檔案，《德國在華經濟勢力調查》二〇二四(2)59)，由於中國戰局日趨嚴峻，翌年7月，中德斷交時，德國在華僑民當是有減無增。

⓫　二史館檔案：《雲南省政府訓令》，秘外字第六五號，廿八(2)3637，《中德外交密檔》，第76～77頁。

照簽。」 ❷

　　對於希望返國的德僑，中國政府亦給予種種方便，1941年8月20日，歐亞航空公司顧問舒孟(Paul Schmann)等第一批德僑由昆經貴、桂、柳等地自鎮南關出境。9月15日，霍爾茲 (Hunt Holtz，漢莎航空公司駐華代表)、 李伯特(Maria Lebedew)、葛德(Mr. Detlet Kuhart)、馬丁 (William Martin，歐亞航空公司檢儲股顧問) 等第二批德僑，亦取道貴陽、柳州等地，由鎮南關出境。1942年春，又有數批德僑相繼離境。為了使歸心似箭的德僑安全、迅速地從中國撤離，國民政府外交部分諮軍委會運輸統治局、交通部、廣西、湖南、雲南省政府、海關總署等機關，為德僑提供行李免稅、令飭警員隨車保護等優惠政策。

　　中國政府在中德斷交後遣返德國駐華外交人員及德僑過程中所表現出的遵守國際公法、寬大為懷的人道主義精神，贏得了德國人民的稱讚。在雲南傳教多年、中德斷交後安全自華返德的德籍傳教士樂碧璽(Robisch Johann)等即曾致書國民政府，讚揚中國是一個言而有信的禮義之邦。

　　中德雖然已經斷交，但彼此的聯繫並未全部掐斷，至少，在重慶，雙方還保留著最後一根線——韋爾納(L. Werner)。這是一個非常有趣且值得注意的現象，國無恆仇的千秋古訓在此得到了充分的印證。

　　早在1926年，年僅26歲的韋爾納即已來華經商。經過十餘年的孜孜奮鬥，1938年，韋氏爬上合步樓公司駐香港辦事處主任的寶座，已是德國工商界響噹噹的人物。翌年，韋氏調任合步樓公司駐渝代表，更成為該公司中國業務的實際負責人。韋氏旅華，歷有年所，對中國

❷　二史館檔案：《雲南省政府訓令》，秘外字第八四八號，廿八⑵3637，《中德外交密檔》，第76～77頁。

式的辦事方式與人際關係十分熟悉，在中國政府官員們的印象中，他既不似克蘭那樣奸滑，亦不像易嘉偉那般耿介，是一個不錯的合作夥伴，孔祥熙、翁文灝、錢昌照、何應欽等與他有著良好的私人情誼。德國政府派他作最後的線人，真可謂慧眼識人。

中德斷交後不久，合步樓公司董事托馬思將軍、戈林四年計劃代表（戈林公司總經理）佛斯、合步樓公司總經理克拉愛等向適在柏林的中國行政院秘書齊焌表示，德國政府希望維持合步樓公司現狀，保留該公司與中國政府之間的既有合作。齊焌認為，中德既已斷交，此項合作當無繼續保留之可能，但他答應向中國方面轉達德方的要求。托馬思等遂要求齊氏返回後向孔祥熙、翁文灝等轉達四點聲明：

㈠中國政府如以為不便繼續正式維持合步樓名義，擬請中國政府准該公司目前駐渝代表韋爾納以商人名義駐渝，以備將來萬一交涉之用；

㈡由該公司負責聯絡各有關廠家捐款，以維持中國留德學生用費，並介紹工作，同時，希望中國政府仍給韋爾納之生活用費，此款將來由合步樓主管之貨物交換賬內結算；

㈢希望中國政府對韋爾納及其家庭予以保護；

㈣（極機密）戈林公司所屬之捷克斯克達兵工廠代表原擬經濟來渝接洽，現因絕交，只得暫留上海，必要時亦可予韋爾納以協助。❸

不難看出，托馬思、克拉愛等十分希望中德兩國在絕交後仍保持

❸　二史館檔案：《齊關於中德斷交後合步樓公司處理問題之簽呈》（1941年12月1日）廿八⑵3637，《中德外交密檔》，第88頁。

必要的聯繫,所謂由合步樓公司聯絡德國廠商資助中國留德學生云云,
不過是韋爾納留渝創辦條件罷了。

　　1941年12月9日中國對德宣戰後,部分滯後德僑一度非常恐慌。
由於「留渝」問題遲遲沒有得到中國政府的明確答覆,且個人積蓄行
將告罄,出於家庭安全及「國家利益」的雙重考慮,韋爾納頗有心神
不定之感。12月21日,透過好友齊焌,韋爾納向中國政府表示了兩點
希望:

　　　㈠予以安全保護,不致因夏季空襲增加威脅,不致因英俄之要
　　　求而被引渡;
　　　㈡予以維持經費,將來由合步樓賬內償還,如不能辦到,則請
　　　……護送赴粵。❹

　　中國政府是否同意韋爾納「留渝」? 據1942年1月12日蔣介石致翁
文灝電:

　　　資源委員會翁文任委勳鑒:據齊焌轉呈德僑韋爾納報告略稱:
　　　自二十八年以來,即任德國合步樓公司駐渝代表,現該公司存
　　　款及個人薪金即將告盡,請予以維持經費,將來由合步樓賬內
　　　償還,並予以安全保護,如不能辦到則請護送至粵等情。所請
　　　維持經費、予以安全各節,可予通融辦理,即希與其洽辦為要
　　　……❺

---

❹　二史館檔案:《齊焌致翁文灝簽呈》(1941年12月21日) 廿八⑵3637,《中
　　德外交密檔》, 第88頁。

❺　二史館檔案:《蔣介石致翁文灝電》(1942年1月12日) 廿八⑵3637,《中

　　顯然，蔣介石同意韋爾納留在重慶——他亦不希望在中德斷交後掐斷與德方的所有聯繫。事實上，在整個抗日戰爭期間，韋爾納一直住在重慶，他的生活費用也一直由中國財政部長孔祥熙提供[16]。

　　韋爾納在戰時重慶到底扮演了什麼角色，由於案牘闕略，吾人不便妄斷。但是，毫無疑問，韋爾納並不是一個普通的德國僑民，他有著「聯絡人」的特殊身份，而韋氏留渝這件事本身亦足以說明中德斷交後雙方仍存在著「輕度」的藕斷絲連。

㈡戰後中德復交的努力

　　1945年5月8日，德國宣布無條件投降，盟國底定歐陸。但是在遠東，日本侵略軍仍在作困獸之鬥，中華大地仍處於重慶國民政府與日本人卵翼下的偽滿、汪偽傀儡政權相互「對峙」之中。

　　德國投降後的第4天，日本宣布廢除國際防共協定。作為日本駐偽大使館的應聲蟲，汪偽外交部亦發表聲明，「與日本政府採取同樣措置」[17]。5月16日，偽外交部長李聖五照會前德國駐偽大使館，宣布對德偽「邦交」、德國在華僑民及在華利益等「採取必要措置」。照會稱：

　　　……因鑑於最近在歐洲發生之事態，對於德國在華官民決定採

　　　德外交密檔》，第91頁。

[16]　參見柯偉林著：《蔣介石政府和納粹德國》，第289頁。

[17]　二史館檔案：《汪偽外交部致日本大使館節略》二六○2123，《中德外交密檔》，第519頁。

取如下之措置：

一、外交官及領事官

㈠禁止收發明碼電報；

㈡日常生活，除旅行為許可制外，不設其他限制，至與德國以
外人民之往來，應自行限制之。

二、一般在華僑民

採取向來之措置，惟與德國以外人民之往來，應自行限制之。

三、權益

對公有財產及一切權益，概不加以任何變更，私有財產、大使
館、領事館、一般在華僑民有法人資產之措置；概不加任何變
更。❸

歲月倥傯，軸心國土崩瓦解，盟誼不再，日、汪偽當局雖未公開
宣稱戰敗的德國為敵國，但自上述照會觀之，日、汪對於德國的態度
已去敵國相差無已。

盟國扶持下的竇尼資元帥登場後，汪偽與德國的關係更是江河日
下。6月18日，汪偽外交部通知德國駐偽大使館：

茲對於德國在華官民及權益之措置，更改補充如下：

一、大使館及領事館停止執行職務，惟關於保護在華僑民之事
務仍得執行之；

二、經檢查後，得收發明碼電報，惟僅限於上述關於保護在華
僑民內之事務，及限於大東亞域內行之。❹

---

❸ 二史館檔案：《汪偽外交部致德國大使館照會節略》（1945年5月16日）
二〇六2123，《中德外交密檔》，第520頁。

　　根據以下兩項規定，同年7月11日，德國駐汪偽大使館、領事館等一律撤銷，另於南京、北京、上海、天津、漢口、廣州、青島、芝罘等設置「德國事務局」，內中設於南京者稱「德國駐京事務局」，為其他各地「事務局」之上級機構。「事務局」的職責，僅限於辦理僑務❷，係屬「僑民團體性質」❸。

　　遙想數年前德偽正式建交時，汪偽對德這個率先承認自己的歐洲大國可謂感激涕零，卑躬屈膝，德國人在汪偽統治區自是趾高氣揚，好不得意。然而，數年後德國戰敗，受日本人指使的汪偽當局與德國的關係已走到絕交的邊緣，昔日在汪偽治下各省得意非凡，自以為是優等民族的德僑頓覺慄慄自危，不可終日。在汪偽政權壽終正寢前的數月中，上海、青島等地日韓浪人加害德僑的事件屢有發生。為了保護本國同胞，德國駐京事務局曾使出包括賄賂汪偽官員、向汪偽當局捐獻大批物資藉資聯絡感情在內的渾身解數❷。然而，今非昔比，戰敗、殘破不堪的德國已不再是汪偽當局眼中的大國，捐獻可以照單全

---

❶　二史館檔案：《汪偽外交部致德國大使館照會節略》（1945年6月18日）二〇六2123，《中德外交密檔》，第520頁。

❷　二史館檔案：《德國駐京事務局致汪偽外交部電》（1945年7月11日）二〇六2123。該電稱：「外交部於本年6月18日致德國大使館節略業經閱悉，茲為辦理德國在華僑民事務，除在南京設立德國駐京事務局外，餘如北京、上海、天津、漢口、廣州、青島、芝罘各處，均設德國事務局……」見《中德外交密檔》，第521頁。

❸　二史館檔案：《徐位致李聖武簽呈》二〇六2125，同前書出處，第522頁。

❹　德國駐京事務局向汪偽行政院贈送大批廣播器材，就是一個好例子，參見二史館檔案二〇八2125，《中德外交密檔》，第521～522頁。

收，但德偽關係卻不可能有任何好轉。

1945年8月15日，日本宣布無條件投降，中國人民的反侵略戰爭取得最後勝利。其時，德國仍處於美、英、法、蘇四國占領、管制之下，無獨立自主的外交可言，中斷多年的中德關係，一時仍無法走上正軌。

1945年秋，占領德國的美、英、蘇、法四國邀請曾經參加對德意日軸心國作戰的15個國家派遣軍事代表團進駐德國，以便加強盟國間的聯繫，並協調對德管制政策。作為戰後「四強」之一，國民政府於同年9月亦收到邀請書。翌年1月，以前任駐任武官桂永清為團長的中國軍事代表團赴德，並於柏林設置辦公處。

1946年至1949年間，各國駐德軍事代表團就懲治德國侵略及戰後德國重建等問題展開了激烈的爭吵。秉承國民政府旨意，桂永清代表團向美英蘇法諸國闡述了中國在這些問題上的基本態度。

中國對待懲治德國的基本態度，可以由國民政府軍事委員會、外交部等機關會同擬定的「對德和平條約我國所擬條約草案」有關條文中窺見大概。這個草案，是中國駐德軍事代表團處理對德事務的基本準則。

「對德和平條約我國所擬條約草案」共計九條，它對德國提出了三點要求：

　　1. 承認廢除1941年12月9日以前中德兩國間簽訂的所有條約、協定及合同等；

　　2. 歸還「1900至1901年德國軍隊由中國取去及此後德人在中國境內擅取之所有古物及文化藝術品」。

　　3. 承擔戰爭期間中國政府收容德僑費用，承認中國政府對在華

德產之接收，賠償「在德國境內或他國領土內中國官民因德國
陸上、海上及空中侵略所受之一切損失及損害」。**㉓**

以上三點，俱為國際公法所允許的最基本的要求。中國政府對曾
經在抗戰最艱苦的日子裏屢屢傷害國人感情，並最終拋棄中國投向日
本的德國並無落井下石的打算，中華民族寬懷大量的以德報怨的傳統
美德在此再次得到了體現。

尤有進者，中國不僅不打算落井下石、窮追深究，反而希望中德
兩國棄前嫌，盡快恢復中斷已久的中德邦交。在駐德中國軍事代表團
的努力下，1947年～1949年間，中國政府恢復了部份駐德外事機構**㉔**，
為中德關係重新起步，作了一些必要的準備工作。

但是，由於在重建新德國問題上，美、英、法等西方資本主義國
家和社會主義國家蘇聯之間存在著嚴重的分歧，新的德國政府一直遲
遲沒有能夠建立起來，中國圖謀重建中德關係的努力亦只能是單相思。
直到1949年5月23日，由英、美、蘇、法控制的德國西部地區，才正
式成立德意志聯邦共和國。斯時，國民黨政權已是大廈將傾，當局者
們雖曾有承認聯邦德國的打算，然而，時勢已非，面對焦頭爛額的國
內戰爭局勢，中德復交問題已經無暇顧及了。同年10月1日，中華人
民共和國政府在北京成立，毛澤東在天安門城樓上向全世界宣告：「本
政府為代表中華人民共和國全國人民的唯一合法政府，凡願遵守平等、

㉓　二史館檔案：「對德和平條約我國擬提條約草案」十八1441，《中德外交
　　密檔》，第97～101頁。

㉔　例如，駐德軍事代表團曾與英方協商，並徵得英國政府同意後，於1947
　　年春恢復了中國駐漢堡領事館，並於柏林中國舊大使館設置領事事務
　　處。又如，經與美方協商，中國在斯圖加特設置了總領事館。

互利及互相尊重領土主權等項原則的任何外國政府，本政府均願與之
建立外交關係。」❷ 10月7日，德意志民主共和國成立。同月底，人民
中國與民主德國正式建交，中德兩國關係由此揭開了新的篇章。

❷　《中華人民共和國對外關係文件集》第一集，第5頁。

附　圖

柏林一九三三年一月

圖一　　1933年1月30日，德國納粹黨上臺組閣，圖為德國年邁的總統
　　　　興登堡（右）接見新任總理希特勒時攝影。

圖二　朱家驊，1926年夏
　　　任中山大學校長時
　　　曾受蔣介石委託為
　　　其代尋德國顧問，
　　　是為後來南京國民
　　　政府對德關係之肇
　　　始。

圖三　南京政府首任駐德
　　　公使蔣作賓，1929
　　　年1月赴任，圖為
　　　1930年5月與蔣氏
　　　夫婦在德合影。

圖四　陶德曼，1931～
1938年先後任德
國駐華公使、大
使，為發展雙邊
關係貢獻良多。
並在中日戰爭開
始後，奉命出面
調停，未獲成功。

圖五　德國納粹黨元首阿
道夫‧希特勒。

圖六　德國納粹黨宣傳部
　　　長戈培爾，在講演中
　　　攻擊中國抗戰，中德
　　　關係瀕臨崩潰。

圖七　納粹黨統治下的德
　　　國，恢復軍備實力
　　　成為首要任務。

圖八　德國國防部長柏龍
　　　白是一名非納粹職
　　　業軍人，主張對華
　　　友好，後被希特勒
　　　撤職。

圖九　享有德國「國防軍之
　　　父」美稱的塞克特將
　　　軍，曾任德國國防軍
　　　總司令。離職後於
　　　1934～1935年來華出
　　　任第二任德國軍事總
　　　顧問，對中國國防貢
　　　獻良多。

資源委員會主任委員，前經濟部部長翁文灝氏

圖一〇　資源委員會主任
委員、曾任經濟部
部長的翁文灝，
是中方主持對德
易貨貿易的主要
官員。

圖一一　蔣介石1936年2
月13日致翁文灝
親筆手令，指示
成立中德易貨貿
易專門機構。

圖一二　1936年7月23日，出席柏林第十一屆奧林匹克運動會的中國
　　　　體育代表團在奧運村舉行入村儀式。

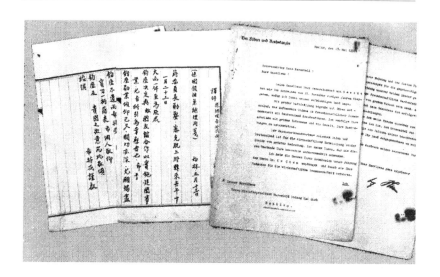

圖一三　1936年5月13日，希特勒親筆簽署的致蔣介石函及其譯件。

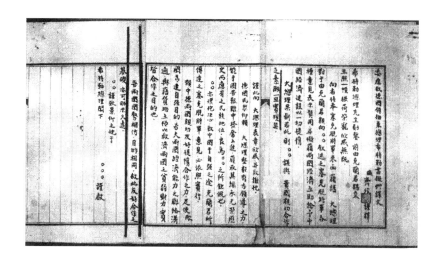

圖一四　蔣介石覆希特勒函。

圖一五　汪精衛在偽「國民政府」門前接見德「大使」韋爾曼。

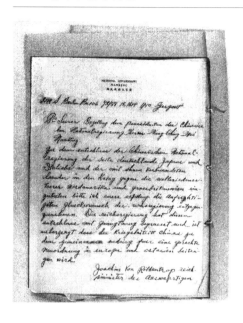

圖一六　1943年1月，德國
　　　　外長里賓特洛甫
　　　　致汪精衛函，代
　　　　表德政府歡迎汪
　　　　偽加入德日意戰
　　　　線對盟國作戰。

圖一七　戰後國民政府外
　　　　交部所擬「對德
　　　　和平條約草案」。

附　錄

一、人名表

中　方

孔令侃　字剛父，中央信託局理事，孔祥熙之子

孔祥熙　字庸之，行政院副院長兼財政部長

王文宣　軍政部軍務司司長

王占祺　外交部駐滇特派員

王守章　合步樓借款合同談判中方代表

王受齡　軍事參議院諮議

王觀洲　軍政部參事

何應欽　字敬之，軍政部部長

吳方智　行政院秘書

吳兆洪　資源委員會主任秘書

吳鼎昌　軍事委員會第四部部長

宋子良　中國航空器材製造廠董事

李　儻　財政部國庫司司長

李宗仁　字德鄰，廣西地方實力派領袖，第四集團軍總司令

李祖冰　中德易貨審核委員會委員

李景樅　字星五，歐亞航空公司總經理

李耀煌　中央信託局副經理

俞大維　軍政部兵工署署長

韋煥章　偽滿外務局長官

凌其瀚　外交部參事

凌憲揚　中央信託局副總經理

孫　拯　字恭度，資源委員會統計處少將處長

徐　堪　字可亭，財政部次長

徐培根　兵工署機械司司長

徐道鄰　名審交，行政院參議

桂永清　字率真，駐德大使館武官

翁文灝　字咏霓，行政院秘書長

張　度　字納川，中央信託局副局長

張　群　字岳軍，外交部部長

張平群　行政院秘書

張任民　桂系第四集團軍參謀長

張炎德　歐亞航空公司董事

梁　誠　駐德大使（1910年7月～1912年11月）

盛　昇　字蘋丞，中央信託局香港分局局長

莊　權　兵工署技術司炮科科長

許建屏　字性初，財政部秘書

郭子勳　資源委員會國外事務所副所長

陳　介　字庶青，駐德大使（1938年9月～1941年7月）

陳　常　字公憲，外交部駐雲南特派員公署秘書

陳　儀　字公俠，軍政部兵工署署長（1932年）

陳布雷　字彥及，軍委會委員長侍從室第二處主任

陳立廷　行政院秘書

陳慶雲　中國航空器材製造廠董事

陳濟棠　字伯南，廣東地方實力派領袖，第一集團軍總司令

麥佐衡　中央信託局經理

湯良禮　汪偽外交部特派大使

程天放　駐德大使（1936年1月～1938年6月）

程義法　資源委員會專員

黃　郛　駐德大使（1926年11月）（未到任）

黃伯樵　資源委員會國外事務所所長

廉　隅　汪偽駐偽滿大使

葉琢堂　字瑜，中央信託局局長

鄒　琳　字玉林，財政部次長

褚民誼　汪偽外交部部長（1940年3月～12月）（1941年10月～1945年
　4月）

趙季言　中央信託局副局長

齊　焌　軍事委員會秘書，德文翻譯

劉文島　駐德大使（1931年12月～1933年9月）

劉崇傑　駐德大使（1933年9月～1935年6月）

蔣作賓　駐德大使（1929年1月～1931年3月）

蔡士崇　中國航空器材製造廠董事

鄭介民　參謀本部上校參謀（1932年）

盧作孚　交通部次長

盧維溥　中國航空機身及飛機製造廠董事

錢昌照　字乙藜，資源委員會副主任委員

龍　雲　雲南省政府主席

繆培南　粵系第一集團軍參謀長

聶光堃　中德易貨審核委員會委員

顏惠慶　駐德大使（1913年4月～1917年7月）

魏漢喬　訓練總監部中校譯述

譚伯羽　名翊，駐德大使館商務參贊

關德懋　行政院秘書，德文翻譯

顧　振　合步樓借款合同談判中方代表

顧謙吉　資源委員會專員

德　　方

卜爾熙(Borch)　德國駐華使節（1920年～1921年）（1928年～1931年）

戈　林(Hermann Göring)　德國元帥，航空部長兼普魯士總理

戈培爾(Paul Joseph Goebbels)　納粹黨宣傳部長

方德肯(Decken)　國防部少將

牛賴特(Konstantin von Neurath)　德國外交部長（1938年2月前）

古希賢(Franz Siebert)　駐濟南總領事

史太邱(Walter Streccius)　蔣介石侍從顧問，軍事顧問

史特萊斯曼(Gustav Stresemann)　德國總理、後任外交部長（1923年、1923年～1929年）

托馬思(Georg Thomas)　德國防部國防經濟廳廳長

佛　德(Hellmuth Woidt)　納粹黨對華經濟顧問，合步樓公司專員

佛利德堡(Friedeburg)　德國防部海軍中將

佛采爾(Georg Wetzell)　德國軍事總顧問（1930年～1934年）

克　蘭(Hans Klein)　德國商人，對華貿易「德國政府代表」

克里拜爾 (Hermann Kriebell)　代理德國軍事顧問團長（1929年～1930年），德國駐上海總領事（1934年後）

克魯馬赫(Kurt Krummacher)　德國軍事顧問

希姆萊(Heinrich Himmler)　納粹秘密警察頭目

希特勒(Adolf Hitler)　德國元首兼總理

李　德 (Otto Braun)　蘇聯紅軍總參謀部情報部派遣中國東北情報人員，「共產國際派駐中央蘇區軍事顧問」

沙赫特(Hjalmar Schacht)　德國經濟部長兼國家銀行總裁

狄克遜(Herbert von Dirksen)　德國駐日大使

貝　樓(Buelow)　德外交部副部長

辛　慈(Hintze)　德國駐華使節（1915年～1917年）

里賓特洛甫(Joachim von Ribbentrop)　德國駐英大使，1938年2月起任外交部長

波　倫(Krupp von Boben)　克虜伯公司董事長

易嘉偉(Walter Eckert)　德國駐華貿易代表

林德曼(Lindemann)　德國駐華北、廣東軍事顧問

法肯豪森(Alexander von Falkenhausen)　德國軍事總顧問（1935年～1938年）

阿登柏(Felix Altenburg)　駐廣州總領事

哈豪森(Haxthausen)　德國駐華使節（1911年～1914年）

柏龍白(Werner von Blomberg)　德國國防部長（又譯「布隆堡」）

柏禮師(Eckard Briest)　駐廣州副領事

迪　爾(Thiel)　德國駐上海總領事（1927年）

韋爾納(L. Werner)　中德斷交後合步樓公司駐渝代表

飛師爾(Martin Fischer)　駐上海總領事，後任駐汪偽「大使館代辦」

庫萬特・普萊(Curt Preu)　德軍上校，塞克特第一次訪華隨行助手，
　　後任克蘭在合步樓公司的代表、公司經理。又譯「白羅」

海因里希・羅伊（亨利36世）(Prinz Heinrich von Reuss 36)　前普魯
　　士王子，合步樓公司股東，克蘭派駐德國合步樓公司代表

馬契奧斯(Conrad Matschoss)　德國工程師學會主席

畢　德(Bidder)　德國駐華大使館代辦（1938年6月以後）

畢格曼(Werner Brinkmann)　在華軍事顧問團駐柏林聯絡人

陶德曼(Oskar P. Trautmann)　德外交部亞洲司司長，1931年來華任公
　　使，1935年2月～1938年6月任大使。

麥根森(Erich von Mackenson)　德外交部國務秘書（副部長）

博　鄰(Boye)　德國駐華使節（1921年～1928年）

萊謝勞(Walter von Reichenau)　德國防部炮兵上將

開卜勒(Wilhelm Keppler)　合步樓公司董事

開特勒(Wilhelm Keitel)　德國國防部軍務廳廳長

馮　克(Walter Funk)　德國經濟部長（1937年9月後）

塞克特 (Hans von Seeckt)　前國防軍總司令，赴華德國軍事總顧問
　　（1934年～1935年）

奧　特(Eugen von Ott)　德國駐日大使館武官

奧托・克樸(Otto Kiep)　1936年德國遠東經濟考察團團長

奧托・俄普夫(Otto Wolff)　奧托俄普夫公司總裁

愛爾哈德(Ehrhardt)　德國防部參議

維德曼(Weidemann)　美最時洋行總經理

魯登道夫(Erich von Ludendorff)　退役將軍，曾推薦鮑爾、佛采爾等
　　人來華

黎　思(Liese)　德國防部兵工署署長

興登堡(Paul von Hindenburg)　德國元帥，總統

賴　士(Rasch)　中德合辦航空機身及發動機製造廠董事

霍爾茲(Holtz)　漢莎航空公司駐華代表

鮑　爾 (Max Hermann Bauer)　德國防部上校，駐華德國軍事總顧問
　　(1926～1929年)

魏茨澤克(Ernst von Weizsaecker)　德外交部國務秘書（副部長）

二、組織機構名稱

卜福爾炮廠(Bofors)

工業產品貿易公司　(Handelsgesellschaft für Jndustrielle Produkte)

合步樓公司(Hapro)

西門子公司(Siemens)

克虜伯公司(Friedrich Krupp AG)

法本化學公司(I. G. Farbenindustrie AG)

容克飛機製造公司(Junkers Flugzeugwerke)

納粹黨衝鋒隊(SA)　(Sturmabteilung)

納粹黨黨衛軍(SS)　(Schutzstaffel)

喜望鋼鐵公司(Gute Hoffnungshütte)

蓋世太保(Gestapo)

魏瑪政府(Weimar)

三、德國駐華使節表

哈豪森(Haxthausen)　1911年～1914年

辛　慈(Hintze)　1915年～1917年

卜爾熙(Borch)　1920年～1921年

博　鄰(Boye)　1921年～1928年

卜爾熙(Borch)　1928年～1931年

陶德曼(Trautmann)　1931年～1938年（1935年5月22日升格為首任駐
　華大使）

四、中國駐德使節表

梁　誠　1910年7月～1912年11月

顏惠慶　1913年4月～1917年7月

魏宸組　1921年7月～1926年

黃　郛　1926年11月（未到任）

蔣作賓　1929年1月～1931年3月

劉文島　1931年12月～1933年9月

劉崇傑　1933年9月～1935年6月

程天放　1936年1月～1938年6月（首任駐德大使）

陳　介　1938年9月～1941年7月

後　記

　　最後擱下禿筆，長舒一口氣，細細想想，兩年多來，為了這本小書，也是為了搞清許多歷史之謎，我們除了忍受著灰塵異味，一頁頁地翻完了二百多卷發黃的檔案之外，還費心勞神地與德國及海峽兩岸許多中德關係研究先行者們建立了交流互助關係，他們大多表現了優良的學者風範，給了我們力所能及的全力支持，甚至寄來了他們花費十幾年時間搜集的珍貴資料複本。正是因為有了他們的這樣無私的幫助與支持，再加上拜讀參閱他們的研究成果，才使得我們今天能夠順利地完成這本拙作之寫作。因此，我們必須在此敬書上他們的大名，以示我們最誠摯的謝意！

　　他們是：

　　南京大學歷史研究所所長張憲文教授；

　　南京大學歷史系陳謙平副教授；

　　上海復旦大學歷史系吳景平教授；

　　臺灣政治大學歷史系蔣永敬教授；

　　臺灣中研院院士、近代史所張玉法研究員；

　　臺灣彰化師範大學傅寶真教授；

　　臺灣政治大學歷史系周惠民教授；

　　臺灣中研院近代史所訪問學人馬文英小姐；

　　德國柏林自由大學東亞研究所羅梅君 (Mechthild Leutner) 教授、郭恆鈺教授、墨軻(Peter Merker)副教授；

德國洪堡大學費路(Roland Felber)教授；

另外，還有與我們未曾謀面但以其大著給了我們很大支持和啟發的美國哈佛大學東亞研究委員會主席、歷史系主任柯偉林(William C. Kirby)教授。

最後，我們還要特別感謝1996年中國國家社會科學研究基金評委會先生們以睿智的卓識對我們進行本課題研究的充分贊賞與有力的支持，在此表達我們的深切謝意！

本書寫作分工如下：

馬振犢：第一章；第二章1、2、3、5節；
　　　　第三章1、3、4、5節；第四章1、2、5、6節；
　　　　第五章3、4、5節；第六章；第七章。

戚如高：第二章4節；第三章2節；第四章3、4節；
　　　　第五章1、2節；第八章。

全書由馬振犢通改全稿。

最後我們衷心感謝東大圖書公司給了我們出版本書之機會。

寫完這些，我們才得以心安，下面將是一段小憩的日子，也許會有更有趣的課題在等待我們。

作　者
1997年盛夏於南京

大雅叢刊書目

法學叢書書目

圖書資訊學叢書書目

教育叢書書目

西洋教育思想史	林玉体	臺灣師大	已出版
西洋教育史	林玉体	臺灣師大	撰稿中
教育社會學	宋明順	臺灣師大	撰稿中
課程發展	梁恒正	臺灣師大	撰稿中
教育哲學	楊深坑	臺灣師大	撰稿中
電腦補助教學	邱貴發	臺灣師大	撰稿中
教材教法	張新仁	高雄師大	撰稿中
教育評鑑	秦夢群	政治大學	撰稿中
高等教育	陳舜芬	臺灣大學	撰稿中

中國現代史叢書書目（張玉法主編）

中國托派史	唐寶林	著	中國社科院	已出版
學潮與戰後中國政治(1945～1949)	廖風德	著	政治大學	已出版
商會與中國早期現代化	虞和平	著	中國社科院	已出版
歷史地理學與現代中國史學	彭明輝	著	政治大學	已出版
西安事變新探 —— 張學良與中共關係之研究	楊奎松	著	中國社科院	已出版
抗戰史論	蔣永敬	著	政治大學	已出版
漢語與中國新文化啟蒙	周光慶 劉 瑋	著	華中師大	已出版
美國與中國政治(1917～1928) —— 以南北分裂政局為中心的探討	吳翎君	著	中央研究院	已出版
抗戰初期的遠東國際關係	王建朗	著	中國社科院	已出版
從接收到淪陷 —— 戰後平津地區接收工作之檢討	林桶法	著	輔仁大學	已出版
中共與莫斯科的關係(1920～1960)	楊奎松	著	中國社科院	已出版
近代中國銀行與企業的關係 (1897～1945)	李一翔	著	上海社科院	已出版
蔣介石與希特勒 —— 民國時期的中德關係	馬振犢 戚如高	著	中國第二歷史 檔案館	已出版
北京政府與國際聯盟	唐啟華	著	中興大學	已出版

現代社會學叢書

三民大專用書書目——歷史・地理